KAZUO WATANABE

ACESSO À ORDEM JURÍDICA JUSTA

KAZUO WATANABE

ACESSO À ORDEM JURÍDICA JUSTA
(CONCEITO ATUALIZADO DE ACESSO À JUSTIÇA)
PROCESSOS COLETIVOS E OUTROS ESTUDOS

Prefácio:
Min. Ellen Gracie Northfleet

Apresentação:
Prof. Humberto Theodoro Júnior

Gratidão pela colaboração:
Ana Lúcia Watanabe
Vicente Gomes de Oliveira Filho
Ester Ioshimi

Belo Horizonte
2019

Copyright © 2019 Editora Del Rey Ltda.
Nenhuma parte deste livro poderá ser reproduzida, sejam quais forem os meios empregados, sem a permissão, por escrito, da Editora.
Impresso no Brasil | Printed in Brazil
EDITORIAL DEL REY LTDA

www.editoradelrey.com.br

Editor: Arnaldo Oliveira

Editor Adjunto: Ricardo A. Malheiros Fiuza

Diagramação / Capa: Alfstudio

Revisão / Preparação de original: Sirlene S. Simões

CONSELHO EDITORIAL:
Alice de Souza Birchal
Antônio Augusto Cançado Trindade
Antonio Augusto Junho Anastasia
Antônio Pereira Gaio Júnior
Aroldo Plínio Gonçalves
Carlos Alberto Penna R. de Carvalho
Dalmar Pimenta
Edelberto Augusto Gomes Lima
Edésio Fernandes
Felipe Martins Pinto
Fernando Gonzaga Jayme
Hermes Vilchez Guerrero
José Adércio Leite Sampaio
José Edgard Penna Amorim Pereira
Luiz Guilherme da Costa Wagner Junior
Misabel Abreu Machado Derzi
Plínio Salgado
Rénan Kfuri Lopes
Rodrigo da Cunha Pereira
Sérgio Lellis Santiago

EDITORA
Rua dos Goitacazes, 71 – Lojas 20 a 24
Centro - Belo Horizonte-MG
CEP 30190-909

Comercial:
Tel.: (31) 3284-3284 | 3293-8233
vendas@editoradelrey.com.br

Editorial:
editorial@editoradelrey.com.br

W324a	Watanabe, Kazuo 　　Acesso à ordem jurídica justa: conceito atualizado de acesso à justiça, processos coletivos e outros estudos / Kazuo Watanabe; prefácio Min. Ellen Gracie Northfleet; apresentação Prof. Humberto Theodoro Júnior. — Belo Horizonte: Del Rey, 2019. 　　xxvi, 421 p. – Inclui bibliografia. 　　ISBN: 978-85-384-0541-2 　　1. Direito processual 2. Processo civil 3. Acesso à justiça 4. Ação coletiva (Processo civil) 5. Mediação I. Título 　　　　　　　　　　　　　　　　　　　　　　CDU 347.92

Ficha catalográfica elaborada pela bibliotecária Meire Luciane Lorena Queiroz CRB 6/2233.

AGRADECIMENTOS

Minha profunda gratidão a VICENTE GOMES DE OLIVEIRA FILHO que, com o apoio de minha filha ANA LÚCIA WATANABE, adotou a iniciativa de pacientemente localizar todos os meus artigos, palestras e entrevistas, e ordenou-os por data e por matéria, entregando-me o material para seleção e organização para eventual publicação. Deles selecionei os artigos jurídicos e os de minha exclusiva autoria. Os não jurídicos e os escritos em coautoria, deixei-os de lado para eventual publicação futura. Juntou-se a esse trabalho também a minha esposa, ESTER IOSHIMI, para me estimular a publicar esta coletânea de trabalhos jurídicos, chegando mesmo a digitar alguns artigos, lembrando os bons tempos de trabalho em escritório há mais de meio século, quando ainda solteira. Não fossem eles, este livro jamais seria publicado.

PREFÁCIO

Apresenta-nos o Des. Kazuo Watanabe uma extraordinária coletânea de reflexões acerca do sempre atual tópico do Acesso à Justiça.

Dedicado pensador dos sistemas jurídico e judiciário brasileiro, o autor condensa nesta obra conclusões que adiantou, ao longo das décadas de estudo e atuação dedicadas aos diversos aspectos desta ampla problemática.

A temática nos remete à obra seminal dos Profs. Mauro Cappelletti e Brian Garth, para cuja difusão no Brasil muito me compraz haver contribuído, vertendo-a para o português. Ao enfrentar o desafio que me fora proposto pelo Editor Sergio Fabris, surpreendeu-me a extensão da pesquisa de que resultara o volume enxuto em que sintetizadas as conclusões. Atestam tal fato as detalhadas remissões de rodapé que me valeram o trabalho extra de conversão das normas técnicas adotadas pelo original para aquelas sancionadas pela ABNT. Ao longo de paciente intercâmbio com juristas das mais variadas latitudes, Cappelletti e Garth colecionaram evidência da constância de padrões deficitários de acesso à Justiça, mesmo nas jurisdições consideradas avançadas. A primeira edição brasileira, lançada em 1988 – à qual se seguiram tantas outras – difundiu entre os meios jurídicos e, de modo especial na magistratura, uma nova consciência da abrangência limitada que o serviço público essencial de realização da justiça alcança entre nós. Abriu também espaço para a aceitação da participação de outros atores e de novas fórmulas a serem utilizados para a solução dos conflitos. Relembro, com particular regozijo, seminário promovido pelo Conselho da Justiça Federal alguns meses após o lançamento da versão brasileira. Naquela ocasião, todos os doze juízes federais que apresentaram contribuições incluíram referência ao trabalho pioneiro de Cappelletti e Garth. Firmava-se a prática de debate nacional sobre o tema.

De lá para cá, sem dúvida, avançou-se em nosso país na adoção de inúmeras estratégias que tem por objetivo colocar os serviços de justiça ao alcance dos cidadãos. A contínua expansão das instâncias de base, responsáveis pela análise fática; a criação de varas e turmas julgadoras especializadas; a difusão dos juizados especiais (cujo impulso inicial se deve à atuação do Des. Kazuo); a instalação de aguerridas defensorias públicas em muitos Estados; a contribuição decisiva para o esclarecimento da população, promovida pelas entidades de defesa do consumidor e por outros grupos de conscientização; e, sobretudo, a expansão de fórmulas alternativas de solução das divergências levam-nos a reconhecer que, inegavelmente o país evoluiu.

Demonstram essa evolução o crescimento exponencial das causas em juízo, mas também, o surpreendente desenvolvimento da atividade arbitral, a partir do reconhecimento pelo STF da constitucionalidade plena da Lei Marco Maciel. Evidenciam-na o sucesso do Programa Nacional de Conciliação, que a partir de sua semana inaugural, em 2006, teve a virtude de congregar num movimento concertado de pacificação social as Justiças Estaduais e a Justiça Federal, com resultados extremamente gratificantes.

Recentemente introduziram-se ajustes à lei de arbitragem e editou-se o marco legal de que carecia a mediação. Dado que boa parte da litigância inclui em um dos polos o poder público, foi estendida a autorização legal para que se resolvam por arbitragem ou mediação matérias que até então delas estavam excluídas.

O conteúdo que ora é oferecido ao leitor perpassa todos esses temas e sumariza a rica experiência do autor como docente e magistrado, mas acima de tudo como pensador crítico da realidade brasileira. Aqui estão retratadas as pendências atuais e as sugestões de solução resultantes da pesquisa e da cogitação madura de encaminhamentos para o aperfeiçoamento constante das instituições.

A obra traz rico subsídio a todos quantos militam neste campo, seja como magistrados, procuradores, ou administradores judiciais, mas sua leitura acessível e agradável a aconselha a todos quantos desejem melhor conhecer os esforços empreendidos com vistas a estender a todos os benefícios do Estado de Direito.

Rio de Janeiro, 27 de agosto de 2018.

MIN. ELLEN GRACIE NORTHFLEET

APRESENTAÇÃO

A insistência e a profundidade com que o Professor Kazuo Watanabe tem estudado e difundido a ideia de *acesso à justiça*, na cátedra e na literatura jurídica, credencia o notável jurista como um dos mais relevantes construtores, no direito brasileiro, da garantia fundamental do *processo justo*.

Quando se pensa em *processo justo*, cogita-se, desde logo, de sua *efetividade e eficiência*, para tutelar, adequadamente, os direitos lesados ou ameaçados. É que não satisfaz ao anseio de justiça da sociedade contemporânea a previsão de uma tutela judicial qualquer. Se a tutela disponibilizada é *difícil* ou *inadequada*, frente às particularidades do conflito, é mesmo duvidoso falar em situação de real "tutela jurisdicional dos direitos, salvo que se pense num plano puramente *formal* e, portanto, escassamente significativo". Falar, então, em tutela jurisdicional exige enfocar o tema da "*efetividade da tutela*", em cujo terreno se discute a imprescindibilidade da *adequação* e da *funcionalidade*. Nessa perspectiva, uma tutela formal não basta mais, e emerge a necessidade fundamental de que a tutela jurisdicional seja, sempre, *efetiva*, e, além de efetiva, seja adequada à crise de direito a resolver, assim como os meios instrumentais disponíveis sejam *eficientes* em termos de *acessibilidade* e *funcionalidade*[1].

Assim, somente a partir de um processo efetivo, adequado, eficiente e funcional se pode, em nosso tempo, cogitar de vero acesso a uma tutela jurisdicional *justa*.

No século XXI, o atual Código de Processo Civil vigente entre nós não deixa dúvida:

a) hoje em dia, antes de por em prática a disciplina procedimental codificada, o aplicador terá de atentar para o fato da supremacia da ordem constitucional no plano da prestação jurisdicional, ou seja, nos termos do art. 1º do CPC de 2015 "o processo civil será ordenado, disciplinado e

---

[1] COMOGLIO, Luigi Paolo; FERRI, Corrado; TARUFFO, Michele. *Lezione sul processo civile*. 4.ed. Bologna: Il Mulino, 2006, v. I, p. 34-35.

interpretado conforme os valores e as normas fundamentais estabelecidos na Constituição da República Federativa do Brasil";

b) o acesso à justiça, inquestionavelmente, é amplo e irrestrito, não se tolerando a exclusão da apreciação jurisdicional de ameaça ou lesão a direito (CF, art. 5º, XXXV; CPC, art. 3º);

c) o direito das partes, perante a Justiça, não é apenas o de ser ouvido em juízo, mas sim o de "obter em prazo razoável a *solução integral do mérito*, incluída a atividade *satisfativa*" (CPC, art. 4º);

d) o contraditório assegurado pela CF, como parte essencial do *devido processo legal* (art. 5º, LIV) não se limita à audiência bilateral dos litigantes e ao direito de provar as alegações e defesas (CF, art. 5º, LV); compreende, também e principalmente, o poder-dever de cooperação (entre partes e juiz) na busca, em tempo razoável, da "decisão de mérito *justa* e *efetiva*.

Em suma, é explícita a consagração pelo Estado Democrático Brasileiro do *processo justo*, como forma de aprimoramento da velha figura do *devido processo legal*. Nessa ordem de ideias, o *acesso à justiça* é garantia que, na sua essência, contém, todas as demais garantias constitucionais do processo, especialmente o "direito à informação e de participação no devido processo legal, ao resultado *justo e efetivo*" – conforme ensina Paulo Cezar Pinheiro Carneiro[2].

Basta, porém, uma ligeira leitura do índice da obra do Prof. Kazuo Watanabe, que a Editora Del Rey tem a felicidade e a honra de lançar, para se ter uma ideia da luta que se travou desde o fim da Segunda Grande Guerra, por meio de tratados e reformas constitucionais, em prol de um acesso à justiça capaz de se transformar numa solene e efetiva garantia fundamental integrada efetivamente nos *direitos do homem*.

Com efeito, desde 1984 que o notável jurista e magistrado vem se reportando à ideia de "acesso à ordem jurídica justa", como algo necessário à mudança de mentalidade de quantos militem na área do direito processual, seja como partes e seus advogados, seja como legislador e, sobretudo, como autoridade aplicadora das leis em juízo. Todo esforço tem sido por ele feito, em sucessivos trabalhos, todos com a tônica de que "o direito de acesso à justiça é, fundamentalmente, direito de acesso à *ordem jurídica justa*".

---

[2] *In* WAMBIER, Teresa Arruda Alvim; DIDIER JR., Fredie; TALAMINI, Eduardo; DANTAS, Bruno (orgs.). *Breves comentários ao novo Código de Processo Civil*. 3.ed. São Paulo: Ed. RT, 2016, p. 77-78.

Essa luta mais que cinquentenária, para que a *justiça* falasse mais alto que a *lei apenas*, tem de ser reconhecida, em nosso tempo, como plenamente vitoriosa, quando se vê nosso País empenhado na instituição de modernos diplomas normativos cada vez mais voltados progressivamente para a humanização do direito positivo e para a efetiva implementação das garantias fundamentais, como, por exemplo, a Lei da Ação Civil Pública, o Código de Defesa do Consumidor, a instituição dos Juizados Especiais, o Estatuto da Criança e do Adolescente, o Estatuto do Idoso, o Estatuto da Pessoa com Deficiência, a Lei da Mediação, e, acima de tudo, o moderníssimo Código de Processo Civil de 2015.

Os estudos do Professor Watanabe ora reunidos em excelente obra editorial cumprem um importante papel na história recente da notável evolução por que tem passado o direito brasileiro, por intermédio de uma rica e virtuosa aproximação entre o direito material e o direito processual, numa *justa* e *efetiva* instrumentalização daquele por este, apta a realizar o acesso à tutela jurisdicional mediante um processo que seja realmente *justo* tanto em sentido procedimental como substancial – como, aliás, sempre sonhou o grande maestro das Arcadas do Largo de São Francisco.

É claro que apenas a edição de leis não é suficiente para a completa reorganização de uma sociedade que se intenta transformar em *justa* e *solidária* (CF, art. 3º, I). A cultura de um povo não se altera da noite para o dia, apenas por ato de vontade do legislador ou do doutrinador. Não custa, porém, sonhar com a intensificação do progresso social humanizado, e por ele se bater com ardor, porque é sonhando sempre com um ideal que este pode, de fato, se tornar o farol e o motor da jornada em rumo da meta eleita por quem se dedica a pensar grande em termos jurídico e humanístico.

Os estudos reunidos na presente obra do Professor Watanabe não contêm a exegese do direito positivo atual, mas fornecem ao estudioso um aprofundamento principiológico muito útil para a compreensão da evolução por que tem passado o processo brasileiro, e para facilitar o ingresso nas técnicas de interpretação e aplicação da *ordem jurídica justa*, no âmbito da solução judicial de conflitos.

A obra vem à luz em momento de grave crise ética, política e social no país, e de sérias incertezas quanto à eficiência das instituições públicas para debelá-la. No terreno da justiça pública, muito poderá contribuir, graças à valoração, na atividade pacificadora dos litígios, do comportamento qualificado moral e socialmente –, lição que o autor desenvolve com sapiência e maestria.

Trata-se, por certo, de empreendimento editorial que só encômios merece, tal a qualidade excepcional dos estudos compediados. A repercussão maior haverá de acontecer nos meios acadêmicos, sem desmerecer, contudo, a utilidade prática dos conceitos desenvolvidos para a boa interpretação e aplicação do sistema tutelar instrumental implantado pelo Código de Processo Civil de 2015 e pela legislação de regência das ações coletivas em vigor entre nós.

Belo Horizonte, outubro de 2018.

PROF. HUMBERTO THEODORO JÚNIOR

SOBRE O CONTEÚDO DO LIVRO

O tema central deste livro é o "acesso à justiça" (escrevo "justiça" com "j" minúsculo para significar que não se trata de acessar apenas os órgãos judiciários). Os trabalhos que o compõem, não somente os da Parte I, que abordam mais diretamente o tema, como também os que integram os demais conteúdos (Direito Processual Civil, Processos Coletivos e Entrevistas), cuidam do acesso à justiça em seus variados aspectos. É inquestionável, por exemplo, a fundamental importância do aperfeiçoamento dos instrumentos processuais para a adequada tutela tanto dos conflitos individuais quanto dos coletivos. E a mudança de mentalidade, tantas vezes mencionada em vários artigos e ressaltada nas entrevistas, é condição essencial, em minha avaliação, para que o acesso à justiça tenha a dimensão de acesso à ordem jurídica justa.

Utilizei a expressão "acesso à ordem jurídica justa", pela primeira vez, em 1984, numa palestra proferida sobre o tema **"Assistência judiciária como instrumento de acesso à ordem jurídica justa"**, que foi publicada na Revista da Procuradoria Geral do Estado de São Paulo nº 22, janeiro-dezembro de 1984. Essa palestra é anterior à aprovação da Lei do Juizado Especial de Pequenas Causas (Lei n. 7.244, de 07 de novembro de 1984). Em seguida à aprovação da Lei do Juizado, escrevi o artigo **"Assistência Judiciária e o Juizado Especial de Pequenas Causas"**, no qual reproduzi por inteiro o artigo mencionado, de sorte que deixo de publicar o artigo de 1984 neste livro para evitar uma inútil duplicidade.

Três anos após, retomei o estudo de acesso à justiça, elaborando o artigo intitulado **"Acesso à Justiça e Sociedade Moderna"**, que foi apresentado no evento denominado "Participação e Processo", que se realizou em meados de 1987, sob o patrocínio do Instituto Brasileiro de Direito Processual, do Centro de Estudos da Procuradoria Geral do Estado de São Paulo e do Departamento de Direito Processual da Faculdade de Direito do Largo São Francisco (USP). Todos os trabalhos desse importante evento, do qual participaram consagrados processualistas nacionais e internacionais, foram publicados no livro **"Participação e Processo"**, da Editora Revista dos Tribunais, em 1988, obra coordenada por Ada Pellegrini Grinover, Cândido Rangel Dinamarco e por mim.

As conclusões do "**Acesso à Justiça e Sociedade Moderna**" podem ser assim sintetizadas:

a) o direito de acesso à justiça é, fundamentalmente, direito de acesso à ordem jurídica justa;

b) são dados elementares desse direito: 1) direito à informação e perfeito conhecimento do direito substancial; 2) direito à organização de pesquisa permanente a cargo de especialistas e orientada à aferição constante da adequação entre a ordem jurídica e a realidade socioeconômica do país; 3) direito de acesso à Justiça adequadamente organizada e formada por juízes inseridos na realidade social e comprometidos com a realização da ordem jurídica justa; 4) direito à preordenação de instrumentos processuais capazes de promover a efetiva tutela de direitos; 5) direito à remoção de todos os obstáculos que se anteponham ao acesso efetivo à justiça com tais características.

No trabalho, é ressaltada também a importância da organização e adoção de todos os mecanismos adequados de solução de controvérsias, como a mediação e a conciliação, além do método ainda predominante de solução dos conflitos pelo critério da adjudicação por meio de sentença.

Os estudos posteriores seguiram essas premissas, reforçando a conclusão de que o acesso à justiça é, fundamentalmente, acesso à ordem jurídica justa.

Mas, para que o acesso à justiça possa efetivamente atingir plenamente essa dimensão é necessário que se realize, em caráter contínuo, uma **pesquisa permanente do ordenamento jurídico**, um observatório, aferindo a adequação da ordem jurídica à realidade socioeconômica do país, ou seja, a justiça do direito material a ser respeitado espontaneamente por todos ou a ser aplicado na solução das controvérsias. Não se desconhece que é um ideal quase impossível de se atingir, podendo ser qualificado até de ingênuo e utópico. Mas é possível elegê-lo como **meta de evolução** para que algumas injustiças, pelo menos as maiores, decorrentes da inadequada interpretação e aplicação de um ordenamento jurídico nascido do embate de interesses socioeconômico-políticos, sejam evitadas ou reduzidas. É um sonho que acalento, mas com algum desânimo, pois não vejo qualquer iniciativa na implementação de pesquisa dessa natureza.

Os artigos reunidos neste livro foram produzidos ao longo de 50 anos. Alguns deles foram escritos antes da aprovação do Código de Processo Civil de 1973, na segunda metade da década de 1960, por ocasião dos Colóquios de Direito Processual realizados para a discussão do projeto de Código de Processo Civil em discussão no Congresso Nacional; outros, são anteriores à Lei de Ação Civil Pública e do Código de Defesa do Consumidor, duas leis que revolucionaram o sistema processual brasileiro. Há também trabalhos que nasceram durante o exercício da judicatura, abordando temas controvertidos ou sobre os quais houve necessidade de estudo mais aprofundado em razão da complexidade do tema. Assim, esses estudos possivelmente têm valor apenas histórico, sem serventia para o leitor, embora tivessem sido importantes para minha formação e aprimoramento na área jurídica.

Espero que o livro possa servir, ao menos, para suscitar mais debates e estudos sobre o importante e sempre atual tema do acesso à justiça.

São Paulo, novembro de 2018.

KAZUO WATANABE

SUMÁRIO

PREFÁCIO..VII
Min. Ellen Gracie Northfleet

APRESENTAÇÃO.. IX
Prof. Humberto Theodoro Júnior

SOBRE O CONTEÚDO DO LIVRO..XIII

PARTE I
ESTUDOS SOBRE ACESSO À JUSTIÇA E ACESSO À ORDEM JURÍDICA JUSTA

CAPÍTULO 1
ACESSO À JUSTIÇA E SOCIEDADE MODERNA 3
1.1 Acesso à ordem jurídica justa 3
1.2 Justiça e realidade socioeconômico-política do País - Realidade brasileira 3
1.3 Sociedade moderna e sua complexidade
 - Necessidade de pesquisa interdisciplinar... 6
1.4 Organização da justiça e peculiaridade dos conflitos
 - Meios alternativos de solução (mediação, conciliação e arbitragem) 7
1.5 Participação da comunidade na administração da justiça..................... 8
1.6 Aperfeiçoamento dos juízes, organização adequada da justiça
 (com pesquisa interdisciplinar permanente); informação, orientação
 e assistência judiciária, e instrumentos processuais adequados........... 9
1.7 Conclusão 10

CAPÍTULO 2
JUIZADO ESPECIAL DE PEQUENAS CAUSAS
(Filosofia e Características Básicas) 11
2.1 Considerações iniciais 11
2.2 Os conflitos de interesses e seu tratamento 11
2.3 Juizado Especial de Pequenas Causas e a crise do Judiciário 12
2.4 Ideias básicas do Juizado Especial de Pequenas Causas 13
2.5 Juizado Especial de Pequenas Causas e valorização do trabalho do advogado 14
2.6 Juizado Especial de Pequenas Causas e a participação da comunidade 15
2.7 Conclusão 16

CAPÍTULO 3
ASSISTÊNCIA JUDICIÁRIA E O JUIZADO ESPECIAL DE PEQUENAS CAUSAS 19
3.1 Considerações iniciais 19
3.2 Assistência judiciária como instrumento de acesso à ordem jurídica justa 19
3.3 Assistência judiciária e o juizado especial de pequenas causas 21
3.4 Juizado especial de pequenas causas e o serviço de orientação e informação .. 24
3.5 Conclusão 24

CAPÍTULO 4
LENTIDÃO DO JUDICIÁRIO É OBSTÁCULO 27

CAPÍTULO 5
PESQUISA DAS CAUSAS DA LITIGIOSIDADE 29
5.1 Reforma do Judiciário e critérios 29
5.2 Problemas do Judiciário e os enfoques possíveis 29
5.3 Necessidade de estudo sistemático e permanente,
     e não episódico, dos problemas do Judiciário 30
     5.3.1 Causas da litigiosidade e sua pesquisa 30
5.4 Indicação de alguns tópicos da pesquisa 31
5.5 Considerações finais 32

CAPÍTULO 6
RELEVÂNCIA POLÍTICO-SOCIAL DOS JUIZADOS ESPECIAIS CÍVEIS
(SUA FINALIDADE MAIOR) 33

CAPÍTULO 7
THEOTONIO NEGRÃO E AS "CAUSAS DE PEQUENO VALOR" 41
7.1 Considerações iniciais... 41
7.2 Ideias sobre nova estrutura para o Judiciário nacional 41
7.3 Procedimento sumaríssimo para "causas de pequeno valor" 42
7.4 Juizado Especial de "pequenas causas" 43
7.5 Considerações finais... 45

CAPÍTULO 8
NOVAS ATRIBUIÇÕES DO JUDICIÁRIO: NECESSIDADE DE SUA PERCEPÇÃO E DE REFORMULAÇÃO DA MENTALIDADE 47

CAPÍTULO 9
O *IUS POSTULANDI* PERANTE O ESTATUTO DA OAB 51

CAPÍTULO 10
MODALIDADE DE MEDIAÇÃO 57

CAPÍTULO 11
CULTURA DA SENTENÇA E CULTURA DA PACIFICAÇÃO 65

CAPÍTULO 12
A MENTALIDADE E OS MEIOS ALTERNATIVOS DE SOLUÇÃO DE CONFLITOS NO BRASIL 75

CAPÍTULO 13
ACESSO À JUSTIÇA E MEIOS CONSENSUAIS DE SOLUÇÃO DE CONFLITOS ... 81

CAPÍTULO 14
POLÍTICA PÚBLICA DO PODER JUDICIÁRIO NACIONAL PARA TRATAMENTO ADEQUADO DOS CONFLITOS DE INTERESSES 87
14.1 Da necessidade de política judiciária nacional de tratamento adequado dos conflitos de interesses 87
14.2 Importância da conciliação e mediação na história do judiciário nacional......... 91
14.3 Anúncio de nova política judiciária nacional no discurso de posse do Min. Cezar Peluso 93
14.4 Instituição de Política Judiciária Nacional de Tratamento Adequado dos Conflitos de Interesses pela Res. CNJ 125, de 29.11.2010: seus pontos mais importantes... 94

CAPÍTULO 15
POLÍTICA JUDICIÁRIA NACIONAL DE TRATAMENTO ADEQUADO DOS CONFLITOS DE INTERESSES - UTILIZAÇÃO DOS MEIOS ALTERNATIVOS DE RESOLUÇÃO DE CONTROVÉRSIAS 97

15.1 Considerações iniciais.. 97
15.2 Política pública de tratamento adequado dos conflitos de interesses................ 99
15.3 Atualização do conceito de acesso à Justiça... 100
15.4 Transformação da "cultura da sentença" em "cultura da pacificação" 100
15.5 Qualidade dos serviços. Capacitação, treinamento e aperfeiçoamento permanente dos conciliadores e mediadores...................... 100

CAPÍTULO 16
MEDIAÇÃO COMO POLÍTICA PÚBLICA SOCIAL E JUDICIÁRIA 103

16.1 Alguns dados históricos da mediação no Brasil 103
16.2 Resolução nº 125/2010, do CNJ, e política pública judiciária 105
16.3 Mediação e política pública social... 106
16.4 Pacto de Mediação.. 107

CAPÍTULO 17
DEPOIMENTO: ATUALIZAÇÃO DO CONCEITO DE ACESSO À JUSTIÇA COMO ACESSO À ORDEM JURÍDICA JUSTA 109

CAPÍTULO 18
ADA PELLEGRINI GRINOVER E OS MEIOS ALTERNATIVOS DE SOLUÇÃO DE CONTROVÉRSIAS (ARBITRAGEM E MEDIAÇÃO)............... 115

CAPÍTULO 19
RACIONALIZAÇÃO DO SISTEMA DE JUSTIÇA COM GERENCIAMENTO ADEQUADO DOS CONFLITOS DE INTERESSES................ 119

PARTE II
OUTROS ESTUDOS

CAPÍTULO 1
ÔNUS SUBJETIVO DA PROVA NA AÇÃO DECLARATÓRIA NEGATIVA 129

CAPÍTULO 2
DO JULGAMENTO ANTECIPADO DA LIDE 139

CAPÍTULO 3
MANDADO DE SEGURANÇA CONTRA ATOS JUDICIAIS **147**

3.1 Objetivo do estudo 147
3.2 Considerações preliminares sobre o mandado de segurança e sua impetração contra atos judiciais... 147
3.3 Evolução da jurisprudência sobre o tema - Orientação predominante............. 149
3.4 Jurisdição constitucional das liberdades e instrumentos adequados à sua ativação.. 151
3.5 Mandado de segurança como instrumento diferenciado e reforçado de ativação da jurisdição constitucional das liberdades 153
3.6 Relação entre mandado de segurança e o sistema de instrumentos processuais comuns 155
3.7 Conclusão 157

CAPÍTULO 4
BREVE REFLEXÃO SOBRE A NATUREZA JURÍDICA DA SENTENÇA DE NULIDADE DE CASAMENTO **159**

4.1 Casamento inexistente, nulo e anulável... 159
4.2 Classificação das ações (ou do processo) segundo o tipo de provimento jurisdicional 160
4.3 Ação constitutiva e provimento constitutivo 161
4.4 Nulidade dos atos jurídicos em geral e natureza jurídica da sentença que a pronuncia 164
4.5 Sentença de nulidade: predominância do conteúdo declaratório e desconstitutividade da eficácia do ato nulo 168
4.6 Sentença de nulidade do casamento: sua natureza jurídica..................... 169

CAPÍTULO 5
AÇÃO DÚPLICE **175**

5.1 Conceito de ação dúplice.. 175
5.2 Breve escorço histórico 175
5.3 Bilateralidade das ações e ações dúplices...................................... 177
5.4 Algumas ações dúplices no vigente sistema processual brasileiro.................... 180

CAPÍTULO 6
A TUTELA DE URGÊNCIA E O ARTIGO 273 .... **183**

CAPÍTULO 7
DUAS MODIFICAÇÕES EM TUTELA **187**
7.1   Da antecipação da tutela no processo de conhecimento 187
7.2   Da tutela específica da obrigação de fazer ou de não fazer 188

CAPÍTULO 8
TUTELA ANTECIPATÓRIA E TUTELA ESPECÍFICA DAS OBRIGAÇÕES DE FAZER E NÃO FAZER (ARTS. 273 E 461 DO CPC) **191**
8.1   Acesso à Justiça e efetividade e tempestividade da tutela jurisdicional 191
    8.1.1   Da necessidade de admissão de provimentos mais eficazes, numa revisão da doutrina dominante, para a perfeita compreensão das inovações em análise 192
    8.1.2   Do provimento executivo lato sensu e do provimento mandamental 193
        8.1.2.3   Do provimento executivo *lato sensu* 194
        8.1.2.4   Do provimento mandamental 195
        8.1.2.5   Da relatividade da dicotomia processo de conhecimento-processo de execução 198
        8.1.2.6   Da tutela antecipatória (art. 273) 200
8.2   Da tutela específica das obrigações de fazer e não fazer (art. 461) 210
    8.2.1   Da fonte inspiradora 210
    8.2.2   Da distinção entre o ato do demandado e o resultado prático-jurídico equivalente nas obrigações de fazer ou não fazer 211
    8.2.3   Da importância dos provimentos mandamental e executivo lato sensu, e da conjugação deles com os demais tipos de provimento, para a tutela específica das obrigações de fazer ou não fazer 213
    8.2.4   Da multa e das perdas e danos 217
    8.2.5   Da tutela antecipatória (art. 461, § 3º) 217
    8.2.6   Da execução do provimento concessivo da tutela específica da obrigação de fazer ou não fazer ou obtenção do resultado prático equivalente 218

CAPÍTULO 9
TUTELA ANTECIPADA E ESPECÍFICA E OBRIGAÇÕES DE FAZER E NÃO FAZER (PALESTRA) **223**

CAPÍTULO 10
ANTECIPAÇÃO DE TUTELA. LIMINARES. MANDADO DE SEGURANÇA (PALESTRA) **237**

CAPÍTULO 11
INVERSÃO DO ÔNUS DA PROVA - COMENTÁRIOS AO ACÓRDÃO DO RECURSO ESPECIAL (RESP) Nº 802.832-MG (2005/0203865-3) 243

PARTE III
PROCESSOS COLETIVOS

CAPÍTULO 1
TUTELA JURISDICIONAL DOS INTERESSES DIFUSOS: A LEGITIMAÇÃO PARA AGIR 251

CAPÍTULO 2
DEMANDAS COLETIVAS E OS PROBLEMAS EMERGENTES DA PRÁXIS FORENSE 263

CAPÍTULO 3
TUTELA DOS INTERESSES DIFUSOS (PALESTRA) 279

CAPÍTULO 4
APONTAMENTOS SOBRE: "TUTELA JURISDICIONAL DOS INTERESSES DIFUSOS (NECESSIDADE DE PROCESSO DOTADO DE EFETIVIDADE E DE APERFEIÇOAMENTO PERMANENTE DOS JUÍZES E APOIO DOS ÓRGÃOS SUPERIORES DA JUSTIÇA EM TERMOS DE INFRAESTRUTURA MATERIAL E PESSOAL)" 289

CAPÍTULO 5
RELAÇÃO ENTRE DEMANDA COLETIVA E DEMANDAS INDIVIDUAIS 293

CAPÍTULO 6
NOVAS TENDÊNCIAS EM MATÉRIA DE LEGITIMAÇÃO E COISA JULGADA NAS AÇÕES COLETIVAS - RELATÓRIO SÍNTESE (CONGRESSO INTERNACIONAL DE DIREITO PROCESSUAL - 2007) 303

6.1   Considerações iniciais 303
6.2   Legitimação 303
    6.2.1 Países de *civil law* 303
    6.2.2 Países de *common law* 304
6.3   Representatividade adequada *(Adequacy of Representation)* 304
    6.3.1 Países de *civil law* 305
    6.3.2 Países de *common law* 305

6.4 Coisa julgada nas ações coletivas 305
    6.4.1 Critério do *opt out*.. 305
    6.4.2 Critério do *opt in* 306
6.5 Combinação dos critérios de *opt in* e de *op out*.. 306
    6.5.1 Países de *civil law* 306
    6.5.2 Países de *common law* 308

CAPÍTULO 7
DO OBJETO LITIGIOSO DAS AÇÕES COLETIVAS: CUIDADOS NECESSÁRIOS PARA SUA CORRETA FIXAÇÃO 311

7.1 Considerações Iniciais.. 311
7.2 Interesses e direitos "difusos"... 313
7.3 Interesses ou direitos "coletivos" *stricto sensu* 315
7.4 Interesses ou direitos "individuais homogêneos"...................................... 318
7.5 Correta fixação do objetivo litigioso do processo coletivo 319

CAPÍTULO 8
CONTROLE JURISDICIONAL DAS POLÍTICAS PÚBLICAS – "MÍNIMO EXISTENCIAL" E DEMAIS DIREITOS FUNDAMENTAIS IMEDIATAMENTE JUDICIALIZÁVEIS.. 323

8.1 Constituição Brasileira de 1988 - Estado democrático de direito e os direitos fundamentais sociais 323
8.2 Assunção pelo judiciário brasileiro de novas atribuições 326
8.3 Direitos fundamentais sociais e o "mínimo existencial" - "justiciabilidade" imediata, sem prévia ponderação do legislativo ou do executivo.................... 329
8.4 Direitos fundamentais sociais não integrantes do conceito de "mínimo existencial", mas previstos em normas constitucionais de "densidade suficiente" (ou "densidade aplicativa") - possibilidade de judicialização imediata - cláusula da "reserva do possível" 331
8.5 Demais direitos fundamentais sociais, previstos em normas constitucionais de cunho programático - necessidade de prévia ponderação, por meio de política pública específica, dos demais poderes do estado 334
8.6 Conclusões.. 334

CAPÍTULO 9
A PROVA E AS MEDIDAS PROVISIONAIS NOS LITÍGIOS COMPLEXOS E PROCESSOS COLETIVOS 337

9.1 Considerações iniciais 337
9.2 Da complexidade dos litígios 338
9.3 Dos processos coletivos 339
9.4 Das provas técnicas ou científicas 341
9.5 Das medidas provisionais em litígios complexos e nos processos coletivos 343
9.6 Da necessidade de criação de juízos especializados, com assessorias especializadas de apoio aos juízes para análise das provas técnicas ou científicas 345

CAPÍTULO 10
PRINCÍPIO IN DUBIO PRO NATURA – ÔNUS DA PROVA 347

CAPÍTULO 11
A CONVERSÃO DA AÇÃO INDIVIDUAL EM COLETIVA (PALESTRA) 355

11.1 Desembargador Federal FERREIRA NEVES 355
11.2 Professor KAZUO WATANABE 356
11.3 Desembargador Federal FERREIRA NEVES 362

CAPÍTULO 12
PROCESSO CIVIL DE INTERESSE PÚBLICO: INTRODUÇÃO 365

PARTE IV
ENTREVISTAS

CAPÍTULO 1
REVISTA FÓRUM CESA 375

1.1 Ponto de Vista - entrevistado por Ludmila Pizarro Alves Silva 375
1.2 Modificações estruturais no CPC 1973 na década de 1990; Juizados de Pequenas Causas; papel do CNJ; acesso à justiça; importância do Código de Defesa do Consumidor; Direito Ambientel, ensino jurídico; aperfeiçoamento da Justiça 376

CAPÍTULO 2
REVISTA DE ARBITRAGEM E MEDIAÇÃO 391

2.1 Importância da mediação; "cultura da sentença" e receio de redução do mercado de trabalho; desconhecimento das reais vantagens da mediação e necessidade de mudança de mentalidade; "Pacto de Mediação";

CNJ e a política judiciária de tratamento adequado de conflitos;
novo CPC e sua compatibilização com a Resolução 125 do CNJ;
importância da conciliação como etapa obrigatória de uma demanda;
conversão da ação individual em coletiva; mudança no ensino jurídico;
Cebepej: sua origem e importância; participação em formulação de
propostas legislativas e o interesse pela mediação;
influências de Barbosa Moreira e Ovídio Baptista da Silva 391

CAPÍTULO 3
BOLETIM AASP (ASSOCIAÇÃO DOS ADVOGADOS DE SÃO PAULO) 409
3.1   A efetividade dos processos coletivos no Direito brasileiro 409

CAPÍTULO 4
TRIBUNAL REGIONAL FEDERAL DA TERCEIRA REGIÃO (SP E MS) 419
4.1   Importância da mediação e da conciliação 419

PARTE I

ESTUDOS SOBRE ACESSO À JUSTIÇA E ACESSO À ORDEM JURÍDICA JUSTA

CAPÍTULO 1
ACESSO À JUSTIÇA E SOCIEDADE MODERNA

1.1 Acesso à ordem jurídica justa

A problemática do acesso à Justiça não pode ser estudada nos acanhados limites do acesso aos órgãos judiciais já existentes. Não se trata apenas de possibilitar o acesso à Justiça enquanto instituição estatal; e sim de viabilizar o *acesso à ordem jurídica justa*.

Uma empreitada assim ambiciosa requer, antes de mais nada, uma nova *postura mental*. Deve-se pensar na ordem jurídica e nas respectivas instituições, pela *perspectiva do consumidor*, ou seja do destinatário das normas jurídicas, que é o povo, de sorte que o problema do acesso à Justiça traz à tona não apenas um *programa de reforma* como também um *método de pensamento*, como com acerto acentua Mauro Cappelletti.

Hoje, lamentavelmente, a perspectiva que prevalece é a do Estado, quando não do ocupante temporário do poder, pois, como bem ressaltam os cientistas políticos, o direito vem sendo utilizado como instrumento de governo para a realização de metas e projetos econômicos. A ética que predomina é da eficiência técnica, e não da equidade e do bem-estar da coletividade.

Há que se preocupar, outrossim, com o direito substancial, que, sobre ser ajustado à realidade social, deve ser interpretado e aplicado de modo correto. Já se disse alhures que, para a aplicação de um direito substancial discriminatório e injusto, melhor seria dificultar o acesso à Justiça, pois assim se evitaria o cometimento de dupla injustiça.

1.2 Justiça e realidade socioeconômico-política do País - Realidade brasileira

Aspecto de extrema relevância é o perfeito conhecimento da realidade sociopolítico-econômica do País, para que em relação a ela se pense na correta estruturação dos Poderes e adequada organização da Justiça, se trace uma correta estratégia de canalização e resolução de conflitos e se organizem convenientemente os instrumentos processuais preordenados à realização efetiva de direitos.

Não se organiza uma Justiça para uma sociedade abstrata, e sim para um país de determinadas características sociais, políticas, econômicas e culturais.

Considere-se, por exemplo, a *realidade brasileira*.

Acentuam os cientistas políticos que o Brasil é um país marcado por contradições sociais, econômicas, políticas e regionais.

O intervencionismo estatal, que vem assumindo relevo cada vez maior, é muito mais uma resultante dessas contradições do que de uma estratégia bem traçada de algum partido político ou de um grupo ideológico incrustado no poder. As estatizações de algumas empresas são decorrência mais do desmazelo, da incapacidade e das dificuldades financeiras das mesmas. Não são consequências, como alguns supõem, de política de nacionalização e estatização da economia nacional planejada por algum governo de esquerda.

A intervenção do Estado, traduzida em assunção de algumas atividades econômicas produtivas ou em regulação e fiscalização de atividades privadas, atende muito mais à preocupação de superar as dificuldades sociais e econômicas que o acometem. Portanto, atende à lógica do capitalismo. A crise econômico-financeira que o País enfrenta é, em parte, fruto da conjuntura internacional e, em parte bem maior, dos problemas estruturais de organização política, de distribuição de renda, de produção, de estrutura fundiária e de estratégia inadequada de canalização e resolução dos *conflitos* decorrentes de toda essa desorganização social.

Têm sublinhado os cientistas políticos, com inegável acerto, a ineficácia da estratégia adotada pelos ocupantes do poder na tentativa de administrar tais contradições *sem qualquer reforma estrutural*. A estratégia tem consistido, basicamente, em concessão de novos *direitos sociais* às classes sociais em geral e em especial às classes mais desfavorecidas, tudo isso representando um elevado custo para o Estado, que o obriga a intervir mais e mais, sempre com vistas à captação de mais recursos financeiros.

Os direitos sociais outorgados como meio de aliviar as tensões sociais têm sido considerados como pontos de referência, por parte de segmentos da sociedade cada vez mais organizados, alguns deles emergentes em data bem recente, como os "boias-frias" e os "sem-terra" agrícolas e urbanos, para postulação de novos benefícios e direitos, cujo atendimento reclama do Estado mais gastos e novos expedientes de arrecadação de recursos, que significam mais intervenção estatal na esfera jurídica dos cidadãos.

O grave é, porém, que muitos desses direitos não são honrados, de todo ou parcialmente (confira-se, a propósito, o que tem ocorrido nas áreas previdenciária e de infortunística), o que tem gerado *conflitos de interesses*, muitos dos quais encaminhados ao Poder Judiciário.

Há a constatar, demais disso, que inúmeros direitos sociais (os pertinentes à habitação, ao emprego, à instrução e à reforma agrária, por exemplo) têm sido prometidos em palanques públicos e em plataformas de governo, o que vem gerando *expectativas* e *ansiedades sociais*. Mais do que isso, vem criando, nos mais humildes, a consciência do direito a uma vida de melhor qualidade, pois os discursos políticos que ouvem são todos nesse sentido. A consequência do não cumprimento dessas promessas tem sido o enfraquecimento de certos direitos subjetivos, como o de propriedade, que são confrontados, num discurso político bem elaborado, com os direitos de vida e de saúde, constitucionalmente assegurados, e também com o caráter social da propriedade. As invasões de propriedade e a desobediência civil, conflitos que põem à mostra a constrangedora impotência do Judiciário, são decorrência imediata desse estado de coisas.

O Estado brasileiro, portanto, é um grande gerador de conflitos. Além dos conflitos mencionados, inúmeros outros têm sido provocados pelo Estado em vários campos de atuação, principalmente nas áreas fiscal e administrativa.

Grande parte desses conflitos é encaminhada ao Poder Judiciário, cuja carga de serviços se agiganta cada vez mais. As várias demandas que a ele afluem apresentam, num dos polos, principalmente no passivo (na condição de réu), o Estado ou uma de suas emanações (autarquias, empresas públicas ou sociedades de economia mista). Pode-se afirmar assim, sem qualquer receio de exagero, que o litigante mais frequente nos foros do País é, hoje, o Estado em seus vários níveis de organização política e suas várias formas de atuação no mundo jurídico.

Anote-se, ademais, que a necessidade de intervir cada vez mais e com urgência (nem sempre bem justificada) tem feito com que o Estado, isto é, o Executivo, se valha de inúmeros instrumentos, um dos quais é o *direito*. E direito de rápida elaboração e fácil manejo, que são o decreto-lei e os regulamentos, portarias, instruções, pareceres normativos (é o fenômeno da "administrativização" do direito). Assim, o direito é utilizado como instrumento de governo e com ética apenas da eficiência técnica, como já ficou observado, e com isso o Executivo, além de cometer a invasão da esfera política de outro Poder, que é o Legislativo, vem introduzindo uma prática antidemocrática de todo incompatível com o apregoado ideário da "Nova República". Isso, sem falar nas ilegalidades e até inconstitucionalidades que são perpetradas por essas atividades legiferantes, que ignoram até mesmo o tão decantado princípio da hierarquia das leis.

Além desses conflitos causados pelo próprio Estado, inúmeros outros ocorrem na sociedade brasileira nos vários campos da atividade humana. Muitos deles são consequência das várias contradições sociais, políticas, econômicas e regionais que caracterizam o nosso País. Outros são decorrentes da vida de relação normal que se desenvolve em qualquer sociedade. Estes e aqueles podem assumir configuração interindividual ou contornos coletivos.

Exceção feita a algumas demandas coletivas (*v.g.*, as chamadas "ações civis públicas" e ação popular), todas as demais são tratadas como se tivessem configuração interindividual e as técnicas processuais a elas aplicadas são as tradicionais, consistentes em atomização e solução adjudicada dos conflitos.

Sem dúvida alguma, a organização da Justiça em nosso País está, em muitos pontos, dissociada dessa realidade social que nos cerca.

1.3 Sociedade moderna e sua complexidade - Necessidade de pesquisa interdisciplinar

A sociedade moderna assume uma *complexidade* cada vez maior. A complexidade atinge não apenas a estrutura da sociedade e as atividades econômicas pela multiplicidade de campos de atuação e pelos conhecimentos especializados que tais atividades reclamam, como também o cidadão em suas diversas atividades cotidianas e em sua vida de relação presidida pela economia de massa, regulada por um cipoal de leis e orientada por uma massa assistemática de informações de todas as espécies, muitas delas orientadas para um incontrolável consumismo.

A piorar tudo isso tem-se, ainda, a incrível velocidade em que se processam as transformações sociais no mundo contemporâneo, cuja percepção foge até mesmo ao segmento mais instruído da sociedade.

Esse estado de coisas tem gerado algumas consequências importantes, como:

a) incremento assustador de conflitos de interesses, muitos dos quais de configuração coletiva pela afetação, a um só tempo, da esfera de interesses de um grande número de pessoas;

b) impossibilidade de conhecimento da existência de um direito, mormente por parte da camada mais humilde da população;

c) impossibilidade de avaliação crítica do sistema jurídico do País, somente factível através de *pesquisa permanente* feita por especialistas de várias áreas e orientada à aferição da adequação entre a ordem jurídica e a realidade socioeconômica a que se destina.

Todos esses aspectos e outros mais, como o concernente à correta preordenação dos instrumentos processuais, devem ser corretamente enfrentados para que o ideal de acesso à Justiça, com a abrangência acima mencionada, possa ser plenamente atingido.

1.4 Organização da justiça e peculiaridade dos conflitos - Meios alternativos de solução (mediação, conciliação e arbitragem)

A multiplicidade de conflitos de configurações variadas reclama, antes de mais nada, a estruturação da Justiça de forma a corresponder adequadamente, em quantidade e qualidade, às exigências que tais conflitos trazem.

A alguns desses conflitos está adequada a estrutura atual, que é formal e pesada. A outros, porém, principalmente aos de pequena expressão econômica, que são os cotidianos e de ocorrência múltipla, é necessária uma estrutura mais leve e ágil.

Demais, mesmo em país como o nosso, que adota o sistema da jurisdição una, em que ao Judiciário cabe dizer a última palavra em matéria de direito, não se pode pensar apenas no sistema de resolução dos conflitos através da adjudicação da solução pela autoridade estatal. Conflitos há, mormente aqueles que envolvem pessoas em contato permanente, como nas relações jurídicas continuativas (*v.g.*, relações de vizinhança, de família, de locação), para os quais a *mediação* e a *conciliação* são adequadas, pois não somente solucionam os conflitos como têm a virtude de pacificar os conflitantes. E há outros em que o *arbitramento* é perfeitamente cabível, com possibilidade de amplos resultados positivos.

Incumbe ao Estado organizar todos esses *meios alternativos* de solução dos conflitos, ao lado dos mecanismos tradicionais e formais já em funcionamento. Tais serviços, que podem ser informais, não precisam estar organizados dentro do Poder Judiciário. Podem ficar a cargo de entidades públicas não pertencentes ao Judiciário (*v.g.*, Ministério Público, Ordem dos Advogados, PROCON, Defensoria Pública, Procuradoria de Assistência Judiciária, Prefeituras Municipais) e até de entidades privadas (*v.g.*, sindicatos, comunidades de bairros, associações civis). É importante que o Estado estimule a criação desses serviços, controlando-os convenientemente, pois o perfeito desempenho da Justiça dependerá, doravante, da correta estruturação desses meios alternativos e informais de solução dos conflitos de interesses.

1.5 Participação da comunidade na administração da justiça

É importante que se pense, outrossim, na *participação da comunidade na administração da Justiça*. A experiência dos Juizados Informais de Conciliação e Juizados Especiais de Pequenas Causas, têm posto à mostra a importância dessa participação. A participação tem ocorrido sob a forma de Conciliador e Árbitro. Essa participação da comunidade e a *adoção de técnicas alternativas* de solução de conflitos, principalmente a conciliação e o arbitramento, e ainda a tendência à *deformalização* (mais informalidade) e *delegalização* (menos legalismo e solução dos conflitos, em certos casos, pela equidade) têm constituído a grande inovação desses Juizados. A par das vantagens mais evidentes, que são a maior celeridade e maior aderência da Justiça à realidade social, a participação da comunidade traz, ainda, o benefício da maior credibilidade da Justiça e principalmente o do sentido pedagógico da administração da justiça, propiciando o espírito de colaboração. Os que têm a oportunidade de participar conhecerão melhor a Justiça e cuidarão de divulgá-la ao segmento social a que pertencem. Demais disso, a organização de uma Justiça com essas características, organizada para pessoas mais humildes, tem a virtude de gerar, pela própria peculiaridade do serviço que presta e pela exigência das pessoas que a procuram, ordinariamente pouco instruídas, um *serviço paralelo*, que é o de *informação* e *orientação*. "Paralelo" é um modo de dizer, pois na verdade é um serviço que se completa com o de *solução de conflitos*, formando um todo único. Juizados informais de Conciliação e Juizados Especiais de Pequenas Causas que não tenham o serviço de informação e orientação, além do serviço de assistência judiciária, não estão completos e não cumprirão o relevante papel que lhes é destinado.

Evidentemente, não se pode pensar em adotar uma Justiça com essas características para todo e qualquer tipo de conflito. Há, todavia, conflitos (vizinhança, consumidor, condomínio) em relação aos quais uma Justiça mais ágil, leve, "deformalizada", "delegalizada" e desprofissionalizada pode prestar um serviço mais adequado do que a Justiça concebida em termos tradicionais.

1.6 Aperfeiçoamento dos juízes, organização adequada da justiça (com pesquisa interdisciplinar permanente); informação, orientação e assistência judiciária, e instrumentos processuais adequados

O acesso à ordem jurídica justa supõe, ainda, um corpo adequado de juízes, com sensibilidade bastante para captar não somente a realidade social vigente, como também as transformações sociais a que, em velocidade jamais vista, está submetida a sociedade moderna, e isso evidentemente requer cuidados com o recrutamento e com o aperfeiçoamento constante dos juízes ao longo de sua carreira.

A população tem direito à justiça prestada por juízes inseridos na realidade social, comprometidos com o objetivo de realização da ordem jurídica justa, e não à justiça praticada por juízes sem qualquer aderência à vida.

Direito à melhor organização da Justiça, que envolva todos os aspectos mencionados, é dado elementar do direito de acesso à ordem jurídica justa.

E melhor organização somente poderá ser alcançada com uma *pesquisa interdisciplinar permanente* sobre os conflitos, suas causas, seus modos de solução e acomodação, a organização judiciária, sua estrutura, seu funcionamento, seu aparelhamento e sua modernização, a adequação dos instrumentos processuais, e outros aspectos de relevância. Já é passada a época em que os conhecimentos empíricos de dirigentes temporários do Poder Judiciário eram suficientes para a correta organização dos serviços da Justiça.

O direito de acesso à Justiça é, portanto, direito de acesso a uma *Justiça adequadamente organizada* e o acesso a ela deve ser assegurado pelos instrumentos processuais aptos à efetiva realização de direito.

Assim concebida a Justiça, como instituição com plena adequação às reais necessidades do País e em condições de realização da ordem jurídica justa, o acesso a ela deve ser possibilitado a todos e os obstáculos que surjam, de natureza econômica, social ou cultural, devem ser devidamente removidos. Justiça gratuita, assistência judiciária, informação e orientação, são alguns dos serviços que se prestam, desde que convenientemente organizados, à remoção desses obstáculos.

Existem também dificuldades de natureza técnico-processual, como as decorrentes da estreiteza do conceito de legitimação para agir (*v.g.*, legitimação em matéria de interesses difusos), da existência de procedimentos simples e céleres, da limitação das espécies de provimentos jurisdicionais, e outros mais.

Todos os obstáculos à efetiva realização do direito devem ser corretamente enfrentados, seja em sede de Ciência Política e de Direito Constitucional, na concepção de novas e inovadoras estruturas do Estado e de organização mais adequada do Judiciário, como também na área da Ciência Processual, para a reformulação de institutos e categorias processuais e concepção de novas alternativas e novas técnicas de solução dos conflitos.

1.7 Conclusão

Em conclusão:

a) *o direito de acesso à Justiça* é, fundamentalmente, *direito de acesso à ordem jurídica justa;*

b) são *dados elementares desse direito*: (1) o direito à *informação e perfeito conhecimento do direito substancial* e à *organização de pesquisa permanente* a cargo de especialistas e orientada à aferição constante da adequação entre a ordem jurídica e a realidade socioeconômica do País; (2) *direito de acesso à Justiça adequadamente organizada e formada por juízes inseridos na realidade social e comprometidos com o objetivo de realização da ordem jurídica justa*; (3) *direito à preordenação dos instrumentos processuais capazes de promover a efetiva tutela de direitos*; (4) *direito à remoção de todos os obstáculos* que se anteponham ao acesso efetivo à Justiça com tais características.

Publicado originalmente em:

- Participação e Processo. Coordenação de Ada Pellegrini Grinover, Candido Rangel Dinamarco e Kazuo Watanabe. Editora Revista dos Tribunais, 1988, páginas 128 a 135.
- Encontro "Participação e Processo". Comunicações. São Paulo, 29 e 30 de junho e 1º de julho de 1987. Promoção: Procuradoria Geral do Estado/Centro de Estudos, Departamento de Direito Processual da USP/Instituto Brasileiro de Direito Processual. Apoio CAPES e Revista dos Tribunais. Coordenação Ada Pellegrini Grinover, Cândido Rangel Dinamarco, Kazuo Watanabe, Luiz Justo Severo Tordino e Romano Cristiano. São Paulo – 1987, páginas 75 a 86.

CAPÍTULO 2

JUIZADO ESPECIAL DE PEQUENAS CAUSAS
(Filosofia e Características Básicas)

2.1 Considerações iniciais

Após longo debate, temos, afinal, aprovada a Lei do Juizado Especial de Pequenas Causas - JEPC. Tomou ela o n. 7.244/84, sendo sancionada a 7.11.84 e publicada no dia seguinte. As controvérsias surgidas giraram em torno de alguns aspectos secundários da proposta, como, p. ex., a facultatividade do patrocínio da causa por advogado. Quanto à ideia-matriz, porém, que é a de facilitar o acesso à Justiça, pouca voz discordante se ouviu. Algumas pessoas procuraram substituir a ideia de criação do JEPC pela proposta de aperfeiçoamento do procedimento sumaríssimo, não se dando conta de que não se tratava de mera formulação de um novo tipo de procedimento, e sim de um **conjunto de inovações**, que vão desde nova filosofia e estratégia no tratamento dos conflitos de interesses até técnicas de abreviação e simplificação procedimental. As linhas gerais dessas inovações são expostas a seguir.

2.2 Os conflitos de interesses e seu tratamento

Para o perfeito entendimento da razão de ser do JEPC é necessário saber como são tratados os conflitos de interesses que ocorrem na sociedade em que vivemos. O normal é que sejam solucionados sem a necessidade de intervenção do Judiciário, o que ocorre por negociação direta das partes interessadas ou por intermediação de terceiros (parentes, amigos, líderes de comunidade, autoridades eclesiásticas, advogados). Isso acontece diariamente, aos milhares, e todos nós temos conhecimento de vários conflitos, especialmente os que ocorrem em nosso círculo de relacionamento. Todavia, nas comunidades mais populosas, principalmente nas megalópoles, o tipo de relacionamento que se estabelece entre as pessoas, mesmo entre vizinhos, é muito formal, impessoal e frio, e, em razão disso, esses mecanismos de solução extrajudicial dos conflitos de interesses tornam-se cada vez mais raros e menos eficazes. Aumentam-se, assim, os conflitos não solucionados através desses mecanismos pacíficos e normais. Esses conflitos podem ser distribuídos, **grosso modo**, em dois grupos: 1) os conflitos que são canalizados para o Judiciário para a solução estatal e autoritativa; 2) os conflitos que ficam completamente sem solução, muitas vezes até pela renúncia total do direito pelo prejudicado. É o que podemos denominar de "litigiosidade contida", fenômeno extremamente perigoso para a estabilidade social, pois é um ingrediente a mais na "panela de pressão" social, que já está demonstrando sinais de deterioração do seu sistema de resistência ("quebra-quebra" ao atraso dos trens, cenas de violência no trânsito e recrudescimento de outros tipos de violência). Alguns desses conflitos são solucionados de modo inadequado, em delegacias de polícia, ou por atuação de "justiceiros", ou mesmo pela prevalência da lei do mais forte, etc. E por que esses conflitos - que, ordinariamente, são de pequena expressão econômica - não são levados ao Judiciário? A causa primeira é, certamente, a crença generalizada de que a Justiça é lenta, cara e complicada e, por isso, além de difícil, é inútil ir ao Judiciário em busca da tutela do direito. Quantos de nós não conhecemos casos de parentes, amigos, de conhecidos, e de nós mesmos, em que os direitos foram simplesmente renunciados?

A proposta de criação do JEPC pretende, fundamentalmente, reverter essa mentalidade, resgatando ao Judiciário a **credibilidade popular** de que é ele merecedor e fazendo renascer no povo, principalmente nas camadas média e pobre, vale dizer, no cidadão comum, a **confiança na Justiça** e o sentimento de que o direito, qualquer que seja ele, de pequena ou grande expressão, sempre deve ser defendido. Da defesa que cada um faça de seu direito pela via normal depende a vitalidade da ordem jurídica nacional.

2.3 Juizado Especial de Pequenas Causas e a crise do Judiciário

O que se colima através da instituição do JEPC não é, de forma alguma, resolver a crise do Judiciário, pois os problemas que o envolvem somente com nova mentalidade e com dotação orçamentária melhor, que lhe permita autonomia e uma melhor infraestrutura material e pessoal, poderão ser resolvidos.

A seguinte passagem da **Exposição de Motivos** mostra bem a **visão global** com que foi elaborada a proposta de criação do JEPC: "Os problemas mais prementes, que prejudicam o desempenho do Poder Judiciário, no campo civil, podem ser analisados sob, pelo menos, três enfoques distintos, a saber:

a) inadequação da atual estrutura do Judiciário para a solução dos litígios que a ela já afluem, na sua concepção clássica de litígios individuais;

b) tratamento legislativo insuficiente, tanto no plano material como no processual, dos conflitos coletivos ou difusos que, por enquanto, não dispõem de tutela jurisdicional específica;

c) tratamento processual inadequado das causas de reduzido valor econômico e consequente inaptidão do Judiciário atual para a solução barata e rápida desta espécie de controvérsia".

E acrescenta, logo em seguida: "A ausência de tratamento judicial adequado para as pequenas causas - o terceiro problema acima enfocado - afeta, em regra, gente humilde, desprovido de capacidade econômica para enfrentar os custos e a demora de uma demanda judicial. A garantia meramente formal de acesso ao Judiciário, sem que se criem as condições básicas para o efetivo exercício do direito de postular em juízo, não atende a um dos princípios basilares da Democracia, que é o da proteção judiciária dos direitos individuais". O aspecto enfrentado na lei do JEPC é tão somente, o mencionado na alínea "c".

Bem se vê, assim, que a implantação do JEPC de modo algum deverá arrefecer a luta pela autonomia financeira do Judiciário e tampouco a preocupação pela sua estruturação mais adequada e pela melhoria de seus recursos materiais e pessoais. O próprio JEPC, embora de implantação menos onerosa (supõe o aproveitamento da capacidade ociosa dos equipamentos materiais já existentes e poucos gastos em elementos pessoais), exigirá, de qualquer modo, recurso financeiro. E o melhor desempenho do Judiciário, para a solução dos litígios que a ele já afluem, está a reclamar um investimento bem mais substancioso. E há, ainda, o problema indicado no item "b" do trecho acima transcrito da **Exposição de Motivos** (conflitos de interesses coletivos ou difusos).

O objetivo perseguido, em suma, é o de canalizar para o Judiciário todos os conflitos de interesses, mesmo os de pequena expressão, uma vez que é aí o *locus* próprio para sua solução.

2.4 Ideias básicas do Juizado Especial de Pequenas Causas

A estratégia fundamental para o atingimento dessa meta está na facilitação do acesso à Justiça. Essa é a ideia-chave do JEPC. O acesso é facilitado **pela gratuidade** em 1.º grau (o litigante que tiver condições financeiras terá de pagar custas na fase recursal) e pela possibilidade de **ingresso direto no Juizado** (a assistência de advogado é facultativa; querendo, o interessado poderá ter o patrocínio da causa por um profissional do Direito; a lei prevê o funcionamento do Serviço de Assistência Judiciário junto ao próprio Juizado). Como outra grande preocupação foi remover aquela ideia negativa de que não vale a pena ir à Justiça, a lei procurou dar particular importância à conciliação e ainda buscou **descomplicar**, **simplificar** e, sobretudo, **acelerar** o processo. Além da utilização dos recursos que a tecnologia moderna nos oferece (registro em fita magnética de depoimentos orais, ao invés do demorado registro pela máquina de escrever, mediante o ditado do juiz), várias inovações foram introduzidas, como a citação e intimação através de carta, a supressão do edital e da carta precatória, a substituição da demorada e formalizada prova pericial pelo depoimento de técnicos, e outras mais.

Uma outra inovação está no fato de ser o Juizado **completo em dois graus de jurisdição**. Julga a causa em 1ª instância (através de juiz togado ou de árbitro aceito pelas partes) e também em grau de recurso, tratando-se de sentença proferida por juiz togado. A decisão do árbitro (laudo arbitral, que deve ser homologado por juiz togado) é irrecorrível, pela peculiaridade de poder ser decidida a causa por equidade. O recurso é julgado por um Colegiado formado por três juízes em exercício no 1º grau de jurisdição. Esse Colegiado dirige-se à sede do JEPC, nos dias de sessão, invertendo-se o sistema atual, que é de envio do processo ao tribunal; e somente nessa inovação, como é de intuitiva percepção, há uma economia enorme de atos processuais, de tempo e de custo operacional.

2.5 Juizado Especial de Pequenas Causas e valorização do trabalho do advogado

A repulsa por parte de uma parcela de advogados, não de sua totalidade, nasceu do fato de ser facultativo o patrocínio da causa por profissional do Direito. E foi agravada pelo receio de perda do mercado de trabalho e pela campanha que contra a proposta se levantou, com base em argumentos inteiramente improcedentes, como o de que o advogado foi totalmente desconsiderado e desprestigiado. Deve-se acentuar, desde logo, que na lei o advogado foi valorizado em toda sua dimensão social e profissional. Assim é que o papel de conciliador será exercido preferentemente por bacharéis em Direito (art. 6º). E a função de árbitro será exercida exclusivamente por advogados indicados pela OAB (art. 7º). Logo, o advogado é convocado para participar da própria administração da Justiça. E não está proibida sua participação como defensor técnico das partes. Aliás, para a interposição do recurso será sempre necessário o patrocínio da causa por advogado. Onde, então, o desprestígio e a desconsideração do advogado? Cabe notar, demais disso, que grande parte das pequenas causas não é hoje patrocinada pelos advogados exatamente porque, em virtude dos fatores acima apontados, não estão sendo encaminhadas ao Judiciário. Não se pode esquecer, também, que uma parte das pequenas causas que irão ao JEPC dirá respeito aos conflitos entre consumidores e fornecedores, e nessas causas, de regra, o réu será uma empresa, que dificilmente comparecerá ao Juizado sem a assistência de advogado. Haverá aí, então, ao invés de perda, uma verdadeira ampliação do mercado de trabalho.

As ponderações mais relevantes que, a propósito, cabem ser feitas são as seguintes: a) com a facilitação do acesso à Justiça, o povo adquirirá o hábito de defender seus direitos; b) como consequência imediata disso, teremos a valorização do trabalho do advogado e a ampliação do seu mercado de trabalho, pois, quanto maior o número de pessoas que pretendam defender seus direitos, mais ampla será a oportunidade de trabalho aos advogados; c) teremos, também, o cumprimento mais espontâneo da norma e maior vitalidade da ordem jurídica, pois o causador da lesão, sabendo que poderá ser levado facilmente às barras de um tribunal, procurará cumprir a lei voluntariamente. Talvez seja grotesca a comparação, mas o seguinte símile é válido para traduzir bem esse fenômeno: basta a presença bem visível de um guarda de trânsito nos cruzamentos ou nas rodovias para que todos os motoristas procurem respeitar mais as regras de trânsito. O mesmo ocorrerá com a Justiça: a existência do JEPC de acesso fácil será suficiente para que o Direito comece a ser mais espontaneamente cumprido. Nos países que são dotados de Justiça de acesso fácil, a expressão "eu te processo" funciona. No Brasil de hoje, como todos nós sabemos, a expressão inversa "vai procurar seus direitos" é a que funciona, pois a vítima quase sempre não sabe onde procurá-los ou não se sente animada a tanto, em razão das dificuldades já ressaltadas.

2.6 Juizado Especial de Pequenas Causas e a participação da comunidade

A possibilidade de participação da comunidade nas coisas que dizem com a administração da Justiça é outra inovação importante. A participação ocorrerá através das figuras do conciliador e do árbitro, que prestarão serviço honorário. Advogados, bacharéis em Direito, juízes, promotores e procuradores, da ativa ou já aposentados, e demais profissionais que se dispuserem a dar uma ou duas noites por mês, ou até com maior frequência, poderão dar seu nome para atuar como árbitros (somente advogados) ou como conciliadores, tudo na forma que a lei local vier a estabelecer. Os negativistas já estão a apregoar, sem ao menos testar o sistema, que será uma utopia contar com o trabalho honorário desses profissionais. Esquecem-se, porém, de que as experiências do Rio Grande do Sul, do Paraná e outros Estados e também a bem-sucedida experiência norte-americana (**Small Claims Court** de Nova York, p. ex.) estão a demonstrar exatamente o contrário. Ainda existe o espírito público e a vontade de participação comunitária. Os atrativos que a lei local venha a estabelecer poderão potenciar esse espírito comunitário, que inegavelmente existe e explica a persistência, p. ex., da instituição do Júri, que funciona à base do trabalho honorário dos jurados. Aliás, todos nós gostamos de julgar e de participar das coisas que dizem com a administração da Justiça. E se a oportunidade de fazê-lo é dada pelo próprio Estado, com a concessão de determinadas vantagens (que a lei local estabelecerá) e principalmente com o reconhecimento da sociedade no sentido de que quem presta serviço no JEPC, como conciliador ou como árbitro, é cidadão prestante, o trabalho honorário não será tão difícil de ser recrutado quanto se propala.

Essa participação da comunidade tornará mais factível um dos valores perseguidos pelo JEPC, que é o da solução conciliada dos conflitos. A conciliação pode propiciar um resultado mais amplo que a solução autoritativa dos conflitos, pois pode levar os conflitantes à pacificação, removendo de vez as causas das demandas. E é uma alternativa inovadora, que procura **reverter a excessiva profissionalização da Justiça**, o que certamente permitirá reduzir a burocratização acentuada de toda a máquina judiciária. Além disso, é uma solução menos custosa para o Estado. Aliás, até em termos de instalações materiais, o funcionamento do JEPC não requer maiores recursos, pois a ideia é de funcionamento à noite, com o aproveitamento da capacidade ociosa dos prédios e de outros equipamentos.

2.7 Conclusão

O JEPC atende, em suma, ao justo anseio de todo o cidadão em ser ouvido em seus problemas jurídicos. É a Justiça do cidadão comum, que é lesado nas compras que faz, nos serviços que contrata, nos acidentes que sofre - enfim, do cidadão que se vê envolvido em conflitos de pequena expressão econômica, que ocorrem diariamente aos milhares, sem que saiba a quem recorrer para solucioná-los de forma pronta, eficaz e sem muito gasto.

Essas ideias todas estão contidas na Lei 7.244/84. O modo, a forma e a mentalidade com que for implantado o JEPC poderão viabilizá-las plenamente, ou comprometê-las de modo irremediável.

Publicado originalmente em:

- Revista dos Tribunais, volume 600, ano 74, outubro de 1985, páginas 273 a 277.
- Defesa do Consumidor – Textos Básicos, MJ-CNDC – Conselho Nacional de Defesa do Consumidor, 1987, páginas 249 a 254.
- Juizado Especial de Pequenas Causas (*Lei 7.244, de 7 de novembro de 1984*). Coordenador Kazuo Watanabe. São Paulo: Ed. Revista dos Tribunais, 1985, páginas 01 a 07, com o título "Filosofia e Características Básicas do Juizado Especial de Pequenas Causas".

CAPÍTULO 3

ASSISTÊNCIA JUDICIÁRIA E O JUIZADO ESPECIAL DE PEQUENAS CAUSAS

3.1 Considerações iniciais

A expressão "assistência judiciária" pode ser entendida em várias acepções, e a amplitude do serviço que venha a ser instituído para sua prestação será maior ou menor segundo o conceito adotado.

Na *acepção restrita* significa assistência técnica prestada por profissional legalmente habilitado, que é o advogado, em juízo. Quando muito, assistência prestada na fase pré-processual, mas sempre com vistas a uma demanda e à pessoa com conflito de interesses determinado.

Na *acepção ampla* tem o sentido de assistência jurídica em juízo e fora dele, com ou sem conflito específico, abrangendo, inclusive, serviço de informação e de orientação, e até mesmo de estudo crítico, por especialistas de várias áreas do saber humano, do ordenamento jurídico existente, buscando soluções para sua aplicação mais justa e, eventualmente, sua modificação e, inclusive, revogação. Mais adequado seria chamar-se serviço de semelhante amplitude de "assistência jurídica", ao invés de "assistência judiciária".

3.2 Assistência judiciária como instrumento de acesso à ordem jurídica justa

Mais do que mera terminologia, porém, o que importa é a correta fixação do conceito e do campo de aplicação do serviço a ser prestado.

Não se pode pretender a plenitude da igualdade jurídica, na experiência concreta, sem um ordenamento jurídico efetivamente igualitário e sem que os interessados tenham acesso à informação plena a respeito do conteúdo das normas jurídicas que o compõem.

O que se tem, na atualidade - e isso ocorre sem que a sociedade, nem mesmo pelos profissionais do Direito, tenha a visão crítica dessa realidade - é um sistema jurídico extremamente desigual. Os segmentos da sociedade que têm a possibilidade de praticar o *lobby* conseguem legislações que tutelam ampla e egoisticamente seus interesses. (José Eduardo Faria, "Como restaurar a legitimidade", *Jornal da Tarde*, ed. 5.1.85, caderno de "Programas e Leituras", pp. 2 e 3).

Citem-se, a propósito, os exemplos das leis de alienação fiduciária e de execução extrajudicial do Sistema Nacional de Habitação (de duvidosa constitucionalidade, pois permitem que organismos não pertencentes ao Poder Judiciário exerçam, num País como o nosso, que adota o princípio da unidade de jurisdição - art. 153, § 4.º, da CF - atos tipicamente jurisdicionais, que são, sem dúvida alguma, os de realização coativa dos créditos).

Os demais segmentos são submetidos à "legislação comum". E, dentre eles, muitos sequer têm conhecimento do real alcance das normas jurídicas que lhes dizem respeito, e por vezes até desconhecem a existência das mesmas. Esse desconhecimento, que é, basicamente, consequência do desnivelamento cultural, produto da desigualdade socioeconômico-cultural, é agravado pela complexidade cada vez mais crescente das legislações. Essa complexidade, que chega, às vezes, ao nível de irritante hermetismo, é produto, principalmente tratando-se de leis de caráter econômico, da "visão tecnocrática do Direito, como um mero viabilizador de projetos, em que uma ética de eficiência obscurece os demais valores jurídicos, como a justiça, a equidade, o bem-estar social", como bem observa Tércio Sampaio Ferraz Júnior ("A Nova República", *Jornal da Tarde*, ed. 2.1.85, p. 7). Muito a propósito, anota o mesmo Jurista que a "tecnocracia dominante, não reconhecendo competência (técnica e especializada) a quem não domine seus instrumentos, passou a descartar-se de qualquer censura, em nome de um saber de restrito acesso. Somado este saber ao poder político discricionário; daí resultou uma hipertrofia do comando econômico da vida nacional, que se tornou, em curto prazo, imune à crítica e à realidade" (Uma reflexão crítica com a marca do cotidiano, *Tribuna da Justiça*, ed. 25.2.84, p. 16). Daí as arbitrariedades administrativas, os desmandos e os escândalos; daí as legislações que até mesmo os profissionais do Direito têm dificuldade em compreender, haja vista a pertinente ao Sistema Nacional da Habitação, que somente após debate público, decorrente da asfixia geral dos mutuários, tem sido objeto de algumas demandas.

Assim, a efetiva igualdade supõe, antes de mais nada, um nivelamento cultural, através de *informação e orientação*, que permita o pleno conhecimento da existência de um direito. Em seguida vem o problema da paridade de armas na disputa em juízo.

E, mais do que isso, supõe também um permanente *estudo crítico da legitimidade do ordenamento jurídico*, a ser feito a níveis oficial e particular, principalmente daquelas legislações que atingem interesses de um grande número de cidadãos e, por isso, tendem a gerar conflitos de caráter coletivo. A nível oficial, o serviço constitui uma assistência jurídica *lato sensu* e deve ser desempenhado, principalmente, pelos organismos aos quais está afeto o serviço de assistência judiciária.

A assistência judiciária, na *acepção ampla*, portanto, atende aos reclamos do mercado de trabalho jurídico visto sob a perspectiva do "consumidor", ou seja, do destinatário do serviço, mercado, esse, que ainda não se encontra saturado. Aliás, sequer está organizado, em nosso Estado (a não ser na Capital, em Campinas, em Santos e outras poucas cidades), para o atendimento da mais elementar exigência do povo, que é o de *ser ouvido* em seus problemas jurídicos. Fala-se muito em saturação do mercado de trabalho do profissional do Direito, mas sempre sob a perspectiva daquele que presta o serviço e vive do ganho que aufere desse trabalho. É chegada a hora de se pensar sob aquele outro enfoque, e então se perceberá quanto chão há, ainda, a ser percorrido para o aperfeiçoamento da nossa sociedade no campo jurídico. O acesso ao Direito e à Justiça, no plano do pensamento, é um novo método de análise jurídica, no qual sobressai a perspectiva do "consumidor", conforme adverte Mauro Cappelletti ("Accesso alla Giustizia come programma di riforma e come metodo di pensiero". *Rivista di Diritto Processuale*, 1982, pp. 233-245).

Em suma, a assistência judiciária deve ser conceituada e praticada como um *instrumento de acesso à ordem jurídica justa*, e não apenas de defesa técnica processual ou pré-processual.

3.3 Assistência judiciária e o juizado especial de pequenas causas

No Juizado Especial de Pequenas Causas a assistência judiciária assume particular importância, em razão da permissividade de acesso direto ao juízo pelo interessado, sem a necessidade de prévia constituição de um advogado. A própria parte tem capacidade postulatória em primeiro grau de jurisdição, não a tendo apenas para recorrer da sentença.

As críticas que foram tecidas à proposta de criação do JEPC giravam, fundamentalmente, em torno desse ponto. Alguns críticos tinham em mente a deterioração do mercado de trabalho do advogado, enfoque que, sobre não ser o mais relevante, conforme ficou acentuado linhas atrás (a perspectiva que se sobrepõe é a do destinatário do serviço jurídico), não encontrará confirmação nos fatos, pois certamente o que ocorrerá será, ao revés, a ampliação do mercado de trabalho do advogado. Outros, com razão, estavam preocupados com a efetividade da defesa do direito e com a qualidade da justiça a ser prestada no JEPC. Acentuavam que todas as causas são igualmente importantes, sendo inaceitável sua divisão em grandes e pequenas. Ponderavam, também, que a atribuição da capacidade postulatória às partes, longe de facilitar o acesso à Justiça, irá somente criar, à semelhança do que ocorre na Justiça do Trabalho, amplo campo para a atuação dos chamados "paqueiros" ("Paqueiro – diz-se de, ou aquele que angaria serviços para outrem": Aurélio Buarque de Holanda Ferreira, *Novo Dicionário da Língua Portuguesa*).

As preocupações por último mencionadas eram procedentes e, por isso, os membros da Comissão Elaboradora do anteprojeto buscaram conceber um sistema que removesse todos esses perigos apontados.

Procurou-se, antes de mais nada, tornar obrigatória a implantação do serviço de assistência judiciária junto ao JEPC. Com efeito, dispõe o art. 54 que "não se instituirá o Juizado de Pequenas Causas sem a correspondente implantação das curadorias necessárias e do *serviço de assistência judiciária*". E o art. 9º, § 1º, alude à "assistência judiciária, prestada por órgão instituído junto ao Juizado Especial de Pequenas Causas, na forma da lei local".

Preocupou-se, demais disso, com as várias dificuldades que as partes poderão ter na defesa de seus direitos perante o JEPC, principalmente nas causas mais complexas quanto à matéria de direito ou de fato e naquelas em que, por estar a parte contrária assistida por advogado, ou em virtude de ser ela pessoa jurídica ou firma individual, poderá ocorrer desigualdade quanto às armas com que os litigantes lutarão pelos seus interesses. Daí a regra do § 1º do art. 9º: "Se uma das partes comparecer assistida por advogado, ou se o réu for pessoa jurídica ou firma individual, terá a outra parte, se quiser, assistência judiciária prestada por órgão instituído junto ao Juizado Especial de Pequenas Causas, na forma da lei local". E acrescenta o § 2º: "*Se a causa apresentar questões complexas, o juiz alertará as partes da conveniência do patrocínio por advogado*".

Com essas providências, que, evidentemente, deverão ser corretamente implementadas, os perigos indicados ficarão afastados.

Necessário é, todavia, que a OAB, através de suas seções e subseções, participe do JEPC também nesse aspecto. Não com o encargo de organizar o serviço de assistência judiciária, que cabe primacialmente ao Poder Público. No Estado de São Paulo, a Constituição estadual atribui tal serviço à Procuradoria-Geral do Estado (art. 48). A colaboração necessária é no sentido de manter presentes no JEPC, ou em local próximo e de fácil acesso, advogados que possam atender às partes que, com possibilidade de suportar a remuneração do profissional, necessitem da assistência de advogado para promover a defesa da causa em primeiro grau de jurisdição ou em grau de recurso. E isso poderá ser feito sem maior sacrifício para o profissional, com o recrutamento de advogados que tenham interesse em semelhante prestação de serviço. Com diligência dessa natureza e outras mais, que a prática certamente indicará, o perigo do "paqueiro" poderá ser totalmente conjurado.

Em suma, na Lei 7.244/84 ficou adotado o princípio da incindibilidade da relação entre o JEPC e a assistência judiciária, não podendo existir aquele sem que esta seja adequadamente organizada. Portanto, a preocupação de tornar mais fácil o acesso à Justiça e mais rápida, informal e eficaz a prestação jurisdicional não trouxe como consequência uma Justiça de "segunda classe", consoante alguns quiseram entrever. A assistência judiciária, um dos direitos fundamentais assegurados pela Constituição Federal (art. 153, § 32), foi adotada em toda sua dimensão, na conformidade das considerações acima feitas e das ponderações que serão desenvolvidas no item seguinte.

Temos a certeza de que o JEPC será um dos fatores de geração e de melhor organização do serviço de assistência judiciária em todo o País. Primeiro porque a implantação do JEPC será, cedo ou tarde, uma realidade irreversível, e sua instituição, conforme já acentuado, somente poderá ocorrer com a criação do serviço de assistência judiciária. Segundo porque os ares da "Nova República" sopram nessa direção, ou seja, de atendimento aos anseios da população quanto à democratização do País em todos os planos, não somente no político como, também, no econômico e social. Terceiro porque as instituições incumbidas da prestação de serviços jurídicos estão despertando para a ocupação ou reocupação dos espaços vazios, certas de que, no campo político-social o vácuo decorrente da omissão de uma é preenchido, quase sempre, pela atuação de uma outra (v. o exemplo do vácuo deixado pelo Poder Judiciário no tratamento dos conflitos de interesses de pequena expressão econômica. Programas de rádio e de televisão, atuação de "justiceiros" e outras manifestações que procuram dar ao povo, com o aplauso deste, um arremedo de solução de conflitos, satisfazendo o ideal de justiça que existe na mente do povo, constituem exemplos desse fenômeno de ocupação do vácuo político-social).

3.4 Juizado especial de pequenas causas e o serviço de orientação e informação

É na dimensão mais ampla, porém, que a assistência judiciária deverá ser posta em execução no JEPC. Vale dizer, o serviço deverá abranger tanto a assistência em juízo, a quem tenha conflito de interesses determinado e pretenda solucioná-lo através da demanda, como, também, fora dele, até mesmo a quem queira obter apenas informação e orientação para algum problema jurídico.

E a razão disso é muito simples.

A atribuição da capacidade postulatória à própria parte exigirá antes de mais nada, um *serviço de triagem* muito bem organizado, a cargo de profissionais do Direito com discernimento bastante para distinguir entre um verdadeiro conflito de interesses e um simples problema jurídico circunscrito à esfera pessoal do interessado. Este reclamará apenas *informação e orientação*. Já aquele, desde que competente o JEPC, deverá obter o tratamento previsto em lei com vistas à sua solução.

No sistema do juízo comum – por isso que o acesso aos órgãos judiciários é feito, necessariamente, por intermediação de advogado – o serviço de triagem é feito pelo próprio advogado ou pela instituição encarregada de prestar a assistência judiciária. Essa intermediação deixará de existir no JEPC.

Bem se percebe, assim, a importância do *serviço de triagem* para o perfeito desempenho do JEPC.

Mas a relevância do *serviço de informação e orientação* deve ser anotada com maior ênfase, pois é através dela que, numa conceituação mais precisa da assistência judiciária, de que aquele serviço é parte integrante, o JEPC oferecerá uma prestação mais abrangente. Não se limitará a solucionar as "pequenas causas", o que já seria uma atuação de extrema importância, mas também atenderá ao mais elementar direito e justo anseio de todo e qualquer cidadão de ser ouvido e confortado por interlocutores capazes em seus problemas jurídicos.

3.5 Conclusão

Pode-se afirmar, em conclusão, que no JEPC a assistência judiciária deverá ser executada não apenas como meio técnico de defesa mais adequada dos direitos, mas, também, como instrumento político de acesso à ordem jurídica justa.

Publicado originalmente em:

- Revista dos Tribunais. São Paulo, ano 76, volume 617, março de 1987, páginas 250 a 253.
- AJURIS: Revista da Associação dos Juízes do Rio Grande do Sul, v. 12, n. 34, p. 219-225, jul. 1985.
- Juizado Especial de Pequenas Causas (*Lei 7.244, de 7 de novembro de 1984*). Coordenador Kazuo Watanabe. São Paulo: Ed. Revista dos Tribunais, 1985, páginas 161 a 167.
- Revista da Procuradoria Geral do Estado de São Paulo. São Paulo, número 22, janeiro a dezembro de 1984, páginas 87 a 89. (com o título Assistência Judiciária como Instrumento de Acesso à Ordem Jurídica Justa. Fazem parte desse artigo apenas os itens 3.1 e 3.2 do presente artigo transcrito acima).

CAPÍTULO 4

LENTIDÃO DO JUDICIÁRIO É OBSTÁCULO

A Constituição Federal assegura solenemente o acesso de todos à Justiça. O parágrafo 4º do artigo 153, com efeito, proclama que "a lei não poderá excluir da apreciação do Poder Judiciário qualquer lesão de direito individual". Está aí consagrado o princípio da inafastabilidade do controle jurisdicional, que confere a todos a garantia de efetiva proteção contra qualquer forma de denegação da Justiça. Resta saber se essa garantia é meramente formal ou se na prática ela efetivamente atua. Lamentavelmente, temos de admitir que o ideal de plena proteção judiciária está ainda longe de ser atingido.

Das causas que concorrem para esse estado de coisas, talvez a inadequação da lei processual seja a menos grave. O nosso Código de Processo Civil é recente, pois entrou em vigor em janeiro de 1974, e não se pode negar, em sã consciência, sua qualidade técnica, o rigor de sua estrutura e os avanços por ele introduzidos. Por certo, existem falhas e inadequações constatadas ao longo de doze anos de aplicação, como as respeitantes à legitimação para agir, à celeridade processual e à efetividade da tutela jurisdicional de direitos. Muitas dessas imperfeições podem ser vencidas com uma interpretação que, de modo inteligente e com mente aberta, procure dar aos institutos, conceitos e instrumentos processuais uma maior aderência à realidade social.

Os obstáculos mais sérios ao pleno acesso à Justiça podem ser assim catalogados: a) os que dizem com a organização do Poder Judiciário; b) os de natureza econômica e cultural; c) os ligados à mentalidade dos profissionais do Direito. Não há espaço suficiente para a análise detida de cada um desses obstáculos e por isso me limitarei às considerações mais genéricas.

No tocante à organização judiciária, é necessário ressaltar que a carência de recursos financeiros tem feito com que a infraestrutura material e pessoal do nosso Judiciário deixe muito a desejar. Sem um adequado serviço de apoio pessoal e material, o Judiciário jamais poderá tornar efetiva a proteção do direito, por mais perfeita que seja a legislação processual e por mais preparados que sejam seus juízes. Para o cidadão comum, que necessita de proteção rápida de seu direito, a lentidão dos órgãos judiciários constitui um sério obstáculo ao acesso à Justiça.

As custas caras, que se acrescem ao custo decorrente da demora, também representam um outro impedimento sério. A tudo isso se somam os problemas de ordem cultural: de um lado, a legislação cada vez mais complicada, que por vezes nem mesmo os profissionais do Direito entendem, e de outro, o baixo nível de instrução da grande maioria da população fazem com que muitos sequer saibam se têm algum direito lesado. E o conhecimento do direito como é intuitivo, é um antecedente necessário da problemática do acesso à Justiça.

Os obstáculos decorrentes da mentalidade são representados pelo imobilismo e pelo reacionarismo ou repulsa a toda solução inovadora. Felizmente, já temos a lei do Juizado Especial de Pequenas Causas, cuja filosofia básica está na facilitação do acesso à Justiça pelo cidadão comum. O Juizado Informal de Conciliação, que passou a funcionar a partir do dia 14 último, e será inaugurado no dia 25 de novembro, constitui uma outra conquista significativa. Através dele se institui um meio alternativo de solução dos conflitos de interesses, principalmente daqueles que não estão afluindo ao Judiciário. Trata-se, na verdade, de abertura de um canal importantíssimo de comunicação entre a Justiça e o cidadão comum.

Em suma, não basta a mera garantia formal. É necessário que se ponham em prática estratégias que realmente facilitem o acesso à Justiça, como o melhor aparelhamento do Judiciário, a organização do serviço eficiente de assistência judiciária e a largueza de mentalidade que vença o imobilismo e o reacionarismo atual.

Publicado originalmente em:

- Jornal Folha de S. Paulo – 1º Caderno – Política – 20/10/1985, página 06.

CAPÍTULO 5

PESQUISA DAS CAUSAS DA LITIGIOSIDADE

5.1 Reforma do Judiciário e critérios

Toda reforma do Judiciário que tenha por critério preponderante a simples adequação do número de juízes ao número de feitos, estará atacando apenas os efeitos e fatalmente conduzirá ao gigantismo dos órgãos jurisdicionais.

5.2 Problemas do Judiciário e os enfoques possíveis

Os problemas do Judiciário podem ser analisados, pelo menos, sob os seguintes ângulos:

a) inadequação de sua estrutura material e pessoal;

b) inadequação das leis processuais ou inadequada aplicação das mesmas;

c) inadequação das leis materiais;

d) ausência quase total de *pesquisa das causas da litigiosidade* (em sentido amplo, não somente as *causas socioeconômicas*, como também as de *natureza moral* ou *comportamental* (*v.g.*, moralidade administrativa, qual a que se pode constatar nas ações de desapropriação, onde sabidamente o administrador público procura se valer da lentidão do Judiciário para jogar o custo da obra pública para o orçamento de seu sucessor) e igualmente as de *ordem legislativa* (alínea "b" e "c", supra) e as de caráter *técnico-jurídico* (inadequação de certos institutos processuais; atuação de Procuradorias Jurídicas do Estado, do Município, das Autarquias e das entidades paraestatais, que não vêm dando orientação a seus profissionais no sentido de se evitarem demandas e recursos repetitivos quando já há uma jurisprudência cristalizada sobre o tema).

Os aspectos mais explorados até hoje são os apontados nas alíneas "a" e "b", e mesmo em relação a este último, são poucas as tentativas de estudo de uma melhor atuação prática de certos institutos processuais. Reunião periódica de Juízes de Primeira Instância (que poderiam ser mais prestigiadas pela cúpula do Poder Judiciário), normas do Conselho Superior da Magistratura e da Corregedoria

Geral da Justiça, são poucos exemplos de esforço em tal sentido. Por vezes, ao invés de uma reforma legislativa, é suficiente uma inteligente interpretação das normas já existentes para se alcançar o resultado desejado.

5.3 Necessidade de estudo sistemático e permanente, e não episódico, dos problemas do Judiciário

Amplo e profundo estudo de todos esses aspectos está a se impor. Mas, evidentemente, não em caráter episódico (simpósios, ciclos de estudos, ou conferências), e sim em *termos permanentes*, mediante a instituição de *Centro de Pesquisas* (ou Departamento ou Grupo, pouco importa o nome que se dê), em que, com o concurso de profissionais de várias áreas (sociólogo, psicólogo, economista, além do jurista) e acumulando dados, estudos e experiências, possamos, *nós juízes*, traçar estratégias mais adequadas para os problemas que afligem o Judiciário. A institucionalização do um corpo permanente terá a virtude de dispor permanentemente de dados, fornecendo aos juízes, que estejam, transitoriamente, à testa da Comissão de Organização Judiciária, elementos acumulados ao longo do tempo, sempre atualizados e devidamente analisados por especialistas de cada área, permitindo-se, assim, uma reforma que não fique à mercê de critérios pessoais.

5.3.1 Causas da litigiosidade e sua pesquisa

As pesquisas a serem feitas e que poderiam apontar soluções mais adequadas, devem consistir basicamente em levantamento e análise das várias *causas da litigiosidade*. Causas sociais, econômicas, morais e psicológicas. Causas artificiais, provocadas pelos agentes do Poder Público e suas procuradorias e pelos particulares e seus patronos (por que existem tantas ações de funcionários públicos contra o Estado? qual a causa de tantas ações de desapropriação; por que tantos executivos fiscais? qual a razão da quantidade enorme de recursos repetitivos, abordando temas sobre os quais já existe entendimento jurisprudencial assente?).

Caberia, até mesmo, a pesquisa dos mecanismos não jurisdicionais de solução de conflitos de interesses, para se saber em que medida a sociedade moderna os mantém vivos e atuantes, pois é sabido que as lides que afluem ao Judiciário constituem apenas uma parte do "'iceberg", obtendo a grande maioria dos conflitos solução não jurisdicional ou simplesmente não são solucionados. Na medida em que tais mecanismos se mostrem mais ativos e eficientes, o trabalho do Judiciário se aliviará e a sociedade ficará sujeita à tensão social menor.

Reforma do Judiciário que tenha por base trabalho de pesquisa dessa ordem terá condições de buscar soluções que enfrentem diretamente as causas, e não apenas os efeitos.

5.4 Indicação de alguns tópicos da pesquisa

À guisa de exemplificação, poderiam ser mencionados alguns tópicos da pesquisa:

a) inadequação de certas *leis materiais*: no passado, tivemos a lei do inquilinato, que era responsável por uma parte significativa do volume de serviços das Varas Cíveis; hoje, a lei de acidentes do trabalho. *v.g.*, é responsável pela metade, pelo menos, dos feitos que afluem ao Supremo Tribunal de Alçada Civil: possivelmente a equiparação dos benefícios previdenciários aos acidentários removeria a principal causa da litigiosidade no campo da infortunística. Talvez, não seja este o momento adequado para semelhante solução legislativa, em razão do custo que isso envolve, mas de qualquer modo vale o registro a respeito.

b) desempenho inadequado de certos tipos de procedimento e certos institutos (*v.g.*, procedimento sumaríssimo e conciliação). Apurando-se melhor o que ocorre na experiência diuturna, é possível diagnosticar causas desse mau desempenho. E até encontrar as soluções mais adequadas. Poder-se-ia verificar, por exemplo, a conveniência, ou não, da instituição de juízos especializados em procedimentos sumaríssimos ou da designação de uma audiência prévia para tentativa de conciliação e colheita da resposta do réu, designando-se outra data para instrução e julgamento.

c) comportamento dos litigantes que mais insistentemente frequentam o Judiciário, principalmente pessoas jurídicas de Direito Público e as entidades paraestatais. O exame de determinados tipos de demandas (*v.g.*, desapropriação e ações movidas por funcionários públicos com invocação de teses jurídicas idênticas) poderá pôr à mostra as causas sociais, jurídicas, políticas e até morais (moralidade administrativa) do elevado número dessas demandas. Também o exame dos recursos interpostos por esses litigantes, principalmente quando insistem em teses já definitivamente assentadas na jurisprudência, poderá evidenciar a falta de orientação mais racional por parte das Procuradorias Jurídicas (*v.g.*, as súmulas administrativas, poderiam reduzir as demandas repetitivas e evitar a pletora de recursos meramente protelatórios).

d) seria interessante, também, um estudo do desempenho das entidades oficiais e particulares que atuam decisivamente na solução de conflitos de interesses (PAJ. DJ do XI, Departamento Jurídico dos Sindicatos, das Sociedades de Amigos de Bairros, etc.), para se saber em que medida os conflitos de interesses são solucionados ou deixam de obter qualquer solução. O desempenho adequado dessas entidades diminui sensivelmente o número de demandas e por isso mesmo devem merecer a maior atenção de todos os níveis oficiais, inclusive do próprio Judiciário.

5.5 Considerações finais

Estas anotações foram escritas em setembro de 1983. Houve grandes inovações processuais após o registro das considerações acima, como a lei das Pequenas Causas (Lei nº 7.244/84), a Lei de Ação Civil Pública (Lei nº 7.347/85) e o Código de Defesa do Consumidor (Lei nº 8.078/90), que facilitaram o acesso à justiça, concederam tutela aos interesses difusos e coletivos, deram solução adequada à excessiva fragmentação dos conflitos de interesses e formaram maior efetividade de processo como instrumento de realização do direito material.

Novas modificações estão a caminho com o estudo já ultimado da Comissão de Revisão do Código de Processo Civil, presidida pelo Min. Sálvio de Figueiredo Teixeira e da qual participamos.

Essas inovações todas levam em consideração as preocupações acima alinhadas, que, a nosso juízo, continuam plenamente atuais.

Publicado originalmente em:

- Revista da Escola Paulista da Magistratura, número 0, ano I, abril/maio de 1993, páginas 297 a 301.

CAPÍTULO 6

RELEVÂNCIA POLÍTICO-SOCIAL DOS JUIZADOS ESPECIAIS CÍVEIS (SUA FINALIDADE MAIOR)

Aprovada a Lei dos Juizados Especiais de Pequenas Causas em novembro de 1984 (Lei n. 7.244/84), o que ocorreu após muitas controvérsias e algumas incompreensões, vários Estados, inclusive o de São Paulo, passaram a cuidar de sua implementação.

Os êxitos colhidos, em vários Estados, com essa experiência inovadora foram reconhecidos pelos constituintes, que a consagraram em dois dispositivos da Carta Magna de 1988 (arts. 24, n. X, e 98, n. I).

Com base no inciso I do art. 98 da Constituição foi promulgada, em setembro de 1995, a Lei n. 9.099, que dispõe sobre os Juizados Especiais Cíveis e Criminais.

Na parte cível, a Lei n. 9.099 acolheu por inteiro, com algumas pequenas modificações e acréscimos, as ideias contidas na Lei n. 7.244/84, tanto que a revogou expressamente (art. 97). A alteração mais significativa consistiu na ampliação da competência dos Juizados. Passou a chamar de "causas de menor complexidade" o que a lei anterior denominava de "pequenas causas".

Em nossa avaliação, não foi alterada a *ideia-matriz* dos novos Juizados Especiais, que deve continuar a ser, como já o era ao tempo dos Juizados de Pequenas Causas, a *facilitação do acesso à Justiça pelo cidadão comum, especialmente pela camada mais humilde da população.*

E para atingir essa finalidade maior dos Juizados Especiais o legislador não se limitou a criar um novo tipo de procedimento simplificado, tendo cuidado, em vez disso, de consagrar um conjunto de inovações "que vão desde nova filosofia e estratégia no tratamento dos conflitos de interesses até técnicas de abreviação e simplificação procedimental", conforme tivemos a oportunidade de anotar em relação aos Juizados de Pequenas Causas, no artigo publicado em 1985 (Filosofia e características básicas do juizado especial de pequenas causas. In: WATANABE, Kazuo (Coord.). *Juizado especial de pequenas causas.* São Paulo: RT, 1985, p. 1-7).

No artigo citado, preocupados com a precisa apreensão da finalidade maior dos Juizados de Pequenas Causas, deixamos advertido que "o que se colima, através da instituição do JEPC, não é, de forma alguma, resolver a crise do Judiciário, pois os problemas que o envolvem somente com nova mentalidade e com dotação orçamentária melhor, que lhe permita autonomia e uma melhor infraestrutura material e pessoal, poderão ser resolvidos".

E acrescentamos em seguida:

> "A seguinte passagem da Exposição de Motivos mostra bem a *visão global* com que foi elaborada a proposta de criação do JEPC: 'Os problemas mais prementes, que prejudicam o desempenho do Poder Judiciário, no campo civil, podem ser analisados sob, pelo menos, três enfoques distintos, a saber: a) inadequação da atual estrutura do Judiciário para a solução dos litígios que a ela já afluem, na sua concepção clássica de litígios individuais; b) tratamento legislativo insuficiente, tanto no plano material como no processual, dos conflitos coletivos ou difusos que, por enquanto, não dispõem de tutela jurisdicional específica; c) tratamento processual inadequado das causas de reduzido valor econômico e consequente inaptidão do Judiciário atual para a solução barata e rápida desta espécie de controvérsia'. E acrescenta logo em seguida: 'A ausência de tratamento judicial adequado para as pequenas causas – o terceiro problema acima enfocado – afeta, em regra, gente humilde, desprovida de capacidade econômica para enfrentar os custos e a demora de uma demanda judicial. A garantia meramente formal de acesso ao Judiciário, sem que se criem as condições básicas para o efetivo exercício do direito de postular em juízo, não atende a um dos princípios basilares da democracia, que é o da proteção judiciária dos direitos individuais'. O aspecto enfrentado na lei do JEPC é, tão somente, o mencionado na alínea *c*", (op. e loc. cit.).

Essas ponderações continuam inteiramente válidas, em nosso entender, para os Juizados Especiais Cíveis, em que foram transformados, pela lei de 1995, os Juizados Especiais de Pequenas Causas. Quanto ao problema referido na alínea *b*, após a Lei das Pequenas Causas, tivemos as soluções trazidas pela Lei da Ação Civil Pública e pelo Código de Proteção e Defesa do Consumidor.

A ampliação da competência promovida pela Lei n. 9.099/95, de alguma forma, revela o aproveitamento dos Juizados Especiais para solução ou ao menos minoração da crise do Judiciário, procurando acelerar a solução (julgamento e execução) de certas causas, como as de valor não excedente a 40 vezes o salário mínimo, as de despejo para uso próprio, as possessórias e as execuções de títulos executivos extrajudiciais no valor de até 40 vezes o salário mínimo, o que significa, em nosso sentir, *desvio daquela finalidade maior*, que é a de facilitação do acesso à Justiça pelo cidadão comum e principalmente pelos mais humildes, até então quase completamente marginalizados. Seguem o mesmo caminho todas as propostas legislativas que, sem exigir a melhoria das infraestruturas materiais e pessoais que possibilitem aos Juizados Especiais um adequado desempenho, procuram ampliar mais e mais a sua competência. Com a aprovação da Lei n. 9.099/95, o que ocorreu, em muitos Estados, foi simplesmente a troca de nomes, passando a chamar de Juizados Especiais os que até então funcionavam com o nome de Juizados de Pequenas Causas, com o aproveitamento das mesmas infraestruturas materiais e pessoais. Não houve qualquer estudo prévio para se saber da adequação, ou não, das infraestruturas existentes para atribuição de competência mais ampliada. Aliás, em vários Estados, as infraestruturas não estavam adequadas nem mesmo para a competência mais reduzida da Lei das Pequenas Causas!

Para a consecução desse objetivo maior, o legislador, em vez de um mero procedimento diferenciado, procurou criar um *microssistema processual*, privilegiando a acessibilidade direta e gratuita do interessado ao Juizado, a informalidade, simplicidade e celeridade processual, a valorização da conciliação e da solução amigável, com a criação da figura de *conciliador* para auxiliar o juiz nessa tarefa; instituiu um sistema recursal diferenciado, com Colégio Recursal formado por juízes de primeiro grau de jurisdição; previu ainda as figuras de *árbitro*, para a eventual preferência das partes pela solução arbitrada da pendência; e de *juiz leigo*, para auxiliar o juiz togado no desempenho de suas atribuições.

O microssistema é disciplinado, quanto à "sua organização, composição e competência", por lei estadual (art. 93, Lei n. 9.099/95), que deve cuidar de adequar os Juizados Especiais às peculiaridades locais. Esse microssistema deve ser muito mais do que um simples conjunto de juízos especializados em causas de menor complexidade, pois deverá se capacitar cada vez mais para a plena consecução da finalidade primordial dos Juizados que, conforme já ressaltado, deve ser a de facilitação do acesso à Justiça pelos cidadãos comuns e principalmente pelos mais humildes, cuidando de distribuir justiça pela forma que privilegie a convivência harmoniosa das pessoas, dando particular atenção à justiça coexistencial que pacifique os conflitantes, e não simplesmente solucione os conflitos de interesses.

O microssistema, demais disso, deve estar aparelhado para *informar e orientar* os usuários dos Juizados Especiais, e para isso, concomitantemente com a sua instituição, determina a lei (art. 56) que deverão ser "implantadas as curadorias necessárias e o serviço de assistência judiciária" (nos termos do artigo 5º, n. LXXIV, e art. 134, da Constituição Federal, a assistência deve ser "jurídica integral" e de "orientação jurídica" e "defesa" dos necessitados). E deverá o microssistema ser organizado de tal modo que haja a efetiva participação da comunidade na administração da Justiça, que é o seu ponto alto, o que deverá ocorrer com a atuação dos conciliadores e árbitros. No recrutamento dos conciliadores, o microssistema, em alguns Estados, vem buscando a colaboração das universidades, de seus professores e alunos, o que vem provocando uma participação comunitária que gera proveitos de dupla direção: para a Justiça o proveito consistente em receber a valiosa colaboração dos professores e estudantes das faculdades de Direito no desempenho de suas atribuições, e para o ensino universitário o proveito consubstanciado na possibilidade de dar aos estudantes o precioso contato com a realidade da vida e com a prática do Direito, o que dá um conteúdo mais substancial, menos formalista, ao magistério teórico e doutrinário que os estudantes recebem na academia.

Pela inteira pertinência aos Juizados Especiais, transcrevemos a seguir as ponderações que tivemos a oportunidade de consignar a respeito da participação da comunidade nas experiências dos Juizados Informais de Conciliação e dos Juizados Especiais de Pequenas Causas:

> "A participação tem ocorrido sob a forma de Conciliador e Árbitro. Essa participação da comunidade e a *adoção de técnicas alternativas* de solução de conflitos, principalmente a conciliação e o arbitramento, e ainda a tendência à *deformalização* (mais informalidade) e *delegalização* (menos legalismo e solução dos conflitos, em certos casos, pela equidade), têm constituído a grande inovação desses Juizados. A par das vantagens mais evidentes, que são a maior celeridade e maior aderência da Justiça à realidade social, a participação da comunidade traz, ainda, o benefício da maior credibilidade da Justiça e principalmente o do sentido pedagógico da administração da justiça, propiciando o espírito de colaboração. Os que têm a oportunidade de participar conhecerão melhor a Justiça e cuidarão de divulgá-la ao segmento social a que pertencem. Demais disso, a organização de uma Justiça com essas características, organizada para pessoas mais humildes, tem a virtude de gerar, pela própria peculiaridade do serviço que presta e pela exigência das pessoas que a procuram, ordinariamente pouco instruídas, um *serviço paralelo*, que é o de *informação e orientação*. 'Paralelo' é um modo de dizer, pois na verdade é um serviço que se completa com o de *solução de conflitos*, formando um todo único. Juizados Informais de Conciliação

e Juizados Especiais de Pequenas Causas que não tenham o serviço de informação e orientação, além do serviço de assistência judiciária, não estão completos e não cumprirão o relevante papel que lhe é destinado. Evidentemente, não se pode pensar em adotar uma Justiça com essas características para todo e qualquer tipo de conflito. Há, todavia, conflitos (vizinhança, consumidor, condomínio) em relação aos quais uma Justiça mais ágil, leve, 'deformalizada', 'delegalizada' e desprofissionalizada pode prestar um serviço mais adequado do que a Justiça concebida em termos tradicionais" (Acesso à Justiça na sociedade moderna. In: GRINOVER, Ada Pellegrini; DINAMARCO, Cândido Rangel; WATANABE, Kazuo (Coords.), *Participação e processo*. São Paulo: RT, 1988, p. 128-135).

Pois bem. Todo esse microssistema, com as características e peculiaridades mencionadas, em vez de um mero procedimento simplificado a ser operacionalizado em juízo comum pelo mesmo magistrado que cuida dos procedimentos ordinários, foi pensado como uma estratégia para fazer gerar uma *nova mentalidade* nos operadores do Direito, mais aberta e menos formalista, principalmente nos juízes, serventuários da justiça, advogados, procuradores e promotores, mentalidade essa tão necessária para o pleno êxito do conjunto de inovações que são os Juizados de Pequenas Causas, hoje Juizados Especiais de Causas Cíveis de Menor Complexidade.

Na experiência concreta, está ainda em fase de aperfeiçoamento o modelo perfeito do microssistema dos Juizados Especiais com essas características fundamentais. Há Estados que conseguiram avançar mais do que os demais na organização dos Juizados e outros que estão ainda na fase inicial. As infraestruturas materiais e pessoais deixam muito a desejar mesmo nos Estados que conseguiram organizar melhor os Juizados. E estão eles sujeitos à oscilação da vontade política dos dirigentes do Judiciário local, alguns mais e outros menos preocupados com o correto desempenho das funções sociais do Judiciário através de instituições como Juizados Especiais. Os conciliadores não estão recebendo, em vários Estados, a formação e o aperfeiçoamento necessários, através de cursos, treinamentos e trocas de experiências. Em muitos Estados, mesmo na capital e nas cidades maiores, não há juízes designados exclusivamente para os Juizados, o que, tal como ocorre com a variação da vontade política dos dirigentes do Judiciário local, afeta a estabilidade dos Juizados pela oscilação da mentalidade dos magistrados que neles atuam.

É importante que se firme, em todo o país, o microssistema de Juizados Especiais com as características corretas acima mencionadas, que efetivamente proporcione a facilitação do acesso à Justiça pelo cidadão comum, principalmente pelos mais humildes, e possibilite uma prestação jurisdicional efetiva, adequada e tempestiva. Não se nega, de forma alguma, a gravidade da tão apregoada crise do Judiciário, caracterizada pela morosidade, inadequação e ineficácia da prestação jurisdicional, crise essa que está a reclamar soluções urgentes, seja por meio do aperfeiçoamento da organização judiciária, seja pela reforma das leis processuais e materiais, seja ainda pelo melhor recrutamento e aperfeiçoamento mais adequado dos juízes e de seus auxiliares. Tampouco se pretende contrariar a legítima vontade de estender a todos os conflitos de interesses judicializados as virtudes do processo e do procedimento dos Juizados Especiais. Mas *para isso não é necessário que todos esses conflitos sejam processados nos Juizados Especiais. Cândido Rangel Dinamarco*, um dos principais membros da Comissão elaboradora do anteprojeto da Lei dos Juizados Especiais de Pequenas Causas, tece as seguintes observações, que continuam inteiramente válidas em relação aos Juizados Especiais:

> "Essas ideias fundamentais, que estão na Lei das Pequenas Causas, são conquistas do processo civil e da própria teoria geral do processo, que não precisam ficar confinadas ao processo agora criado, só porque enunciadas no seu estatuto específico. Sabe-se que 'a lei nova, que estabeleça condições gerais ou especiais a par das já existentes, não revoga nem modifica a lei anterior' (Lei de Introdução ao Código Civil, art. 2º, § 2º). O fato de lei de 1984 ter sido editada para o funcionamento do Juizado Especial das Pequenas Causas não implica, porém, o necessário confinamento de todas as suas normas entre as *leges speciales*. Esses dispositivos examinados são portadores da proposta de uma mudança de atitude perante o processo e o modo de realizá-lo – e não há qualquer razão lógica ou ética a aconselhar que isso só prevaleça no âmbito restrito do Juizado. Tem-se por certo, pois, que a todos os juízes essa mensagem da Lei das Pequenas Causas se dirige. Chegando ela aos seus destinatários e caindo qual semente em solo fértil, mais esse serviço terá prestado a Lei das Pequenas Causas ao direito e à justiça do país. Um processo menos formalista e juízes muito preocupados com a justiça de seus julgamentos são benefícios que em todo campo onde haja processo é preciso extrair desde logo da mensagem trazida na nova lei" (A Lei das Pequenas Causas e a renovação do processo civil. In: WATANABE, Kazuo (Coord.). *Juizado especial de pequenas causas*. São Paulo: RT, 1985).

Enfim, pretendemos deixar sublinhado, nesta oportunidade, que há premente necessidade de se aprimorar, sempre e cada vez mais, o modelo dos Juizados Especiais em todo o país, e também que é imperioso impedir que os Juizados Especiais sejam vistos e utilizados como panaceia geral, para eles canalizando a grande maioria das demandas cíveis, pois isso representará, fatalmente, a falência de todo o sistema. O microssistema deve ser mantido sempre ágil, célere, informal, eficiente e perfeitamente capacitado, principalmente pela formação e preservação de nova mentalidade, para o exato cumprimento de sua finalidade maior, que é a acima ressaltada, com o monitoramento permanente da adequação de sua infraestrutura material e pessoal ao volume de serviços que lhe seja canalizado, evitando-se a ampliação demasiada de sua competência.

Publicado originalmente em:

- Temas Atuais de Direito Processual Civil. Coordenadores César Augusto de Castro Fiuza, Maria de Fátima Freire de Sá e Ronaldo Bretas C. Dias. Editora Del Rey, 2001, páginas 201 a 209.

- Cidadania e Justiça – Ano 3 – Número 7 – 2º Semestre de 1999. Publicação da Diretoria de Comunicação Social da AMB (Associação dos Magistrados Brasileiros) – Páginas 32 a 37.

CAPÍTULO 7

THEOTONIO NEGRÃO E AS "CAUSAS DE PEQUENO VALOR"

7.1 Considerações iniciais

As obras mais conhecidas de Theotonio Negrão são o Código de Processo Civil (CPC) e o Código Civil (CC), ambos com utilíssimas notas, com indicação de jurisprudência e até, por vezes, de opiniões sobre pontos controvertidos. Essas duas obras estão, com toda a certeza, na mesa de todos os profissionais do Direito do país, facilitando e apoiando o trabalho de todos eles.

Mas uma obra anterior, *Dicionário da Legislação Federal*, organizado e publicado em 1961 a pedido do Ministério da Educação e Cultura, que lamentavelmente não teve reedição, é igualmente uma obra admirável, revelando Theotonio Negrão competência e organização extraordinárias, que veio a aplicar de forma aperfeiçoada nas duas obras posteriores.

Tenho por esse *Dicionário da Legislação Federal* uma particular afeição, pois foi com apoio nele que me submeti e obtive sucesso no concurso de ingresso na magistratura paulista em 1962, e posteriormente o utilizei diariamente no trabalho profissional. É uma obra completa e bem estruturada, em que Theotonio Negrão, conforme bem anota Frederico Marques, utilizou sua cultura privilegiada *"para ser útil e auxiliar a classe jurídica"* (apud BENETI, 2003, p. 16). Lamentavelmente, essa obra não foi reeditada pelo contratante, Ministério da Educação e Cultura, mas Theotonio Negrão sempre a manteve atualizada, com anotações feitas à mão no volume de seu uso, que me emprestou certa feita para copiar essas atualizações.

7.2 Ideias sobre nova estrutura para o Judiciário nacional

Mas uma face de Theotonio Negrão pouco conhecida dos profissionais do Direito mais jovens, os formados nas últimas três décadas, é a respeitante à atuação dele no aperfeiçoamento do sistema de Justiça de nossa pátria, seja cuidando da estrutura e organização do Judiciário nacional, seja formulando propostas de melhoria de acesso à Justiça, com o aperfeiçoamento do sistema processual.

No respeitante à nova estrutura do Poder Judiciário, as sugestões formuladas por Theotonio Negrão foram aprovadas unanimemente pelo Conselho do Instituto dos Advogados de São Paulo, que deliberou encaminhá-las ao presidente do Supremo Tribunal Federal, ao ministro da Justiça e às entidades de classe dos advogados. Esse trabalho foi publicado em julho de 1974 pela *RT Informa*. Grande parte dessas sugestões, entre as quais está a criação do Superior Tribunal de Justiça, com competência em matéria de legislação federal infraconstitucional, foi acolhida pela Constituição Federal (CF) promulgada 14 anos depois, em 1988.

7.3 Procedimento sumaríssimo para "causas de pequeno valor"

Em acréscimo às sugestões sobre nova estrutura para o Judiciário, Theotonio Negrão acrescenta, nesse artigo, algumas sugestões de natureza processual e, dentre elas, para os fins da matéria tratada neste artigo, é de interesse o respeitante ao *procedimento sumaríssimo para causas de pequeno valor*.

Trata-se de trabalho publicado em julho de 1974, portanto, quando já em vigor o CPC de 1973.

A sugestão defende a unidade processual em todo o país, mas com flexibilização que permita optar por diferentes soluções criadas pelo legislador federal, "deixando às leis de organização judiciária, com certa amplitude, a possibilidade de aceitá-los, ou não, no Estado, ou, mesmo, dentro de certas regiões do Estado". Sustenta que o *procedimento sumaríssimo* deve ser totalmente revisto, "fixando-se sua obrigatoriedade até uma certa alçada e sua facultatividade além dessa alçada, até um quantum determinado". Anota que,

> "para que possa ser poderoso instrumento de distribuição da justiça, não basta que seja disciplinado em alguns artigos de difícil compreensão, mas é necessário que seja diferente do procedimento comum, tanto no processo de conhecimento, como no de execução; que não dê recursos para os Tribunais, porque nas causas de pequeno valor a demora na sua solução, e não a supressão do recurso, é que é antidemocrático, porque só o rico é que lucra com ela; que possa haver recurso, por exemplo, para um colegiado de juízes de primeira instância, na forma que as leis de organização judiciária determinarem".

Bem antes dessas sugestões, já em 1961, em trabalho publicado na *Revista dos Tribunais* (v. 311, p. 7-18), defendeu o *"julgamento em instância única, para causas de pequeno valor"*. A preocupação básica de Theotonio Negrão, na sugestão que apresentava, é o acesso à Justiça e a efetiva tutela do direito do cidadão mais humilde. Ressalta que

> "o processo, nas pequenas causas, há de ser reduzido ao estritamente necessário para que suas complicações, delongas e despesas não afastem nem desanimem o litigante eventual e ele não conclua que a Justiça foi feita só para ricos e desocupados e é quase sempre impotente para tornar efetivos os direitos que o Estado proclama nas leis substantivas".

7.4 Juizado Especial de "pequenas causas"

Várias das sugestões contidas nesse trabalho e no anteprojeto de lei de procedimento sumaríssimo, que o acompanha, foram posteriormente, em 1984, acolhidas na formulação da proposta contida na Lei nº 7.244, que instituiu o *Juizado Especial de Pequenas Causas*.

A lei aprovada, com efeito, contém as seguintes ideias defendidas por Theotonio Negrão:

a) processo e procedimento bastante simplificados para "causas de pequeno valor";

b) possibilidade de acesso direto pelo titular do direito lesado, sem necessidade de representação por advogado;

c) supressão da instância recursal (que na lei aprovada somente ocorreria quando o julgamento da causa fosse feito por árbitro);

d) possibilidade de solução do conflito por equidade, mediante a concordância de ambas as partes (mas somente quando a causa for julgada por árbitro);

e) julgamento do recurso por um colegiado formado por juízes de primeiro grau, no próprio juizado, portanto sem a remessa do processo para órgão de segundo grau.

Aprovada e publicada a Lei nº 7.244/1984, tamanha foi a satisfação de Theotonio Negrão que cuidou ele de divulgá-la de imediato, tirando uma separata da 14ª edição do seu já consagrado *Código de Processo Civil e Legislação Processual em Vigor*, que à época se achava no prelo. E dedicou essa separata, a título de homenagem, aos membros da comissão elaboradora da lei.

Afirmou, na "Nota Preliminar", que

> "a novíssima Lei do Juizado Especial de Pequenas Causas vem preencher uma impressionante lacuna de nossas leis processuais. [...] A nova lei, corajosamente, entrega ao juiz um poder de direção do processo e uma liberdade na condução da prova que lhe dá, em última análise, verdadeiro arbítrio para fazer Justiça com quase total desapego às fórmulas tradicionais, reduzidas, nesse diploma legislativo, ao mínimo indispensável".

E concluiu suas observações com as seguintes palavras de otimismo e grande entusiasmo:

> "Que ninguém se iluda: o novo diploma veio para ficar, porque corresponde a um anseio profundo de todos aqueles para os quais qualquer violação de direito, grande ou pequena, ocasiona um trauma social, que deve ser reparado. Só resta aguardar-se que, na prática, bons juízes, justos e equânimes (ainda o art. 5º), bem apliquem a lei, sanando suas falhas e completando suas omissões".

Seu vaticínio logo se concretizou, pois o novo sistema de acesso à Justiça e de tutela jurisdicional de direitos, que era de criação facultativa pelos Estados, Distrito Federal e Territórios (art. 1º, Lei nº 7.244/1984), tornou-se de criação e implementação obrigatórias na CF de 1988, cujo art. 98, inciso I, determinou que esses juizados, que passariam a ser denominados *Juizados Especiais para Causas Cíveis de Menor Complexidade*, fossem competentes também para a execução, e não apenas para o julgamento; ordenou ainda que abrangessem a área criminal, para "crimes de menor potencial ofensivo" e o § 1º deixou estabelecido que por lei deveria ser ampliado o sistema para o âmbito da Justiça federal.

Em cumprimento a essas determinações da CF, foram editadas leis ordinárias. Na área da Justiça estadual, a Lei que substituiu a de 1984, criadora do Juizado de Pequenas Causas, é a de nº 9.099, de 26/9/1995, que, na parte cível, praticamente reproduziu as normas mais importantes da lei de 1984. E na área da Justiça federal foi editada, em 2001, a Lei nº 10.259.

O que ocorreu na Justiça estadual foi, em linhas gerais, apenas a ampliação da competência dos Juizados Especiais, em relação ao valor e à matéria, e sua competência também para a fase de execução, não se limitando mais apenas ao processo de conhecimento.

7.5 Considerações finais

Para finalizar, gostaria de deixar consignada a minha confiança em que os responsáveis pelos Juizados Especiais saberão manter os ideais que sempre nortearam Theotonio Negrão, em suas pesquisas e preocupações pelo correto desempenho de nossa Justiça, com acesso aberto a todos os jurisdicionados e tutela jurisdicional efetiva de todos os direitos, qualquer que seja seu valor ou complexidade, ideias essas que estão claramente incorporadas na Lei do Juizado Especial de Pequenas Causas e, hoje, na Lei dos Juizados Especiais para Causas Cíveis de Menor Complexidade.

BIBLIOGRAFIA

BENETI, Sidnei. Theotonio Negrão. Revista da Escola Paulista da Magistratura, São Paulo, ano 4, n. 2, p. 7-25, jul./dez. 2003.

NEGRÃO, Theotonio. Revista dos Tribunais, São Paulo, Revista dos Tribunais, ano 50, v. 311, p. 7-18, set. 1961.

Publicado originalmente em:

- Revista do Advogado – Ano XXXVII – Número 136 – dezembro de 2017, páginas 85 a 88. AASP – Associação dos Advogados de São Paulo.

CAPÍTULO 8

NOVAS ATRIBUIÇÕES DO JUDICIÁRIO: NECESSIDADE DE SUA PERCEPÇÃO E DE REFORMULAÇÃO DA MENTALIDADE

A partir da década de 80, com a vigência da lei de Ação Civil Pública (7.347/85), da Lei de Pequenas Causas (7.244/84), hoje, Juizados Especiais (Lei 9.099/95), do CDC (Lei 8.078/90) e das recentes alterações do Código de Processo Civil, dentre elas uma das mais importantes é a trazida pela Lei 8.952/94, tivemos profundas transformações na processualística brasileira e também significativas modificações na lei material.

Dentre as várias transformações trazidas por essas leis, as mais relevantes são:

a) foi facilitado o acesso à Justiça para a camada mais humilde da população e possibilitada a solução molecular dos conflitos de interesses difusos, coletivos e individuais homogêneos, evitando-se sua fragmentação e a banalização de suas soluções; permitiu-se que outros entes públicos, além do Ministério Público, e também a própria sociedade civil – através de entes intermediários, como associações e sindicatos - pudessem levar ao Judiciário os conflitos metaindividuais;

b) foi adotada a responsabilidade objetiva para a tutela mais eficaz do consumidor e do meio ambiente;

c) para a proteção jurisdicional mais efetiva e tempestiva dos direitos, foram criados o mecanismo de antecipação da tutela e a tutela diferenciada e específica das obrigações de fazer e não fazer.

A função do Judiciário, que já vinha se ampliando por força da mudança na própria concepção das funções do Estado Moderno, foi definitivamente modificada com essas alterações das leis material e processual. O Judiciário passou a solucionar não somente os conflitos intersubjetivos de interesses, segundo o modelo liberal individualista, como também a atuar como órgão calibrador de tensões sociais, solucionado conflitos de conteúdo social, político e jurídico, e também implementando o conteúdo promocional do Direito, como o contido nas normas constitucionais e nas leis que consagram os direitos sociais e protegem o meio ambiente, o consumidor e outros interesses difusos e coletivos.

Como consequência, houve mudanças nos escopos da ação, do processo e da jurisdição, que passaram a constituir-se em conduto importante de participação política através do Judiciário e em instrumentos de racionalização do poder político, econômico e social e de mediação dos conflitos de interesses e tensões sociais. Em notável e consagrada obra, Cândido R. Dinamarco demonstra a importância da reformulação do conceito de jurisdição, que deve ter, ao lado do escopo jurídico, também o escopo social e político (*A Instrumentalidade do Processo*).

Essas profundas modificações nos conceitos de jurisdição, ação e processo trouxeram a necessidade de reformulação de vários institutos processuais, como por exemplo o da coisa julgada. Foram concebidos, por outro lado, tipos de provimentos mais eficazes e mais adequados ao tipo de conflito a ser solucionado. A tutela específica das obrigações de fazer e não fazer, prevista no art. 11 da Lei 7.347, é um exemplo eloquente do esforço no sentido da concepção de provimentos jurisdicionais dotados de maior efetividade, solução que posteriormente foi adotada pelo art. 84 do CDC, pelo art. 461 do CPC e pelo Estatuto da Infância e da Juventude (Lei 8.069/90, art. 213) e pela Lei antitruste (8.884/94, arts. 62 e 63).

Uma rápida comparação das atribuições do Judiciário brasileiro com as do Judiciário norte-americano, permite-nos a conclusão de que nossos juízes estão efetivamente assumindo novas funções, adotando um papel cada vez mais efetivo, aproximando-se paulatinamente do modelo anglo-saxão.

John Henry Merryman, discorrendo sobre "*Civil Law System*", que é o nosso, chega a afirmar que o juiz desta família jurídica descende do "iudex" romano, datado de pouco poder, ao passo que o juiz anglo-saxão se filiaria ao "praetor" romano, plenamente investido do poder de império (*The Civil Law Tradition*; conferir, também, Ovídio Batista da Silva, *Curso de Processo Civil*, vol. 2). Daí a importância e a notoriedade que alcançam os magistrados mais destacados dos países filiados à "*common law*" (Coke, Mansfield, Marshall, Story, Holmes, Brandeis, Cardozo), quando os nomes mais conhecidos nos países filiados à "Civil Law" são os dos legisladores (Justiniano, Napoleão) e dos doutrinadores (Gaio, Irnerio, Bartolo, Mancini, Domat, Pothier, Savigny e outros).

Em importante artigo sobre a atuação executiva dos direitos, esclarece Michele Taruffo como no sistema de "*Common Law*", a partir da "*equity*", diante de situações não tuteláveis "*at law*", se conseguiu a concepção pela jurisprudência de remédio jurisdicional tão eficaz quanto a "*injunction*" para a tutela de "novos direitos", "*che emergono nei vari momenti storici, costituendo così un potente fattore di adeguamento del sistema giurisdizionale ai bisogni reali di tutela*" (*L'attuazione esecutiva dei diritti: profíli comparatistici*).

Impõe-se, diante dessa nova realidade e para a consolidação e aprofundamento dos avanços já alcançados, que o mundo jurídico brasileiro, através dos juízes e dos demais operadores do Direito, se dê conta de que houve essa profunda mudança na realidade sociopolítico-econômica do país e nas leis processuais e materiais que procuram se adequar a essa nova realidade.

Mudança de mentalidade por parte de todos os atores do mundo jurídico, que possibilite a perfeita percepção dessa nova realidade, é a exigência mais premente da atualidade. E é particularmente imperioso que o Judiciário se aperceba das novas e importantes funções que lhe tocam e atualize-se e aparelhe-se corretamente para o seu adequado desempenho, evitando-se assim que o espaço institucional que lhe cabe seja ocupado por outros órgãos públicos e privados.

Publicado originalmente em:

- Revista da Escola Paulista de Magistratura (APAMAGIS), ano 1, número 1, setembro/dezembro de 1996, páginas 149 a 151.

CAPÍTULO 9

O *"IUS POSTULANDI"* PERANTE O ESTATUTO DA OAB

Art. 1º do Estatuto da OAB. Vamos colocar a coisa em termos de interpretação e não de inconstitucionalidade. O que o art. 1º da Lei n. 8.906/94 quer explicitar? Seria uma norma processual disciplinadora do *ius postulandi* ou norma que disciplina o exercício da profissão de advogado?

Em meu sentir, não é uma norma processual, e sim uma norma que procura assegurar ao advogado a prerrogativa exclusiva do exercício da advocacia.

O dispositivo em análise procura estabelecer que é do advogado a prerrogativa de exercer a advocacia, com exclusão de quaisquer outros profissionais. O contador não pode exercer a advocacia, o engenheiro também; apenas o advogado pode exercê-la. Mas isso não significa que é possível, diante das normas constitucionais, que a lei processual dê o *ius postulandi* à própria parte. O Estatuto anterior já dizia a mesma coisa. O art. 67 da Lei n. 4.215/63 (Estatuto anterior) dizia que *"o exercício das funções de advogado, estagiário e provisionado somente é permitido aos inscritos nos quadros da Ordem dos Advogados [...]"*.

É o que o novo Estatuto está dizendo, embora com outras palavras. O exercício da advocacia, consistente em postular perante o Poder Judiciário, inclusive perante os Juizados Especiais, é prerrogativa exclusiva do advogado. Não significa isto, todavia, que o *ius postulandi* não possa ser atribuído por lei, excepcionalmente, à própria parte.

Certamente, a lei não poderá atribuir essa prerrogativa para outros profissionais.

Vamos examinar se a CF no art. 133 veda a atribuição do *ius postulandi* à própria parte em determinadas circunstâncias.

Diz o art. 133 que *"o advogado é indispensável à administração da justiça, sendo inviolável por seus atos e manifestações no exercício da profissão, nos limites da lei"*.

O advogado é indispensável à administração da Justiça. Isto ninguém nega que o seja. Da mesma forma que o Ministério Público é essencial ao exercício da função jurisdicional do Estado, conforme a CF no art. 127, e apesar disso ninguém defende a opinião de que o Ministério Público deva intervir em todos os processos.

Ser indispensável ao exercício da função jurisdicional não significa que o advogado deva, necessariamente, estar presente em todos os processos.

O que me parece relevante, em nosso sistema jurídico-constitucional, é o "Princípio da Inafastabilidade do Controle Jurisdicional", que está inscrito no art. 5º, XXXV, e que diz que a Lei não excluirá da apreciação do Poder Judiciário lesão ou ameaça ao direito.

É regra basilar do Estado Democrático de Direito. Se o nosso sistema jurídico-constitucional adota o Princípio da Unidade da Jurisdição, isto é, jurisdição exercida apenas pelo Poder Judiciário, negar acesso à Justiça por alguma forma, direta ou indireta, constitui ato de denegação da Justiça. Portanto, ofensa ao Princípio Fundamental da Ordem Democrática.

Este acesso à Justiça, segundo a interpretação sustentada pelos defensores do "Estatuto", só poderia ser feito através do advogado. Somente o advogado teria o *ius postulandi*.

Eu até poderia concordar com essa colocação se na prática efetivamente todos os jurisdicionados tivessem condições de ter um advogado para ter acesso à Justiça. Mas a própria Constituição já previu, no art. 5º, LXXIV, a impossibilidade de todos contratarem advogados às suas custas, e deixou inscrito, como direito fundamental do cidadão, a organização pelo Estado do serviço de assistência jurídica integral e gratuita aos que comprovarem a insuficiência de recursos.

Então, no momento em que o Estado tiver realmente organizado esse serviço e efetivamente (e não apenas nominalmente) todos tiverem a facilidade de ter um advogado dado pelo Estado, ou por ele contratado, para ter acesso à Justiça, poderíamos implementar a regra em discussão, com a interpretação que a OAB lhe quer dar.

Mas a realidade não é essa.

A Constituição Federal estabeleceu um modelo de assistência jurídica integral. Diz o art. 134, ao cuidar da Defensoria Pública, que ela "é instituição essencial à função jurisdicional do Estado, incumbindo-lhe a orientação jurídica e a defesa, em todos os graus, dos necessitados, na forma do art. 5º, LXXIV".

Enquanto o Estado não tiver organizado o serviço de Defensoria Pública, e está bastante longe o atingimento de semelhante ideal, não poderá obrigar que alguém previamente contrate, às suas custas, o advogado para ingressar em juízo. Isto significaria denegação da Justiça.

Devemos interpretar o art. 1º do Estatuto sob a ótica da matéria legislanda, que é, como visto, o exercício da advocacia, e não matéria de natureza processual.

É perfeitamente possível que lei ordinária conceda o *ius postulandi* à própria parte, como o faz, em relação à Justiça do Trabalho, o art. 791 da CLT, e em relação aos Juizados de Pequenas Causas, a Lei n. 7.244/84.

Examinando alguns trabalhos doutrinários constatei que o Prof. Russomano defende o entendimento de que o art. 133 da CF, por si só, não alterou o *ius postulandi* do operário. Há necessidade de uma lei processual que revogue expressamente o dispositivo atual.

Parece-me perfeita a colocação. A ela acrescento a argumentação acima desenvolvida, de inconstitucionalidade enquanto o Estado não tiver organizado o serviço de assistência jurídica, que é também um imperativo constitucional. O serviço de Defensoria Pública é o modelo que a Constituição adotou para a prestação de assistência jurídica integral.

Dentro da linha de argumentação do Prof. Amauri, gostaria de ressaltar o artigo da Constituição Federal que diz: A Defensoria Pública é instituição essencial à função jurisdicional do Estado.

Está no art. 134. Se nós entendermos que o art. 133 é autoaplicável (o advogado é indispensável à administração da Justiça), nós temos de chegar à conclusão de que temos que paralisar a função jurisdicional, o trabalho nos Tribunais, enquanto o serviço de Defensoria Pública não for organizado. Mas isto, evidentemente, não pode acontecer! Os Tribunais continuarão trabalhando e o Estado organizará a Defensoria Pública ao longo do tempo.

Quando ingressei na Magistratura estadual, em 1962, havia uma lei autorizando o Estado a pagar ao advogado que fosse nomeado como "dativo" pelo juiz. A lei foi revogada, mas não foi organizado, em substituição, o serviço de assistência jurídica em todo o Estado.

Estamos em 1994, 32 anos depois. O que nós temos no Estado de São Paulo? Procuradoria de Assistência Judiciária? Sim. É suficiente essa procuradoria para atender à necessidade de toda a multidão de jurisdicionados sedenta de uma orientação jurídica e assistência judiciária? A resposta é negativa. Existe a Procuradoria, mas sem possibilidade de atender a todos os necessitados.

A nossa Constituição chegou em 1988 para dizer que o modelo a ser adotado por todos os Estados é o da Defensoria Pública. O Estado de São Paulo não se dignou, ainda, organizar a Defensoria Pública.

Consta existir controvérsia dentro da Procuradoria do Estado, alguns não admitindo a perda pela Procuradoria de parte da sua atribuição atual. No Rio de Janeiro teria havido, também, esse tipo de problema, porque a Defensoria Pública fazia parte do Ministério Público. Hoje é instituição autônoma.

Então, a minha posição é esta: enquanto o serviço de Defensoria Pública não estiver organizado adequadamente não podemos condicionar o acesso à Justiça à prévia contratação de advogado.

Se não existe esse serviço oficial, obrigar o jurisdicionado à prévia contratação de um advogado, seja no Departamento Jurídico do Centro Acadêmico XI de Agosto, ou de um sindicato, em suma, em órgãos não organizados pelo Estado, isso equivale, sem dúvida alguma, à denegação de acesso à Justiça.

O valor fundamental a ser preservado é o acesso à Justiça. Penso e raciocino o problema do *ius postulandi* a partir do princípio da inafastabilidade do controle jurisdicional.

Sustenta o Prof. Piva que o art. 134 existe com imperatividade e este dispositivo não estaria sendo cumprido pelo Estado. Se a OAB se comprometer a tornar factível, de modo pleno, o dispositivo que assegura a todos o direito de acesso à Justiça, então estaria de acordo em dar implementação plena ao art. 1º do Estatuto, em termos de capacidade postulatória. Enquanto o Estado não tiver o serviço de Defensoria Pública adequadamente organizado, não podemos recusar o acesso direto do cidadão ao Poder Judiciário, nos termos que a lei ordinária vier a estabelecer.

Gostaria de falar a respeito da experiência do Juizado de Pequenas Causas: dos que procuram o Juizado, seguramente, mais de 60% a 70% são pessoas humildes, que levam casos simples, que nenhum advogado concordaria em patrocinar.

É este o aspecto fundamental. Quando procuro explicar o Juizado de Pequenas Causas ressalto sempre esse ponto. O Juizado de Pequenas Causas não foi pensando para resolver a crise do Judiciário. Foi pensado e implementado para facilitar o acesso à Justiça para uma camada da população que, em razão de fatores múltiplos – complicação, custo elevado e principalmente a ideia de que primeiro tem de contratar advogado para depois ir à Justiça -, estava se afastando da Justiça, criando aquele fenômeno que procuramos denominar de "litigiosidade contida". Este fenômeno realmente existe e o Juizado de Pequenas Causas procura dar resposta a ele, que é um problema sociológico e político, que existe nessa realidade que o Prof. Amauri bem destacou.

É possível, perfeitamente, a compatibilização da necessidade de facilitação do acesso à Justiça (o acesso direto do cidadão) com a necessidade de preocupação pela defesa técnica da parte. E a Lei do Juizado de Pequenas Causas, acolhendo as críticas da OAB, procurou conceber um sistema que atendesse a essas duas ordens de exigências. Permitiu-se o acesso direto do cidadão à Justiça, mas, por outro lado, impôs-se ao Estado a obrigação de organizar, dentro do Juizado, o serviço de assistência judiciária, estabelecendo no art. 9º da Lei do Juizado de Pequenas Causas que se uma das partes comparecer com advogado, a outra terá, para contrabalançar as armas, também direito à assistência de um advogado. E, na hipótese de ser o reclamado uma pessoa jurídica, o legislador estabeleceu a presunção de que a pessoa física, reclamante, estaria em condição mais desfavorável, portanto, o juiz também teria que dar a esta um advogado. E, numa outra situação prevista, toda vez que o juiz notar alguma complexidade na causa terá também de dar um advogado para as partes.

O Juizado foi pensado com essas preocupações.

Acho perfeitamente conciliáveis as coisas. A preocupação fundamental tem de ser o acesso do cidadão à Justiça: facilitá-lo ao máximo.

Como organizar a defesa técnica dentro da Justiça, é outro ponto importante. Na Justiça trabalhista, podia ser mantida a reclamação verbal, procurando-se organizar, dentro da Justiça, um serviço de assistência judiciária para aqueles casos em que a parte tivesse necessidade, pela complexidade da causa, de assistência técnica.

Publicado originalmente em:

- TRABALHO & PROCESSO – Revista Jurídica Trimestral – dezembro de 1994 – Número 3 – Editora Saraiva – Páginas 37 a 41.
- Transcrição da intervenção em debate ocorrido na sala de conferências do TRT, São Paulo, em 15-8-1994, a convite da Associação dos Magistrados Trabalhistas.

CAPÍTULO 10

MODALIDADE DE MEDIAÇÃO

O tema diz respeito às modalidades de mediação, as quais, inclusive, são várias. Antes das considerações do anteprojeto, discorrerei a respeito da tipologia dos meios de tratamento de conflitos e, em seguida, sobre a mediação especificamente.

Quando se fala em meios alternativos de solução de conflitos, os americanos, que usam o termo *ADR – Alternative Dispute Resolution*, têm uma visão, e os europeus, outra. Para os americanos, ao que pude apreender, os meios alternativos são todos aqueles que não sejam o tratamento dos conflitos pelo Judiciário. Nesses meios, incluem-se a negociação, a mediação, a arbitragem e, eventualmente, outros que possam ocorrer para o tratamento dos conflitos. Para alguns cientistas europeus, o meio alternativo é a solução pelo Judiciário, porque, historicamente, os conflitos foram solucionados pela sociedade sem a intervenção do Estado organizado, à época em que não havia ainda a força, um Estado bem organizado. De sorte que os meios normais eram a negociação, a mediação. Mais tarde, mesmo no sistema romano, percebemos que o juiz privado vem antes do juiz estatal. O juiz estatal só se institucionaliza na fase final da *cognitio extra ordinem*.

Essas considerações são relevantes apenas como dado informativo. O que importa é que, hoje, pelo menos no Brasil, temos um meio normal, usual, que é a solução pelo Poder Judiciário, pela autoridade do Estado, e os meios alternativos, ainda em fase de organização. Fala-se muito em arbitragem. A lei está sob questionamento perante o Supremo Tribunal Federal, mas já sabemos que a maioria dos Ministros está a favor da constitucionalidade. Hoje temos a proposta da Lei de Mediação, obrigatória nas causas cíveis.

Historicamente, no Brasil, foi sempre assim. Vamos remontar à história do Império. A Constituição do Império, de 1824, a primeira, promulgada dois anos após a nossa Independência, no seu art. 160, deixou dito o seguinte: *Nas causas cíveis e nas penais civilmente intentadas, poderão as partes nomear árbitros. Suas sentenças serão executadas sem recurso se, assim, o convencionarem as mesmas partes.*

A Constituição, expressamente, autorizava a arbitragem. Seu art. 161 dizia: *Sem se fazer constar que se tem intentado o meio de reconciliação, não se começará processo algum, e, sem se demonstrar que se tentou uma solução amigável, ninguém será admitido em juízo.*

Esse era o preceito constitucional da Constituição de 1824.

E dizia o art. 162 que para tal fim, ou seja, o das tentativas de reconciliação ou o de mediação: *Haverá juízes de paz, os quais serão eleitos pelo mesmo tempo e maneira por que se elegem os vereadores das Câmaras. Suas atribuições e distritos serão reguladas por lei.*

Assim, passa a existir, formalmente, a figura do juiz de paz, que já existia antes, sendo consagrada pela Constituição. Ao longo da nossa história constitucional, percebemos que essa Instituição veio sendo mantida, mas perdendo cada vez mais as suas atribuições; até que, no Regime Militar, perdeu completamente a função jurisdicional. Juiz de paz passa a ser mero juiz de casamento. Com a Constituição de 1988, a Instituição recupera as atribuições anteriores, mas, ainda, não vemos efeito prático dessa modificação.

Os historiadores dizem que a figura do juiz de paz foi uma concepção dos liberais contra os conservadores, pois, com essa Instituição, procuravam fazer face ao excessivo autoritarismo do Estado. Como todos os conflitos eram solucionados pelos funcionários do Judiciário, o juiz de paz, pessoa eleita pelo povo, portanto, teoricamente, de sua confiança, ao atuar, estaria quebrando um pouco do autoritarismo estatal. Por que, então, ao longo da história brasileira, essa Instituição não se manteve? Há um trabalho de pesquisa, do Desembargador Miranda Rosa, do Rio de Janeiro, publicado pela *Revista de Jurisprudência do Tribunal de Justiça do Estado do Rio*, com o título: *Justiça de Paz: Uma Instituição Desperdiçada*, no qual mostra que, apesar de as instituições manterem essa figura, dando-lhe funções também jurisdicionais e, principalmente, função pacificadora, esta não sobreviveu no Brasil. Essa pesquisa foi feita em várias cidades do Rio de Janeiro, o que demonstrou não haver muita notícia positiva quanto ao trabalho do juiz de paz.

Esse resultado demonstra a cultura do povo brasileiro, muito dependente de autoridade, e os sociólogos procuram apontar tal característica. Não há sequer uma organização da sociedade em termos de um trabalho coletivo. Os meios alternativos de solução de conflitos necessitam de um terreno fértil para prosperar, que consiste, exatamente, na existência de uma mentalidade receptiva a esses modos de solução e de tratamento de conflitos.

Quando participei da elaboração do anteprojeto da Lei das Pequenas Causas, tive a oportunidade de visitar o Japão para ver o juizado de conciliação e também o Tribunal de Pequenas Causas de Nova Iorque. Percebi que, principalmente no Japão, existe uma cultura diferente; o que lá funciona pode não funcionar no Brasil. É necessário considerarmos as bases culturais para pensarmos em uma estratégia mais adequada de tratamento dos conflitos de interesse. Para dar a dimensão da diferença entre Brasil e Japão, citarei um dado: o Japão tem uma população de 120 milhões de habitantes – o Estado de São Paulo tem 40 milhões de habitantes, quer dizer, 1/3 da população do Japão; são 150 mil advogados no Estado de São Paulo; o Japão tem 19 mil advogados para 140 milhões de pessoas. Não é verdade afirmar que o japonês não é conflituoso, basta estarem presentes dois japoneses para constituírem uma associação, e há conflitos, mas há mecanismos para solucioná-los.

Ouvindo a palestra de um professor japonês, fiquei impressionado com a sua afirmativa de que os meios informais de controle da sociedade são mais rigorosos que os meios formais. Os formais seriam: a Polícia, o Judiciário, o Ministério Público; os meios informais seriam: a família, a vizinhança, as escolas, os locais de trabalho etc. Esse rigor que existe na sociedade tem aspectos negativos certamente: no Japão, há muito mais suicídio de crianças do que no Brasil. Convenço-me, cada vez mais, que, sem pensarmos na organização adequada da sociedade, mas apenas em aprimorar processos, não estaremos resolvendo o problema de tratamento adequado dos conflitos de interesses que ocorrem na sociedade.

Vejo os juizados de pequenas causas – que começaram como uma forma de permitir acesso mais fácil à camada mais humilde da população – como a experiência, em princípio combatida, que funcionou, sendo utilizada, hoje, como uma forma de solucionar a crise da Justiça e não para facilitar o acesso à Justiça pela população mais humilde.

Ampliaram a competência dos juizados sem que o Estado cuidasse de organizá-los e aparelhá-los melhor, bem como dar tratamento adequado para seus funcionários. Estamos presenciando – pelo menos observo isso no Estado de São Paulo –, em alguns juizados, a distribuição de senhas para atendimento, a formação de filas, transformando-se em uma espécie de "INPS" dos juizados. Todas essas instituições, essas formas de tratamento dos conflitos de interesse, devem ser pensadas e implementadas com essa preocupação fundamental e não com a preocupação de solucionar a crise da Justiça. Não é porque o Poder

Judiciário está sobrecarregado de serviço que tentaremos descobrir formas de aliviar a carga. Tenho um grande receio de que a mediação venha a ser utilizada com esse enfoque e não com o maior, que seria dar tratamento adequado aos conflitos que ocorrem na sociedade; não se pode pensar nela como uma forma de aliviar a sobrecarga a que o Judiciário está sendo submetido hoje, porque daremos à mediação o mesmo encaminhamento que estamos dando hoje aos juizados especiais.

Quando se trata de solução adequada dos conflitos de interesses, insisto em que o preceito constitucional que assegura o acesso à Justiça traz implicitamente o princípio da adequação; não se assegura apenas o acesso à Justiça, mas se assegura o acesso para obter uma solução adequada aos conflitos, solução tempestiva, que esteja bem adequada ao tipo de conflito que está sendo levado ao Judiciário.

Observa-se, na prática, que alguns conflitos, principalmente aqueles que ocorrem entre duas pessoas em contato permanente (marido e mulher, dois vizinhos, pessoas que moram no mesmo condomínio), exigem uma técnica de solução como a mediação, em virtude de se buscar nesses conflitos muito mais a pacificação dos conflitantes do que a solução do conflito, porque a técnica de hoje de solução pelo juiz, por meio de sentença, é uma mera técnica de solução de conflitos, e não uma técnica de pacificação dos conflitantes, ou seja, é um ponto extremamente importante para pensarmos em como instituir melhor a mediação, inclusive discutindo o anteprojeto que está sendo publicado. Como exemplo, existe aquela história sobre o problema de dois vizinhos que brigam pelas bananeiras, que jogam água na parede do outro ou pelos galhos, e quando o caso é levado ao juiz, este profere a sentença, segundo a lei, determinando que os galhos sejam cortados ou não, dependendo da solução que ele entender mais adequada. Digamos que ele determine o corte dos galhos; no ano seguinte, o galho terá crescido e os vizinhos voltarão novamente ao tribunal para obter a solução do juiz sobre o mesmo conflito.

Se as partes não forem pacificadas, se não se convencerem de que elas devem encontrar uma solução de convivência, isto é, se a técnica não for a da pacificação dos conflitantes, e sim a da solução dos conflitos, as mesmas partes retornarão ao tribunal outras vezes. Então, existe diferença no tratamento de conflitos entre duas pessoas em contato permanente e entre aquelas que não se conhecem. Numa batida de carro numa esquina qualquer, por exemplo, o problema, muitas vezes, resolve-se no pagamento de uma indenização; nessa hipótese, a solução do conflito resolve o problema, mas em outras nas quais as partes necessitem de uma convivência futura, continuada, há necessidade muito mais de pacificação do que de solução de conflito.

No anteprojeto que se discute, não se fez a distinção segundo a natureza dos conflitos, quer dizer, todos os de natureza cível, excluídos aqueles que estão enumerados no art. 5º, devem ter uma tentativa de negociação prévia ou incidental.

A respeito da modalidade de mediação determinada pelo juiz, obrigatória quanto à tentativa, mas não quanto ao mérito, a conciliação ou não é de inteira liberdade das partes. Eu, particularmente, estaria mais favorável à mediação determinada pelo juiz no curso de um processo, quando ele sente haver possibilidade de as partes se entenderem quando um terceiro intervier e fizer a mediação. Quanto a determinar que todas as causas cíveis tenham uma tentativa prévia ou incidental, tenho dúvida, que já manifestei aos membros da Comissão, até sugerindo que convertêssemos o julgamento em diligência para observarmos a experiência da Argentina, Colômbia e Estados Unidos, porém tenho receio de que se dermos a todos os conflitos, isto é, a todas as causas a serem ajuizadas ou já ajuizadas, a mesma necessidade de tentativa de mediação sem que haja uma indicação de que as partes queiram adotar essa solução amigável, há grande perigo de essa tentativa obrigatória virar um formalismo desnecessário. Digo isso porque participamos da reforma do Código de Processo Civil e procuramos, em relação ao processo ordinário, introduzir uma modificação no art. 331 do Código de Processo Civil, com o objetivo de fazer com que o juiz seja mais ativo antes do saneamento do processo, em face das partes, e, assim, estaria obrigado a fixar os pontos controvertidos, conversar com as partes e buscar a conciliação. Essa modificação foi introduzida para, realmente, fazer com que ele se envolvesse mais nessas técnicas de pacificação das partes, mas o que se percebe é que, na prática, dependendo da mentalidade ou da formação do juiz, ele está transformando esse procedimento numa mera formalidade; designa-se uma audiência para este fim, pergunta-se às partes se há ou não possibilidade de acordo; à negativa, ele profere o saneador e, depois, a instrução da causa, se for o caso.

Tenho receio de que o mesmo tratamento venha a ser dispensado em relação à mediação se não fizermos uma flexibilização na regra de obrigatoriedade da mediação, seja prévia ou incidental. Na verdade, o anteprojeto, ao disciplinar a mediação prévia, diz que ela é facultativa, isto é, se a parte quiser tentar a mediação antes de ajuizar a demanda, ela fará a solicitação, mas se não requerer a mediação prévia, haverá obrigatoriamente a mediação incidental. Diz o anteprojeto que, com exceção das hipóteses em que há pedido de antecipação de tutela (vai para o juiz e, posteriormente à decisão do juiz, negando ou concedendo antecipação), é que haveria a mediação. O primeiro ato a ser praticado é o envio do processo para o mediador.

Em todas as causas, mesmo naquelas em que, às vezes, o juiz sente, já no contato com as partes, a possibilidade ou não de uma solução amigável, ou naqueles casos em que venha a sentir absoluta impossibilidade (naquele momento, pelo menos) de uma solução amigável, obtida pela intermediação de terceiros, pelo anteprojeto, há necessidade de tentativa de mediação. O processo seria enviado ao mediador. O anteprojeto, na sua versão mais moderna, fixa um prazo máximo de sessenta dias para a conclusão da mediação. De qualquer forma, é um tempo de espera razoável.

Como se fazer a adequação? Pelo tipo de conflito, às vezes, a mediação é extremamente importante; em outros casos, poderá não ser tão frutífera. Nos casos em que o juiz sentir que não está madura a ideia das partes quanto a essa tentativa, não sei se seria razoável exigir-se a tentativa obrigatória no início da causa. Prefiro escolher a solução dada pelo Direito norte-americano de, no momento em que o juiz sentir que há a possibilidade de acordo, mandar para um mediador. Tal solução existe também no Direito japonês: se o juiz sente a possibilidade de um acordo entre as partes, determina o envio do processo para o juizado de conciliação, que tentará, então, incidentalmente, no curso do processo, um acordo.

Leio alguns autores que tratam da mediação e da conciliação como meios alternativos e, às vezes, fico em dúvida se, na prática, ocorre realmente a diferença entre uma modalidade e outra.

A doutrina diz que a negociação se distingue da mediação e da conciliação, porque, na negociação, não há intervenção de terceiro, as próprias partes buscam a solução do conflito; na mediação e na conciliação, existe a interposição de terceiros. Na prática, às vezes, tenho dificuldade de fazer uma distinção precisa entre elas.

Teoricamente, creio ser possível fazer distinções: na mediação, o terceiro é neutro, procura criar as condições necessárias para que as próprias partes encontrem a solução, mas não intervém no sentido de adiantar alguma proposta de solução; na conciliação, isso não ocorreria, ou seja, a intervenção do terceiro é para interferir um pouco mais na tentativa de obter a solução do conflito, de apaziguar as partes, e, nesse momento, o conciliador poderá sugerir algumas soluções para o conflito. Porém, na prática, o mediador oferece alguma sugestão quanto à solução do conflito. Seria uma figura de mediador/conciliador.

Não sei se existiria uma forma pura de mediação. O que está no anteprojeto, embora tenha o nome de mediação, é muito mais conciliação, porque é um terceiro que vai intervir para obter uma solução amigável do conflito. Seguramente ele adiantará algumas propostas e ideias quanto à solução do conflito.

Se quisermos uma mediação pura, o projeto terá de dizer isso claramente, bem como terá de preparar intensa e adequadamente os mediadores para dizer-lhes que não podem tentar a conciliação, mas a negociação. Não sei se, para efeito do objetivo buscado pelo anteprojeto – a solução de um conflito a ser instaurado em juízo ou de um conflito já instaurado –, a mera negociação seria suficiente. Tenho a impressão de que os mediadores acabarão fazendo a conciliação. Doutrinariamente podemos fazer essa distinção, mas não sei se, no anteprojeto, veremos a figura do mediador/conciliador.

Temos uma sociedade extremamente individualista. Se compararmos uma sociedade ocidental com uma oriental, esta – apontam os estudiosos – tem muito mais espírito coletivo do que aquela.

Se compararmos o Brasil com os Estados Unidos, por informações adquiridas pela leitura, a sociedade americana tem muito mais espírito coletivo. Talvez pela sua forma de viver em comunidade, percebemos que, naquelas pequenas comunidades americanas, existe o espírito comunitário, talvez por força da religião, da liderança comunitária.

Numa sociedade como a nossa, para lançarmos uma semente tão generosa como a da mediação, precisaríamos preparar muito bem o terreno e as nossas academias para que os futuros profissionais do Direito entrem no mundo prático com uma mentalidade mais compromissada com a sua atuação social.

Temos de tentar desenvolver cada núcleo comunitário em torno das ideias da pacificação social, senão todos esses projetos de mediação e de conciliação acabarão virando formalismo. Cedo ou tarde, se a experiência der certo, não faltará quem proponha a transformação disso como numa panaceia geral, como ocorreu – repito – em relação ao juizado de pequenas causas e aos juizados especiais, os quais hoje são vistos numa panaceia, ou seja, querem transformar todos os processos que temos hoje em juízos especiais de solução desses conflitos, e acabaremos, então, *"matando a galinha dos ovos de ouro"*.

Os juizados estão funcionando bem em relação à Justiça Federal – tenho a impressão de que essa nova lei que surgiu terá toda a possibilidade de êxito –, mas não se pode ampliar demais sua competência, porque acabaremos comprometendo o objetivo maior, o de acesso facilitado à Justiça a uma camada mais humilde da população.

A mediação tem de ser praticada como uma forma de pacificação da sociedade e não apenas como uma forma de solução de conflitos. Gostaria de deixar isso bem destacado para os juízes, advogados, promotores, enfim, para os profissionais do Direito que ainda têm aversão ou preconceito por essas formas alternativas.

Hoje, depois de vinte anos de magistratura, é muito mais importante a atuação do juiz, do profissional do Direito na pacificação da sociedade do que na solução do conflito. É mais relevante para o juiz um acordo amigável, mediante uma conciliação das partes, do que uma sentença brilhante proferida e que venha a ser confirmada pelos tribunais superiores.

Os tribunais superiores precisam começar a aferir o mérito do juiz por uma atitude diferente diante da sua função judicante, que não consiste apenas em proferir sentença, dizendo qual a forma correta, se é preto ou branco, se é certo ou errado, solucionando apenas o conflito e não trabalhando para a pacificação da sociedade.

É importante haver uma mudança da mentalidade dos profissionais do Direito e da própria sociedade.

Publicado originalmente em:

- MEDIAÇÃO: UM PROJETO INOVADOR. Série Cadernos do CEJ, Volume 22. CEJ (Centro de Estudos Judiciários). Brasília. 2003. Conselho da Justiça Federal. Páginas 42 a 50.

CAPÍTULO 11
CULTURA DA SENTENÇA E CULTURA DA PACIFICAÇÃO

Destina-se, este modesto trabalho, a homenagear uma das mais produtivas e criativas juristas da atualidade, a Professora Ada Pellegrini Grinover. A ela o nosso país deve, dentre inúmeras outras colaborações e produções científicas, a Lei da Ação Civil Pública, o Código de Defesa do Consumidor, a Lei dos Juizados Especiais para crimes de menor potencial ofensivo, além de valiosas sugestões para a reforma do Código de Processo Civil (um dos últimos projetos é o da Lei de Mediação, ainda no Congresso Nacional) e alteração do Código de Processo Penal. É igualmente notável a sua contribuição no âmbito internacional. Inicialmente como coordenadora da comissão elaboradora da Proposta de Código Modelo de Processos Coletivos para Ibero-América e, posteriormente, como Relatora da Comissão Revisora do projeto, ela vem se dedicando, de forma admirável e com muita competência, à análise e seleção das várias propostas surgidas.

Também sobre o tema deste trabalho, *conciliação e mediação*, desde longa data vem a Professora Ada Pellegrini Grinover dedicando especial atenção. Logo após a promulgação da Lei dos Juizados Especiais, ao analisar a conciliação nela adotada, anotou que:

> Do conjunto de estudos sobre a conciliação, pode-se concluir que, durante um longo período, os métodos informais de solução dos conflitos foram considerados como próprios das sociedades primitivas e tribais, ao passo que o processo jurisdicional representou insuperável conquista da civilização.

E acrescenta: "*Mas, como escreveu um sensível processualista, 'quando as coisas instituídas falham, por culpa de fatores estranhos a nossa vontade, convém abrir os olhos às lições do passado para verificar se, acaso, com mais humildade, dentro de nossas forças e limites, não podem elas nos ensinar a vencer desafios do presente*[1]'". O processualista mencionado é o mestre gaúcho Galena Lacerda[2].

---
[1] Conciliação e Juizados de Pequenas Causas. In: WATANABE, Kazuo (coord.). *Juizado Especial de Pequenas Causas*, **Revista dos Tribunais**, 1985, p. 159
[2] Dos Juizados de Pequenas Causas. In: **Rev. AJURIS**, n. 27, p. 7-8

Além do aspecto cultural indicado, o grande obstáculo à utilização mais intensa da conciliação e mediação é a formação acadêmica dos nossos operadores do direito, que é voltada, fundamentalmente, para a solução contenciosa e adjudicada dos conflitos de interesses. Ou seja, toda ênfase é dada à solução dos conflitos por meio de processo judicial, em que é proferida uma *sentença*, que constitui a solução imperativa dada pelo representante do Estado. O que se privilegia é a solução pelo critério do "certo ou errado", do "preto ou branco", sem qualquer espaço para a adequação da solução, pelo concurso da vontade das partes, à especificidade de cada caso.

É esse o modelo ensinado em todas as faculdades de direito do país, sem exceção. E é esse, igualmente, o modelo de profissional do direito exigido pelo mercado para as principais carreiras profissionais, como a advocacia, a magistratura, o ministério público e as procuradorias públicas. Quase nenhuma faculdade oferece aos alunos, em nível de graduação, disciplinas obrigatórias voltadas à solução não contenciosa dos conflitos. Apenas alguns cursos de pós-graduação oferecem disciplinas nessa área, mas sem uma ênfase especial.

É certo que há escritórios de advocacia, especialmente os que atendem a clientes internacionais, que atualmente buscam profissionais especializados em várias áreas novas, até então pouco exploradas, procurando alguns deles estimular seus advogados a se interessarem por cursos de pós-graduação no exterior. Isso, porém, para o desenvolvimento de suas práticas em áreas não contenciosas. No setor contencioso, a preocupação mantém o mesmo perfil. Após a Lei 9.307/96, houve algum avanço na área de *arbitragem*, com recrutamento, treinamento e especialização de profissionais voltados a essa modalidade de solução de conflitos. Todavia, ainda não se nota um investimento maior na formação e treinamento de profissionais voltados à solução não-contenciosa de conflitos, isto é, à negociação, conciliação e mediação.

Certamente, essa área ganhará grande impulso no futuro próximo, pois há projetos de lei instituindo a mediação, como o de autoria da comissão constituída pelo Instituto Brasileiro de Direito Processual, da qual a Professora Ada Pellegrini Grinover é coordenadora. Esse projeto de lei foi, em fins de 2003, fundido com o projeto de lei de autoria da deputada Zulaiê Cobra, que já estava no Senado Federal após aprovação pela Câmara dos Deputados, tramitando hoje como projeto consensuado com grandes possibilidades de aprovação pelo Congresso Nacional. Além de iniciativas legislativas, há também a tendência, que se nota hoje no mercado, de inclusão, principalmente nos contratos internacionais, de cláusula de mediação necessária antes do início de qualquer processo judicial ou de arbitragem. Isso se deve à percepção dos contratantes de que as soluções amigáveis dos conflitos atendem melhor aos interesses deles, e também por causa da preocupação deles quanto à demora e ineficiência dos processos judiciais.

Porém, o que prevalece, atualmente, é ainda o modelo de solução contenciosa e adjudicada dos conflitos de interesses. Somente nos juizados especiais, em razão do modelo imposto pelo legislador, a conciliação é praticada mais intensamente. Em 2003, a FAPESP financiou uma pesquisa no Estado de São Paulo, feita pelo CEBEPEJ - Centro Brasileiro de Estudos e Pesquisas Judiciais, que revelou que o índice de soluções amigáveis alcançadas deixa muito a desejar (apenas cerca de 25% das causas terminaram por acordo). Esse resultado é consequência da falta de um critério mais rigoroso no recrutamento, capacitação e treinamento dos conciliadores. Nos juízos comuns, poucos magistrados dedicam atenção especial à conciliação. Muitos deles invocam a sobrecarga de serviços e a falta de tempo como fatores determinantes da pouca dedicação à solução pacificada dos conflitos.

Todavia, nem sempre foi assim em nossa história jurídica. Tivemos no passado, por exemplo, a Constituição do Império (1824), que em seu art. 161 dispunha expressamente que: *"Sem se fazer constar que se tem intentado o meio da reconciliação, não começará processo algum"*. E o art. 162 estabelecia que, *"para esse fim haverá juiz de paz [...]"*.

Na Constituição atual, o juiz de paz recupera, em parte, sua importância funcional, pois o inciso II do art. 98 dispõe que, na forma lei, o juiz de paz poderá exercer "atribuições conciliatórias, sem caráter jurisdicional, além de outras previstas na legislação". Mas, não consta que, até agora, alguma unidade da Federação Brasileira tenha organizado a justiça de paz para conferir-lhe essa importância funcional.

O atual sistema processual brasileiro, seguindo sempre a linha do nosso legislador, procura prestigiar, em vários dispositivos, os meios alternativos de solução de conflitos, como a conciliação (arts. 125, IV, 331, 447 a 449 e 599 do CPC) e a arbitragem (Lei de Juizados Especiais, anteriormente Juizados de Pequenas Causas). Temos agora até mesmo lei especial de arbitragem (Lei 9.307/96).

Todavia, a *mentalidade* forjada nas academias, e fortalecida na práxis forense, que é aquela já mencionada de solução adjudicada autoritariamente pelo juiz, por meio de sentença, mentalidade essa agravada pela sobrecarga excessiva de serviços que têm os magistrados, vem fazendo com que os dispositivos processuais citados sejam pouco utilizados.

Há mesmo, o que é lastimável, um *certo preconceito* contra esses meios alternativos, por sentirem alguns juízes que seu poder poderá ficar comprometido se pessoas não pertencentes ao Poder Judiciário puderem solucionar os conflitos de interesses.

E há, ainda, a *falsa percepção* de que a *função de conciliar é atividade menos nobre*, sendo a função de sentenciar a atribuição mais importante do juiz. Não percebem os magistrados que assim pensam que a função jurisdicional consiste, basicamente, em *pacificar com justiça os conflitantes*, alcançando por via de consequência a solução do conflito.

Um outro fator que reduz o entusiasmo dos juízes pela conciliação é a percepção que eles têm, e muitas vezes com razão, de que o seu *merecimento será aferido pelos seus superiores, os magistrados de segundo grau que cuidam de suas promoções, fundamentalmente pelas boas sentenças por eles proferidas*, não sendo consideradas nessas avaliações, senão excepcionalmente, as atividades conciliatórias, a condução diligente e correta dos processos, a sua dedicação à organização da comarca e sua participação em trabalhos comunitários.

Disso tudo nasceu a chamada *cultura da sentença*, que se consolida assustadoramente. Por todas as razões acima citadas, os juízes preferem proferir sentença, ao invés de tentar conciliar as partes para obter a solução amigável dos conflitos. Sentenciar é mais fácil e cômodo, para alguns juízes, do que pacificar os litigantes...

Estão eles esquecidos do magistério de Cândido Rangel Dinamarco, segundo o qual:

> A crescente valorização e emprego dos meios não-judiciais de pacificação e condução à ordem jurídica justa, ditos **meios alternativos, reforça a ideia da equivalência entre eles e a atividade estatal chamada jurisdição.**
>
> Do ponto de vista puramente jurídico - acrescenta o consagrado processualista paulista - as diferenças são notáveis e eliminariam a ideia de que se equivalem porque somente a *jurisdição* tem, entre seus objetivos, o de dar efetividade ao ordenamento jurídico substancial, o que obviamente está fora de cogitação nos chamados **meios alternativos. Mas o que há de substancialmente relevante no exercício da jurisdição, pelo aspecto social do proveito útil que é capaz de trazer aos membros da sociedade, está presente também nessas outras atividades: é a busca de pacificação das pessoas e grupos mediante a eliminação de conflitos que os envolvam. Tal é o escopo**

> social magno da jurisdição, que atua ao mesmo tempo como elemento legitimador e propulsor da atividade jurisdicional.

Em seguida, completa:

> Essa perspectiva teleológica do sistema processual sugere a equivalência funcional entre a pacificação social imperativa e aquelas outras atividades[...] (DINAMARCO, Cândido R. *Instituições de direito processual civil.* 2 ed. Malheiros, I, § 46, p. 122) (grifos nossos).

Devido à mentalidade anteriormente citada, o art. 331 do Código de Processo Civil, que designa audiência para a tentativa de conciliação e um contato pessoal entre as partes e seus advogados, e destes com o juiz e, em caso de fracasso na tentativa de conciliação, para a fixação oral pelo juiz, após ouvirem as partes os pontos controvertidos da causa, é cumprido como mera formalidade por muitos magistrados. Poucos se aperceberam do real objetivo do legislador, que é a *indução de papel mais ativo do juiz na condução dos processos e para o efetivo cumprimento do princípio da imediatidade, que é uma das bases do processo oral* adotado pelo nosso legislador processual. Alguns juízes chegam mesmo a descumprir abertamente o modelo instituído pelo legislador, deixando de designar a audiência sob a alegação de que, no caso concreto, será inútil a tentativa de conciliação porque as partes certamente não entrarão em acordo, inutilidade essa apenas intuída, que somente poderia ser comprovada com a efetiva realização da tentativa de conciliação. Aliás, a conciliação é apenas um dos objetivos do art. 331, conforme salientado.

A solução adotada pelo art. 331 teve por base o conhecido "Modelo de Stuttgart de audiência no processo civil", que alcançou grande êxito na República Federal da Alemanha, conforme informa Fritz Baur. Esclarece o processualista alemão:

> A ideia básica é simples: após a propositura da ação, realiza-se uma troca de peças escritas entre as partes, sob a direção do tribunal; ela se destina à exposição das questões de fato e à indicação dos meios de prova. O tribunal influi na exposição escrita das partes, na medida em que indica pontos que lhe parecem importantes para o completo esclarecimento da matéria de fato. Depois dessa troca de escritos, o tribunal marca a audiência, ordena sempre o comparecimento pessoal das partes e provê no sentido de que todos os meios de prova estejam presentes à audiência. Nessa única audiência (comparável à "audiência principal" do processo penal), o tribunal discute primeiro as questões de fato com a partes, pessoalmente presentes;

> nessa ocasião apontam-se obscuridades e equívocos nas exposições das partes, que devem ser logo esclarecidos. Muitas vezes, já nesse primeiro estágio, surge a possibilidade de encerrar-se o processo mediante transação. Se não se chega a tanto, realiza-se de imediato - na presença das partes - a colheita das provas. Também os peritos estão pessoalmente presentes, mesmo quando já tenham antes apresentado laudo escrito. Após a conclusão da atividade instrutória, têm as partes e os advogados oportunidade de arrazoar. O tribunal discute abertamente a situação de fato e de direito com as partes, de maneira que estas não fiquem em dúvida sobre a opinião do órgão. Isso conduz em muitos casos a uma transação. Quando não, o tribunal depois de conferenciar, profere a sentença (BAUR, Fritz. "Transformações do processo civil em nosso tempo". Trad. J. C. Barbosa Moreira. In: *Revista Brasileira de Direito Processual*. Uberaba, v. 7, p. 61).

A nota marcante desse modelo, que vem sendo adotado em vários tribunais da Alemanha, e também em outros países, é a realização em "estado quimicamente puro" dos princípios fundamentais da *oralidade* e da *imediatidade*.[3]

Nesse modelo, o juiz assume o comando efetivo do processo - informa-se, desde logo, sobre os pontos fundamentais da controvérsia existente entre as partes, ordena o comparecimento pessoal delas à audiência, procura fazer com que haja contato direto dos litigantes entre si e deles com o tribunal, o que tem ensejado um grande número de acordos.

A mesma ideia de *juiz ativo na condução do processo* está na base do *case management* do sistema processual norte-americano (*Rule 16, Federal Rules of Civil Procedure*), instituto responsável pela maior celeridade dos processos e, principalmente, largamente utilizado pelas partes, resultado da indução do próprio Judiciário, de meios alternativos de solução de conflitos (ADR). Em vários Estados, como a Califórnia, menos de 5% das causas ajuizadas chegam à fase final do julgamento. É verdade que o sistema norte-americano tem especificidades, como o júri para as causas cíveis, um sistema diferenciado de colheita de provas (*discovery*) e outras peculiaridades que, certamente, levam à aceitação de meios alternativos de solução de conflitos (ADR), mas, de qualquer forma, o índice mencionado é simplesmente espantoso.

A respeito do *case management*, observa Resnik:

> *Until recently, the American legal establishment embraced a classical view of the judicial role. Under this view, judges are not supposed to have an involvement or interest in the controversies they adjudicate...*

---

[3] conforme anota, com propriedade, BAUAR, op. cit., p. 62.

> *Many federal judges have departed from their earlier attitudes; they have dropped the relatively disinterested pose to adopt a more active, managerial stance.*

E acrescenta:

> *Today, federal district judges are assigned a case at the time of its filing and assume responsibility for shepherding the case to completion. Judges have described their new tasks as "case management" - hence my term "managerial judges". As managers, judges learn more about cases much earlier than they did in the past. They negotiate with parties about the course, timing, and scope of both pretrial and posttrial litigation. These managerial responsibilities give judges greater power* [4]

Case management é, em suma, uma atividade processual que fortalece o controle judicial sobre:

a) identificação das questões relevantes,

b) maior utilização pelas partes de meios alternativos de solução de controvérsias, e

c) tempo necessário para concluir adequadamente todos os passos processuais.

O juiz planeja o processo e disciplina o calendário, ouvindo as partes. Pelo contato frequente que ele mantém com as partes, e destas entre si, promove a facilitação para uma solução amigável da controvérsia. E, mesmo não ocorrendo o acordo, as técnicas do *case management* permitem ao juiz eliminar as questões frívolas e planejar o processo, fazendo-o caminhar para o julgamento (*trial*) com eficiência e sem custo exagerado.

Idêntica ideia, de *juiz mais ativo na condução dos processos*, é o fundamento principal do art. 331 do nosso estatuto processual. Porém, ele não foi, como já mencionado, bem compreendido pelos operadores do direito. Os poucos magistrados que alcançaram o real objetivo do legislador estão dando à lei aplicação correta e alcançando, com isso, índices expressivos de soluções amigáveis ou conduzindo mais adequadamente a instrução probatória.

O que prevalece entre nós, em suma, é a *cultura da sentença*. E a consequência disso, no Estado de São Paulo, é a existência de cerca de 450.000 (quatrocentos e cinquenta mil) recursos que aguardam distribuição nos tribunais de segunda instância (Tribunal de Justiça e tribunais de alçada).

---

[4] RESNIK, Managerial judges, 96 Harv. L. Rev. 374, 1982, p. 376-385. In: COUND, J. John. **Civil procedure - cases and materials**. 4 ed., p. 749-750.

O Tribunal de Justiça do Estado, num gesto emblemático, para demonstrar aos juízes de primeiro grau que os desembargadores dão grande importância às atividades de mediação e às soluções amigáveis das controvérsias, iniciou, no primeiro semestre de 2003, o Plano Piloto de Conciliação em Segundo Grau de Jurisdição. O resultado que vem sendo alcançado é surpreendente, pois o índice de acordo, nas causas em que as partes aceitam a mediação de um conciliador, é superior a 35%. Revela isso que, se na primeira instância tivesse havido uma tentativa mais empenhada de conciliação, provavelmente cerca de 30% a 40% dessas causas teriam sido encerradas mediante solução amigável, sem necessidade de recurso.

Os novos dirigentes do Tribunal de Justiça, que tomaram posse em 01.01.2004, pretendem dar início ao Setor Experimental de Conciliação em Primeiro Grau de Jurisdição, com recrutamento de conciliadores experientes, como os que atuam em Segundo Grau de Jurisdição.

O que se pretende é aliviar o juiz de primeiro grau das atividades de conciliação e atribuir essa tarefa ao conciliador, que se voltará exclusivamente à mediação.

Uma das causas do pouco êxito das atividades conciliatórias, no modelo hoje praticado no juízo comum, é a atribuição do trabalho de mediação ao magistrado que irá julgar a causa. Além da sobrecarga de trabalho, que o impede de dedicar tempo mais amplo às atividades mediadoras, o magistrado tem uma natural restrição, decorrente da função de julgador da causa, que o limita, pelo risco de prejulgamento, na formulação de ponderações e propostas de acordo para os litigantes. Ademais, as partes receiam que suas afirmativas sejam, eventualmente, interpretadas pelo juiz da causa como fraqueza de suas posições e pretensões, o que as bloqueia na formulação ou aceitação de propostas de acordo. Disso tudo resulta a pouca eficácia das tentativas de conciliação.

No *projeto da lei de mediação* antes mencionada sugere-se uma *nova redação ao art. 331*. Vários são os objetivos nela colimados. Um deles é a melhor explicitação da preocupação de tornar o juiz brasileiro mais ativo na condução do processo, fazendo com que, desde o início da ação, identifique ele as questões relevantes da causa, promovendo contatos mais frequentes dele com as partes, e destas entre si, e privilegiando a oralidade e a imediatidade que possibilitem a solução amigável da controvérsia e, quando inatingível a transação, ao menos a condução mais adequada e menos custosa do processo até o final julgamento. Procura-se, ainda, criar uma mentalidade que prestigie os meios alternativos de solução de conflitos, fazendo com que o próprio magistrado estimule as partes à utilização de vários meios, ditos alternativos, de solução de conflitos, como a mediação, a conciliação, a arbitragem e a opinião neutra de terceiro. E procura o novo texto transmitir a ideia de que é prioritária a busca da "pacificação das partes, ao invés da solução adjudicada do conflito", reputando-se como "de relevante valor social", considerada inclusive para efeito de promoção por merecimento a dedicada atuação do juiz, nesse sentido. E, para tornar mais eficaz a conciliação e a mediação, a proposta autoriza a lei local a "instituir juiz conciliador ou recrutar conciliadores para auxiliarem o juiz da causa na tentativa de solução amigável dos conflitos".

Temos fundadas esperanças de que essa inovação legislativa propiciará o surgimento de nova cultura, nas academias, nos tribunais, na advocacia, enfim, em todos os segmentos de atuação prática dos profissionais do direito.

A atual *cultura da sentença* será, com toda a certeza, paulatinamente substituída pela *cultura da pacificação*.

Publicado originalmente em:

- Estudos em homenagem à professora Ada Pellegrini Grinover. Coordenação Flávio Luiz Yarshell e Maurício Zanoide de Moraes. 1ª edição. São Paulo, DPJ Editora, 2005, páginas 684 a 690.

CAPÍTULO 12

A MENTALIDADE E OS MEIOS ALTERNATIVOS DE SOLUÇÃO DE CONFLITOS NO BRASIL

O grande obstáculo, no Brasil, à utilização mais intensa da conciliação, da mediação e de outros meios alternativos de resolução de conflitos, está na **formação acadêmica dos nossos operadores de Direito**, que é voltada, fundamentalmente, para a solução contenciosa e adjudicada dos conflitos de interesses. Vale dizer, toda ênfase é dada à solução dos conflitos por meio de processo judicial, onde é proferida uma **sentença**, que constitui a solução imperativa dada pelo juiz como representante do Estado.

É esse o modelo ensinado em todas as Faculdades de Direito do Brasil. Quase nenhuma faculdade oferece aos alunos, em nível de graduação, disciplinas voltadas à solução não-contenciosa dos conflitos.

Após a Lei nº 9.307, de 1996, que disciplinou melhor a arbitragem, houve algum avanço na área de **arbitragem**. Não se nota ainda, todavia, um investimento maior na formação e treinamento de profissionais voltados à solução não-contenciosa de conflitos, como negociação, conciliação e mediação.

Somente nos **Juizados Especiais** a **conciliação** é praticada mais intensamente. Mas, mesmo assim, como foi revelado por uma recente pesquisa de âmbito nacional realizada pelo Centro Brasileiro de Estudos e Pesquisas Judiciais (CEBEPEJ), o índice de soluções amigáveis alcançadas deixa muito a desejar, isto em razão da falta de investimento maior no recrutamento, capacitação e treinamento dos conciliadores/mediadores.

Todavia, nem sempre foi assim em nossa história jurídica. Tivemos no passado, por exemplo, a Constituição do Império (1824), que em seu art. 161 dispunha expressamente que "**sem se fazer constar que se tem intentado o meio da reconciliação, não se começará processo algum**". E o art. 162 estabelecia que "**para esse fim haverá juiz de paz**".

Na Constituição atual, o **juiz de paz** recupera, em parte, sua importância funcional, pois o inciso II do art. 98 dispõe que, na forma lei, o juiz de paz poderá exercer "**atribuições conciliatórias, sem caráter jurisdicional, além de outras previstas na legislação**". Mas não consta tenha, até agora, alguma unidade da Federação Brasileira organizado a justiça de paz para lhe conferir essa importância funcional.

O nosso atual sistema processual, na linha sempre seguida pelo nosso legislador, procura prestigiar, em vários dispositivos, os meios alternativos de solução de conflitos, como a **conciliação (arts. 125, IV, 331, 447 a 449, 599, do CPC) e a arbitragem (lei de juizados especiais, anteriormente juizados de pequenas causas)**. E temos agora a lei especial de arbitragem (nº 9.307/1996).

Todavia, a **mentalidade** forjada nas academias e fortalecida na práxis forense é aquela já mencionada, de solução adjudicada autoritativamente pelo juiz, por meio de sentença, mentalidade essa agravada pela sobrecarga excessiva de serviços que têm os magistrados (os juízes cíveis da Capital do Estado de São Paulo recebem, anualmente, cerca de 5.000 novos processos).

Disso tudo nasceu a chamada **cultura da sentença**, que se consolida assustadoramente. Os juízes preferem proferir sentença ao invés de tentar conciliar as partes para a obtenção da solução amigável dos conflitos. Sentenciar, em muitos casos, é mais fácil e mais cômodo do que pacificar os litigantes e obter, por via de consequência, a solução dos conflitos.

Em razão dessa mentalidade, o art. 331 do Código de Processo Civil, que determina a designação de audiência preliminar para a tentativa de conciliação e para um contato pessoal entre as partes e seus advogados, e destes com o juiz e, em caso de insucesso na tentativa de conciliação, para a **fixação oral pelo juiz**, após ouvir as partes, **dos pontos controvertidos da causa**, é cumprido como mera formalidade por muitos magistrados. Poucos se aperceberam do real objetivo do legislador, que é o de **indução de papel mais ativo do juiz na condução dos processos e para o efetivo cumprimento do princípio da imediatidade, que é uma das bases do processo oral** adotado pelo nosso legislador processual.

A solução adotada pelo art. 331 teve por base o conhecido "**Modelo de Stuttgart de audiência no processo civil**", que alcançou grande êxito na República Federal da Alemanha, conforme informa **FRITZ BAUR** ("Transformações do processo civil em nosso tempo", tradução de J. C. BARBOSA MOREIRA, *Rev. Brasil. Direito Processual*, Uberaba, v. 7, p. 61).

A nota marcante desse modelo está na realização, em "estado quimicamente puro", dos princípios fundamentais da **oralidade** e da **imediatidade**, conforme com propriedade anota **FRITZ BAUR**.

Nesse modelo, o juiz assume o comando efetivo do processo, informando-se desde logo dos pontos fundamentais da controvérsia existente entre as partes, ordena o comparecimento pessoal delas à audiência, procura fazer com que haja contato direto dos litigantes entre si e deles com o tribunal, o que tem ensejado um grande número de acordos.

A mesma ideia de **juiz ativo na condução do processo** está à base do *case management* do sistema processual norte-americano (Rule 16, Federal Rules Of Civil Procedure), instituto que é responsável pela maior celeridade dos processos e principalmente pela grande utilização pelas partes, por indução do próprio Judiciário, de meios alternativos de solução de conflitos (ADR). Em vários Estados norte-americanos, como na Califórnia, menos de 5% das causas ajuizadas vão até o julgamento final. É verdade que o sistema norte-americano tem especificidades, como o júri para as causas cíveis, um sistema diferenciado de colheita de provas (*discovery*) e outras peculiaridades, que certamente induzem à aceitação de meios alternativos de solução de conflitos (ADR), mas de qualquer forma o índice mencionado é simplesmente espantoso.

Case management, em suma, é uma atividade processual que fortalece o controle judicial sobre: (a) identificação das questões relevantes, (b) maior utilização pelas partes de meios alternativos de solução de controvérsias e (c) programação do tempo necessário para a conclusão adequada de todos os passos processuais. O juiz planeja o processo e disciplina o calendário com a colaboração das partes. Pelo contato frequente que mantém com as partes e destas entre si, há a facilitação da solução amigável da controvérsia. E mesmo não ocorrendo o acordo, as técnicas do *case management* possibilitam ao juiz a eliminação das questões despiciendas e o planejamento do processo de modo a fazê-lo caminhar para o julgamento final (*trial*) com eficiência e sem custo exagerado.

Idêntica ideia, de **juiz mais ativo na condução dos processos**, é o fundamento principal do art. 331 do nosso estatuto processual, mas não foi ele, como já ficou anotado, bem compreendido por uma grande parte dos operadores de Direito.

O que prevalece entre nós, lamentavelmente, é a **cultura da sentença**. Em consequência disso, o Estado de São Paulo chegou a ter mais de 500.000 recursos aguardando distribuição nos tribunais de segunda instância (Tribunal de Justiça e dois Tribunais de Alçada Civil, hoje unificados num só Tribunal).

A demora no julgamento dos recursos no Estado de São Paulo era, à época, superior a quatro anos. Hoje, apesar da distribuição imediata de todos os recursos determinada pela Emenda Constitucional nº 45, de 2004 (CF, art. 93, XV), a demora continua ainda bastante preocupante.

O Tribunal de Justiça do Estado de São Paulo, no primeiro semestre de 2003, iniciou o Plano de Conciliação em Segundo Grau de Jurisdição. E no início do segundo semestre de 2004, deu início ao Setor de Conciliação em Primeiro Grau de Jurisdição, com a participação inicial de cinco Varas Cíveis e, na fase posterior, de todas as Varas Cíveis do Forum João Mendes Jr., e com o recrutamento de Conciliadores experientes.

Com esse modelo, o que se pretende é aliviar o juiz da causa das atividades de conciliação, atribuindo a função a um pessoa que não irá julgar a causa, voltada exclusivamente à conciliação/mediação, com capacitação e treinamentos específicos e com possibilidade de dedicar mais tempo para a sua atividade de facilitador das partes na busca do caminho para a solução amigável do conflito.

O Centro de Estudos e Pesquisas Judiciais (CEBEPEJ) promoveu recentemente, com a participação de juízes, promotores e advogados, um estudo sobre o gerenciamento de processos, e disso resultou um **projeto piloto** que foi implantado, experimentalmente, nas Comarcas de Patrocínio Paulista e Serra Negra. Em razão do sucesso obtido, a experiência foi recentemente aprovada pelo Conselho Superior da Magistratura do Tribunal de Justiça de São Paulo, tendo sido assim oficializada a experiência em 14 de outubro de 2004.[1]

Dando prosseguimento a essa orientação, de utilização pelo próprio Judiciário de meios alternativos de resolução de conflitos para o melhor exercício da função jurisdicional, o Conselho Superior da Magistratura do Tribunal de Justiça de São Paulo editou o Provimento nº 893/2004, alterado parcialmente pelo Provimento nº 953/2005, autorizando a criação e a instalação do Setor de Conciliação em todas as comarcas do Estado para questões cíveis que versem sobre direitos patrimoniais disponíveis, questões de família e da infância e juventude.

Temos fundadas esperanças de que, com essas inovadoras iniciativas do Tribunal de Justiça de São Paulo, assistiremos logo mais ao surgimento de uma nova cultura, nas academias, nos tribunais, na advocacia, enfim, em todos os segmentos de atuação prática dos profissionais de Direito.

E há também, para reforçar essa convicção, as experiências exitosas de vários outros Estados da Federação.

---

[1] Para informações mais completas a respeito, cf. VALERIA FERIOLI LAGRASTA, O gerenciamento de casos, *Direito e administração da justiça*, Coordenado por VLADIMIR PASSOS DE FREITAS e DARIO ALMEIDA PASSOS DE FREITAS, Juruá Editora, 2006, p. 195-209.

E, agora, o Conselho Nacional de Justiça, presidido pela Ministra ELLEN GRACIE, Presidente do Supremo Tribunal Federal, acaba de lançar o "**Movimento pela Conciliação**", com o objetivo de *"mobilizar os operadores da Justiça, seus usuários, os demais operadores de Direito e a sociedade, para promover a conscientização da cultura da conciliação, implementar a Justiça de conciliação e, a longo prazo, a pacificação social"*.

Com todas essas iniciativas, a atual **cultura da sentença** será, com toda a certeza, paulatinamente substituída pela **cultura da pacificação**.

Publicado originalmente em:

- MEDIAÇÃO E GERENCIAMENTO DO PROCESSO (Revolução na Prestação Jurisdicional. Guia Prático para a instalação do Setor de Conciliação e Mediação). Coordenação Ada Pellegrini Grinover, Kazuo Watanabe e Caetano Lagrasta Neto. Editora Atlas, 2007, páginas 06 a 10.

CAPÍTULO 13

ACESSO À JUSTIÇA E MEIOS CONSENSUAIS DE SOLUÇÃO DE CONFLITOS

Todos têm, hoje, plena consciência da grave crise que afeta a nossa Justiça, em termos principalmente de *morosidade, efetividade e adequação de suas soluções*.

Estamos, mais do que nunca, convencidos de que, entre as várias causas dessa crise, que são inúmeras, uma delas é a adoção pelo nosso Judiciário, com quase exclusividade em todo o país, do método *adjudicatório* para a resolução dos conflitos a ele encaminhados, vale dizer, solução dada autoritativamente, por meio de sentença, pela autoridade estatal, que é o juiz.

A *mentalidade predominante*, não somente entre os profissionais do direito, como também entre os próprios jurisdicionados, é a que vê na *sentença* a forma mais sublime e correta de se fazer a justiça, considerando os chamados meios alternativos de solução de conflitos - como mediação, conciliação, arbitragem e outros -, formas atrasadas e próprias de povos pouco civilizados (Grinover, 1985:159).

Sabemos, no entanto, por experiência própria, que há conflitos de interesses que, em razão de sua natureza peculiar e das particularidades das pessoas envolvidas, exigem soluções diferenciadas, muitas vezes bem diversas das que decorreriam da pura aplicação de uma norma jurídica aos fatos, da solução pelo critério do "certo ou errado", "do tudo ou nada", "do branco ou preto", que é a dada pelo método da solução adjudicada pela autoridade estatal.

Nos conflitos em que as partes estão em contato permanente, por exemplo, entre dois vizinhos, entre duas pessoas que pertencem a uma mesma associação ou empresa, entre marido e mulher, entre comerciante e seu fornecedor, e outros similares, é altamente desejável que a solução do conflito, na medida do possível, preserve a coexistência das pessoas envolvidas, com a continuidade das relações entre elas existentes. E semelhante solução muito dificilmente poderá ser alcançada por meio de sentença. Somente com os meios consensuais, como a mediação e a conciliação, em que a busca da solução se dá com a direta participação das próprias partes interessadas, que conhecem melhor do que ninguém suas peculiaridades, suas necessidades e suas possibilidades, poderá ser encontrada a solução mais adequada para esse tipo de conflitos de interesses.

O *princípio da inafastabilidade do controle jurisdicional*, inscrito no inciso XXXV do art. 5º da Constituição Federal, não significa um mero acesso formal aos órgãos judiciários. Assegura ele um acesso qualificado à justiça que propicie ao jurisdicionado a obtenção de *tutela jurisdicional efetiva, tempestiva e adequada*, enfim, um acesso a uma *ordem jurídica justa*.

Sem a inclusão dos chamados meios consensuais de solução de conflitos, como a mediação e a conciliação, não teremos um verdadeiro acesso à justiça. Certo é que, em algumas espécies de controvérsias, como já ficou mencionado, faltaria o requisito da adequação à solução dada pelo critério da adjudicação.

Pode-se afirmar assim, sem exagero, que os meios consensuais de solução de conflitos fazem parte do amplo e substancial conceito de acesso à justiça, como critérios mais apropriados do que a sentença, em certas situações, pela possibilidade de adequação da solução à peculiaridade do conflito, à sua natureza diferenciada, às condições e necessidades especiais das partes envolvidas. Trata-se, enfim, de um modo de se alcançar a justiça com maior equanimidade e aderência ao caso concreto.

Essa é a premissa que se deve ter em mente quando se pensa em meios consensuais de solução de conflitos: adequação da solução à natureza dos conflitos e às peculiaridades e condições especiais das pessoas envolvidas. A redução do número de processos a serem julgados pelos juízes, resultado que certamente ocorrerá com a adoção deles, será mera consequência. E, sendo esses meios utilizados também na solução dos conflitos ainda não judicializados, haverá até mesmo a redução do número de processos, e não apenas da quantidade de sentenças a serem proferidas.

O que estamos querendo afirmar, com essas ponderações, é que os meios consensuais de solução de conflitos não devem ser utilizados com o objetivo primordial de se solucionar a crise de morosidade da justiça, com a redução da quantidade de processos existentes no Judiciário, e sim como uma forma de dar às partes uma solução mais adequada e justa aos seus conflitos de interesses, propiciando-lhes uma forma mais ampla e correta de acesso à justiça.

Sabe-se, no entanto, pela experiência pessoal de cada um de nós, operadores do direito, e pelos resultados alcançados em vários outros países e nas inúmeras experiências em curso em nosso país, que da implementação adequada dos meios consensuais de solução de conflitos resultará, com toda a certeza, o importante benefício adicional consistente em grande redução do número de feitos a serem solucionados por meio de sentença.

É importante que fique bem sublinhado que não estamos sugerindo a adoção de um método alienígena de solução de conflitos de interesses, muito embora, em termos de estudos teóricos e práticos de conciliação e de mediação, vários países estejam bem mais avançados do que nós.

Historicamente, é sabido que é muito antigo, em nosso país, o uso de meios consensuais para a composição de litígios. Logo em seguida à Independência do nosso país, na Constituição Imperial, que é de 1824, ficou afirmada a obrigatoriedade de prévia tentativa de conciliação para se ter acesso à justiça. Seu art. 161 dispunha expressamente que, "*sem se fazer constar que se tem intentado o meio de reconciliação, não se começará processo algum*". E o art. 162 completava: "*para esse fim haverá juiz de paz*".

A Lei de 29 de novembro de 1832, que é o nosso primeiro diploma processual, disciplinou a conciliação. Seu art. 1º dispunha: "*pode intentar-se a conciliação perante qualquer juiz de paz, onde o réu for encontrado, ainda que não seja a freguesia do seu domicílio*" (Costa, 1970:6-7).

Porém, ao longo da história, a prática da conciliação foi perdendo força em nosso país, e o juiz de paz, que teve inclusive algumas funções jurisdicionais, acabou sendo reduzido a mero juiz de casamento.

Na atual Constituição Federal, o juiz de paz recupera, em parte, sua importância funcional, pois o inciso II do art. 98 dispõe que, na forma da lei, o juiz de paz poderá exercer "atribuições conciliatórias, sem caráter jurisdicional, além de outras previstas na legislação". Não consta, porém, até o momento, tenha alguma unidade da Federação organizado a justiça de paz, atribuindo-lhe essa importância funcional.

O Código de Processo Civil em vigor (arts. 125, IV, 331, 447 a 449, 599) adotou a *conciliação* sem distingui-la da *mediação*, mas está evidente que usou desse vocábulo na acepção geral e ampla, abrangente de ambos os meios consensuais de solução de conflitos. É esse o sentido que o nosso direito sempre tem dado ao vocábulo *conciliação*.

No início da vigência do Código de Processo Civil de 1973, a utilização da *conciliação* era facultativa, a critério do juiz da causa. Somente a partir de 1995, a audiência de conciliação no *processo sumário* (art. 277, CPC) passou a ser de designação obrigatória. Na mesma época, o art. 331 passou a determinar a realização de *audiência preliminar*, versando a causa sobre direitos que admitam a transação. Porém, a *mentalidade* dos operadores do direito, formalista e presa às práticas do passado, procurou relativizar a obrigatoriedade da tentativa de conciliação, levando alguns juízes, com o aplauso dos advogados, a buscarem quase exclusivamente a *solução sentenciada*, consolidando-se assim, de modo assustador e prejudicial à correta política de administração da justiça, a "cultura da sentença", em detrimento da "cultura da pacificação". O resultado dessa cultura presenciamos hoje nos tribunais de segundo grau e nos tribunais superiores, com uma avassaladora e invencível pletora de recursos de todas as espécies.

A utilização obrigatória e mais intensa da conciliação passa a ocorrer com a instituição dos juizados especiais de pequenas causas, em 1984, pela Lei nº 7.244, que no art. 2º deixou expressamente estabelecido que "o processo, perante o Juizado Especial de Pequenas Causas, orientar-se-á pelos critérios da oralidade, simplicidade, informalidade, economia processual e celeridade, *buscando sempre que possível a conciliação*". Esse dispositivo foi reproduzido no art. 2º da Lei nº 9.099/95, com acréscimo apenas da expressão "ou a transação".

O projeto de lei da mediação paraprocessual, que se encontra no Congresso Nacional na fase final de apreciação, prevê, nos conflitos de natureza civil que envolvam pretensões de natureza disponível, *mediação prévia facultativa e mediação incidental obrigatória*.

Pode-se afirmar, em suma, que a orientação atual do nosso ordenamento jurídico, seguindo a tendência universal, é a adoção mais intensa dos meios consensuais de solução de conflitos e de estímulo à utilização de outros meios alternativos, como a arbitragem e a avaliação neutra de terceiros.

A par das evoluções legislativas, que vêm incorporando ao nosso ordenamento jurídico os meios alternativos de solução de conflitos, fazendo deles um importante instrumental à disposição do próprio Poder Judiciário para o melhor exercício de sua função de administrar a justiça, está começando a ocorrer uma grande divulgação e mesmo aceitação da ideia de solução consensual dos conflitos de interesses pelos profissionais do direito e também pelos próprios jurisdicionados.

Os órgãos judiciários federais e estaduais, em vários níveis, vêm organizando serviços e setores de conciliação, buscando solução consensual dos conflitos nos processos sob seus cuidados e até mesmo, em alguns segmentos, em relação também aos conflitos ainda não judicializados. Igualmente outras instituições públicas, como defensorias públicas, ministérios públicos, procuradorias federais, estaduais e municipais, e ainda escolas públicas, entre outros, vêm se preocupando com a solução amigável dos conflitos que ocorrem nos âmbitos de sua atuação.

Outrossim, em organizações privadas, como federação de indústrias, associações comerciais, câmaras de comércio e indústria, faculdades de direito, de psicologia, de administração e outras instituições de ensino, vêm surgindo não somente a organização de setores de mediação e conciliação, como também cursos de capacitação, treinamento e aperfeiçoamento dos mediadores e conciliadores.

É importante, porém, que se proceda a uma avaliação bem sopesada dessa realidade. É um fato positivo, sem dúvida alguma, esse movimento. Não se pode negar, no entanto, que a continuidade dele sem qualquer controle ou disciplina poderá gerar alguns riscos sérios, como falta de qualidade dos serviços prestados pelos mediadores/conciliadores, atuação de pessoas e instituições sem preparo adequado para o exercício da importante missão de facilitação do entendimento entre as pessoas envolvidas em conflitos e também a insinuação de pessoas inescrupulosas, que poderão fazer dos meios alternativos uma fonte de receitas imerecidas.

Acreditamos que, para a correta e efetiva adoção, pelo Judiciário nacional, dos meios alternativos de solução de conflitos, em especial dos meios consensuais (mediação e conciliação), que são um modelo bem adaptado à índole do povo brasileiro, é necessário algo mais que a mera força do idealismo e boa vontade de alguns juízes, operadores do direito e demais pessoas interessadas, do especial empenho de alguns dirigentes de tribunais de justiça e do sucesso de experiência bem-sucedida do Conselho Nacional de Justiça ("conciliar é legal").

Há necessidade de adoção, por um órgão do Poder Judiciário que tenha atribuição para isto, que em nosso sentir é o Conselho Nacional de Justiça (art. 103-B, 4, nº II, cc. art. 37, *caput*, da Constituição Federal), de uma *política pública de tratamento adequado dos conflitos de interesses*, estimulando e mesmo induzindo uma ampla utilização, em nível nacional, dos meios consensuais de solução de conflitos. Caberia a esse órgão pensar na institucionalização, em caráter permanente, dos meios consensuais de solução de conflitos de interesses, estabelecendo uma disciplina mínima da atividade dos mediadores/conciliadores (critérios de sua capacitação, de treinamento e de atualização permanente; confidencialidade; ética, imparcialidade, e alguns outros aspectos) e adotando um controle, ainda que indireto, da prática da conciliação e da mediação.

Hoje, está tudo muito solto em vários setores do Judiciário nacional e em inúmeros segmentos da sociedade brasileira (escolas, entidades de classe, instituições privadas, empresas etc.). As várias experiências existentes vêm colhendo resultados importantes. Mas há, por outro lado, um grande risco de falta de um mínimo de uniformidade na prática dos meios consensuais de solução de conflitos.

Há experiências institucionalizadas em vários órgãos do Poder Judiciário, como nos juizados especiais cíveis para causas de menor complexidade, hoje de criação obrigatória pelos estados. Não há uniformidade, porém, nessas experiências. Há estados, como o de São Paulo, que se valem do serviço de conciliadores voluntários, que não recebem qualquer remuneração. Em muitas comarcas, prestam serviços como conciliadores alunos de faculdades de direito, que teriam a orientação de algum professor. Em outros, como na Bahia, a conciliação está a cargo de um funcionário nomeado especialmente para esse fim, que recebe um salário fixo. Em outros, ainda, como no Rio Grande do Sul, a conciliação é promovida pelo juiz leigo, que recebe remuneração calculada por tarefa executada. E também não há critério uniforme para a capacitação, treinamento e atualização dos mediadores/conciliadores, ponto sumamente preocupante, uma vez que diz com a qualidade da mediação e da conciliação.

Em suma, para que os meios alternativos de solução de conflitos, em especial dos meios consensuais - mediação e conciliação -, sejam corretamente utilizados e constituam efetivamente um modo de assegurar aos jurisdicionados um verdadeiro e adequado acesso à justiça e à ordem jurídica justa, é necessário estabelecer uma *política pública de tratamento adequado dos conflitos de interesses*, que dê um mínimo de organicidade e controle à sua prática, com fixação de critérios e condições para o seu exercício, estabelecimento de carga horária e métodos para a capacitação e treinamento dos mediadores/conciliadores, e controle por órgão competente, em nível nacional, da atividade de mediação e conciliação, mesmo que seja indireta.

Com essas providências e cautelas, teremos certamente um verdadeiro acesso à justiça, com a substituição da atual "cultura da sentença" pela "cultura da pacificação".

Referências

COSTA, Moacir Lobo. **Breve notícia histórica do direito processual brasileiro e de sua literatura**. São Paulo: RT, 1970.

GRINOVER, Ada Pellegrini. **Conciliação e juizados especiais de pequenas causas**. In: WATANABE, Kazuo. (Org.). *Juizado especial de pequenas causas*. São Paulo: RT, 1985.

Publicado originalmente em:

- TRIBUNAL MULTIPORTAS – Investimento no capital social para maximizar o sistema de solução de conflitos no Brasil. Organizadores Rafael Alves de Almeida, Tania Almeida e Mariana Hernandez Crespo. Rio de Janeiro: 2012, FGV Editora, páginas 87 a 94.

CAPÍTULO 14

POLÍTICA PÚBLICA DO PODER JUDICIÁRIO NACIONAL PARA TRATAMENTO ADEQUADO DOS CONFLITOS DE INTERESSES

14.1 Da necessidade de política judiciária nacional de tratamento adequado dos conflitos de interesses

O Poder Judiciário nacional está enfrentando uma intensa conflituosidade, com sobrecarga excessiva de processos, o que vem gerando a crise de desempenho e a consequente perda de credibilidade.

Essa situação é decorrente, em grande parte, das transformações por que vem passando a sociedade brasileira, de intensa conflituosidade decorrente de inúmeros fatores, um dos quais é a economia de massa. Alguns desses conflitos são levados ao Judiciário em sua configuração molecular, por meio de ações coletivas, mas a grande maioria é judicializada individualmente, com geração, em relação a certos tipos de conflitos, do fenômeno de *processos repetitivos*, que vem provocando a sobrecarga de serviços no Judiciário.

É decorrente a crise mencionada, também, da falta de uma política pública de tratamento adequado dos conflitos de interesses que ocorrem na sociedade. Afora os esforços que vem sendo adotados pelo CNJ, pelos Tribunais de Justiça de grande maioria dos Estados da Federação Brasileira e pelos Tribunais Regionais Federais, no sentido da utilização dos chamados Meios Alternativos de Solução de Conflitos, em especial da *conciliação e da mediação*, não há uma política nacional abrangente, de observância obrigatória por todo o Judiciário Nacional, de tratamento adequado dos conflitos de interesses.

O mecanismo predominantemente utilizado pelo nosso Judiciário é o da *solução adjudicada dos conflitos*, que se dá por meio de sentença do juiz. E a predominância desse critério vem gerando a chamada "cultura da sentença", que traz como consequência o aumento cada vez maior da quantidade de *recursos*, o que explica o congestionamento não somente das instâncias ordinárias, como também dos Tribunais Superiores e até mesmo da Suprema Corte. Mais do que isso, vem aumentando também a quantidade de execuções judiciais, que sabidamente é morosa e ineficaz, e constitui o calcanhar de Aquiles da Justiça.

A incorporação dos meios alternativos de resolução de conflitos, em especial dos consensuais, ao instrumental à disposição do Judiciário para o desempenho de sua função de dar tratamento adequado aos conflitos que ocorrem na sociedade, não somente reduziria a quantidade de *sentenças*, de *recursos* e de *execuções*, como também, o que é de fundamental importância para a *transformação social com mudança de mentalidade*, propiciaria uma solução mais adequada aos conflitos, com a consideração das peculiaridades e especificidades dos conflitos e das particularidades das pessoas neles envolvidas.

O princípio de acesso à Justiça, inscrito no inc. XXXV do art. 5.º da CF/1988, não assegura apenas acesso formal aos órgãos judiciários, e sim um acesso qualificado que propicie aos indivíduos o acesso à ordem jurídica justa, no sentido de que cabe a todos que tenham qualquer problema jurídico, não necessariamente um conflito de interesses, uma atenção por parte do Poder Público, em especial do Poder Judiciário. Assim, cabe ao Judiciário não somente organizar os serviços que são prestados por meio de processos judiciais, como também aqueles que socorram os cidadãos de modo mais abrangente, de solução por vezes de simples problemas jurídicos, como a obtenção de documentos essenciais para o exercício da cidadania, e até mesmo de simples palavras de orientação jurídica. Mas é, certamente, na solução dos conflitos de interesses que reside a sua função primordial, e para desempenhá-la cabe-lhe organizar não apenas os serviços processuais como também, e com grande ênfase, os serviços de solução dos conflitos pelos mecanismos alternativos à solução adjudicada por meio de sentença, em especial dos meios consensuais, isto é, da mediação e da conciliação.

O objetivo primordial que se busca com a instituição de semelhante política pública, é a solução mais adequada dos conflitos de interesses, pela participação decisiva de ambas as partes na busca do resultado que satisfaça seus interesses, o que preservará o relacionamento delas, propiciando a justiça coexistencial. A redução do volume de serviços do Judiciário é uma consequência importante desse resultado social, mas não seu escopo fundamental.

Por meio dessa política pública judiciária, que proporciona aos jurisdicionados uma solução mais adequada dos conflitos, o Judiciário Nacional estará adotando um importante filtro da litigiosidade, que ao contrário de barrar o acesso à justiça, assegurará aos jurisdicionados o *acesso à ordem jurídica justa* e, além disso, atuará de modo importante na redução da quantidade de conflitos a serem ajuizados e também, em relação aos conflitos judicializados ou que venham a ser judicializados, a sua solução pelos mecanismos de solução consensual dos conflitos, o que certamente determinará a redução substancial da quantidade de sentenças, de recursos e de execuções judiciais.

Conclui-se, do quanto ficou exposto, que é imperioso o estabelecimento pelo próprio Poder Judiciário de uma política pública de tratamento adequado dos conflitos de interesses, estimulando e mesmo induzindo uma ampla utilização, em nível nacional, dos meios consensuais de solução dos conflitos. Estabelecer essa política pública é, certamente, atribuição do Conselho Nacional de Justiça (CNJ). O art. 103-B da CF/1988 cria o CNJ e define suas atribuições, sendo uma delas zelar pela observância do art. 37 da CF/1988. Este, por sua vez, enuncia os princípios a que estão sujeitos todos os órgãos da administração pública, inclusive os judiciários, dentre os quais está o da eficiência.

Aliás, o CNJ já vem entendendo que lhe cabe "fixar a implementação de diretrizes nacionais para nortear a atuação institucional de todos os órgãos do Poder Judiciário, tendo em vista sua unicidade", pelo que, na Res. CNJ 70, de 18.03.2009, dispôs sobre o *Planejamento e a Gestão Estratégica no âmbito do Poder Judiciário*.

Ora, o inc. XXXV do art. 5.º da CF/1988 deve ser interpretado, como ficou acima sublinhado, não apenas como garantia de mero acesso aos órgãos do Poder Judiciário, mas como garantia de acesso à ordem jurídica justa, de forma efetiva, tempestiva e adequada. Daí a conclusão de que cabe ao Poder Judiciário, pelo CNJ, organizar os serviços de tratamento de conflitos por todos os meios adequados, e não apenas por meio da adjudicação de solução estatal em processos contenciosos, cabendo-lhe em especial institucionalizar, em caráter permanente, os meios consensuais de solução de conflitos de interesses, como a mediação e a conciliação.

Semelhante política pública deverá estabelecer, dentre outras coisas:

(a) obrigatoriedade de implementação da mediação e da conciliação por todos os tribunais do país;

(b) disciplina mínima para a atividade dos mediadores/conciliadores, como critérios de capacitação, treinamento e atualização permanente, com carga horária mínima dos cursos de capacitação e treinamento;

(c) confidencialidade, imparcialidade e princípios éticos no exercício da função dos mediadores/conciliadores;

(d) remuneração do trabalho dos mediadores/conciliadores;

(e) estratégias para geração da nova mentalidade e da cultura da pacificação, inclusive com criação pelas faculdades de direito de disciplinas específicas para capacitação dos futuros profissionais do direito em meios alternativos de resolução de conflitos, em especial a mediação e a conciliação;

(f) controle Judiciário, ainda que indireto e à distância, dos serviços extrajudiciais de mediação/conciliação.

Existem experiências institucionalizadas em vários órgãos do Poder Judiciário, como nos Juizados especiais, hoje de criação obrigatória pelos Estados. Não há uniformidade, porém, nessas experiências. Tampouco um mínimo de qualidade. Há Estados, como o de São Paulo, que se valem do serviço de conciliadores voluntários, que não recebem qualquer remuneração. Em muitas Comarcas, prestam serviços como conciliadores alunos de faculdades de direito, que teriam a orientação de algum professor. Em outros, como na Bahia, a conciliação está a cargo de um funcionário nomeado especialmente para esse fim, que recebe um salário fixo. Em outros, ainda, como no Rio Grande do Sul, a conciliação está a cargo de juízes leigos, que recebem remuneração calculada por tarefa executada. Existem, em várias comarcas e também em segundo grau de jurisdição, práticas importantes de mediação e conciliação organizadas pelos Tribunais de Justiça, mas trata-se de experiências esparsas, sem critérios uniformes para a capacitação, treinamento e atualização dos mediadores/conciliadores, ponto sumamente preocupante, uma vez que diz com a qualidade dos serviços oferecidos.

Em suma, para que os meios alternativos de resolução de controvérsias, em especial dos meios consensuais – mediação e conciliação – sejam corretamente utilizados e constituam efetivamente um modo de assegurar aos jurisdicionados um verdadeiro e adequado acesso à justiça e à ordem jurídica justa, há a necessidade de estabelecimento de uma política pública de tratamento adequado dos conflitos de interesses, que dê um mínimo de organicidade, qualidade e controle à sua prática.

A instituição de semelhante política pública pelo CNJ, além de criar um importante filtro da litigiosidade, estimulará em nível nacional o nascimento de uma nova cultura, não somente entre os profissionais do direito, como também entre os próprios jurisdicionados, de solução negociada e amigável dos conflitos. Essa cultura terá inúmeros reflexos imediatos em termos de maior coesão social e determinará, com toda a certeza, mudanças importantes na organização da sociedade, influindo decisivamente na mudança do conteúdo e orientação do ensino universitário na área de Direito, que passará a formar profissionais com visão mais ampla e social, com plena consciência de que lhes cabe atuar muito mais na orientação, pacificação, prevenção e composição amigável, do que na solução contenciosa dos conflitos de interesses.

14.2 Importância da conciliação e mediação na história do judiciário nacional

No Brasil, a preocupação pela solução amigável dos conflitos sempre existiu, mesmo antes de nossa independência. As Ordenações Filipinas, no Livro 3.º, T. 20, § 1.º, trazia a norma que dizia: *"E no começo da demanda dirá o Juiz a ambas as partes, que antes que façam despezas, e se sigam entre elles os ódios e dissensões, se devem concordar, e não gastar suas fazendas por seguirem suas vontades, porque o vencimento da causa sempre he duvidoso."*

Dois anos após a independência, na Constituição do Império, de 1824, foi adotada a mais abrangente política pública de tratamento de conflitos de interesses, estabelecendo o seu art. 161 que *"sem se fazer constar que se tem intentado o meio de reconciliação, não se começará processo algum"*. E no art. 162 ficou dito que *"para esse fim haverá juiz de paz"*.

Em novembro de 1832, o Código do Processo Criminal, trouxe Disposição Provisória acerca da Administração da Justiça Civil, disciplinando o procedimento de conciliação e outros aspectos relevantes do processo civil. Essa lei, no dizer de Moacir Lobo da Costa, "inspirada nas ideias liberais de que estavam imbuídos os homens que detinham o poder, destinava-se a transformar o processo civil em instrumento mais dúctil e menos complicado, despindo-o de atos e formalidades inúteis e de recursos excessivos, para possibilitar distribuição de justiça mais rápida e menos dispendiosa[1]".

"Os juízes de paz eram eleitos e não precisavam ser bacharéis em direito. A primeira disciplina do cargo surgiu com a Lei de 15 de outubro de 1827, seguida da Lei de 1.º de outubro de 1828". Eram uma espécie de "bandeira dos liberais" (José Reinaldo de Lima Lopes, O direito na história. São Paulo: Max Limonad/Atlas, 2008. p. 32). O instituto do Juizado de Paz foi objeto de intensa disputa entre liberais e conservadores. Aos juízes de paz foram sendo atribuídas tantas funções, inclusive jurisdicionais, o que *"favorecia nitidamente as intenções descentralizadoras dos liberais"*. Mas houve a reação dos conservadores e *"a Lei de 3 de dezembro de 1841, reformando o Código de Processo, esvaziou as atribuições do juiz de paz"* (op. cit., 292).

---

[1] **Breve notícia histórica do direito processual brasileiro e de sua literatura.** São Paulo: Ed. RT, 1970. p. 6-10.

No campo da mera conciliação, não se tem notícia da intensa utilização das funções de juízes de paz. O capítulo do Regulamento 737, de 1850, que disciplinava a conciliação, foi revogado pelo Dec. 359, de 26.04.1890. No livro de Paula Baptista, *Compêndio de teoria e prática de processo civil comparado com o comercial e de hermenêutica jurídica* (1910, 7. ed. anotada por Vicente Ferrer de Barros W. Araujo), consta a anotação de que "*a conciliação, como ato judicial necessário, foi inteiramente eliminada de nossas leis processuais, federais e estaduais*", uma vez que "era, apenas, uma inutilidade dispendiosa".

Conclui-se, desse rápido exame histórico, que a generosa ideia de uma abrangente política pública de tratamento de conflitos de interesses adotada pela nossa primeira Carta Política, fruto da inteligência e sabedoria dos homens de visão que então detinham o poder, sucumbiu por razões políticas e pela falta de critério adequado em sua implementação.

A nossa atual Constituição, no art. 98, II, fala em Justiça de Paz, remunerada, eleita e temporária. Essa é uma instituição de natureza política, que busca, possivelmente, obter maior participação política dos cidadãos. Não interfere esse preceito constitucional com a instituição e implementação de uma política pública adequada de tratamento de conflitos de interesses, a ser adotada pelo CNJ, que supõe, entre outras coisas e cuidados:

(a) critério técnico-científico na organização do serviço de solução conciliada dos conflitos;

(b) formação de um quadro de mediadores/conciliadores adequadamente preparados;

(c) determinação de estratégias na instalação, em todo país, dos setores de conciliação/mediação;

(d) criação de uma nova cultura na sociedade brasileira, qual seja a da solução negociada e amigável dos conflitos de interesses. Examiná-las sem os devidos cuidados, confundindo-as, pode levar ao mesmo lastimável e desastroso fim que teve a generosa ideia de conciliação pensada e posta em prática pelos detentores do poder no início do Império.

14.3 Anúncio de nova política judiciária nacional no discurso de posse do Min. Cezar Peluso

Em seu *discurso de posse* na Presidência do STF, o eminente Min. Cezar Peluso externou com clareza e precisão o seu entendimento a respeito dos problemas que acometem o Judiciário brasileiro, fazendo-o nos seguintes termos:

> "Pesquisas recentes e confiáveis mostram que 43% dos brasileiros, ao sentirem seus direitos desrespeitados, procuram soluções por conta própria. Só 10% vão diretamente à Justiça. Os outros dividem-se na busca de mediação de advogados, no recurso à polícia, na renúncia ao interesse e, pasmem, até no uso da força. É verdade que, entre os que recorrem ao Judiciário, 46% se declaram satisfeitos e, apenas 23%, inconformados. Mas está claro que isso não pode consolar-nos.
>
> Ora, as rápidas transformações por que vem passando, sobretudo nas últimas décadas, a sociedade brasileira, tem agravado e quadro lastimável, em virtude da simultânea e natural expansão da conflituosidade de interesses que, desaguando no Poder Judiciário, o confronta com sobrecarga insuportável de processos, em todas as latitudes do seu aparato burocrático. E uma das causas proeminentes desse fenômeno está, como bem acentua o Des. Kazuo Watanabe, na falta de uma política pública menos ortodoxa do Poder Judiciário em relação ao tratamento dos conflitos de interesses.
>
> O mecanismo judicial, hoje disponível para dar-lhes resposta, é a velha solução adjudicada, que se dá mediante produção de sentenças e, em cujo seio, sob influxo de uma arraigada cultura de dilação, proliferam os recursos inúteis e as execuções extremamente morosas e, não raro, ineficazes. É tempo, pois, de, sem prejuízo doutras medidas, incorporar ao sistema os chamados meios alternativos de resolução de conflitos, que, como instrumental próprio, sob rigorosa disciplina, direção e controle do Poder Judiciário, sejam oferecidos aos cidadãos como mecanismos facultativos de exercício da função constitucional de resolver conflitos. Noutras palavras, é preciso institucionalizar, no plano nacional, esses meios como remédios jurisdicionais facultativos, postos alternativamente à disposição dos jurisdicionados, e de cuja adoção o desafogo dos órgãos judicantes e a maior celeridade dos processos, que já serão avanços muito por festejar, representarão mero subproduto de uma transformação social ainda mais importante, a qual está na mudança de mentalidade em decorrência da participação decisiva das próprias partes na construção de resultado que, pacificando, satisfaça seus interesses.

14.4 Instituição de Política Judiciária Nacional de Tratamento Adequado dos Conflitos de Interesses pela Res. CNJ 125, de 29.11.2010: seus pontos mais importantes

Tão logo assumiu o cargo de Presidente da Suprema Corte, o Min. Cezar Peluso cuidou imediatamente de concretizar a política pública anunciada, nomeando uma comissão especial para proceder aos respectivos estudos.

A Res. CNJ 125, de 29.11.2010, é o resultado dessa iniciativa e o Conselho por meio dela institucionalizou a "Política Judiciária Nacional de tratamento adequado dos conflitos de interesses no âmbito do Poder Judiciário".

São os seguintes alguns dos pontos mais importantes dessa Resolução:

(a) atualização do conceito de acesso à justiça, não como mero acesso aos órgãos judiciários e aos processos contenciosos, e sim como acesso à ordem jurídica justa;

(b) direito de todos os jurisdicionados à solução dos conflitos de interesses pelos meios mais adequados a sua natureza e peculiaridade, inclusive com a utilização dos mecanismos alternativos de resolução de conflitos, como a mediação e a conciliação;

(c) obrigatoriedade de oferecimento de serviços de orientação e informação e de mecanismos alternativos de resolução de controvérsias, além da solução adjudicada por meio de sentença;

(d) preocupação pela boa qualidade desses serviços de resolução de conflitos, com a adequada capacitação, treinamento e aperfeiçoamento permanente dos mediadores e conciliadores;

(e) disseminação da cultura de pacificação, com apoio do CNJ aos tribunais na organização dos serviços de tratamento adequado dos conflitos, e com a busca da cooperação dos órgãos públicos e das instituições públicas e privadas da área de ensino, para a criação de disciplinas que propiciem o surgimento da cultura da solução pacífica dos conflitos de interesses;

(f) é imposta aos Tribunais a obrigação de criar: (1) Núcleos Permanentes de Métodos Consensuais de Solução de Conflitos; (2) Centros Judiciários de Solução de Conflitos e Cidadania; (3) Cursos de capacitação, treinamento e aperfeiçoamento de mediadores e conciliadores, "*com a observância do conteúdo programático e carga horária mínimos estabelecidos pelo CNJ*"; (4) banco de dados para a avaliação permanente do desempenho de cada Centro; (5) Cadastro dos mediadores e conciliadores que atuem em seus serviços.

Desde que seja adequadamente implementada a Resolução, certamente assistiremos a uma transformação revolucionária, em termos de natureza, qualidade e quantidade dos serviços judiciários, com o estabelecimento de filtro importante da litigiosidade, com o atendimento mais facilitado dos jurisdicionados em seus problemas jurídicos e conflitos de interesses e com o maior índice de pacificação das partes em conflito, e não apenas solução dos conflitos, isso tudo se traduzindo em redução da carga de serviços do nosso Judiciário, que é sabidamente excessiva, e em maior celeridade das prestações jurisdicionais. A consequência será a recuperação do prestígio e respeito do nosso Judiciário.

E assistiremos, com toda a certeza, à profunda transformação do nosso país, que substituirá a atual *"cultura da sentença"* pela *"cultura da pacificação"*, disso nascendo, como produto de suma relevância, a *maior coesão social*.

Publicado originalmente em:

- Revista de Processo, volume 195, maio de 2011, páginas 381 a 389.
- Revista de Direito do Tribunal de Justiça do Estado do Rio de Janeiro, n. 86, p. 76-88, jan./mar. 2011.
- site do Tribunal de Justiça do Estado de São Paulo, através do link: http://www.tjsp.jus.br/Download/Conciliacao/Nucleo/ParecerDesKazuoWatanabe.pdf
- Conciliação e Mediação: Estruturação da Política Judiciária Nacional. Coordenadores Ministro Antonio Cezar Peluso, Morgana de Almeida Richa. Coordenadores da Coleção ADRs Ada Pellegrini Grinover e Kazuo Watanabe. Rio de Janeiro: 2011, Editora Forense, páginas 03 a 09.

CAPÍTULO 15

POLÍTICA JUDICIÁRIA NACIONAL DE TRATAMENTO ADEQUADO DOS CONFLITOS DE INTERESSES - UTILIZAÇÃO DOS MEIOS ALTERNATIVOS DE RESOLUÇÃO DE CONTROVÉRSIAS

15.1 Considerações iniciais

Há ainda muita resistência à adoção dos chamados *meios alternativos* de solução de conflitos, em especial dos métodos consensuais, que são a mediação e a conciliação, por parte não somente dos operadores do Direito, como também dos jurisdicionados. Muitos acham que são mecanismos menos nobres, próprios de povos com cultura primitiva, e que o método mais nobre é a adjudicação de solução por meio de sentença do juiz, proferida em processo contencioso.

Mesmo nas Faculdades de Direito é ainda acanhada a percepção da importância dos meios alternativos de solução de conflitos, tanto que apenas algumas delas têm disciplinas específicas para iniciar seus alunos nesses mecanismos de solução de conflitos. Apenas a arbitragem vem merecendo atenção maior, em razão da aprovação, em 1996, da Lei n. 9.307, que a disciplinou por completo, e pela sua utilização cada vez mais intensa na solução de conflitos de natureza comercial e naqueles em que sua adequada solução depende dos conhecimentos especializados do julgador.

É necessário que se aceite, sem temor de estar cometendo qualquer impropriedade científica, que os chamados *meios alternativos de resolução de conflitos* constituem capítulo importante do direito processual civil, e não um mero apêndice dele, para ser estudado em disciplina coadjuvante, por exemplo, de práticas judiciárias.

Hoje, não podemos mais considerar o direito processual civil como ramo do Direito que estuda apenas a "técnica de solução imperativa de conflitos". Há vários outros métodos de resolução de conflitos igualmente eficientes, em especial os consensuais. Aliás, para certos tipos de conflitos, em especial aqueles em que partes estão em contato permanente, os métodos alternativos são até mais adequados e eficazes que a solução sentencial.

Os conflitos de interesses, e não apenas os mecanismos de sua solução, devem ser objeto de estudo da ciência processual, pois a adequação dos meios de solução depende do conhecimento de sua natureza e de todas suas peculiaridades quanto ao objeto, pessoas, motivos, tempo de duração, contexto social e outros aspectos mais.

Ouçamos, a respeito, as percucientes ponderações de Cândido Rangel Dinamarco[1]

> Todo o discurso sobre o *acesso à Justiça*, seja mediante a tutela jurisdicional de que se encarrega o Estado ou por obra dos *meios alternativos* (arbitragem, mediação, conciliação), insere-se na temática dos *conflitos* e da busca de soluções. O processo civil, como técnica pacificadora, deita raízes na existência de conflitos a dirimir (ou crises jurídicas) e é daí que recebe legitimidade social e política como instituição destinada a preservar valores vivos da Nação. [...].

Prossegue Dinamarco[2] sublinhando a equivalência funcional em relação à jurisdição e o valor social dos *meios alternativos de solução de conflitos*:

> A crescente valorização e emprego dos meios não jurisdicionais de pacificação e condução à ordem jurídica justa, ditos *meios alternativos*, reforça a ideia da equivalência entre eles e a atividade estatal chamada *jurisdição*.
>
> [...]. Mas o que há de substancialmente relevante no exercício da jurisdição, pelo aspecto social do proveito útil que é capaz de trazer aos membros da sociedade, está presente também nessas outras atividades: é a busca de pacificação das pessoas e grupos mediante a eliminação de conflitos que os envolvam. Tal é o *escopo social magno da jurisdição*, que atua ao mesmo tempo como elemento legitimador e propulsor da atividade jurisdicional [...].

E assim conclui seu magistério o consagrado processualista das Arcadas (*Instituições de Direito Processual Civil*, cit., 7ª ed., vol. I, § 47, p. 130):

> [...] constituem conquistas das últimas décadas a perspectiva sociopolítica da ordem processual e a valorização dos meios alternativos. A descoberta dos *escopos sociais e políticos do processo* valeu também

---

[1] **Instituições de Direito Processual Civil**, 7ª ed., vol. I, São Paulo, Malheiros Editores, 2013, § 44, p. 120.

[2] **Instituições de Direito Processual Civil**, cit., 7ª ed., vol. I, § 46, pp. 125-126.

como alavanca propulsora da visão crítica de suas estruturas e do seu efetivo modo de operar, além de levar as especulações dos processualistas a horizontes que antes estavam excluídos de sua preocupação.

15.2 Política pública de tratamento adequado dos conflitos de interesses

Os meios alternativos de resolução de controvérsias devem ser estudados e organizados **não** como solução para a *crise de morosidade da Justiça*, como uma forma de reduzir a quantidade de processos acumulados no Judiciário, e *sim* como um método para se dar *tratamento mais adequado aos conflitos de interesses* que ocorrem na sociedade. A redução dos processos será uma resultante necessária do êxito de sua adoção, mas não seu escopo primordial.

Para a solução de muitos desses conflitos - e sobre isto não se tem mais dúvida atualmente, pela sua natureza e especificidade -, é muito mais adequado um *meio alternativo*, em especial a conciliação ou a mediação, do que uma sentença do juiz. Nas chamadas relações jurídicas continuativas, que têm duração no tempo, em que as partes estão em contato permanente, a solução do conflito deve ser promovida com a preservação da relação existente entre as partes, pondo-se em prática a chamada "justiça coexistencial", com a pacificação das partes - o que a solução sentencial dificilmente terá condições de promover.

Foi precisamente por essa razão que o Conselho Nacional de Justiça/CNJ declarou, no introito da Resolução 125/2010, que a política judiciária nacional instituída é respeitante ao "tratamento adequado dos conflitos de interesses no âmbito do Poder Judiciário". Certamente, nessa política pública têm particular relevância os meios alternativos de solução de conflitos, em especial os consensuais, que são a conciliação e a mediação. Mas seu objetivo é mais abrangente, não se esgota na mera institucionalização da mediação e da conciliação.

Os meios alternativos de solução de conflitos, hoje, fazem parte do próprio processo, o que ocorre nas mediações e conciliações intraprocessuais, ou nas anexas (as promovidas fora do *iter* processual, mas em função de processos ajuizados, por um órgão encarregado disso - *v.g.*, Setor de Conciliação de Segundo Grau ou de Primeiro Grau, no Estado de São Paulo). Ou podem ser organizados sem qualquer vínculo com o processo, como está ocorrendo atualmente na parte referente às conciliações e mediações pré- -processuais nos chamados Centros Judiciários de Soluções de Conflitos e Cidadania/CEJUSCs, que estão sendo organizados em todo o País, com base na Resolução 125/2010 do CNJ.

Há, também, os *meios alternativos* organizados fora do Judiciário, pelas Câmaras de Arbitragem, Mediação e Conciliação das organizações privadas ou por entes públicos (Defensoria Pública, Ministério Público, Procuradorias do Estado ou dos Municípios etc.).

15.3 Atualização do conceito de acesso à Justiça

O art. 1º da Resolução CNJ-125/2010 declara expressamente que todos os jurisdicionados têm direito "à solução dos conflitos por meios adequados à sua natureza e peculiaridade", incumbindo aos órgãos judiciários oferecer "outros mecanismos de solução de controvérsias, em especial dos chamados meios consensuais, como a mediação e a conciliação". E menciona também o direito de obter "atendimento e orientação", não somente em situações de conflitos de interesses, como também em seus problemas jurídicos, em situações de dúvida e de desorientação. E, se é direito dos jurisdicionados ter a oferta desses serviços, o Estado tem, inquestionavelmente, a obrigação de organizá-los de forma adequada.

A política judiciária adotada pela Resolução CNJ-125/2010 trouxe profunda *mudança no paradigma dos serviços judiciários,* e, por via de consequência, atualizou o conceito de *acesso à justiça,* tornando-o muito mais *acesso à ordem jurídica justa*, e não *mero acesso aos órgãos judiciários* para a obtenção de solução adjudicada por meio de sentença.

15.4 Transformação da "cultura da sentença" em "cultura da pacificação"

Temos hoje, ainda, o que denominamos de "cultura da sentença", que é decorrente da valorização excessiva da solução dos conflitos por meio de sentença do juiz, como ficou ressaltado nas considerações acima.

Com a valorização da solução amigável, encontrada pelos próprios conflitantes, com a ajuda de terceiros facilitadores, que são mediadores e os conciliadores, ocorrerá, certamente, o nascimento da "cultura da pacificação".

Reforçando essa esperança, temos a atuação do CNJ e dos tribunais, estes pelo seu Núcleo Permanente de Métodos Consensuais de Solução de Conflitos, junto às instituições públicas e privadas de ensino, procurando estimulá-las à criação de disciplinas específicas voltadas à capacitação dos alunos, futuros profissionais do Direito, na atuação não somente em processos contenciosos, como também em negociação e no manejo de mecanismos alternativos de solução de conflitos.

15.5 Qualidade dos serviços. Capacitação, treinamento e aperfeiçoamento permanente dos conciliadores e mediadores

A Resolução CNJ-125/2010 tem vários outros pilares.

Um deles é respeitante à qualidade dos serviços a serem oferecidos. Em relação aos meios consensuais de solução de conflitos, a Política Judiciária Nacional adotada pela Resolução 125 e seus Anexos traz normas explícitas sobre a capacitação dos mediadores e conciliadores, exigindo deles, além da capacitação inicial, treinamentos e aperfeiçoamentos posteriores.

Essa Política Judiciária Nacional, enfim, procura enfrentar a *crise de morosidade da Justiça* atacando suas causas, e não seus efeitos.

A estratégia de aperfeiçoamento do sistema de solução dos conflitos por meio apenas da alteração das leis processuais, sem se preocupar com o adequado desempenho da organização judiciária e sem a adoção dos mecanismos alternativos de solução dos conflitos, ataca apenas os *efeitos* dos graves problemas que provocam a crise de desempenho da Justiça, deixando de lado suas causas.

É chegada a hora de se dar mais valor ao estudo dos chamados *meios alternativos de resolução de controvérsias*, com a preocupação voltada mais à pacificação dos conflitantes, e não apenas à solução dos conflitos.

A redução do número de conflitos judicializados será uma consequência necessária da adequada organização dessa estratégia.

Publicado originalmente em:

- 40 ANOS DA TEORIA GERAL DO PROCESSO NO BRASIL (Passado, presente e futuro). Organizadores Camilo Zufelato e Flávio Luiz Yarshell. São Paulo: Malheiros Editores, 2013, páginas 556 a 561.

- O PROCESSO EM PERSPECTIVA – Jornadas Brasileiras de Direito Processual: Homenagem a José Carlos Barbosa Moreira. Organizadores Aluísio Gonçalves de Castro Mendes e Teresa Arruda Alvim Wambier. São Paulo: Editora Revista dos Tribunais, 2013, páginas 241 a 245.

- A Nova Ordem das Soluções Alternativas de Conflitos e o Conselho Nacional de Justiça. Coordenadores João José Custódio da Silveira e José Roberto Neves Amorim. Brasília: Editora Gazeta Jurídica, 2013, páginas 225 a 230.

CAPÍTULO 16

MEDIAÇÃO COMO POLÍTICA PÚBLICA SOCIAL E JUDICIÁRIA

16.1 Alguns dados históricos da mediação no Brasil

O termo "mediação" é utilizado neste artigo em sentido amplo, abrangente também da "conciliação". No Brasil, só recentemente a doutrina vem ressaltando a necessidade de se distinguirem os dois institutos. Com o tempo, com toda a certeza, não somente no plano teórico como também no prático, essa distinção ficará cada vez mais nítida, com o surgimento de profissionais especializados em cada uma dessas técnicas de solução consensual de conflitos de interesses.

O instituto da mediação, que em nosso ordenamento jurídico sempre foi conhecido como conciliação, faz parte da história do Brasil desde a fase colonial. Já nas Ordenações Filipinas, de 1603, que esteve em vigor no país até a independência e a promulgação de legislação própria, em substituição à legislação reinícola, encontramos expressa preocupação pela solução consensual dos conflitos de interesses (Livro III, T 20, § 1º[1]).

Proclamada a independência em 1822, tivemos a primeira Constituição em 1824, e nela foi adotada a mais abrangente política pública de tratamento dos conflitos de interesses, dispondo seu art. 161 que, *"sem se fazer constar que se tem intentado o meio de reconciliação, não se começará processo algum"*. E no art. 162, completando essa política pública, ficou dito que *"para esse fim haverá juiz de paz"*.

O procedimento de conciliação e outros aspectos relevantes do processo civil foram disciplinados, em 1832, na "Disposição Provisória acerca da Administração da Justiça Civil", contida no Código de Processo Criminal. Essa disciplina legal foi fruto das *"ideias liberais de que estavam imbuídos os homens*

---

[1] "E no começo da demanda dirá o Juiz a ambas as partes, que antes que façam despezas, e se sigam entre elles os ódios e dissensões, se devem concordar, e não gastar suas fazendas por seguirem suas vontades, porque o vencimento da causa he sempre duvidoso [...]"

que detinham o poder" nos primeiros anos do Império, que procuraram *"transformar o processo civil em instrumento mais dúctil e menos complicado, despindo-o de atos e formalidades inúteis e de recursos excessivos, para possibilitar distribuição de justiça mais rápida em menos dispendiosa"*, informa Moacir Lobo da Costa (1970, p. 6-10).

Por que, ao longo de todos esses anos, que logo mais completarão dois séculos, não se consolidou no Brasil a política pública de solução consensual dos conflitos de interesses?

Em nossa avaliação, a política pública adotada era bastante arrojada e adequada à sociedade que tínhamos à época, mas houve falhas em sua implementação e, mais grave que isso, houve sua inadequada utilização política. A "conciliação" e seu agente executor, que era o "juiz de paz", foram objeto de intensa disputa política entre dois grupos políticos que se contrapunham, os liberais e os conservadores. Passaram a ser, em razão disso, muito mais instrumentos políticos do que instrumento de implementação de uma arrojada política pública de solução de conflitos de interesses.

Para os liberais, que defendiam a descentralização do poder, os juízes de paz constituíam uma espécie de bandeira de seus ideais e, enquanto estiveram no poder, que durou pouco, eles foram ampliando as atribuições desses juízes, conferindo-lhes, além da função específica de pacificar os conflitantes, atribuições policiais e até jurisdicionais, cíveis e criminais. Mas houve reação dos "conservadores", e já em 1841, com a reforma do Código de Processo Criminal, foram esvaziadas as atribuições dos juízes de paz (LOPES, 2000, p. 328). As práticas de conciliação não foram suficientes para a transformação social e para o nascimento de uma nova cultura.

Logo após a proclamação da República, a "conciliação", já em desuso, foi inteiramente eliminada de nossas leis processuais, desaparecendo por completo a generosa e abrangente política pública de tratamento dos conflitos de interesses, concebida pela inteligência e visão dos homens que detinham o poder por ocasião da promulgação de nossa primeira Carta Política.

Na vigência do atual Código de Processo Civil, de 1973, que menciona a conciliação em vários dispositivos, algumas experiências esparsas foram adotadas por juízes e tribunais. Porém, a conciliação como importante mecanismo de solução consensual de conflitos somente foi adotada em 1984, pela Lei dos Juizados Especiais de Pequenas Causas, que elegeu a composição amigável dos conflitos como pedra de toque de sua efetividade.

16.2 Resolução nº 125/2010, do CNJ, e política pública judiciária

A retomada abrangente dos mecanismos consensuais de resolução de controvérsias, em especial da mediação e da conciliação, somente ocorreu em 2010, com a Resolução nº 125/2010, do Conselho Nacional de Justiça (CNJ), que instituiu a *"política judiciária nacional de tratamento adequado dos conflitos de interesses"*.

Dentre os importantes pilares dessa resolução, podem ser mencionados os seguintes:

a) mudança do paradigma de serviços judiciários, fazendo-os abrangentes também dos mecanismos de solução consensual de conflitos de interesses; a resolução afirma, expressamente, que é assegurado *"a todos o direito à solução dos conflitos pelos meios adequados à sua natureza e peculiaridade"*, incumbindo aos "órgãos judiciários, além da solução adjudicada mediante sentença, oferecer outros mecanismos, como a mediação e a conciliação, bem assim prestar atendimento e orientação ao cidadão" (art. 1º, *caput* e parágrafo único);

b) assegura serviços de qualidade, exigindo que os mediadores e conciliadores sejam devidamente capacitados e treinados;

c) centralização dos serviços de conciliação, mediação e orientação, com organização de Centro de Resolução de Conflitos e de Cidadania (Cejusc), assegurando-se o aperfeiçoamento permanente das práticas e seu controle e avaliação mediante a organização de banco de dados e cadastro de mediadores e conciliadores.

Após a efetiva e correta implementação da Resolução nº 125, teremos a atualização do conceito de acesso à Justiça, tornando-o não mais mero acesso aos órgãos judiciários, e sim acesso à ordem jurídica justa. Não será mais apropriado referir-se à mediação e à conciliação como mecanismos "alternativos" à solução sentencial, devendo ser consideradas como meios "adequados" de resolução de controvérsias.

O objetivo da resolução não é o de resolver a crise de desempenho da justiça, de reduzir o monumental acervo de processos do Judiciário pátrio, de mais de 92 milhões, e sim o de dar tratamento adequado aos conflitos de interesses. Certamente, com a utilização mais intensa dos mecanismos consensuais, muitos processos serão solucionados com maior brevidade, mas esse resultado é uma decorrência direta da correta política pública de tratamento dos conflitos de interesses, e não seu objetivo imediato.

Não se afigura prática muito apropriada, em consequência, a utilização frequente de mutirões de conciliação e mediação com o objetivo de reduzir o acúmulo de processos, e não o de dar tratamento adequado dos conflitos de interesses.

16.3 Mediação e política pública social

Um outro importante objetivo da Resolução nº 125 é a transformação da sociedade brasileira, com o prevalecimento da cultura da pacificação, em vez da hoje dominante cultura da sentença. Essa transformação somente se obterá com a **mudança de mentalidade** dos profissionais do Direito e também dos próprios jurisdicionados, que veem na solução adjudicada pela autoridade estatal a forma mais nobre e adequada de solução de controvérsias, quando a solução negociada e amigável pode propiciar aos conflitantes uma solução mais célere, barata, exequível e acima de tudo mais democrática, porque nascida do diálogo e do entendimento entre as próprias partes.

Para se atingir essa transformação social, uma providência imprescindível é a mudança do ensino jurídico, com a adoção obrigatória de disciplinas que propiciem a formação, nos futuros profissionais do Direito, de nova mentalidade. É necessário também que, já no Ensino Fundamental, as crianças e adolescentes sejam iniciados na nova cultura, pois a postura do adulto, como é cediço, depende da formação recebida na infância e na adolescência.

Sem que se alcance essa mudança de mentalidade será muito difícil o florescimento da mediação em nosso país. É necessário que toda a sociedade se mobilize e participe ativamente desse grande esforço de transformação do país. Não podemos continuar na postura passiva, na eterna dependência do paternalismo do Estado.

Com muita propriedade asseverou o desembargador Renato Nalini, presidente do Tribunal de Justiça de São Paulo, no artigo publicado na *Folha de S. Paulo*, de 9 de março de 2014, que a "*Justiça é obra coletiva*", sublinhando que:

> "edificar uma cultura de pacificação não atende exclusivamente à política de reduzir a invencível carga de ações cometidas ao Judiciário. O aspecto mais importante é o treino da cidadania a ter maturidade para encarar seus problemas com autonomia, situação muito diversa da heteronomia da decisão judicial".

A mediação, desde que bem organizada e praticada com qualidade, é um poderoso instrumento de estruturação melhor da sociedade civil. Por meio dela, vários segmentos sociais poderão participar da mencionada obra coletiva, de construção de uma sociedade mais harmoniosa, coesa e com acesso à ordem jurídica justa.

16.4 Pacto de Mediação

Numa memorável decisão tomada por unanimidade, as Diretorias da Federação das Indústrias de São Paulo (Fiesp) e do Centro das Indústrias do Estado de São Paulo (Ciesp), que reúnem cerca de 130 sindicatos patronais e mais de 9 mil empresas industriais, respectivamente, seguindo a linha de pensamento anteriormente desenvolvida e inspirados no exemplo e no modelo do *International Institute for Conflict Prevention and Resolution (CPR Institute)*, resolveram lançar o **Pacto de Mediação**, comprometendo-se a privilegiar a negociação, a mediação e a conciliação na resolução de suas controvérsias.

Para a aprovação do pacto, tiveram papel decisivo o doutor Paulo Skaf, presidente da Fiesp e do Ciesp, o ministro Sydney Sanches e a ministra Ellen Gracie Northfleet, respectivamente, presidente e vice-presidente da Câmara de Conciliação, Mediação e Arbitragem Ciesp/Fiesp. A elaboração do texto e de sua exposição de motivos esteve a cargo da comissão composta por Diego Faleck, Daniela Gabbay, Fernanda Levy, Fernanda Tartuce, Marco Lorencini e pelo autor deste artigo.

Eis o texto do pacto:

"PACTO DE MEDIAÇÃO

Reconhecemos que:

- A resolução de disputas por mecanismos consensuais, notadamente a negociação, a conciliação e a mediação é uma prioridade de nossa empresa a curto e longo prazo;

- Se comparados com a prática contenciosa de resolução de controvérsias, tais métodos oferecem vantagens, entre as quais se destacam a economia de dinheiro e de tempo, a diminuição da dedicação de executivos e funcionários às atividades contenciosas, a redução de danos a relacionamentos importantes para os negócios e a minimização quanto às incertezas dos resultados;

- A adoção organizada e sistemática de melhores práticas e métodos adequados para o gerenciamento e resolução de disputas, com a participação e o engajamento de escritórios de advocacia devidamente preparados, é a melhor maneira de atender aos nossos interesses e aos daqueles com quem nos relacionamos, nacional e globalmente;

- A constante inovação e o aprimoramento dos mecanismos de solução de disputas constituem aspirações de nossa sociedade;

- Métodos consensuais são formas de engajamento da sociedade civil na resolução de seus próprios conflitos e disputas e; representam a quebra do paradigma da dependência do Estado para a pacificação social, proporcionando o exercício da cidadania e exemplo de responsabilidade social; o uso desses métodos deve nortear a conduta de todo cidadão desde a mais tenra idade, motivo pelo qual deve ser ensinada e praticada em escolas e universidades;

Assim sendo, subscrevemos o seguinte 'Pacto de Mediação':

Assumimos o COMPROMISSO de adotar, interna e externamente, práticas afinadas com os métodos consensuais de solução de controvérsias, tais como a negociação, a conciliação, a mediação, com o objetivo de estabelecer e aprimorar constantemente processos de gestão e resolução de disputas, de maneira colaborativa, integrativa, eficiente e sustentável".

Cuida-se, sem dúvida alguma, de um importante esforço em prol da mudança de mentalidade do empresariado brasileiro, que com toda a certeza contribuirá enormemente para a transformação cultural de nosso país.

BIBLIOGRAFIA

COSTA, Moacir Lobo da. **Breve notícia histórica do Direito Processual brasileiro e de sua literatura.** São Paulo: Revista dos Tribunais, 1970.

LOPES, José Reinaldo de Lima. **Direito na História.** São Paulo: Max Limonad, 2000.

Publicado originalmente em:

- Revista do Advogado – número 123, ano XXXIV – agosto de 2014 – páginas 35 a 39. AASP – Associação dos Advogados de São Paulo.

CAPÍTULO 17

DEPOIMENTO: ATUALIZAÇÃO DO CONCEITO DE ACESSO À JUSTIÇA COMO ACESSO À ORDEM JURÍDICA JUSTA

Pretendo expor meu ponto de vista sobre o **acesso à justiça e os meios consensuais de solução de conflitos** tendo em vista a evolução do conceito de **acesso à justiça** ao longo do tempo, até chegar ao **conceito atualizado**, que foi acolhido na Resolução nº 125/2010, do Conselho Nacional de Justiça, no recente marco regulatório (Lei nº 13.140/2015) e no novo Código de Processo Civil. Com esta análise, estarei desenvolvendo minhas considerações sem me afastar do tema geral de métodos adequados de solução de conflitos[1], em que se insere meu depoimento.

Desde o início da década de 1980, quando o sistema processual brasileiro passou por grandes e revolucionárias transformações, com a criação dos Juizados Especiais de Pequenas Causas (1984) e a aprovação da Lei da Ação Civil Pública (1985) — com posterior aprovação do Código de Defesa do Consumidor (1990), que trouxe no campo processual grandes inovações, em especial a disciplina mais completa e o aperfeiçoamento das ações coletivas —, o conceito de **acesso à justiça** passou por uma importante atualização: deixou de significar mero acesso aos órgãos judiciários para a proteção contenciosa dos direitos para constituir **acesso à ordem jurídica justa**, no sentido de que os cidadãos têm o direito de serem ouvidos e atendidos não somente em situação de controvérsias com outrem, como também em situação de problemas jurídicos que impeçam o pleno exercício da cidadania, como nas dificuldades para a obtenção de documentos seus ou de seus familiares ou os relativos a seus bens. Portanto, o acesso à justiça, nessa dimensão

---

[1] O termo "métodos adequados de solução de conflitos" tem sido utilizado na literatura moderna para designar os "métodos alternativos de solução de conflitos". O uso da palavra "adequados" tem o intuito de indicar uma escolha consciente por um dos vários métodos possíveis de solução de conflitos. Além disso, é pertinente enfatizar que para a realização de uma escolha consciente devem ser considerados o contexto e as particularidades de cada controvérsia.

atualizada, é mais amplo e abrange não apenas a esfera judicial, como também a extrajudicial. Instituições como Poupa Tempo e Câmaras de Mediação, desde que bem organizadas e com funcionamento correto, asseguram o acesso à justiça aos cidadãos nessa concepção mais ampla.

Na **esfera judiciária**, a atualização do conceito de **acesso à justiça** vem provocando repercussão na amplitude e qualidade dos serviços judiciários e bem assim no elenco de técnicas e estratégias utilizadas pela Justiça na solução dos conflitos de interesses. Vem se entendendo que o papel do Judiciário não se deve limitar à solução dos conflitos de interesses, em atitude passiva e pelo clássico método da adjudicação por meio de sentença, cabendo-lhe utilizar todos os métodos adequados de solução das controvérsias, em especial os métodos de solução consensual, e de forma ativa, com organização e oferta de serviços de qualidade para esse fim. A **mediação e a conciliação** passaram, assim, a integrar o instrumental do Judiciário para o exercício de suas atribuições, não mais se constituindo em meros instrumentos de utilização eventual à disposição de alguns juízes mais vocacionados às soluções amigáveis, e sim instrumentos de utilização imperiosa para o correto exercício da judicatura. Os jurisdicionados têm, hoje, o **direito** ao oferecimento pelo Estado de todos os métodos adequados à solução de suas controvérsias, e não apenas do tradicional método adjudicatório. A esse direito corresponde a **obrigação** do Estado de organizar e oferecer todos esses serviços, inclusive os chamados métodos alternativos de solução amigável de conflitos. Isso não somente na solução dos conflitos judicializados, como também na solução das controvérsias na fase pré-processual, evitando-se, por essa forma, a judicialização excessiva e, muitas vezes, desnecessária dos conflitos de interesses. Esses serviços devem ter qualidade, com a participação de mediadores e conciliadores devidamente capacitados, treinados e em constante aperfeiçoamento. Cabe-lhe também oferecer os serviços de orientação e informação dos jurisdicionados para a solução de problemas jurídicos que estejam impedindo ou dificultando o pleno exercício da cidadania.

A Resolução nº 125, do Conselho Nacional de Justiça, editada em novembro de 2010, acolheu esse **conceito atualizado de acesso à justiça**, com toda sua significação e abrangência, e instituiu uma importante **política judiciária nacional de tratamento adequado dos conflitos de interesses**. Deixou assentado, em sua exposição de motivos, que o direito de **acesso à justiça é acesso à ordem jurídica justa**, e em seus dispositivos deixou expressamente declarado que os jurisdicionados têm **direito** à solução dos conflitos pelos métodos mais adequados à sua solução, em especial os métodos consensuais (mediação e conciliação) e que os órgãos do Judiciário brasileiro têm a **obrigação** de oferecer esses serviços, prestados com qualidade e por pessoas devidamente capacitadas e treinadas. E determinou a criação, em todas as unidades judiciárias do país, do Centro Judiciário de Solução de Conflitos e Cidadania (Cejusc), com três seções, **uma** para a solução dos conflitos na **fase pré-processual** (antes da judicialização), **outra** para solução na **fase processual** (após a judicialização) e a **terceira** de **cidadania**, para a prestação de serviços de informação e orientação aos jurisdicionados em seus problemas jurídicos.

A Resolução foi editada em novembro de 2010; portanto, já decorreram mais de seis anos, e muitos órgãos do Judiciário brasileiro, lamentavelmente, ainda não deram cumprimento integral às obrigações por ela instituídas. O Conselho Nacional de Justiça, preocupado com essa situação, vem atuando na cobrança das medidas necessárias para o exato cumprimento da Resolução nº 125, cogitando até criar um órgão permanente com a função específica de fiscalizar, orientar e auxiliar a correta implementação dos Cejuscs. Mesmo com atraso, se os objetivos da Resolução nº 125 forem correta e efetivamente implementados, teremos, sem dúvida alguma, no Judiciário brasileiro, uma política pública de tratamento adequado dos conflitos de interesses, que assegurará, desde que bem organizada e com qualidade, os serviços a serem prestados e um **acesso à justiça** na dimensão atualizada, ou seja, de **acesso à ordem jurídica justa**.

O novo Código de Processo Civil (lei nº 13.105, de 16 de março de 2015) e o marco regulatório da mediação, recentemente aprovado (lei nº 13.140, de 26 junho de 2015), acolheram, em linhas gerais, os fundamentos da política judiciária nacional instituída pela Resolução nº 125/2010, inclusive o conceito atualizado de acesso à justiça, na dimensão anteriormente explicitada.

No novo Código de Processo Civil, os seguintes dispositivos revelam seu perfeito alinhamento à política pública instituída pela Resolução nº 125:

a) art. 3º, § 2º, estabelece a prioridade da solução amigável, estatuindo que "*o Estado promoverá, sempre que possível, a solução consensual dos conflitos*";

b) o § 3º do mesmo dispositivo declara que "*A conciliação, a mediação e outros métodos de solução consensual dos conflitos deverão ser estimulados por juízes, advogados, defensores públicos e membros do Ministério Público, inclusive no curso do processo civil*";

c) o art. 165 estabelece que os tribunais deverão criar "*centros judiciários de solução consensual de conflitos, responsáveis pela realização de sessões e audiências de conciliação e mediação e pelo desenvolvimento de programas destinados a auxiliar e estimular a autocomposição*";

d) o § 1º do art. 165 estabelece que a composição e a organização dos centros devem ser definidas pelo respectivo tribunal "*observadas as normas do Conselho Nacional de Justiça*".

Também a Lei nº 13.140, na parte que disciplina a mediação judicial, adotou a mesma orientação, conforme revela claramente seu art. 24, que dispõe que: "*Os tribunais criarão centros judiciários de solução consensual de conflitos, responsáveis pela realização de sessões e audiência de conciliação e mediação, pré-processuais e processuais, e pelo desenvolvimento de programas destinados a auxiliar, orientar e estimular a autocomposição*". E seu parágrafo único completa: "*A composição e a organização serão definidas pelo respectivo tribunal, observadas as normas do Conselho Nacional de Justiça*".

O **acesso à justiça**, na dimensão de **acesso** à ordem jurídica justa, exige a correta organização não somente dos órgãos judiciários para o oferecimento à população de todos os mecanismos adequados para a solução dos conflitos de interesses e para a prestação dos serviços de informação e orientação em problemas jurídicos. Também é necessário que, na **esfera extrajudicial**, haja a organização e o oferecimento de serviços de solução adequada de controvérsias e ainda organização e oferta de serviços de orientação e informação. **A justiça é "obra coletiva"**, na precisa afirmativa do magistrado e professor Dr. José Nalini, não somente no sentido de que, na organização do Judiciário e nos serviços por ele prestados na solução dos conflitos de interesses no plano judicial, deve haver a participação das próprias partes e de toda a sociedade, e não apenas do Estado, como também no sentido de que a própria sociedade, por suas instituições, organizações e pessoas responsáveis, também deve organizar e oferecer os serviços adequados de prevenção e solução dos conflitos de interesses.

Nesse sentido, a Lei nº 13.140/2015 disciplina e procura estimular a **mediação extrajudicial**. Ocorre que, apesar dos grandes avanços que tivemos nos últimos tempos, em especial após a Resolução nº 125 do CNJ, em termos de capacitação e treinamento de conciliadores e mediadores, e mesmo com esforços das instituições privadas de mediação, conciliação e arbitragem, inclusive com lançamento do Pacto de Mediação pela Câmara Fiesp-Ciesp, para a ampla divulgação dos mecanismos de solução consensual dos conflitos de interesses, a sociedade brasileira ainda não despertou para a grande vantagem da solução amigável dos conflitos, em termos de economia de tempo e dinheiro, de celeridade, de previsibilidade da solução, de confidencialidade, de autonomia das partes na busca de solução mais adequada para seus conflitos, de preservação dos vínculos que unem as partes e de outros benefícios mais.

Os eventos para a divulgação da mediação e da conciliação são todos realizados com grande êxito, em termos de público e de temas discutidos. Mas o público presente é sempre constituído, em sua grande maioria, por pessoas que querem praticar e oferecer os serviços de mediação e conciliação e estão em busca de aperfeiçoamentos. Pouquíssimas pessoas com conflitos comparecem a esses eventos para se informar sobre a melhor maneira de solucionar seus problemas.

Diante desse quadro e tendo em vista a grande importância da mediação/conciliação para a adequada organização dos serviços públicos e privados de acesso à justiça, na dimensão de acesso à ordem jurídica justa, constato que o grande desafio nosso está em vencer a "**cultura da sentença**", ou a "**cultura do litígio**", e a **mentalidade hoje predominante** entre os profissionais do direito e também entre os próprios destinatários dos serviços de solução consensual de litígios, que é a da submissão ao **paternalismo estatal**. Há, ainda, a preferência pela solução adjudicada por terceiros, em especial pela autoridade estatal, e grande parte da população não conhece os benefícios da solução consensual dos conflitos de interesses. Os profissionais do direito, mesmo conhecendo esses benefícios, não sabem como transformar em ganho significativo a sua atuação na solução consensual dos conflitos de interesses. Assim, para que esses mecanismos ganhem plena aceitação da sociedade brasileira, está na hora de grandes estrategistas da divulgação conceberem e colocarem em execução um **grande projeto de formação de nova mentalidade e de incentivo à utilização dos mecanismos de solução consensual dos conflitos**, tanto no plano judicial como na esfera extrajudicial, divulgando as grandes e inegáveis vantagens das soluções amigáveis. Da execução desse grande projeto, deverão participar a sociedade civil e o Poder Público, com o envolvimento de todos seus segmentos, não somente os da área jurídica quanto também das demais áreas, em especial a educacional, bem como todos os setores mais importantes, como indústria, comércio, serviços, instituições bancárias e financeiras, instituições de ensino, além de toda a mídia, desde a escrita, a falada, a televisionada, até a digital.

Somente com um movimento assim organizado, implementado e monitorado conseguiremos transformar a **cultura da sentença**, hoje predominante, em **cultura da pacificação**, da solução amigável dos conflitos de interesses.

Publicado originalmente em:

- Cadernos FGV Projetos. Ano 12 – Número 30 – Abril/Maio de 2017, páginas 22 a 29. Publicação da FGV Projetos em parceria com IDP – Instituto Brasiliense de Direito Público.

CAPÍTULO 18

ADA PELLEGRINI GRINOVER E OS MEIOS ALTERNATIVOS DE SOLUÇÃO DE CONTROVÉRSIAS (ARBITRAGEM E MEDIAÇÃO)

Uma das faces mais conhecidas e respeitadas de Ada Pellegrini Grinover é seu incansável empenho no aperfeiçoamento do sistema de solução contenciosa de conflitos de interesses, em especial, por meio de *processos coletivos*, que ela, liderando um grupo de processualistas, ajudou a criar no ordenamento jurídico pátrio (Lei da Ação Civil Pública e Código de Defesa do Consumidor). Ao longo de sua vida, esteve permanentemente preocupada com o aperfeiçoamento dos processos coletivos, publicando livros, artigos e elaborando anteprojetos de lei, como os de Código Brasileiro de Processos Coletivos, de Atualização do Código de Defesa do Consumidor e de Controle Jurisdicional de Políticas Públicas, este último convertido em projeto de lei por iniciativa do Dep. Paulo Teixeira.

Mas também é bastante conhecida por *sua preocupação pela solução dos conflitos de interesses pelos mecanismos ditos "alternativos", hoje mais apropriadamente chamados de "adequados", de solução de controvérsias*, revelando especial simpatia pelos mecanismos consensuais, como a negociação, a conciliação e a mediação.

Essa preocupação é bem antiga, cabendo registrar seu grande empenho na defesa do projeto do *Juizado Especial de Pequenas Causas* (ideia nascida no Ministério da Desburocratização, por sugestão de Piquet Carneiro). Empenhou-se na defesa da constitucionalidade do projeto e enalteceu a adoção da *conciliação* "como escopo precípuo dos Juizados de Pequenas Causas", em artigos publicados em 1985.

Teve papel de liderança na formulação da proposta convertida em projeto de lei de mediação paraprocessual que, após aprovado no Senado, teve andamento sustado em razão de uma nota técnica do CNJ. Mas em substituição a esse projeto de lei, e com grande vantagem a ele, foi editada pelo Conselho Nacional de Justiça, em 2010, a *Resolução 125*, que instituiu a política judiciária nacional de tratamento adequado de conflitos de interesses, com a institucionalização da conciliação e da mediação. Ada participou ativamente, junto com outros membros do Fórum Nacional de Mediação – FONAME, do encaminhamento de sugestão ao Ministro Cezar Peluso que, acolhida, resultou na edição pelo CNJ da Resolução mencionada.

Na elaboração do novo Código de Processo Civil e da Lei de Mediação, Ada teve papel fundamental na harmonização desses estatutos legais com a política pública instituída pela Resolução 125/2010.

Foi membro ativo do Conselho Superior da Câmara CIESP/FIESP de Conciliação, Mediação e Arbitragem e foi a principal articuladora do movimento para a criação da CAMITAL - Câmara de Mediação e Arbitragem da Câmara Ítalo-Brasileira de Comércio, Indústria e Agricultura.

A respeito de seu empenho no aperfeiçoamento e utilização adequada da *arbitragem*, transcreve-se a seguir as palavras de homenagem e reconhecimento de Priscila Faricelli, que foi orientada pela Ada no curso de doutorado:

> Em sua incansável tarefa de buscar alternativas à melhora do ambiente judicial e da efetividade das tutelas jurisdicionais Ada também se dedicou mais recentemente ao estudo das medidas que poderiam ser adotadas para melhora do contencioso fiscal.
>
> Mais especificamente no que tange à adoção de métodos alternativos de soluções de controvérsias, Ada defendia que, após a edição da Lei 13.129/15, que alterou a Lei 9.307/96 para permitir expressamente que a administração pública pode solucionar controvérsias relativas a direitos patrimoniais disponíveis pela via arbitral, haveria arcabouço legislativo suficiente a propiciar solução de controvérsias tributárias mediante arbitragem. Mais especificamente, entendia Ada pela necessidade de se revisitar a redação do art. 156, X do CTN, que prescreve que a sentença judicial passada em julgado extingue o crédito tributário, para fins de que abarque também sentença arbitral, na medida em que as sentenças judicial e arbitral são equiparáveis para todos os fins, *ex vi* o disposto nos artigos 515, VII do CPC.
>
> Lembrou a já saudosa processualista que frente ao teor do art. 359 do CPC, bem como à necessária interpretação evolutiva das normas, que se dá *"necessariamente no quadro de uma situação determinada e, por isso, deve examinar o enunciado do texto no contexto histórico presente (não no contexto da redação do texto). Todo texto deve ser compreendido em cada momento e em cada situação concreta de uma maneira nova e distinta. Está comprovada a insuficiência da ideologia estática da interpretação jurídica e do pensamento voltado à 'vontade*

do legislador'. A realidade social é o presente; o presente é vida – e vida é movimento. O direito não é uma entidade estática" (GRINOVER, Ada Pellegrini, Ensaio sobre a processualidade, p. 114), não haveria necessidade de se alterar a redação do Código Tributário Nacional para viabilizar a arbitragem tributária.

Ada teve a chance de defender essa posição em reunião realizada pelo CONJUR da Fiesp em 27 de março do corrente ano de 2017, no que foi apoiada, dentre outros, pela arbitralista Selma Lemes.

Em seu último livro, "escrito na maturidade", com a esperança de que possa "inspirar a promissora geração de jovens processualistas para a elaboração de uma nova teoria geral do processo", Ada valoriza, sobremaneira, os meios alternativos de solução de controvérsias afirmando que, em seu entender:

> [...] jurisdição, na atualidade, não é mais poder, mas apenas função, atividade e garantia. Seu principal indicador é o acesso à Justiça, estatal ou não, e seu objetivo, o de pacificar com justiça. Este conceito de jurisdição abrange a justiça estatal, a justiça arbitral e a justiça conciliativa.[1]

Publicado originalmente em:

- Revista de Arbitragem e Mediação – Ano 14 – Volume 55 – outubro-dezembro de 2017, páginas 33 a 35. Editora Revista dos Tribunais.

- Revista Brasileira da Advocacia – Ano 2 – Volume 7 – outubro-dezembro de 2017, páginas 181 a 183. Editora Revista dos Tribunais.

---

[1] **Ensaio sobre a processualidade** - fundamentos para uma nova teoria geral do processo, Gazeta Jurídica, 2016, p. 9 e 30.

CAPÍTULO 19

RACIONALIZAÇÃO DO SISTEMA DE JUSTIÇA COM GERENCIAMENTO ADEQUADO DOS CONFLITOS DE INTERESSES

O [1]"gerenciamento do processo", instituto que no sistema norte-americano é denominado "*case management*", pode ser estudado no âmbito intraprocessual, como instituto que cuida do melhor encaminhamento do processo em juízo para a solução adequada dos conflitos de interesses. Mas pode ser estudado, também, num sentido mais amplo, de tratamento dos conflitos de interesses de forma mais abrangente, cuidando não somente do tratamento adequado dos conflitos judicializados, como dos conflitos de interesses antes de sua canalização para os órgãos judiciários.

A primeira perspectiva, a dos conflitos judicializados, foi recentemente abordada pelo magistrado Marcus Onodera, em sua substanciosa obra "*Gerenciamento do Processo e o Acesso à Justiça*", que foi sua tese de doutorado na Faculdade de Direito da Universidade de São Paulo[2].

Neste artigo, será desenvolvida fundamentalmente a segunda perspectiva, que é a dos conflitos de interesses na fase pré-processual, ou seja, antes de sua judicialização. E, adiantando desde já a conclusão, fica registrada a afirmativa de que o Judiciário deve adotar uma *postura mais ativa,* abandonando sua tradicional inércia no tocante ao tratamento dos conflitos de interesses antes de sua

---

[1] Este artigo é a versão final, com alguns acréscimos, mas sem alteração de conteúdo, da palestra proferida, em 21 de maio de 2018, no Seminário "ACESSO À JUSTIÇA – O custo do litígio no Brasil e o uso predatório do Sistema de Justiça", Painel 3, que teve por tema a "Racionalização do Sistema de Justiça Mediante o Gerenciamento do Processo". O seminário foi organizado pelo SUPERIOR TRIBUNAL DE JUSTIÇA, com apoio da FGV PROJETOS, sob a coordenação do Ministro LUÍS FELIPE SALOMÃO, do Ministro RICARDO VILLAS BÔAS CUEVA e o Dr. HENRIQUE ÁVILA, conselheiro do CNJ. O artigo fará parte do livro coletivo em homenagem a ADA PELLEGRINI GRINOVER e JOSÉ CARLOS BARBOSA MOREIRA.

[2] (DelRey, 2017).

judicialização, devendo para tanto *realizar pesquisas, estudos e planejamentos*, com vistas ao estabelecimento de uma *abrangente política pública de tratamento dos conflitos de interesses*, atacando suas causas, não limitando seus cuidados tão somente aos modos e mecanismos de sua solução, pois somente assim estaremos cuidando de uma verdadeira "*racionalização do Sistema de Justiça*".

A importância das pesquisas para o conhecimento da realidade de nossa sociedade, sempre foi sublinhada por ADA PELLEGRINI GRINOVER, que presidia o CEBEPEJ – Centro Brasileiro de Estudos e Pesquisas Judiciais quando de seu recente falecimento. Em seu último livro, "Ensaio sobre a processualidade", ressalta a consagrada processualista das Arcadas, que *"o método que aplicaremos será o da instrumentalidade metodológica (expressão cunhada por* CARLOS ALBERTO DE SALLES, *segundo ela esclarece). Ou seja, a construção da ideia de processualidade a partir dos conflitos existentes na sociedade, para se chegar ao processo e procedimento adequados para solucioná-los de modo a atingir uma tutela jurisdicional e processual efetiva e justa"* (pág. 33). E em várias outras passagens dessa obra, sublinha ela a necessidade de pleno conhecimento dos diferentes tipos de conflitos para que em sua solução se atenda ao requisito da plena adequação do método de solução à especificidade de cada conflito.

Também JOSÉ CARLOS BARBOSA MOREIRA, um dos maiores processualistas que tivemos, sempre ressaltou a imprescindibilidade do conhecimento da realidade para a correta reforma das leis em geral, e em especial das leis processuais. Tecendo considerações sobre "Reformas Processuais", relata que

> Certa feita, há muitos anos, participando de mesa-redonda sobre as medidas necessárias para melhorar o sistema da Justiça, opinei que, antes de cogitar de soluções, precisávamos identificar com um mínimo de exatidão as deficiências e as respectivas causas – o que não me parecia possível com os ralíssimos dados de que dispúnhamos. A primeira coisa a fazer, portanto, era um levantamento objetivo da situação. Outros participantes da mesa-redonda, com um sorriso condescendente, qualificaram de "por demais teórica" a minha posição. Até hoje estou seguro de que ela era a única verdadeiramente prática[3][...]

Em um outro trabalho sobre reforma processual, o consagrado processualista formador de várias gerações de cultores da ciência processual, reafirma a necessidade de conhecimento da realidade com as seguintes palavras:

---

[3] (Reformas Processuais, *in Temas de Direito Processual Civil*, Sétima Série, Saraiva, 2001, págs. 5/6)

> Não deixarei, contudo, de reiterar mais uma vez a advertência que costumo fazer sempre que falo ou escrevo sobre reformas legislativas. A partir da entrada em vigor das normas modificadoras, tendemos a cultivar o péssimo hábito de nos desinteressarmos de sua sorte, como se o problema em jogo estivesse resolvido com a pura mudança do texto legal. É uma ilusão perigosa, para não dizer funesta: cega-nos para a realidade, que talvez confirme, talvez desminta nossas expectativas. O resultado é ficarmos impossibilitados de avaliar corretamente os efeitos das reformas [...] [4]

No estudo do tema acima delimitado, além da importância das pesquisas, estudos e planejamentos, impõe-se uma rápida consideração sobre o *conceito atualizado de acesso à justiça,* que não significa mero acesso aos órgãos judiciários. No conceito atualizado, o acesso à justiça constitui, em nossa avaliação, muito mais acesso à ordem jurídica justa, no sentido de que assiste a todos os jurisdicionados o direito ser atendido pelo Sistema de Justiça, na *acepção ampla que abranja não somente os órgãos do Poder Judiciário* preordenados à solução adjudicada dos conflitos de interesses, como também a todos os órgãos, públicos e privados, dedicados à solução *adequada dos conflitos de interesses, seja pelo critério da adjudicação da solução por um terceiro, seja pelos mecanismos consensuais, em especial a negociação, a conciliação e a mediação, e significa, ainda, direito de acesso à informação e orientação,* não unicamente em relação a um conflito de interesses, como também a problemas jurídicos que estejam impedindo o pleno exercício da cidadania, mesmo que não configurem um conflito de interesses com um terceiro. Essa concepção mais abrangente de acesso à justiça está em perfeita sintonia com os direitos fundamentais individuais e coletivos assegurados pela Carta Política, cujo fundamento maior é a *dignidade humana,* com plena possibilidade de exercício da cidadania (art. 1º, incisos II e III).

Essa ampliação do conceito de acesso à justiça passou a se impor, no Brasil, a partir do início da década de "1980", quando o Direito Processual Civil pátrio passou a ter uma transformação revolucionária com a criação dos *Juizados Especiais de Pequenas Causas,* em 1.984 (hoje, Juizados Especiais para Causas Cíveis de Menor Complexidade), que possibilitou o acesso à Justiça à camada mais humildade da sociedade, com a remoção de vários obstáculos que estavam impedindo esse acesso, como o custo elevado, o excesso de formalismos e a excessiva morosidade. Em seguida, em 1.985, foi aprovada a *lei de ação civil pública,* que após a Constituição de 1988 foi complementada, em 1990, pelo *Código de*

---

[4] (Reformas do CPC em Matéria de Recursos, *in Temas in de Direito Processual,* Oitava Série, Saraiva, 2.004, pág. 155).

Defesa do Consumidor, completando-se o *microssistema brasileiro de processos coletivos*, o que possibilitou o *acesso à Justiça pelos interesses metaindividuais* (difusos e coletivos *estrito senso*) e a *tutela coletiva dos interesses individuais homogêneos*. A Constituição de 1988, não somente recepcionou esses avanços respeitantes ao acesso à justiça, como também determinou a sua ampliação, inscrevendo inclusive o princípio de que o Estado *"prestará assistência jurídica integral e gratuita aos que comprovarem insuficiência de recursos"* (art. 5º. N. LXXIV), e não apenas assistência judiciária, como constava da Constituição precedente.

Esses avanços vieram desembocar na *Resolução 125/2010* do Conselho Nacional de Justiça, que expressamente menciona o conceito atualizado de acesso à justiça como acesso à ordem jurídica justa e instituiu *a política judiciária nacional de tratamento adequado dos conflitos de interesses*, com a adoção, inclusive pelo Judiciário, de todos os mecanismos de solução de controvérsias, em especial dos consensuais (conciliação e mediação), e não apenas do critério quase exclusivo da *solução adjudicada por meio de sentença*. O novo Código de Processo Civil e a Lei de Mediação acolheram integralmente a política judiciária nacional de tratamento adequado dos conflitos de interesses instituída pela Resolução 125, do CNJ.

No desenvolvimento das ponderações sobre *"Racionalização do sistema de Justiça mediante o Gerenciamento do Processo "*, tema do Painel, deve-se ter presente esse conceito atualizado de acesso à justiça.

A expressão *"gerenciamento de processos"* deve ser entendida como **gerenciamento de casos** (*case management*), isto é, dos **conflitos de interesses**.

Nesse sentido, o magistrado deve não somente conduzir ativamente o processo, preparando-o para a correta solução da controvérsia por meio de sentença, como também cuidar dos conflitos para solucioná-los pelos mais adequados métodos de solução, inclusive com a utilização, quando apropriados, dos mecanismos consensuais, como a negociação, a conciliação e a mediação.

Nas unidades judiciárias onde o magistrado tenha a possibilidade de organizar os serviços de forma mais abrangente, o CEJUSC (Centro Judiciário de Solução Consensual de Conflitos e Cidadania) deve oferecer, também, os **serviços de orientação e informação** e ter um *setor de solução pré-processual dos conflitos de interesses*, procurando solucioná-los, na medida do possível, antes de sua judicialização.

Certamente, a facilitação do acesso à Justiça provocará um certo aumento na quantidade dos conflitos judicializados. Esse incremento, desde que não constitua resultado de uso abusivo do Sistema de Justiça, é consequência inevitável da facilitação do acesso à justiça e é revelador de um fato sumamente positivo, pois significa, fortalecimento da consciência de cidadania e do conhecimento da possibilidade da defesa de direitos, inclusive com a postulação de tutela perante o Judiciário e outros órgãos públicos e privados incumbidos da solução de conflitos de interesses.

Não constitui, a facilitação do acesso à Justiça, a causa maior do aumento exponencial da judicialização dos conflitos de interesses, a que assistimos na atualidade.

Esse fenômeno certamente tem diversas causas e uma delas é a *ampliação dos direitos*, como a decorrente do grande elenco de direitos fundamentais sociais, econômicos e culturais previstos na Constituição Federal de 1988 e a *criação de novos direitos*, como o de proteção dos consumidores. Há, também, os conflitos decorrentes do *descumprimento de obrigações assumidas pelas concessionárias de serviços públicos*, que preferem enfrentar milhares de demandas judiciais atomizadas a cumprir a obrigação de investir e melhorar seus serviços, e também o *descumprimento de obrigações pelo próprio Estado* em várias áreas, como de previdência social, de políticas públicas relativas à educação, saúde, habitação, etc, e da *inadequada organização do sistema administrativo de cobrança de tributos*, que estão gerando a cada ano uma quantidade enorme de *execuções fiscais*.

Se a facilitação do acesso à Justiça de alguma forma está dando ensejo ao uso inadequado do Sistema de Justiça, é ele decorrente, em parte, da excessiva ampliação da competência dos Juizados Especiais Cíveis. Os Juizados Especiais de Pequenas Causas, em sua concepção originária, tinham o escopo básico de facilitar o acesso à Justiça pelo cidadão comum, em especial pela camada mais humilde da população. Sua finalidade não era solucionar a crise de desempenho da Justiça. Não se questiona que a possibilidade de utilização das várias medidas adotadas em sua concepção, como a abreviação procedimental e a supressão das formalidades desnecessárias, no aperfeiçoamento também dos processos das causas de maior valor e mais complexas. O que se questiona é o processamento dessas causas nos próprios Juizados Especiais, solução lamentavelmente adotada com a ampliação da competência dos Juizados pela Lei de 1.995, que substituiu os antigos Juizados Especiais de Pequenas Causas (hoje, Juizados Especiais para Causas Cíveis de Menor Complexidade). Essa ampliação de competência e sua utilização no combate à morosidade e à crise de desempenho da Justiça em geral, transformou os Juizados Especiais, praticamente, em meras varas especializadas do juízo comum. Essa ampliação da competência, que beneficia hoje inclusive as pessoas jurídicas (microempresas), foi feita com a concessão do benefício da gratuidade para todas as causas e sem o ônus da sucumbência na primeira instância.

A existência de inúmeras **causas da litigiosidade** ficou bem evidenciada numa *pesquisa realizada pelo Departamento de Pesquisas Judiciárias do Conselho Nacional de Justiça*. Essa pesquisa teve início em 2009 e teve origem na sugestão formulada pela Profa. MARIA TEREZA SADEK e por mim, na condição de membros do Conselho Consultivo do DPJ (Departamento de Pesquisas Judiciárias) do Conselho Nacional de Justiça, e teve por tema *Demandas repetitivas e a morosidade na Justiça Cível Brasileira*, da qual participaram três conceituadas instituições de ensino, Escola de Direito da Fundação Getúlio Vargas (FGV-SP), Pontifícia Universidade Católica do Rio Grande do Sul (PUC-RS) e Pontifícia Universidade Católica do Paraná (PUC-PR). Procedendo à análise das conclusões e sugestões dessas três instituições de ensino, o *Departamento de Pesquisas Judiciárias do CNJ* apresentou, em julho de 2011, as seguintes importantes *conclusões:*

> Os relatórios, de forma sintética, identificaram os seguintes desafios que se colocam para o Judiciário: 1) uma trajetória de judicialização em que vários atores (governo, mídia e advocacia) fomentam o crescimento da litigiosidade; 2) uma conjuntura socioeconômica que colaborou para um crescimento vertiginoso de demandas ligadas ao sistema de crédito no Brasil e 3) um quadro de variados incentivos para a litigação e para a interposição de recursos, o que só reforça a morosidade e o congestionamento do sistema judicial, em um ciclo vicioso e em um contexto em que a cultura de conciliação ainda encontra pouco espaço.

E conclui:

> em face da crise da morosidade judicial, **o Judiciário não pode agir mais reativamente ao aumento sistemático da litigância processual**. Ações de caráter proativo, capitaneadas pelo Poder Judiciário, incluindo o CNJ, são necessárias para o efetivo combate do problema e passam pelo aperfeiçoamento da gestão judicial, pela legitimação dos mecanismos alternativos de resolução de conflito, pela elaboração de política de redução e filtro das demandas judiciais e pela cooperação interinstitucional com órgãos da **Administração Pública** (no caso presente com INSS, Ministério da Previdência Social e Banco Central) **e com instituições privadas ligadas ao maior número de litígios (Bancos, empresas de telefonia, etc.)** (grifos não existentes no texto original).

Com base nessas rápidas considerações, para o enfrentamento do problema discutido no Seminário, é apresentada a sugestão de criação de um Observatório, na conformidade da ideia exposta pelo Ministro LUÍS FELIPE SALOMÃO, em relação à gestão eficiente das *demandas repetitivas*, em sua obra "Direito Privado – Teoria e Prática[5]". Sugere o eminente Magistrado a criação de um *Observatório de Demandas Repetitivas*, para o monitoramento e controle das demandas de massa, *"com a participação dos Tribunais e da sociedade civil"*.

O Observatório, ora proposto, *é para tratamento adequado dos conflitos de interesses com vistas à adequada racionalização do Sistema de Justiça. Deverá ter caráter permanente e ser integrado* por *um grupo de estudos e de pesquisas das causas da intensa litigiosidade, principalmente da litigiosidade repetitiva, para a formulação de políticas públicas de prevenção e tratamento adequado dos conflitos*, com vistas à redução da excessiva e, por vezes, desnecessária judicialização. *Esse Observatório*, que poderia ter a atribuição também de monitorar a aplicação dos precedentes, *deveria ser criado pelo Superior Tribunal de Justiça*, que cumpre a missão de Justiça da Cidadania e tem a visão ampla e global dos conflitos solucionados pelo judiciário nacional, em *parceria com o CNJ e seu Departamento de Pesquisas e com instituições de pesquisas públicas e privadas*.

Somente com uma política pública assim abrangente, teremos condições de racionalizar o nosso Sistema de Justiça.

---

[5] Saraiva, 3ª. ed., 2016, págs. 58-59

PARTE II

OUTROS ESTUDOS

CAPÍTULO 1

ÔNUS SUBJETIVO DA PROVA NA AÇÃO DECLARATÓRIA NEGATIVA

Até a promulgação do Código de Processo Civil Alemão, ocorrida no último quartel do século passado, a ação declaratória não passava de uma forma particular de algumas ações. Somente a partir desse ordenamento jurídico é que foi concebida como figura geral de tutela jurídica.[1]

O direito romano, no período clássico conheceu as ações prejudiciais (*actiones praeiudiciales*), que não conduziam a uma condenação, senão à mera declaração de certeza de relações jurídicas.

"*Praeiudicium de partu agnoscendo*" (concedida à mulher grávida, após o divórcio ou na constância do casamento, à vista da manifestação pelo marido do propósito de não reconhecer o nascituro como seu filho, ou de sua negativa em tê-lo gerado, ou ainda da negativa da validade do matrimônio) e a "*praeiudicia an liber sit, an servus sit*" (concedidos aos que se encontravam em estado de servidão e pretendiam ser livres, ou aos que pretendiam que outro, em estado de liberdade, fosse seu servo) são algumas espécies de ações prejudiciais[2].

No direito intermédio surgiram os juízos provocatórios (de jactância ou de difamação), que igualmente tinham função declaratória, embora concluíssem por uma condenação.

A certeza jurídica era atingida de forma indireta, através da provocação do adversário à propositura da ação (*provocatio ad agendum*), sob cominação da pena de perpétuo silêncio (*impositio silentii*).[3]

---

[1] ALFREDO BUZAID – Da Ação Declaratória no Direito Brasileiro, pág. 4, n. 3.
[2] G. CHIOVENDA – Ensayos de Derecho Procesal Civil, trad. Sentis Melendo, 1949, págs. 178/180.
[3] G. CHIOVENDA – op. cit., págs. 180/181.

A *"provocatio ex lege diffamari"* era concedida àquele que se via prejudicado com a jactância que outro fizesse de algum direito, para obrigá-lo a fazer valer em juízo o direito que se arrogou, dentro em prazo que o juiz fixasse, pena de ter de calar-se definitivamente.

E a *"provocatio ex lege si contendant"*, ao fiador que fosse intimado a pagar a dívida por inteiro, obrigar o credor a acionar para assim poder partilhar a responsabilidade com os cofiadores[4].

Esclarece CHIOVENDA que esses juízos provocatórios, com aplicação restrita no início, tiveram seu campo de aplicação ampliada pouco a pouco, convertendo-se por fim num meio geral para obter a declaração de certeza das relações, através da preclusão derivada da *"impositio silentii"* [5].

Também no antigo direito português essas ações tiveram larga utilização.

Informa LOBÃO, com apoio em VALASCO, que *"antes do alvará de 30 de agôsto de 1564 [...], inundavam o fôro as ações fundadas nas LL. Diffamari et Si Contendat"*[...];" esta nova lei restringiu as romanas, permitindo esta ação só nos casos especificados e outros semelhantes a estes que tocarem ao estado da pessoa, de forma que só compreende *"os simelhantes que tocarem ao estado da pessoa*[6]*"*.

No Brasil, as ações provocatórias, não obtiveram o mesmo sucesso.

Pela Resolução Imperial de 28 de dezembro de 1876, foram consideradas sem aplicação, *"porque repugnavam ao nosso direito público"*, esclarece A. BUZAID[7].

O Código de Processo Civil em vigor, porém, contém ainda algumas *"provocationes ad agendum e ad probandum*[8]*"*

Baseadas que estavam numa anormalidade, isto é, na coação a agir, foram as *"provocationes"* assumindo um caráter odioso, o que as levou à obrigação em todas as partes.

Mas exerceram inegável influência na formação das leis modernas que modelaram em termos definitivos a ação meramente declaratória.

---

[4] ALFREDO BUZAID – op. cit., págs. 17-22.
[5] G. CHIOVENDA – op. cit., 182.
[6] LOBÃO – Tratado de Tôdas as Ações Sumárias, I, 1867, nota ao § 53, págs. 51/52
[7] ALFREDO BUZAID – op. cit., 27
[8] (v.g. artigo 302, ns. II e III, C.P.C.).

O que essas leis fizeram foi apenas extirpar a forma anormal e imperfeita das *"provocationes"*, salvando-se, porém, a função de declaração de certeza, como bem anota CHIOVENDA[9].

O Código de Processo Civil vigente instituiu a ação declaratória no parágrafo único do artigo 3º, concebendo-a como figura geral de tutela jurídica.

Seu objeto poderá ser tanto a declaração de existência como a de inexistência da relação jurídica (e também a de autenticidade ou falsidade de documento).

Na primeira hipótese (existência), temos a ação declaratória positiva. E na segunda (inexistência), a declaratória negativa.

Bem, o que importa desenvolver no presente trabalho é apenas a questão permanente à distribuição subjetiva do ônus da prova na ação declaratória negativa.

O direito público contemporâneo não admite decisões que concluam por um *"non liquet"* em matéria de direito à causa de um *"non liquet"* em questão de fato, sendo de todo inadmissível uma decisão dubitativa, ou com reserva, pelo que são de grande importância as normas sobre ônus da prova[10].

A essência e o valor delas, esclarece ROSEMBERG, consistem em dar ao juiz instrução acerca do conteúdo da sentença que deve proferir, quando não resulte comprovada a verdade da afirmação de um fato importante[11].

O Código Civil Português, dirimindo de vez a discussão doutrinária que se formou em torno do tema em estudo, preferiu consagrar uma expressa disposição a respeito.

Lê-se no artigo 343, n. 1, com efeito: *"Nas ações de simples apreciação ou declaração negativa compete ao réu a prova dos fatos constitutivos do direito que se arroga".*

Atribuiu ao autor, portanto, apenas a prova dos fatos impeditivos e extintivos.

Perfilhou a orientação predominante na doutrina alemã, contrariando, esclarece ANSELMO DE CASTRO, o entendimento até então acolhido pela generalidade dos processualistas portugueses, e bem assim pela jurisprudência[12].

Entre nós, porém, inexiste dispositivo de igual conteúdo, à semelhança do que ocorre na Alemanha, Itália e demais países.

---

[9] G. CHIOVENDA – op. cit., pág. 182.
[10] ALFREDO BUZAID – Do Ônus da Prova, in Rev. Dir. Proc. Civil, vol. 4º, pág. 18.
[11] L. ROSEMBERG – La Carga de la Pruebas, Ed. Jur. Europa-América, 1956, pág. 2, n. III.
[12] ANSELMO DE CASTRO – Do Código Civil para o Código de Processo Civil, estudo intitulado <Ações de Declaração Negativa>, 1967, pág. 5.

Também o anteprojeto do Prof. BUZAID não trouxe norma expressa a respeito do tema.

Daí a importância da construção doutrinária.

GAUP e STEIM, invocados por BUZAID em sua clássica obra, advertem que as relações jurídicas são coisas ideais e por isso são insusceptíveis de prova. Apenas os fatos podem ser objeto de prova. E daí partem para distinguir as seguintes hipóteses:

a) se o autor se apoia sobre a negativa pura de um fato alegado pelo réu, a este incumbe o ônus da prova desse fato;

b) se apenas nega por motivos jurídicos a eficácia do fato gerador de direito, não haverá prova a produzir;

c) se, finalmente, faz valer como fundamento da inexistência um fato impeditivo ou extintivo de direito, então ao autor incumbe o ônus da prova[13].

Para ROSEMBERG cada parte deve suportar o ônus da afirmação e da prova dos pressupostos (inclusive os negativos) das normas sem cuja aplicação não pode ter êxito sua pretensão[14].

Não atribui qualquer importância à posição das partes no processo, pois como autor ou como réu, desde que invoque em seu favor uma certa norma, a parte está obrigada a provar os respectivos pressupostos.

Parte dessa teoria para construir a seguinte solução em relação às ações declaratórias negativas:

Deve o demandante sustentar a afirmação de direito de que a relação jurídica, que é objeto do litígio, não existe. Porém, o ônus da afirmação e da prova se distribui como se houvesse um pedido de declaração da existência da relação jurídica. E leva isso à seguinte consequência: ao demandado incumbe o ônus da afirmação e da prova do estado de coisas que deu origem à relação jurídica negada pelo autor. Tem este apenas o ônus da prova das circunstâncias que correspondam às características da norma impeditiva, extintiva ou excludente[15].

É essa a teoria adotada pela generalidade dos autores alemães e acabou por ser perfilhada pelo Código Civil Português.

---

[13] ALFREDO BUZAID – Da Ação Declaratória no Dir. Brasileiro, § 142, págs. 178/179.

[14] L. ROSEMBERG – Derecho Procesal Civil, vol. II, 1955, pág. 222, § 114, n. 2.

[15] L. ROSEMBERG – La Carga de La Prueba, págs. 158/159.

CHIOVENDA, partindo da afirmativa de que também na ação declaratória negativa, do mesmo modo que na declaratória positiva, é o autor quem pleiteia a atuação da lei, a este atribui o encargo de provar a inexistência duma vontade de lei.

Observa que assim é ainda na hipótese do autor afirmar que jamais tenha surgido o direito alegado pelo réu ou mesmo na em que o autor negue, com a alegação de fatos impeditivos ou extintivos, sua existência atual.

E adverte que se torna "*a incidir em todos os inconvenientes da coação a agir (nemo invitus agere cogatur), quando se confere ao autor do pedido de declaração negativa o mesmo tratamento que se lhe daria se fosse o réu*[16].

MICHELI entende que a referência à hipótese de norma favorável não é suficiente para dar um critério unívoco para a distribuição do ônus da prova.

O que importa, esclarece, não é tomar como ponto de referência a abstrata hipótese normativa, que como tal é sempre suscetível de dupla consideração, conforme existam ou não os pressupostos para a produção de um certo efeito jurídico. E sim a hipótese normativa tornada concreta pela pretensão formulada pela parte em juízo, isto é, dirigida a obter um certo efeito jurídico.

Conclui afirmando que as regras sobre o ônus da prova têm em conta a estrutura do processo civil e, portanto, devem ser interpretadas valorando as posições de autor e de réu, isto é, as posições das partes em relação ao efeito jurídico pedido.

Aplicando esses mesmos princípios à ação declaratória negativa, conclui por atribuir ao autor o ônus da prova, esclarecendo que é ele quem pede uma forma especial de tutela jurídica. A ele, portanto, caberá justificar o fundamento de sua petição, demonstrando a inexistência de uma norma jurídica que assegure um certo efeito ao demandado.

Adverte que, a se entender diversamente, ter-se-á de admitir o ressurgimento, sob o rótulo de ação declaratória negativa, das "*provocationes ad agendum e ad probandum*"[17].

---

[16] G. CHIOVENDA – Instituições de Dir. Processual Civil, trad. bras., 1ª ed., vol. I, § 65, pág. 321.

E. T. LIEBMAN – cfr. também, Embargos do Executado, trad. bras., § 145, pág. 257.

[17] G. A MICHELI – La Carga de la Prueba, trad. Santis Melendo, 1961, § 69, págs. 429/434 e parágrafos 72 e 73, págs. 449/458.

Também ANSELMO DE CASTRO, comentando o dispositivo acima destacado do Código Civil Português, ressalta esse aspecto do *"regresso do processo aos moldes dos antigos juízos de jactância ou provocatórios, de provocatio ad probandi e não apenas ad agendi"*[18].

A teoria de ROSEMBERG e a dos que como ele atribuem ao réu o ônus da prova na ação declaratória negativa, levam efetivamente à consequência apontada.

Com efeito:

a) Se o réu contesta a ação e alega os fatos constitutivos do seu direito, nenhuma anormalidade há a anotar, pois o réu provará os fatos por ele próprio alegados.

b) Entretanto, se o réu deixa de contestar a ação e o sistema jurídico não atribui à revelia o efeito de admissão dos fatos alegados pelo autor (como o sistema brasileiro vigente)[19] ou nega esse efeito a algumas hipóteses (como o sistema do anteprojeto BUZAID, artigo 349), está o réu apesar disso, isto é, de não haver alegado os fatos constitutivos do seu direito, obrigando a provar tais fatos, sob pena de ver definitivamente perdido o seu direito.

Forçoso é admitir, em tais condições, certa similitude da declaratória negativa com a *"provocatio ad agendum"*.

O princípio geral da teoria de ROSEMBERG é o de caber à parte que invoca os efeitos de uma norma o ônus da prova dos respectivos pressupostos.

E na hipótese formulada, o réu, exatamente porque se fez revel, nenhuma norma invocou.

Apesar disso, está obrigado a provar os fatos constitutivos de seu direito!

Que tenha o ônus de afirmar, compreende-se.

Mas não que tenha o ônus de provar uma alegação não formulada.

Próprio ROSEMBERG ensina que as afirmações precedem, lógica e cronologicamente, às ofertas de prova e à recepção de prova.

---

[18] ANSELMO DE CASTRO – op. cit., pág. 7.

[19] E. T. LIEBMAN – In: Instituições de Dir. Proc. Civil, de CHIOVENDA, vol. III, nota 1 ao § 351, págs. 203/205; MOACYR AMARAL SANTOS – Prova Judiciária no Civil e Comercial, vol. I, 1952, págs. 135/137; FREDERICO MARQUES – Instituições de Direito Civil, vol. III, págs. 372/374, § 760; A. BUZAID – Rev. Dir. Proc. Civil, vol. 4º, artigo cit., pág. 23, § 26.

Por isso mesmo, diz o notável processualista, é correto que num processo informado pelo princípio dispositivo se pergunte em primeiro: o que se deve afirmar? e que só em segundo lugar se coloque a questão relativa ao ônus da prova[20].

Como admitir-se, então, que o réu prove uma afirmação não feita?

A consequência da omissão de uma afirmação é não poder a sentença levar em conta os fatos omitidos e não a atribuição do ônus da prova desses mesmos fatos a quem os tenha omitido.

Bem se percebe, portanto, que há forte dose de "*provocatio*" na ação declaratória negativa.

Está o réu, com efeito, obrigado a alegar, no prazo da contestação, os fatos constitutivos do seu direito, e a consequência do não atendimento desse ônus é a perda do direito que, se não fosse a ação declaratória, poderia ser exercitado em prazo mais dilatado.

Esse aspecto é bem ressaltado por ANSELMO DE CASTRO no trabalho citado[21].

Por essas razões, preferimos perfilhar a doutrina de MICHELI, que corta de vez o cordão umbilical que liga a ação declaratória negativa aos juízos provocatórios.

O conter o Código de Processo em vigor algumas espécies de "*provocationes*", como a do artigo 302, II (ad agendum) e a do artigo 302, III (ad probandum)[22], não é razão bastante para também em relação à ação declaratória negativa se admitir exceção ao "*invitus agere vel accusare nemo cogatur*".

Como assinala MICHELI, é necessário ter em conta a hipótese normativa tornada concreta pela pretensão daquele que postula um efeito jurídico em juízo, e não a hipótese abstrata da lei.

Na ação declaratória negativa, se é de negativa pura de uma relação jurídica a atitude do autor, e não de afirmativa de fatos extintivos, modificativos, ou impeditivos do direito do réu, há formulação de uma hipótese normativa, ainda que em forma negativa, isto é, pela afirmativa de inexistência de seus pressupostos. E dessa formulação quer ele tirar um efeito em seu favor.

---

[20] L. ROSEMBERG – Carga de La Prueba, § 4º, n. II, pág. 44.
[21] ANSELMO DE CASTRO – op. cit., pág. 7.
[22] PONTES DE MIRANDA – Comentários ao Cód. Proc. Civil, vol. V, 2º ed., págs. 19/24.

Deve ele, portanto, justificar a sua petição, demonstrando os fatos que conduzam à convicção de efetiva inexistência da norma jurídica que garanta o efeito afirmado pelo demandado.

Assim é, todavia, enquanto o réu não contesta a ação.

Porém, (- e aqui ousamos divergir do próprio MICHELI, que não estabelece qualquer distinção de hipóteses -), se o réu contesta e alega os fatos constitutivos do seu direito, entendemos que a afirmativa dele passa à frente da negativa do autor, que a hipótese normativa tornada concreta em forma positiva se sobrepõe à hipótese normativa concretizada em forma negativa, de modo que o ônus da prova passa a pertencer ao réu.

Entendemos que a própria doutrina de MICHELI autoriza semelhante conclusão.

Se o ônus da prova incumbe à parte que torna concreta a hipótese normativa através de sua pretensão, e dela quer obter determinado efeito jurídico, obstáculo algum existe à construção da solução apontada.

Com efeito, o réu, na ação declaratória negativa, contestando e alegando os fatos constitutivos de seu direito, torna concreta uma hipótese legal e com fundamento nela postula um efeito jurídico. Sua posição frente à norma invocada encobre a do autor, que a partir de então passa a assumir a posição de quem se limite a pedir o desacolhimento da pretensão do adversário.

Entendemos que essa solução, sem incidir nos inconvenientes da injustificada distinção entre posição substancial e processual, pois apenas considera a posição das partes no processo, dá maior relevo àquele que efetivamente assume figura principal em relação à hipótese legal tornada concreta pela pretensão.

E ainda leva em devida conta a maior facilidade na produção das provas, pois se sabe que a negativa, via de regra, é sempre mais difícil de ser provada.

Em conclusão, temos que a distribuição do ônus subjetivo da prova na ação declaratória negativa deve ser feita da seguinte forma:

a) se o autor faz valer, como razão da inexistência da relação jurídica, uma norma impeditiva ou extintiva, a ele caberá provar os pressupostos dessa norma.

b) se se apoia em pura negativa da existência da relação jurídica:

1) se o réu contesta a ação alegando os fatos constitutivos do seu direito, a este incumbirá provar os pressupostos da norma por ele invocada.

2) se não contesta e à revelia, por qualquer motivo, não vale por admissão dos fatos afirmados na inicial, é ao autor que incumbirá o ônus da prova.

O anteprojeto BUZAID não trouxe como era de se desejar um dispositivo que resolvesse explicitamente, e de vez, a exemplo do que fez em relação a muitas outras questões, o dissídio doutrinário que existe em torno do tema.

Entendemos, porém, que tanto o anteprojeto como o Código vigente, que adotaram a clássica divisão tripartida dos fatos (constitutivos, impeditivos e extintivos), permitem perfeitamente a solução acima apontada.

Finalizando, sugerimos que o anteprojeto consigne, seja no sentido da solução defendida nesta tese, seja em qualquer outro, dispositivo que às expressas dirima a controvérsia existente em torno do ônus da prova na ação declaratória negativa.

Publicado originalmente em:

- Revista de Jurisprudência do Tribunal de Justiça do Estado de São Paulo – Volume X – julho, agosto e setembro de 1969, páginas 09 a 14.
- (Tese apresentada aos II Colóquios de Direito).

CAPÍTULO 2

DO JULGAMENTO ANTECIPADO DA LIDE

A necessidade de separar das questões prévias o mérito da causa, de jeito a permitir ao magistrado o modo mais eficiente de dirimir os conflitos de interesses submetidos à sua apreciação e de evitar que processo invalidamente instaurado se desenvolva inutilmente até o julgamento do mérito, vários sistemas jurídicos procuraram um meio de depurar o processo a meio caminho do conhecimento do mérito.

Assim, o direito austríaco concebeu a "audiência preliminar"; o direito português, o "despacho saneador"; o direito inglês e o direito escocês, a audiência denominada "*summons for directions*"; o direito americano, a audiência denominada "*pretrial*".

E o direito brasileiro, tomando por modelo o direito português, também o "despacho saneador".

O despacho saneador foi criado em Portugal pelo Decreto nº 3, de 29 de maio de 1907 e posteriormente acolhido pelo Cód. Proc. Civil.

Inicialmente, era restrito o seu objeto, pois consistia em conhecer apenas das nulidades. Mas, a pouco e pouco foi-se ampliando seu objeto, chegando até a abranger questões de mérito.

O Cód. atual (Decreto-Lei nº 44.129, de 28-12-1961), que no particular nenhuma inovação trouxe em relação ao estatuto anterior, assim dispôs na alínea "c" do artigo 510:

> "Realizada a audiência ou logo que findem os articulados, se a ela não houver lugar, é proferido dentro de quinze dias despacho saneador, para os fins seguintes: [...]
>
> c) conhecer diretamente do pedido, se a questão de mérito fôr unicamente de direito e puder já ser decidida com a necessária segurança ou se, sendo a questão de direito e de fato, ou só de fato, o processo contiver todos os elementos para uma decisão conscienciosa".

O Código Proc. brasileiro não foi totalmente fiel ao modelo português.

Adotou o saneador para cumprir a mesma finalidade, isto é, de depurar o processo de todas as questões prévias que possam obstaculizar o julgamento do mérito, mas não permitiu a decisão antecipada da lide, ainda quando o processo não mais necessite de provas nem de debates.

Alguns juristas procuraram sustentar uma tal possibilidade, mas LIEBMAN, no já clássico artigo denominado "O despacho saneador e o julgamento do mérito", demonstrou definitivamente o contrário.

A doutrina e a jurisprudência acolheram o escólio de LIEBMAN e hoje a matéria não propicia debate mais largo.

Os que militam no fôro sabem o quanto perdeu o legislador brasileiro em não adotar integralmente o modelo português apenas por se procurar manter demasiadamente fiel à oralidade.

Processos em número sem conta ficam, atualmente, a aguardar uma inútil audiência de instrução e julgamento para poderem ser julgados e não raro a audiência é para uma data bem distante.

Sobrevindo a audiência, nenhuma prova é produzida e até mesmo o debate oral é suprimido, limitando-se as partes a se reportarem às alegações já deduzidas.

Procurando resolver esse problema, o Prof. BUZAID instituiu em seu anteprojeto o denominado "julgamento antecipado da lide".

Está assim redigido o dispositivo que trata da matéria (artigo 359):

> "O juiz conhecerá diretamente do pedido, proferindo sentença definitiva:
>
> I – Quando a questão de mérito fôr unicamente de direito, ou, sendo de direito e de fato, não houver necessidade de produzir prova em audiência;
>
> II – Quando ocorrer à revelia (artigos 348 e 353)".

Procedimento análogo, mas não de todo igual, encontramos no direito alemão.

Adotou o legislador germânico, com efeito, o denominado julgamento "segundo o estado dos autos" e também o julgamento "sem debate oral".

Inspirou-se o Prof. BUZAID, por certo, no direito alemão e no direito português.

Mas foi muito mais ousado que os modelos que adotou.

O legislador português, por exemplo, fez obrigatória a designação da audiência de debate oral para o julgamento antecipado da lide, ainda na hipótese de a causa estar já suficientemente instruída. É o que se lê no artigo 508 do Código. Portando, é apenas parcial a derrogação da oralidade.

E o direito alemão restringiu o julgamento antecipado por iniciativa do juiz somente à hipótese de incomparência à audiência de ambas as partes. Nas demais hipóteses, fez necessário ou que a parte comparecente requeira o julgamento conforme o estado do processo à vista da ausência da outra parte, ou que ambas as partes estejam de acordo em dispensar o debate oral.

Pelo sistema do anteprojeto, desde que presentes os pressupostos do julgamento antecipado, ao juiz é dado sentenciar o feito ainda contra a vontade das partes, sem necessidade de qualquer audiência, sequer para simples debate oral.

Com o arrojo do mestre, cremos nós, só teve a ganhar a ciência processual pátria.

Nenhuma censura merece o anteprojeto pelo fato de ter assim mitigado a oralidade.

O valor da oralidade, ninguém duvida, está menos na técnica de se exprimir por palavras do que no conjunto dos princípios que a informam.

E desses princípios, os mais importantes são, certamente, os de imediação e de concentração.

Ora, nenhum deles, ainda com a designação de audiência, terão qualquer aplicação a causas que, por já se encontrarem suficientemente instruídas, dispensam qualquer espécie de provas.

Para causas dessa natureza, a oralidade causa mais prejuízos que vantagens, e por isso, como bem adverte CHIOVENDA, deve o princípio teórico sacrificar-se à utilidade prática.

"O que importa é que a oralidade e a concentração sejam rigorosamente observadas como regra geral[1]*"*

Ousamos, porém, fazer uma pequena sugestão ao Prof. BUZAID.

Por vezes, ainda quando não haja necessidade de produzir prova em audiência, a complexidade do tema jurídico é tal que leva o magistrado a desejar que as partes discorram mais amplamente sobre o mesmo. Aliás, até mesmo questões de fato (por exemplo, o confronto dos vários documentos trazidos aos autos, por vezes, às centenas), levam o juiz a alimentar igual desejo.

---

[1] CHIOVENDA, Instituições, trad. bras., 1ª ed., vol. III, pág. 88, § 311.

Assim, entendemos que seria interessante inserir no anteprojeto dispositivo que, às expressas (implicitamente entendemos que já o contém), permitida ao juiz, em tais hipóteses, conceder às partes oportunidade para apresentarem alegações finais por escrito, num prazo que varie entre um mínimo e máximo.

A não inserção de semelhante dispositivo poderá levar muitos juízes a preferirem, ao invés de, desde logo julgar a lide, proceder à designação de audiência apenas para poder colher os debates, e a prática mais uma vez conduzirá, tal como vem ocorrendo atualmente, ao sistema de 'memoriais'.

Aliás, da excelência do sistema adotado pelo anteprojeto já é testemunha a Justiça brasileira.

É que o Cód. Proc. Civil em vigor e algumas leis especiais já adotaram o julgamento antecipado para alguns procedimentos e todos eles têm apresentado ótimos resultados.

Temos, entre outras, as seguintes causas em que há antecipação do julgamento do mérito: *a)* ações cominatórias (artigo 4.303, § 1º), *b)* ação de consignação em pagamento (artigo 317, § 2º), *c)* ação de despejo por falta de pagamento de aluguer (artigo 350), *d)* ação renovatória de locação (artigo 354), *e)* ação de interdito proibitório (artigo 380), *f)* ação de despejo com base no Decreto-Lei nº 4 (artigo 5º), *g)* ação de cobrança de duplicata (artigo 15, § 5º, da Lei nº 5.474, de 18-7-1968), *h)* ação executiva fiscal (Decreto-Lei nº 960 (artigo 19, n. IV, e artigo 22 e §, com a nova redação dada pelo Decreto-Lei nº 474, de 19-2-1969).

Em todos esses procedimentos, exceção feita apenas ao último, o fato autorizador do julgamento conforme o estado dos autos é a revelia do demandado.

Em linha de princípio, à revelia não tem por consequência a antecipação do julgamento do mérito no sistema processual em vigor.

Sequer é suficiente para se ter por verídicos os fatos alegados pelo autor.

O artigo 209 do Cód. Proc. Civil é aplicável somente à hipótese de o réu apresentar defesa e deixar de contestar um ou mais fatos, e não à hipótese de revelia, como esclarecem LIEBMAN, FREDERICO MARQUES, MOACYR AMARAL SANTOS e CALMON PASSOS.

Assim, foi por exceção que o legislador concedeu à revelia, nos procedimentos acima mencionados, o alcance que lhe dá o direito germânico.

Já o anteprojeto do Prof. BUZAID adotou isso como regra. Mais do que isso, possibilitou o julgamento antecipado do mérito também na hipótese de comparência do réu.

A revelia é tratada no artigo 348, que é completado pelo artigo 349.

Modelando-a à semelhança do direito alemão, também nesse passo o Prof. BUZAID deu notável avanço ao direito processual pátrio.

A solução leva em devida conta a realidade das cousas, pois a experiência nos aponta que, no mais das vezes, quando o réu deixa de contestar a ação é porque na verdade admite os fatos alegados pelo autor e nada tem a aduzir em contrário à pretensão do mesmo.

Porém, a introdução do novo sistema deve ser cercada de algumas cautelas, já por trazer ao regime jurídico em vigor uma profunda alteração, já em razão do nível sócio-econômico-cultural do nosso povo, que é indiscutivelmente bem inferior ao do povo alemão.

Uma delas é exatamente a prevista no artigo 351 do anteprojeto, consistente em inserir no mandado de citação a advertência quanto às consequências da revelia.

A outra, que entendemos necessária, para o fim de evitar que algum demandado deixe de se defender por carência de recursos financeiro, é a observação ao citando de que, se necessário, poderá gozar dos benefícios da justiça gratuita e também da assistência judiciária.

Sabe-se, com efeito, que é bem elevado o número de pessoas que, para litigarem com recursos próprios, só poderão fazê-lo com prejuízo de sua subsistência e de sua família.

E é sabido também que nas pequenas comarcas do interior, quando o demandante é pessoa de prestígio, é por vezes difícil ao demandado conseguir algum advogado que o defenda, mormente sendo desprovido de recursos financeiros.

Evidentemente, para que o Estado possa aplicar em sua inteireza o instituto da revelia tal como vem modelado no anteprojeto, necessário é que antes de mais nada assegure ao réu a possibilidade de se defender, removendo os aspectos negativos acima destacados.

Desde que assim ajustada à realidade do nosso país, temos para nós que a inovação do mestre só poderá dar frutos positivos.

A originalidade mais marcante do Prof. BUZAID está, porém, na amplitude concedida ao despacho liminar.

O artigo 324 do anteprojeto, com efeito, permitiu ao juiz, já no despacho preambular, conhecer, entre outras cousas, da prescrição (inciso IV).

Ora, a prescrição é matéria de mérito, pois o seu acolhimento não tem a virtude apenas de libertar o réu da instância, e sim do próprio pedido do autor, consolidando-se definitivamente uma situação de direito substancial (artigo 299, nº IV, do anteprojeto).

A sentença, em tal hipótese, é prolatada sem a audiência do réu, que somente será ouvido após a decisão, se o autor dela recorrer (artigo 325).

É, por certo, a mais antecipada das sentenças de mérito de que a ciência processual contemporânea tem conhecimento.

Para semelhante antecipação, é justificativa bastante o fato de, por vezes, a prescrição se evidenciar com tamanha clareza já no nascedouro da ação.

Não permitir a decretação da prescrição assim evidenciada já no despacho liminar é negar, sem qualquer razão plausível, inteireza ao princípio de economia processual.

E não há alegar ofensa ao princípio do contraditório, pois a sentença é proferida exatamente em favor daquele que poderia invocar semelhante princípio.

Mas a possibilidade de prolação da sentença de mérito antes mesmo da citação do réu, fará certamente com que, os que esposam a concepção triangular, ou mesmo angular, reformulem o conceito de relação jurídica processual.

Não mais poderá ser aceito, por exemplo, o entendimento de CHIOVENDA, no teor de que a relação processual somente se constitui no momento em que a demanda é comunicada ao réu.

Pois, teremos então que admitir a existência de sentença sem processo, o que inegavelmente é um contrassenso.

O anteprojeto dispõe, às expressas, que "considera-se intentada a ação, tanto que a petição inicial seja despachada pelo juiz, ou simplesmente distribuída, onde houver mais de uma vara" (artigo 293).

Está aí contida, certamente, a afirmativa de que a relação processual se estabelece tão logo a petição inicial é levada ao juiz.

À evidência, constitui isso reconhecimento de que para o aperfeiçoamento da relação jurídica processual é bastante a só relação entre autor e Estado, não sendo necessária sequer a simples angularização, quanto menos a triangularização.

É exatamente esse o ponto de vista já defendido por PONTES DE MIRANDA, que assim discorre sobre o tema. "A relação jurídica processual exsurge, de ordinário, com a apresentação da demanda; portanto, no momento mesmo em que o juiz toma conhecimento da petição e não a repele. A citação completa a angularidade. O despacho, na petição, estabeleceu a relação jurídica processual "autor – juiz"; a citação, a relação jurídica processual "juiz – réu" [2].

---

[2] Comentários ao Cód. Proc. Civil, 1958, vol. I, "prólogo", pág. XXI.

Portanto, a angularização (para os que defendem a concepção angular) e a triangularização (para os que perfilham a concepção triangular) mais não constituem que característica que poderá, ou não, assumir a relação jurídica processual em sua evolução.

Não são elementos definidores dessa relação, para cuja constituição é bastante o estabelecimento da relação em linha "autor – juiz", sem angularização.

Concluindo:

a) o julgamento antecipado da lide previsto no anteprojeto do Prof. BUZAID é mais arrojado do que o despacho saneador português e do que o julgamento conforme o estado dos autos e o julgamento sem debate oral do direito alemão.

b) a excelência do instituto é atestada por vários procedimentos especiais que já o acolhem.

c) é sugestão nossa que: I) se inclua um parágrafo no artigo 359 do anteprojeto que permita ao juiz, se necessário, conceder às partes um prazo, que varie entre um mínimo e máximo, para a apresentação de alegações finais por escrito. II) se torne obrigatório o esclarecimento ao citando, no ato do cumprimento da diligência citatória, que, se necessário, poderá gozar dos benefícios da justiça gratuita e também da assistência judiciária, condicionando o efeito da revelia à efetiva possibilidade de o demandado se defender.

d) conclusão derradeira: o anteprojeto, ao instituir o julgamento do mérito já no despacho liminar, fez bastante a só relação em linha "autor – juiz" para o estabelecimento da relação jurídica processual.

Publicado originalmente em:

- Colóquios de Direito Processual. São Paulo: LEX LTDA Editora, 1970, páginas 107 a 115.
- Tese apresentada no Plenário dos Colóquios de Direito Processual – Campos do Jordão 1969 - Quarta sessão plenária – 14 horas. Temas de Direito Processual Civil.

CAPÍTULO 3

MANDADO DE SEGURANÇA CONTRA ATOS JUDICIAIS

3.1 Objetivo do estudo

Não se pretende, com o presente estudo, construir uma doutrina sistemática do mandado de segurança contra atos judiciais, tão enfaticamente reclamada por Victor Nunes Leal.[1]

O que se objetiva é apenas demonstrar a eficácia potenciada do mandado de segurança, frente às demais ações do nosso sistema jurídico-processual, no que diz com a tutela dos direitos líquidos e certos.

3.2 Considerações preliminares sobre o mandado de segurança e sua impetração contra atos judiciais

O mandado de segurança surgiu, como observa Pontes de Miranda, "*por sugestão das extensões que tivera o 'habeas corpus', na feição primeira ao tempo da Constituição de 1891*".[2]

Toda extensão foi coartada pela reforma constitucional de 1926, que restringiu o "*habeas corpus*" à liberdade de locomoção.

A partir de então, pressionados pelos reclamos da vida real, que apontavam a insuficiência dos remédios jurídico-processuais à efetiva tutela dos direitos fundamentais ou não, doutrinadores e legisladores passaram a se preocupar em encontrar um remédio mais eficaz.

O problema somente se solucionou com a criação do mandado de segurança pela Constituição de 1934, mantido sem caráter constitucional na vigência

---

[1] "Problemas de Direito Público", "Questões pertinentes ao mandado de segurança", Forense, 1960, pág. 463, § 15.
[2] "Comentários à Constituição de 1967, tomo V/316, Revista dos Tribunais, 1968.

da Carta de 1937, e restabelecido em sede constitucional nos demais Estatutos Magnos, inclusive no atual.[3]

A partir de sua criação, porém, longa e profunda controvérsia se instaurou em torno da admissibilidade ou não do mandado de segurança contra atos judiciais.

Os textos constitucionais, que aludiam apenas à "autoridade", e a primeira lei regulamentadora (n. 191, de 1936), que igualmente se referia à "autoridade" sem qualquer qualificativo, ensejaram a dúvida, não desfeita pelo Código de Processo Civil de 1939.

Três correntes se formaram acerca do problema:

Uma, radicalmente contra a admissibilidade;

Outra, pela admissibilidade em casos excepcionais, exceções construídas ao sabor dos casos concretos.

E a terceira, pela ampla admissibilidade do mandado de segurança, à semelhança do *"habeas corpus"*.

Mesmo após a edição da Lei n. 1.533, de 1951, que trouxe expressa menção à decisão judicial, condicionando a admissibilidade do mandado de segurança contra atos judiciais, em sua dicção literal, à inexistência de recurso previsto nas leis processuais ou à impossibilidade de sua modificação por via de correição, não desapareceram as divergências.

Continuou Luiz Eulálio de Bueno Vidigal, por exemplo, a sustentar que somente os atos administrativos, e não os tipicamente jurisdicionais, são atacáveis através do mandado de segurança.[4]

Do mesmo sentir é Celso Agrícola Barbi.[5]

Machado Guimarães, distinguindo os atos jurisdicionais em sentido estrito (os decisórios e ordinários praticados no processo de cognição) dos atos jurisdicionais por dependência (os praticados no processo de execução e no processo cautelar), admitia o *"writ"* somente contra os últimos.[6]

Já Calmon de Passos, no mais profundo estudo que se escreveu sobre o tema, sustenta a admissibilidade do *"writ"* inclusive contra decisão passível de

---

[3] Manuel Gonçalves Ferreira Filho, "Curso de Direito Constitucional", 3ª ed., Saraiva, págs. 265/6, § 890.

[4] "Direito Processual Civil", "Do Mandado de Segurança", 1965, Saraiva, págs. 58-64.

[5] "Do Mandado de Segurança", Forense, 2ª ed., págs. 85-87, § 116.

[6] Estudos de Direito Processual Civil, "A Revisão do Código de Processo Civil", Ed. Jurídica e Universitária, 1969, págs. 148-151.

impugnação por recurso com efeito suspensivo que não tenha sido imposto e até mesmo contra decisão transitada em julgado.[7]

3.3 Evolução da jurisprudência sobre o tema - Orientação predominante

A jurisprudência, a princípio apegada à literalidade do texto legal (art. 5º, n. II, da Lei n. 1.533, de 1951), não admitia o mandado de segurança contra decisão de que coubesse qualquer recurso, com ou sem efeito suspensivo, ou correição capaz de modificá-la.

Porém, à vista da experiência jurídica concreta, que oferta casos multifários, muitos deles com gritantes ilegalidades ou abusos de poder e manifesta irreparabilidade do dano, passaram os magistrados, inclusive os da Suprema Corte, a admitir excepcionalmente o remédio constitucional contra ato judicial mesmo impugnável por recurso específico, deste que não dotado de efeito suspensivo.

A Súmula n. 267 do STF que, em sua expressão literal, inadmitia o *"writ"* contra ato judicial "passível de recurso ou correição", foi recentemente revista em memorável decisão da Sessão Plenária do Excelso Pretório, de que foi relator o eminente Min. Xavier de Albuquerque.

A ementa desse julgado assim soa: *"Ação de mandado de segurança formulada para impugnar ato judicial. É admissível no caso em que do ato impugnado advenha dano irreparável cabalmente demostrado"*.[8]

Após proceder à longa e exaustiva pesquisa dos julgados existentes sobre a controvertida questão, o Min. Xavier de Albuquerque chegou à conclusão de que as decisões, embora marcadas por casuísmos e critérios fragmentários, ofereciam uma sugestiva conclusão: inadmissibilidade do mandado de segurança contra ato judicial como regra e admissibilidade como exceção.

Confessa que é difícil, senão mesmo impossível, aos Tribunais, que decidem casos concretos com nuanças próprias e em momentos diversos, frequentemente distanciados um do outro, construir um sistema científico que distinga com precisão os casos de admissibilidade excepcional do mandado de segurança contra ato judicial. A tarefa caberia mais à doutrina, *"que goza da franquia de especular*

---

[7] "Do Mandado de Segurança contra atos judiciais", in "Estudos sobre Mandado de Segurança", publicação do Instituto Brasileiro de Direito Processual Civil da Guanabara, 1963, págs. 52-108.

[8] RTJ 70/504.

'in abstracto', embora tal franquia também lhe custe o preço de construir, frequentemente, soluções inadaptáveis à multiplicidade das hipóteses concretas".

Conclui ofertando a seguinte solução: "condições para a admissibilidade do mandado de segurança contra ato judicial são, para mim a não suspensividade do recurso acaso cabível ou a falta de antecipação de eficácia da medida de correição a que também alude a lei uma ou outra somadas ao dano ameaçado por ilegalidade patente e manifesta do ato impugnado e, com menor exigência relativamente a tal ilegalidade àquele efetiva e objetivamente irreparável.

No mesmo julgamento o culto Min. Rodrigues de Alckmin, anotado, de início, que em linha de princípio descabe o *"writ"* se da decisão cabe recurso ou correição, pois o legislador processual, ao estruturar o sistema de recursos, considera as possibilidades de dano para outorgar ou o efeito suspensivo, não o concedendo quando normalmente inexiste o prejuízo, conclui em seguida que em casos raros, mas existentes, o recurso sem efeito suspensivo pode não excluir o prejuízo irreparável ou incertamente reparável, e para estes admite o mandado de segurança. Argumenta que o sistema processual brasileiro atende ao interesse da parte de evitar o dano, por meio de uma forma ampla e fundamental de tutela, princípio que se manifesta, por exemplo, no processo cautelar, que se destina a conjurar o *"periculum in mora"*, no sistema de recursos, quando concede a possibilidade de suspensão do processo mesmo em se tratando de agravo de instrumento (art. 843, § 2º, do CPC de 1939) – (art. 558 do atual), e na própria Lei n. 1.533, de 1951, que permite a liminar sustação do ato impugnado.

Esse pronunciamento do Excelso Pretório foi reafirmado em outra decisão da sessão plenária, cuja ementa assim ficou redigida: *"Mandado de segurança contra ato judicial. Sua admissibilidade em hipótese excepcional"*.[9]

Os Tribunais paulistas têm ido mais além.

Em casos excepcionais, vem admitido mandado de segurança até mesmo contra decisões transitadas em julgado.[10]

Todos esses julgados são marcados pela louvável preocupação de fazer justiça do caso concreto.

---

[9] RTJ 72/743.

[10] Tribunal de Justiça de São Paulo: "Revista de Jurisprudência do TJSP" 37/189, seção civil, rel. Des. Barbosa Pereira; Tribunais de Alçada de São Paulo: RT 373/283, 377/271, 395/220, 396/219; "Julgados dos Tribunais de Alçada", 25/177 e 36/135.

Embora não apresentem construção de uma doutrina sistemática e científica que resolva de vez a controvertida questão, é possível surpreender, em todos eles, as seguintes notas comuns:

a) manifesta ilegalidade ou abuso de poder a ofender direito líquido e certo apurável sem dilação probatória;

b) irreparabilidade do dano pelos remédios processuais comuns.

Aliás, a bem analisar os precedentes da Suprema Corte, parece-me lícito concluir-se que neles está implicitamente afirmada a admissibilidade do mandado de segurança contra decisão transitada em julgado. É que em nenhum deles se condicionou à manifestação oportuna e concomitante do recurso sem efeito suspensivo a admissibilidade do *"writ"*, concedendo-se a este, ao revés, o mesmo alcance do recurso comum. O recurso seria, assim, uma superfetação de todo desnecessária. E se o recurso não é interposto, o trânsito em julgado da decisão ocorrerá necessariamente até o julgamento do mandado de segurança, certo é que não tem este o efeito de suspender o curso do prazo processual.

3.4 Jurisdição constitucional das liberdades e instrumentos adequados à sua ativação

A justificar eficácia tão potenciada do mandado de segurança, que por vezes opera até com efeitos rescisórios, conforme visto, não basta a só constatação de se tratar de ação com assento na Constituição.

Também as demais ações estão genérica e abstratamente asseguradas pelo princípio da inafastabilidade do controle jurisdicional inscrito no art.153, § 4º da Constituição.[11]

Por certo, a natureza jurídica do mandado de segurança, embora seja induvidosamente um direito de ação, apresenta algum ponto diferenciador em relação as demais ações.

Observa Mauro Cappelletti que a característica mais marcante dos direitos fundamentais ou direitos de liberdade é o fato de estarem *"in realtà permeati di un valore che trascende l'uomo singolo e investe tutta intera la società"*, de sorte que à sua ilegítima violação *"se sentono in modo diretto colpiti i tutti i cittadini e non quelli soli, che immediatamente siano interessati: colpiti in quel loro diritto di*

---

[11] Ada Pellegrini Grinover. "As Garantias Constitucionais do Direito de Ação", ed. Revista dos Tribunais, 1973, pág. 156.

libertà, che è in fondo uno solo (o meglio sta alla base, è la causa, di tutti i diritti): spetta ad ogni uomo e la sua lesione lede ciascuno".

E acrescenta que essa relevância ultra individual dos direitos fundamentais reclama uma tutela adequada, diferenciada e reforçada, que possibilite uma reparação direta, e não pela via indireta do equivalente, instrumento inexistente na Itália.

Denomina de "jurisdição constitucional das liberdades" a esse tipo autônomo e diferenciado da tutela jurídica.[12]

Realmente, não basta a simples declaração dos direitos fundamentais no Estatuto Maior.

Necessário é que haja previsão de um sistema de garantias e de instrumentos adequados à efetiva tutela desses direitos.

Em nosso sistema jurídico-constitucional, além das garantias constitucionais consistentes em *"prescrições que vedam determinadas ações do poder público que violariam direito reconhecido"*,[13] temos as ações de *"habeas corpus"* e de mandado de segurança.

O *"habeas corpus"* se destina à tutela da liberdade de locomoção (art. 153, § 20).

E o mandado de segurança, à proteção de "direito líquido e certo não amparado por *"habeas corpus"* (art. 153, § 21).

Ambas as ações, no dizer de Araújo Cintra, Ada Pellegrini Grinover e Cândido Dinamarco, ativam a chamada "jurisdição constitucional das liberdades".[14]

O *"habeas corpus"* é, sem dúvida, remédio jurídico-constitucional voltado exclusivamente à tutela de um direito fundamental, qual seja a liberdade de locomoção.

Sobeja razão, assim, para que se considere um instituto diferenciado e reforçado, tal como preconizado por Cappelletti. É um instrumento adequado a pôr em ato a "jurisdição constitucional das liberdades".

É esse, certamente, o motivo pelo qual a jurisprudência tem admitido largo uso desse remédio jurídico contra decisões judiciais, inclusive contra as transitadas em julgado.

---

[12] "La Giurisdizione costituzionale delle libertà", 1971, Giuffrè, págs. 1-10.
[13] Manoel Gonçalves Ferreira Filho, ob. Cit., pág. 224, § 311.
[14] "Teoria Geral do Processo", 1974, pág. 48, § 25.

3.5 Mandado de segurança como instrumento diferenciado e reforçado de ativação da jurisdição constitucional das liberdades

O campo de aplicação do mandado de segurança, porém, é mais amplo.

Destina-se não somente à tutela dos direitos fundamentais não amparados pelo *"habeas corpus"*, como também à proteção de direitos de origem não constitucional, decorrentes da incidência de leis ordinárias, à semelhança do que ocorre como o "Amparo" mexicano.[15]

Dúvida não há, entretanto, de que se trata também de um instrumento diferenciado e reforçado de tutela de direitos.

O mandado de segurança, esclarece Alfredo Buzaid, é *"uma ação judiciária, que se distingue das demais pela índole do direito que visa a tutelar".*

E acrescenta:

> "Para se entender bem este enunciado, urge estabelecer, antes de tudo, uma gama dos direitos subjetivos materiais, que podem ser ajuizados. Eles se agrupam em três classes:
>
> a) a primeira é daqueles que hão de ser afirmados e provados judicialmente, sob pena de ser rejeitado o pedido formulado pelo autor (exemplo: ação de desquite; de reintegração de posse; de anulação de contrato);
>
> b) a segunda é de alguns direitos, reconhecidos em documentos, que exprimem não só a certeza da obrigação, mas também a liquidez do seu valor (letras de câmbio, notas promissórias, duplicatas);
>
> c) e a terceira, que ocupa a posição mais elevada na escala, abrange direitos líquidos e certos, que, por sua clareza e evidência, não comportam discussão judicial a seu respeito. A ordem jurídica subministra ações diversas, que correspondem a cada uma dessas categorias de direitos. Para a primeira, a ação ordinária; para a segunda, a executiva; para a terceira, o mandado de segurança.[16]

---

[15] Rafael de Pina e José Castilho Larrañaga. "Derecho Procesal Civil", Ed. Porrua, 9ª ed., 1972, pág. 589; Pontes de Miranda, "Comentários à Constituição de 1967, Ed. Revista dos Tribunais, 1968, pág. 317; Castro Nunes, "Do Mandado de Segurança", 5ª ed., Forense, 1956, pág. 77, § 32; Celso Agrícola Barbi, "Do Mandado de Segurança", 2ª ed., Forense, 1966, pág. 75, § 97.

[16] "Juicio de Amparo e Mandado de Segurança". Revista da Faculdade de Direito da USP, ano LVI, fasc. I, 1961, págs. 221-222, § 26.

Uma das notas características dessa ação específica está na sumariedade do rito a propiciar a pronta tutela do direito.[17]

Quis o legislador constituinte cuidar, em sede constitucional, de problema normalmente delegado à legislação ordinária, que é o da adequação do procedimento à particular natureza do direito a ser tutelado, embora não o fizesse em todos seus pormenores.[18]

A adoção do rito simplificado e breve, ínsita no texto constitucional, de modo a não poder ser inobservado pelo legislador ordinário, está não somente conforme a índole especial do direito a ser tutelado como também de acordo com a recomendação das "Primeiras Jornadas Latino-americanas de Derecho Procesal", 1957 ("*La Constitución [...] impone un cierto tipo de proceso adecuado a la naturaleza de los derechos cuya vigencia se quiere garantizar, y a la teoria jurídico-política que inspira dicha Constitución*") e também com a Declaração Americana dos Direitos e Deveres do Homem "*[...] deve disponer de un procedimiento sencillo y breve por el cual la justicia ampare contra actos de la autoridade que violen, em perjuicio suyo, alguno de los derechos fundamentales consagrados constitucionalmente*".[19]

Mas, a característica maior está no modo de atuação do provimento que se obtém através do "*writ*", que possibilita a execução específica, a prestação "*in natura*", de modo a ensejar a reposição das coisas no estado anterior.

O amparo ao direito, portanto, não se dá pela forma indireta do equivalente monetário, e sim pela remoção do obstáculo para o perfeito restabelecimento do direito lesado ou ameaçado.[20]

Com essa singular solução, foi rompida a tradição do Direito brasileiro, "*segundo a qual o inadimplemento das obrigações de fazer ou de não fazer se resolve em reparação pecuniária, isto é, na condenação em perdas e danos*" anota Alfredo Buzaid.[21]

---

[17] Alfredo Buzaid, ob. e loc. Cita.

[18] Othon Sidou, "Do Mandado de Segurança", Ed. Revista dos Tribunais, 3ª ed., 1969, pág. 90, § 40.

[19] "Apud" Hector Fix-Zamudio, "Constitución y Proceso Civil em Latinoamérica", México, 1974, págs. 16 e 27, nota n. 72.

[20] Alfredo Buzaid, ob. cit., pág. 218, § 24; Luis Eulálio de Bueno Vidigal, ob. cit., pág. 67, § 71; Tomás Pará Filho, "A Proteção Jurisdicional dos Direitos Interindividuais", in "Revista de Direto Processual Civil", Saraiva, 1966, vol. 5º/229; Castro Nunes, ob. cit., pág. 65, § 26.

[21] Ob. e loc. cita.

E com ela se conferiu uma tutela mais qualificada aos direitos líquidos e certos, isto é, aos direitos cuja demonstração independe de provas em dilação.[22]

Se é verdade que os direitos amparados pela lei ordinária são, normalmente, de categoria inferior aos chamados direitos fundamentais, o certo é que, no que diz com a sua tutela jurisdicional, o legislador, constituinte os equiparou, desde que líquidos e certos, concedendo-lhes o mesmo instrumento jurídico de proteção, que é o mandado de segurança.

O mandado de segurança é, pois – conclui com notável clareza Alfredo Buzaid – *garantia constitucional de direito líquido e certo, violado por ato manifestamente ilegal ou abusivo do poder público. Nele está expressa a mais solene proteção do indivíduo em sua relação com o Estado e representa, nos nossos dias, a mais notável forma de tutela judicial dos direitos individuais que, por largo tempo, foi apenas uma auspiciosa promessa.*[23]

Desacertado não é, em consequência, concluir-se que também o mandado de segurança, à semelhança do "*habeas corpus*", constitui um instrumento diferenciado e reforçado que ativa a "jurisdição constitucional das liberdades".

Eis, a razão por que se justifica sua impetração contra decisões judiciais de que caiba recurso sem efeito suspensivo e até mesmo, por vezes, contra decisões transitadas em julgado.

3.6 Relação entre mandado de segurança e o sistema de instrumentos processuais comuns

Sua admissibilidade, entretanto, não pode ser aceita com a amplitude defendida por J. J. Calmon de Passos, que o admite inclusive contra decisão de que cabia recurso com efeito suspensivo, se dele a parte não se valeu por qualquer razão.[24]

Embora em sede constitucional, a ação especial de mandado de segurança compõe um sistema unitário e harmonioso de instrumentos processuais preordenados à tutela de direitos materiais.

Assim, admiti-lo onde já exista, dentro do sistema, um remédio adequado a impedir a lesão de direito líquido e certo, será uma inútil e intolerável superfetação.

---

[22] Pontes de Miranda, ob. cit., págs. 340-341.

[23] Ob. cit., pág. 227, § 31.

[24] Ob. cit., pág. 105, § 26.

Faltaria o legítimo interesse de agir, que somente surge, como bem observa Cândido Rangel Dinamarco, da soma de dois requisitos: necessidade concreta do processo e adequação do provimento e do procedimento desejados.[25]

Se existe recurso com efeito suspensivo e dele a parte não se valeu, houve uma disposição válida de faculdade processual. E se anteriormente à disposição, era inadmissível o uso do mandado de segurança, por existente um remédio processual comum adequado, razão alguma há para se permitir a sua impetração após a renúncia válida do direito de recorrer.

O ser garantia constitucional não torna o mandado de segurança um substitutivo incondicional dos recursos e tampouco panaceia geral para toda e qualquer situação.

Demais, se o recurso processual comum, embora sem efeito suspensivo, é eficaz ao restabelecimento da lesão de direito líquido e certo, por inocorrente um dano irreparável, inadmissível é o mandado de segurança.

Sua inserção no contexto do sistema de instrumentos processuais preordenados à tutela de direitos, se dá como função complementar, isto é, para cobrir as falhas existentes no sistema criado pelo legislador ordinário.

Daí o inteiro acerto de uma das conclusões assentadas por J. J. Calmon de Passos: "*O mandado de segurança cabe, justamente, onde o comum, o ordinário se mostra incapaz de impedir a ameaça ou reparar, de pronto, a violação a direito líquido e certo por ato ilegal ou abusivo de autoridade pública.*"[26]

No que diz com as decisões transitadas em julgado, necessário é atender, como adverte J. J. Calmon de Passos, à teoria da coisa julgada; que sana a grande maioria dos vícios processuais,[27] de modo que a admissibilidade do "*writ*" fica restrita às hipóteses de vícios maiores que sobrevivem à coisa julgada, que são os que ensejam a propositura da ação rescisória, e assim mesmo desde que compostos os demais pressupostos específicos, que são a lesão de direito líquido e certo por ato ilegal ou abuso de poder, apurável sem dilação probatória, e a irreparabilidade do dano.

A admissão, em caráter excepcional, do mandado de segurança contra sentença transitada em julgado não repugna à consciência jurídica e tampouco contraria o nosso sistema jurídico. O próprio legislador, à consideração de que, em certos casos, "a natureza do vício causador da injustiça é de tal ordem, que

---

[25] "Execução Civil", Ed. Revista dos Tribunais, 1973, § 20, pág. 141.

[26] Ob. cit., pág. 107, "conclusão".

[27] Ob. cit., págs. 105-106, § 27.

apresenta inconveniente maior do que o da instabilidade do julgado", criou o remédio especial da ação rescisória.[28] O que importa, como já ficou anotado, é que não se tenha o mandado de segurança como remédio admissível em alternativa, à livre escolha do interessado, como se fora uma panacéia geral, e sim como instrumento excepcional a cobrir a falha do sistema organizado pelo legislador processual.

3.7 Conclusão

Do que ficou acima exposto, é lícito concluir-se que o mandado de segurança é um instrumento diferenciado e reforçado, portanto de eficácia potenciada, de ativação da jurisdição constitucional das liberdades, destinado à tutela de direitos líquidos e certos, fundamentais ou apenas amparados por lei ordinária.

Dessa natureza especial decorre a sua admissibilidade contra atos judiciais, mas não como remédio alternativo à livre opção do interessado, e sim como instrumento que completa o sistema de remédios organizados pelo legislador processual, cobrindo as falhas neste existentes no que diz com a tutela de direitos líquidos e certos.

Publicado originalmente em:

- Revista dos Tribunais, ano 66, volume 498, abril de 1977, páginas 19 a 25.
- Revista da Procuradoria Geral do Estado de São Paulo, número 10, junho de 1977, páginas 441 a 455.

---

[28] Luis Eulálio de Bueno Vidigal, "Comentários ao Código de Processo Civil", Ed. Revista dos Tribunais, 1974, vol. VI/5.

CAPÍTULO 4

BREVE REFLEXÃO SOBRE A NATUREZA JURÍDICA DA SENTENÇA DE NULIDADE DE CASAMENTO

4.1 Casamento inexistente, nulo e anulável

O casamento, para que se projete no mundo jurídico, deve compor todos os seus elementos ou condições essenciais.

Tais elementos, segundo a doutrina, consistem em diversidade de sexo, consentimento dos contraentes e celebração. Sem a composição desses requisitos, é inexistente o casamento.

Mas, mesmo existente, sua entrada no mundo jurídico pode dar-se com vícios, que o tornam às vezes nulo e outras vezes apenas anulável. Esses vícios resultam da infração dos impedimentos especificados no art. 183, I a VIII (nulidade) e IX a XII (anulabilidade), do CC.

Assim, no que diz com a imperfeição do ato, têm-se o casamento inexistente, o casamento nulo e o casamento anulável.[1]

O casamento inexistente, para seu reconhecimento, dispensa qualquer pronunciamento jurisdicional. Poderá, por vezes, pela dúvida quanto à composição de um dos elementos essências (*v.g.*, existência, ou não, de consentimento), levar um dos cônjuges a reclamar do Poder Judiciário um provimento a respeito. Será sempre, porém, ação meramente declaratória. Nesse sentido a opinião comum dos doutrinadores.

Também quanto à necessidade de ação constitutiva para o desfazimento dos atos jurídicos apenas anuláveis, e com maior razão dos casamentos anuláveis, inocorre indagação de maior relevância.

---

[1] A respeito da distinção, por todos, Yussef Cahali, "O Casamento Putativo", Lex, 1972, pp. 49-52, §§ 28-29, e Washington de Barros Monteiro, "Curso de Direito Civil – Direito de Família", vol. 2º/66-69, Saraiva, 13ª ed., 1975. Entende Sílvio Rodrigues que é inútil a ideia de inexistência, podendo ser vantajosamente substituída pela noção de nulidade ("Direito Civil", vol. 6/79-83, Saraiva, 6ª ed., 1978, § 31).

Propomo-nos, assim, tão-somente, a fazer uma breve reflexão sobre a natureza jurídica da sentença que pronuncia a nulidade do casamento.

4.2 Classificação das ações (ou do processo) segundo o tipo de provimento jurisdicional

A doutrina processual moderna procura classificar as ações de acordo com o provimento pedido pelo autor, e não mais com base em dados ligados ao direito substancial controvertido.

Por esse critério, as ações são classificadas em ações de conhecimento (ou declaratórias "lato *sensu*"), ações de execução e ações cautelares, às quais correspondem, respectivamente, processo de conhecimento, processo de execução e processo cautelar.

As ações de conhecimento provocam o "juízo em seu sentido mais restrito e próprio", pois através delas o órgão jurisdicional declara a qual das partes pertence a razão, o que faz proferindo sentença que "formula positiva ou negativamente a regra jurídica especial do caso concreto". E, segundo os efeitos específicos objetivados, as ações de conhecimento são, por sua vez, classificadas em ações declaratórias ou de mera declaração (provimento meramente declaratório), ações constitutivas (provimento constitutivo) e ações condenatórias (provimento condenatório).

Todas as ações declaratórias "*lato sensu*" conduzem à sentença que declara a regra jurídica regedora do caso concreto. Porém, "a meramente declaratória limita-se à declaração, enquanto a condenatória, além de declarar, aplica a sanção, e a constitutiva, além de declarar, modifica a relação jurídica. A condenação e a constituição só se configuram quando as sentenças acolhem a pretensão do autor, porque, se a rejeitam, são sentenças declaratórias negativas".

Na ação meramente declaratória, o provimento jurisdicional invocado exaure-se na sentença que declara a existência ou a inexistência de uma relação jurídica, e, excepcionalmente, de um mero fato (falsidade ou autenticidade de um documento – art. 4º, II, do CPC). Já o provimento da ação condenatória contém um "plus" à declaração, que é a aplicação da sanção correspondente à inobservância da norma regedora do caso concreto submetido a julgamento, o que, dando formação a um título, possibilita o acesso do autor à via processual da execução forçada. E o provimento da ação constitutiva à declaração peculiar a todas as sentenças de conhecimento acrescenta um "plus", consistente em inovação de uma situação jurídica precedente, constituindo, modificando ou extinguindo uma relação jurídica ou situação jurídica.[2]

4.3 Ação constitutiva e provimento constitutivo

Posta a classificação das ações e dos respectivos provimentos em termos didáticos, acima expostos, parece bastante simples a identificação da natureza jurídica do provimento constitutivo e sua perfeita diferenciação frente aos demais tipos de provimento de conhecimento, notadamente em face do provimento declaratório.

É falsa, porém, a impressão, pois se trava na doutrina funda controvérsia a respeito, sendo bastante remota a possibilidade de se conseguir o consenso dos doutrinadores.

Tomás Pará Filho, em preciosa monografia sobre a sentença constitutiva, expõe, exaustivamente, as várias discussões que existem em torno do tema.[3]

Uma das disputas doutrinárias diz com a natureza do provimento constitutivo. Se, quanto ao primeiro momento da sentença constitutiva, onde há a "declaração ou o reconhecimento de uma anterior situação fático-jurídica, como pressuposto da inovação demandada", inexiste disputa mais significativa, não se põem de acordo os doutrinadores, porém, no que diz com a natureza jurídica do segundo momento da sentença, precisamente aquela parte em que "o juiz autoriza ou opera uma inovação jurídica".

O monografista assim resenha as posições doutrinárias sobre o complexo problema:

a) a que sustenta que "*o ato inovativo não é ato de jurisdição contenciosa, mas, sim, ato de jurisdição administrativa*";

b) a que entende "*tratar-se de ato de execução*" e

c) a que afirma "*tratar-se de ato jurisdicional, situado, porém, nos limites da função processual declarativa*".[4]

---

[2] As expressões entre aspas são de Araújo Cintra, Ada Pellegrini Grinover e Cândido Dinamarco, "Teoria Geral do Processo", Ed. Revista dos Tribunais, 2ª ed., 1979, §§ 174-175, pp. 270-271; v., também, Arruda Alvim, "Manual de Direito Processual Civil", vol. I/28-29, Ed. Revista dos Tribunais, 1977, § 24.

[3] "Estudo sobre a Sentença Constitutiva", Lael, 1973.

[4] Ob. cit., pp. 57-58.

A primeira corrente doutrinária, que tem em Calamandrei um dos melhores expositores, sustenta que somente no primeiro momento há atividade verdadeiramente jurisdicional, pela atividade substitutiva do Estado-juiz, constituindo o segundo momento, onde o juiz, com base no acertamento feito no momento anterior, opera, por ato seu, uma inovação jurídica, uma atividade de administração pública de interesses privados, portanto, de caráter administrativo, e não jurisdicional.[5]

De acordo com a segunda corrente, que se apega à lição de Hellwig, no processo constitutivo há o acertamento ou a declaração de uma situação jurídica preexistente, com o exercício da atividade cognitiva pelo juiz, e ao mesmo tempo atividade executória, pois a sentença, declarando o direito à transformação jurídica, desde logo faz efetivos os resultados práticos consequentes da declaração.[6]

Entre nós, essa posição é sustentada por Celso Neves, em substanciosa monografia sobre a coisa julgada civil, extraindo da colocação a conclusão de que a coisa julgada é restrita à declaração que serve de pressuposto ao elemento de constituição.[7]

A última corrente admite haja elemento executório na sentença constitutiva, mas nega seja execução verdadeira e própria, "senão atividade executória em sentido genérico, isto é, executividade própria da sentença". Há nela, em verdade, "duas atividades características da jurisdição: *notione* e *imperium*", ambas intimamente ligadas, propiciando, destarte, a aplicação prática imediata da sentença, porque a lei prevê essa confluência de atividades e efeitos. A sentença exprime, por si, o direito à transformação jurídica objeto da ação respectiva, e, ao mesmo tempo, serve de instrumento à imposição da mudança". Ambas as atividades, embora "conceitualmente discerníveis, estão vinculadas na unidade da mesma relação processual".[8]

Não é aqui, certamente, sede própria para a tomada de posição definitiva sobre essas colocações e outras mais que existem a respeito da ação constitutiva e do respectivo provimento.[9]

---

[5] Tomás Pará Filho, ob. cit., pp. 58-66.

[6] Tomás Pará Filho, ob. cit., pp. 67-74.

[7] "Contribuição ao Estado da Coisa Julgada Civil", tese de concurso, 1970, pp. 457-468. Essa doutrina é combatida por Barbosa Moreira no trabalho "Coisa julgada e declaração", in "Temas de Direito Processual", Saraiva, 1977, pp. 81-89.

[8] Tomás Pará Filho, ob. cit., pp. 67-74.

[9] Tomás Pará Filho, no cap. VII da monografia, traz uma valiosa síntese das várias posições teóricas sobre a sentença constitutiva.

Noção básica que se deve ter presente, para os fins deste trabalho, é a de que a sentença constitutiva é caracterizada, sobretudo, pela interligação de dois elementos, um "declarativo, que nela desempenha função prejudicial, no sentido lógico-cognitivo", e outro executivo "*lato sensu*", que "realiza o efeito inovativo, peculiar a esse tipo de sentença".[10]

A alusão ao efeito inovativo da sentença faz aflorar toda a problemática da relação entre direito e processo, que é objeto de interminável discussão entre dualistas e unitaristas.[11]

A respeito, importa deixar registrado, em apertadíssima síntese, que os dualistas sustentam que o juiz, no processo, apenas declara o direito preexistente, que se concretiza tão logo ocorra seu suporte fático, não tendo a sentença qualquer função criadora do direito, e os unitaristas, ao revés, entendem que o direito nasce do processo e que o juiz, através da sentença, completa o direito material, produzindo a norma regedora do caso concreto. Alguns dualistas, porém, abrem exceção às sentenças constitutivas, admitindo haja nelas uma criação do direito por obra do juiz.[12]

Sem que constitua isto um posicionamento definitivo diante do controvertido tema, parece-nos que o efeito inovativo que a sentença constitutiva realiza não configura um ato de criação do direito. É que a constituição e a desconstituição dos estados ou relações jurídicas, que se obtém através do processo constitutivo, nada mais são que a efetivação, em concreto, das consequências já preestabelecidas na norma abstrata aplicável ao caso.

O efeito inovativo é vinculado indissoluvelmente a uma norma jurídica, portanto, a um direito preexistente (incidência da norma abstrata sobre um fato concreto), que já traz a virtualidade dessa inovação, operando a sentença apenas como ato corporificador do fenômeno alterativo já previsto, em todos seus contornos, na norma jurídica aplicável à espécie. Daí ser aceitável a colocação doutrinária que vê nesse segundo momento da sentença constitutiva um ato de execução "*lato sensu*" (doutrinadores há, como já ficou anotado, que entreveem até mesmo execução em sentido próprio).

---

[10] Tomás Pará Filho, ob. cit., p. 157.
[11] Por todos, Cândido Dinamarco, "Reflexões sobre direito e processo", in "Justitia" 71/201-223, 1970, e in RT 432/23-38.
[12] Enrico Tullio Liebman, "Manuale", vol. I/71, 1957, § 26; Cândido Dinamarco, ob. ult. cit., pp. 218-219.

A propósito, vale o registro das seguintes ponderações de Tomás Pará Filho: "O juiz, ao emanar a sentença, está vinculado àquilo que a lei dispõe e ao que se individuara na preexistente *"fattispecie"* concreta. A sentença constitutiva, já o dissemos, é causa de inovação jurídica apenas no sentido de que ela consubstancia, juridicamente, ato sem o qual essa mesma inovação não se poderá operar em termos de validade". E, ao final da monografia, assenta, entre outras, a conclusão de que "a sentença constitutiva é causa eficiente do efeito inovativo objetivado pela ação a que corresponde, em virtude da própria contextura da norma jurídica regedora da *"fattispecie"* vertida perante o juiz".[13]

4.4 Nulidade dos atos jurídicos em geral e natureza jurídica da sentença que a pronuncia

Para Pontes de Miranda, o ato jurídico nulo, apesar do déficit do seu suporte fático, entrou no mundo jurídico. Nulo e anulável existem, não havendo como distingui-los no plano da existência (= entrada no mundo jurídico). *"Toda distinção só se pode fazer no plano da validade"*, baseada em maior ou menor gravidade do déficit.[14]

Bem por isso, "quando, hoje, se diz que a ação de nulidade é declarativa, desatende--se a que o nulo, quando começou a ser o inválido absoluto, e não o inexistente, como era no Direito Romano, não se declara, se desconstitui, "ex tunc".[15]

"A sentença, na ação de anulação – observa, em outro passo – desconstitui mais do que na ação de nulidade, porque é mais desconstituir-se o anulável que desconstituir-se o nulo. Quando o autor, na ação de nulidade, a alega, o seu papel não é diferente daquele que exerce o autor, na ação de anulação. Ambos vão contra o ser jurídico, ainda que àquela alegação se permita a postulação *"incidenter"* ou de ofício".[16]

---

[13] Ob. cit., pp. 123 e 158. Araújo Cintra, Ada Pellegrini Grinover e Cândido Dinamarco sustentam a tese dualista. Trazem a seguinte consideração a respeito do provimento constitutivo: "... é o próprio ordenamento jurídico que condiciona o advento de um determinado efeito jurídico à sentença; o efeito não existia antes da norma, mas estava nela previsto; em outras palavras, não é a sentença que cria o direito, pois se limita a declarar o direito preexistente, do qual derivam efeitos constitutivos, previstos no ordenamento jurídico" (ob. cit., § 178, p. 273).

[14] "Tratado das Ações", t. IV/60-62, Ed. Revista dos Tribunais, 1973, § 153, ns. 1-2.

[15] Ob. cit., t. III/9, Ed. Revista dos Tribunais, 1972, § 1, n. 3.

[16] Ob. cit., t. IV/92-93, Ed. Revista dos Tribunais, 1973, § 160, ns. 2-3; v., também, § 161, n. 3, pp. 95-96.

A alegabilidade e a decretabilidade *"incidenter tantum"* e *"ex officio"* não teriam qualquer influência na colocação do problema.

> A nulidade é, hoje – anota o consagrado e saudoso jurista – a qualidade mais pejorativa que pode ter o ato jurídico, por lhe faltar, no suporte fático, certo elemento de grande relevância, tornando-o deficitário, ou por haver presença de elemento que a tal ponto o corrói, como a não observância da regra sobre forma especial, ou a ilicitude do objeto. Mas é preciso, para que seja nulo o ato jurídico, que a invalidade se produza *"ipso iure"*, sem necessidade de "ação", salvo regra jurídica especial que, por algum fundamento à parte, exija a propositura da "ação" em processo próprio. As anulabilidades, não; essas dependem, sempre, da propositura da ação, em processo próprio".

E mais, adiante, traz a seguinte observação:

> É romanismo escusado identificarem-se inexistência e nulidade. O inexistente declara-se tal; o nulo, desconstitui-se, porque, por mais profunda que seja a deficiência, o suporte fático entrou no mundo jurídico. Por isso mesmo que foi profunda a deficiência, facilita-se a decretação: mas é preciso que se decrete, ainda que 'incidenter' e "ex officio".[17]

Para o notável jurisconsulto, portanto, a diferença está apenas na maior ou menor facilidade na decretação, e não na natureza do provimento jurisdicional, que é sempre constitutiva negativa, trata-se de nulidade ou de anulabilidade.

Também Bulhões Carvalho e Junqueira de Azevedo procuram distinguir os planos da existência, da validade e da eficácia no exame do aperfeiçoamento do ato jurídico ou do negócio jurídico.[18]

Bulhões Carvalho afirma que *"o traço distintivo entre nulidade absoluta e inexistência, como vimos, é que, no caso da primeira, há uma aparência de validade que somente pode ser destruída mediante intervenção do juiz"*.

E cita a seguinte passagem de De Page: *"Enquanto o poder judiciário não intervém, a aparência subsiste, e deve ser presumida regular. É um dos princípios essenciais de toda organização do Direito, cujas aplicações mais notáveis são a proteção da posse, estado aparente do direito de propriedade (que prevalece, sob certas condições, contra o próprio 'verus dominus') e a regra 'fé é devida ao título*

---

[17] Ob. cit., t. IV/77, §§ 157, n. 1, e 165, n. 1, p. 106, v., também, §§ 154, n. 3, p. 66, e 155, n. 1, p. 67.

[18] "Sistemas de Nulidades dos Atos Jurídicos", Forense, 1980; "Negócio Jurídico – Existência, Validade e Eficácia", Saraiva, 1974.

enquanto ele não é contestado[19]"' E prossegue: "*O ato nulo propriamente dito é suscetível pelo menos de efeito provisório*". A sentença judiciária de nulidade, entretanto, faz com que o ato ou contrato desapareçam completamente desde sua origem, como se nunca tivessem tido existência e como se nunca houvessem podido produzir, em nenhum momento, qualquer efeito de direito. Então é que se poderá realmente dizer: "*quod nullum est nullum producit effectum*".[20] Tem-se a primeira impressão de que o jurista entende ser de natureza constitutiva a sentença de nulidade, mas em outro passo afirma que "*o ato nulo, tendo efeitos provisórios, necessita ser declarado pelo magistrado*", sendo de natureza declaratória a sentença.[21]

Junqueira de Azevedo, por seu turno, advertindo que não se pode confundir válido com eficaz e nulo com ineficaz, pois não só há o ato válido ineficaz como, também, o nulo eficaz, esclarece que, "*às vezes, pode ocorrer que, por exceção, um negócio nulo produza efeitos jurídicos (são os chamados 'efeitos do nulo'), embora nem sempre esses efeitos sejam os efeitos próprios, ou típicos*".[22]

Mais adiante anota:

> "[...] é inegável que os casos de efeitos do nulo são exceções no sistema de nulidades e como tais devem ser tratados. Os efeitos do nulo não são, em sua maior parte, também como havíamos salientado, os efeitos próprios do ato (isto é, os efeitos manifestados como queridos) e, portanto, nesses casos, não se pode dizer que o negócio tenha passado para o plano da eficácia; todavia, ainda quando se trate de eficácia própria, tal e qual ocorre no casamento putativo e em algumas outras poucas hipóteses, tem-se, se pudermos nos expressar assim, um "furo" na técnica de eliminação com que os negócios são tratados; é a exceção, que confirma a regra, tanto mais que, depois de o negócio haver entrado no plano seguinte, o sistema jurídico corrige a falha, impedindo que o negócio continue a produzir efeitos (a entrada dos negócios nulos no plano da eficácia não é, pois, definitiva".[23]

Não esclarece, porém, a natureza jurídica da sentença que pronuncia a nulidade.

---

[19] Traité Elémentaire de Droit Belge", vol. 1, n. 86, e vol. 2, n. 781.

[20] Ob. cit., §§ 167-168, pp. 142-143.

[21] Ob. cit., § 165, p. 141.

[22] Ob. cit., § 4º, p. 59.

[23] Ob. cit., § 5º, pp. 74-75.

Também Orlando Gomes usa do termo "ineficácia", em sentido estrito, com acepção diversa de invalidade, ponderando que a afirmativa de que o negócio nulo não produz efeito, pois a nulidade é imediata, absoluta, insanável e imprescritível, não resiste a mais aprofundada análise, certo é que, embora, via de regra, o nulo nenhum efeito produza, a verdade é que há negócios nulos que produzem efeitos.[24] E acrescenta: "*Inexata, portanto, a afirmação categórica sobre a ineficácia absoluta dos negócios nulos*". Tampouco é correta a tese de que a nulidade é imediata ou instantânea.

> "O negócio nulo subsiste, se escapa à apreciação do juiz. Seja para pronunciá-la, declará-la ou decretá-la, a intervenção judicial é imprescritível. Enquanto não se faz sentir, o negócio aparentemente normal está produzindo efeitos. Teoricamente, pode-se dizer que a nulidade é decretada pela própria lei; o juiz mais não faz do que reconhecê-la e proclamá-la. Praticamente, porém, se esse reconhecimento não for feito, e, para tanto, é preciso que a nulidade esteja provada, o negócio nulo vive, perdura. Neste sentido, nenhuma nulidade é imediata".[25]

Caio Mário da Silva Pereira traz, a respeito, as seguintes ponderações:

> "Em razão de sua abrangência, e de defluir a nulidade de uma imposição da lei, é que ela se diz de pleno direito ("*pleno iure*"), ou absoluta. Atendendo a estas considerações, há quem sustente que nulidade é obra da lei, e somente da lei, nunca da sentença judicial que a proclama, e, portanto, paralisa o ato no momento mesmo do nascimento. A noção não pode ser aceita como absoluta, pois que, se é certo que toda nulidade há de provir da lei, expressa ou virtualmente, certo é, também, que se faz mister seja declarada pelo juiz".[26]

Apesar da colocação que faz, parece-nos não negar caráter meramente declaratório à sentença de nulidade.

Vieira Neto, em monografia sobre ineficácia e convalidação do ato jurídico, procurando distinguir entre efeitos (os que estão em conformidade com a previsão das partes) e consequências (efeitos secundários) dos atos nulos, afirma que o ato nulo não produz qualquer efeito, e sim, apenas, consequências jurídicas.[27] E defende o ponto-de-vista de que a sentença que pronuncia a nulidade "não faz

---

[24] "Introdução ao Direito Civil", 3ª ed., Forense, § 337, p. 438.
[25] Ob. cit., § 337, p. 439.
[26] "Instituições de Direito Civil", vol. I/547-548, Forense, 4ª ed., § 109.
[27] "Ineficácia e Convalidação do Ato Jurídico", Max Limonad, tese de concurso, § 14, nota 6, pp. 40-41.

mais do que reconhecer uma situação jurídica preexistente e que, por isso, tem a única função de remover incerteza, o que a caracteriza como declaratória.[28]

Para não nos alongarmos demasiadamente nas citações, ficam registradas apenas as lições acima resumidas, que têm importância para o desenvolvimento da reflexão sugerida pelo tema deste trabalho, cabendo em remate, apenas, a anotação de que a grande maioria dos doutrinadores sustenta a opinião de que é suficiente o provimento meramente declaratório em se tratando de nulidade absoluta, a menos que a lei disponha contrariamente.[29]

4.5 Sentença de nulidade: predominância do conteúdo declaratório e desconstitutividade da eficácia do ato nulo

Das várias colocações supra sumuladas, parece-nos mais científica a que distingue, na análise do ato jurídico ou do negócio jurídico, os planos da existência, da validade e da eficácia.

E é convincente a afirmativa de que o ato nulo não é totalmente desprovido de eficácia, embora os efeitos que dele resultam, e que, por vezes, são acolhidos pelo ordenamento jurídico, não são os próprios e típicos do ato jurídico, isto é, os manifestados como queridos pelas partes. Porém, quer se trate de efeitos típicos ou atípicos, a verdade é que os efeitos jurídicos (não apenas os práticos) efetivamente existem. Bulhões Carvalho[30] e Junqueira de Azevedo[31] enumeram vários efeitos jurídicos do ato ou negócio nulo.

Não se pode deixar de reconhecer certa carga de constitutividade nas sentenças que pronunciam a nulidade do ato jurídico.

No que diz com a invalidade do ato, limita-se a sentença a reconhecer uma situação jurídica preexistente e nessa parte sua natureza é eminentemente declaratória. Mas, desde que dotado de eficácia (= aptidão para irradiar efeitos jurídicos), o provimento do juiz desconstitui essa excepcional propriedade do ato nulo. A desconstituição não é do próprio ato ou dos efeitos, pois em relação a eles o provimento do juiz é meramente declaratório de sua juridicidade, ou não, mas, sim, de sua aptidão, mesmo excepcional, para irradiar efeitos. Vale dizer,

---

[28] Ob. cit., § 12, p. 37.

[29] Liebman, "Manuale di Diritto Processuale Civile", vol. I, 3ª ed., Giuffrè, 1973, §§ 83, p. 142, e 86, pp. 150-152; Araújo Cintra, Ada Pellegrini Grinover e Cândido Dinamarco, ob. cit., p. 272; Sílvio Rodrigues, "Direito Civil", vol. 1/256, Saraiva, 5ª ed., 1974, § 136, e outros mais.

[30] Ob. cit., §§ 169-171, pp. 143-148.

[31] Ob.cit., § 4º, pp. 59-61.

de sua eficácia. Evidentemente, se o ato nulo não é dotado de qualquer eficácia, a sentença será meramente declaratória, o que significa que o acréscimo do elemento constitutivo somente ocorre quando o ato é dotado, excepcionalmente, da aptidão para irradiar efeitos jurídicos.

A classificação das ações com base na natureza do provimento jurisdicional atende à nota dominante, e não à rígida tipicidade, podendo-se, assim, dizer, de modo geral, que "há ações e sentenças de natureza predominantemente declaratória, condenatória ou constitutiva".[32]

A sentença de nulidade do ato jurídico é predominantemente declaratória na hipótese de ser dotado o ato, embora nulo, de alguma eficácia, pois contém ela, como visto, também elemento desconstitutivo (= corta a aptidão para produzir efeitos jurídicos).

4.6 Sentença de nulidade do casamento: sua natureza jurídica

Chegando a esse ponto, é possível cuidarmos do tema específico do trabalho: natureza jurídica da sentença que pronuncia a nulidade do casamento.

O ordenamento jurídico pátrio, à semelhança do que ocorre com o sistema jurídico de vários outros países, reclama, às expressas, o pronunciamento jurisdicional, ainda que se trate de hipótese de nulidade, e não apenas de mera anulabilidade.

Dispõe o art. 222 do CC, com efeito: "*A nulidade do casamento processar-se-á por ação ordinária, na qual será nomeado curador que o defenda*".

E o art. 221 estabelece que, "*embora anulável, ou mesmo nulo, se contraído de boa-fé por ambos os cônjuges, o casamento, em relação a estes como aos filhos, produz todos os efeitos civis até o dia da sentença anulatória*.

"*Parágrafo único. Se um só dos cônjuges estava de boa-fé, ao celebrar o casamento, os seus efeitos civis só a esse e aos filhos aproveitarão.*"

Cuidar-se-ia de ação declaratória necessária ou de ação constitutiva necessária?

Adverte Pontes de Miranda que

> "superficial conhecimento dos princípios que regem o Direito matrimonial levou alguns juristas a entender ser aplicável, quanto aos casamentos nulos, o princípio geral de Direito que permite tratar-se o ato nulo como se nenhum fora. Seria pôr na mesma plana o contrato

---

[32] Tomás Pará Filho, ob. cit., § 10, p. 35.

de Direito de Família, de alta significação social, que é o casamento, e qualquer papel de contrato de Direito das Obrigações, ou de Direito das Coisas, Civil ou Comercial, eivado de nulidade".

E conclui: *"Nada mais contrário à tradição do Direito matrimonial e ao próprio Código Civil. No art. 183, XIV, a lei considera o casamento nulo como casamento existente, que precisa ser desfeito ('verbis': 'cujo casamento se desfez por ser nulo')".*[33]

Yussef Cahali, na profunda e valiosa monografia que escreveu sobre o casamento putativo, traz as seguintes passagens que dão a dimensão exata do problema: "Se faltam as suas condições de validade, o casamento, não obstante, deve ser considerado como provisoriamente válido, e até que a nulidade seja declarada por sentença".[34]

E extraindo ilações dessa premissa de que o casamento, apesar do vício que o acomete, é considerado provisoriamente válido, traz as seguintes ponderações:

> "Para que se reconheça a nulidade do matrimônio, é necessário que o impedimento incurso tenha sido constatado judicialmente; nesta matéria, mais que em qualquer outra, importa que a Justiça se pronuncie quanto à carência de elementos cuja falta compromete a validade do casamento; até este momento ele existe e produz seus efeitos; à diferença dos negócios patrimoniais, a simples alegação de vícios extrínsecos ou intrínsecos não inutiliza ou invalida o ato matrimonial, não bastando para tanto nem mesmo o consenso das partes; absoluta ou relativa, nenhuma nulidade do casamento opera de pleno direito".[35]

Cuidando da natureza da sentença de nulidade do casamento, parte da consideração de que o traço distintivo entre a sentença constitutiva e a sentença de mera declaração reside na particularidade de que, naquela, "o bem a que a ação tende consiste na modificação do estado jurídico existente", buscando-se "alterar uma relação jurídica que se formou contra a norma legal", embora os efeitos constitutivos derivem "apenas mediatamente da sentença", prendendo-se "imediatamente aos fatos do processo".[36] E acrescenta: o casamento nulo ou o anulável

---

[33] "Tratado de Direito Privado", (t. VII/418, Borsói, 3ª ed., § 814, n. 2). No mesmo sentido, Orlando Gomes, "Direito de Família", Forense, 1968, § 68, p.105; Caio Mário da Silva Pereira, "Instituições de Direito Civil", vol. V/88, Forense, 1972, § 391.

[34] "O Casamento Putativo", Lex. 1972, § 28, p. 49.

[35] Ob. cit., § 48, p. 105.

[36] Ob. cit., § 49, p. 108.

"existe e produz efeitos, ainda que em dimensões mais ou menos tímidas", de sorte que, "em um como em outro caso, a intervenção da autoridade judicante se faz necessária, não limitada a sua intervenção apenas à declaração da ocorrência do fato absoluta ou relativamente dirimente; pois só com o seu concurso, em um como em outro caso, se obtém a atuação da vontade concreta da lei, no que se dissolve o vínculo matrimonial até então existente; a função do julgador não se esgota na simples constatação".[37]

Os doutrinadores em geral não põem em dúvida a necessidade do provimento jurisdicional e também a sua natureza constitutiva, embora alguns não aludam expressamente à constitutividade da sentença que pronuncia a nulidade do casamento.[38]

Paul Oertmann explica da seguinte forma a razão de ser de semelhante solução:

> "La nulidad se dá, cuando existe, por regla general desde un principio: cualquiera puede alegaria, sin necesidad de una resolución judicial prévia. Sólo en el matrimonio se requiere, para hacer valer su nulidad, una demanda encaminada a obtener esa declaración y una sentencia que la declare (BGB, art. 1.329). Ello está asi establecido en interés del orden público y de la moral que tanta parte tienen en materia matrimonial. En los demás casos, es posible, todo lo más (pero no es necesario, ejercitar una de las llamadas "acciones declarativas", o sea, solicitar la constatación, por parte del tribunal, del hecho ya existente de la nulidad (ZPO, art. 256)".[39]

O casamento, como é cediço, é uma instituição que interfere intensamente com a vida da própria sociedade, de sorte que seu tratamento não pode ser feito como se fosse mera relação intersubjetiva entre os cônjuges.

Há profunda interpenetração dos interesses públicos e particulares, não somente no que diz com a sua constituição como com o seu desfazimento, a que o Estado procura dar um tratamento jurídico especial, assim no plano do Direito Material como do Processual.

---

[37] Ob. cit., § 49, p. 109.

[38] Washington de Barros Monteiro, "Curso de Direito Civil", 2º/69-71, 13ª ed., 1975, Saraiva; Caio Mário da Silva Pereira, "Instituições de Direito Civil", vol. V/88, Forense, 1972, § 391; Sílvio Rodrigues, "Direito Civil", vol. 6/104-106, Saraiva, 6ª ed., 1978, § 41; Ney de Mello Almada, "Manual de Direito de Família", TJ, 1978, § 82, p. 104. Orlando Gomes nega o caráter constitutivo da sentença de nulidade do casamento; entende tratar-se de sentença meramente declaratória ("Direito de Família", Forense, 1968, § 70, p. 109).

[39] "Introducción al Derecho Civil", trad. 3ª ed. alemã, Labor, Argentina, § 50, n. 3, p. 281.

Já no nascedouro do casamento há participação ativa do Estado através do agente notarial e do juiz de casamento, no exercício da função pública que é designada, em doutrina, de "administração estatal" dos interesses privados.

Com a celebração, que é um dos elementos essenciais do casamento, e desde que presentes também diversidade de sexo e consentimento dos contraentes, que são dois outros elementos essenciais, estabelece-se o **vínculo matrimonial** e o casamento projeta-se no mundo jurídico, embora com algum vício, e passa a irradiar inúmeros efeitos.[40]

O estabelecimento do **vínculo** através da celebração, embora nulo o casamento, e sua subsistência até o pronunciamento do órgão jurisdicional parecem-nos dados decisivos para a fixação do caráter constitutivo da sentença de nulidade do casamento.[41]

A ação de nulidade do casamento está fundamentalmente voltada à desconstituição do vínculo matrimonial, que existe e produz efeitos apesar do vício de nulidade que o acomete.

A técnica legislativa consistente em nomeação de curador do vínculo nas ações de nulidade do casamento acentua a ideia da natureza constitutiva do provimento jurisdicional. Quis o legislador que a virtualidade da validade do vínculo matrimonial seja mantida e defendida até que, por obra da sentença, ocorra a sua desconstituição.

Pouco importa, nessa modalidade de ação, o consenso dos cônjuges quanto à efetiva nulidade do casamento.

O contraste de interesses que o Estado quer solucionar, através da ação de nulidade do casamento, não é apenas entre o interesse de um dos cônjuges frente ao do outro, confronto que, por vezes, poderá incorrer, mas, também, entre os interesses dos cônjuges e os do Estado, enquanto defensor dos interesses da sociedade.

Por isso mesmo adverte Yussef Cahali que, "especificamente aqui, mais do que em qualquer outro ramo do Direito, a atuação da **vontade concreta da lei** só se concebe por obra dos órgãos públicos do processo".[42]

---

[40] Yussef Cahali, em "O Casamento Putativo", pp. 1-2, enumera vários efeitos que defluem do casamento em relação aos cônjuges, aos filhos, ao patrimônio e em relação a terceiros.

[41] Yussef Cahali tem sugerido a importância desse enfoque nas preleções proferidas no curso de pós-graduação da Faculdade de Direito da USP (1º semestre de 1980).

[42] "O Casamento Putativo", § 48, p. 105.

A natureza desconstitutiva da sentença de nulidade, portanto, é manifesta e diz respeito não somente à eficácia (= aptidão para irradiar efeitos) como, também, ao próprio vínculo matrimonial, embora nulamente formado.

A sentença tem efeito *"ex tunc"* quanto à desconstituição do vínculo, é bem verdade, mas assim é por mera solução legislativa, não sendo dado indicador de que a sentença seja meramente declaratória. O vínculo matrimonial somente deixará de existir com a sentença de nulidade, o que bem evidencia o elemento inovador do provimento jurisdicional, característico da sentença constitutiva.[43]

Poderá conter elemento declaratório, pois por vezes declara a putatividade,[44] a juridicidade de alguns efeitos, negando-a em relação aos demais, mas a nota marcante é a desconstitutividade, sendo, por isso mesmo, de natureza predominantemente desconstitutiva.

Publicado originalmente em:

- Revista dos Tribunais, volume 542, dezembro de 1980, páginas 20 a 28.

---

[43] Uma das consequências práticas dessa colocação é a impossibilidade de se postular a nulidade de casamento através de **ação declaratória incidental**. Poderá o réu postulá-la através de **reconvenção**, com formulação adequada do pedido (não uma **mera declaração** de existência do direito à desconstituição do casamento, mas, sim, a própria desconstituição do vínculo matrimonial) e em ação que, pela presença dos contraditores legítimos, pela adequação procedimental e presença dos demais requisitos legais, seja admissível o pedido reconvencional. A ação declaratória incidental é meramente declaratória, e por isso não se presta à obtenção da sentença de nulidade do casamento.

[44] Yussef Cahali, ob. cit., § 49, p. 110.

CAPÍTULO 5
AÇÃO DÚPLICE

5.1 Conceito de ação dúplice

Ações dúplices, segundo o claro magistério de Lafayette[1], são "*aquelas ações em que o autor pode tonar-se réu, e o réu autor*".

Nessas ações, o autor pode ser condenado, ao invés do réu, por simples pedido deste na contestação, sem necessidade de reconvenção. Nelas, "*igual e recíproco é o direito que às partes compete promover, podendo, assim, figurar, indiferentemente, como autores os réus*[2]".

5.2 Breve escorço histórico

Os romanos distinguiam *actio simplex* (*iudicium simplex*) da *actio duplex* (*iudicium duplex*).

Esclarece Buonamici que

> "*l'actio simplex si verifica quando essa viene promossa da un attore contro un convenuto in guisa che o questo è condannato o l'altro è respinto. Quando invece nel giudizio ognuna delle parti è insiene attrice e convenuta; e perciò ambedue possono essere condannate, allora siamo nel caso delle actiones duplices. Le quali pertanto contengono una duplicità di forma che si manifesta colle parole, contenute nella formula; quidquid alterum alteri dare facere oportet ex fide bona*". E cita como exemplos de ações dúplices as ações *familiae erciscundae, communi dividundo, finium regundorum,* os interditos *uti possidetis e utrubi* e ação *pro socio*[3].

---

[1] Lafayette Rodrigues Pereira, Direito das Cousas, 2.ª ed., § 19, n. 5, p. 52.

[2] Gabriel Rezende Filho, Direito Processual Civil, Saraiva, 1957, 5ª ed., vol. I, § 237, p. 234. V. tb. Alfredo Buzaid, Da Ação Renovatória, Saraiva, 1958, § 270, pp. 393-394.

[3] Francesco Buonamici, La Storia della Procedura Civile Romana, vol. 1º, Ed. Anastatica, 1971, § 8, pp. 171-172.

Wenger, discorrendo a respeito de *iudicia duplicia*, pondera que o processo, em linha de princípio, não pode desenvolver-se "*in modo che l'attore stesso venga condannato: nemo enim in persequendo deteriorem causam, sed meliorem facit (Dig. L. 17, 87)*".

Mas acrescenta a seguir:

> *Note eccezioni a queste regole di evidenza intuitiva formano invece gl'interdetti uti possidetis e utrubi. Altrettanto noti come iudicia duplicia sono le cosiddette azioni di divisione (iudicia divisoria), cioè l'antichissima actio familiae erciscundae (azione di divisione ereditaria) e la più recente, ma più estesa actio communi dividundo. Inqueste azioni si vuole istituire un dibattito, in cui entrambe le parti hanno lo stesso ufficio, e la divisione viene ottenuta nella via dell'adiudicatio o condemnatio[4]o.)*

Nas *Institutas* de Gaio, 4, 156-160, encontramos as seguintes passagens de interesse para o entendimento das ações dúplices:

> "156. *Tertia diviso interdictorum in hoc est, quod aut simplicia sunt aut duplicia. 157. Simplicia sunt veluti in quid bus alter actor, alter reus est, qualia sunt omnia restitutoria aut exhibitoria: namque actor est, qui desiderat aut exhiberi aut restitui, reus is est, a quo desideratur, ut exhibeat aut restituat. 158. Prohibitoriorum autem interdictorum (interditum) alia duplicia, alia simplicia sunt. 159. Simplicia sunt veluti quibus prohibet praetor in loco sacro aut in flumine publico ripave eius aliquid facere conatur. 160. Duplicia sunt velui UTI POSSIDETIS interdictum et UTRUBI. Ideo autem duplicia vocantur, quod par utriusque litigatoris in his condicio est, nec quisquam praecipue reuns vel actor intellegitur, sed unusquisque tam rei quam actoris partes sustinet; quippe praetor pari sermone cum utroque loquitur. Nam summa conceptio eorum interdictorum haec est: UTI NUNC POSSIDETIS, QUO MINUS ITA POSSIDEATIS, VIM FIERI VETO; item alterius: UTRUBI HIC HOMO, DE QUO AGITUR, (APUD QUEM) MAIORE PARTE HUIUS ANNI FUIT, QUO MINUS IS EUM DUCAT, VIM FIERI VETO* (trad. de Alexandre Correia: "156 *Uma terceira divisão é a dos interditos em simples e dúplices. 157. Nos simples, um é autor e outro o réu; tais são todos os interditos restituitórios ou exibitórios; pois o autor é quem deseja a exibição ou restituição da coisa; réu, quem a deve exibir ou restituir. 158. Dos proibitórios, uns são simples, outros dúplices. 159. Nos simples o pretor proíbe ao réu fazer alguma coisa em lugar sagrado, em rio público ou suas margens; pois, o autor é quem deseja que não se faça a coisa e o réu, quem a atenta fazer. 160. Dúplices são, por exemplo, os interditos uti possidetis e utrubi. Por isso chamam-se dúplices porque neles a condição dos litigantes é idêntica, nenhum se encontra na situação determinada de réu ou autor, mas cada um representa ambos os papéis;*

---

[4] Leopold Wenger, Istituzioni di Procedura Civile Romana, trad. de R. Orestano, Giuffrè, 1938, p. 166.

> *por isso o pretor emprega as mesmas palavras, dirigindo-se aos dois. Assim, a forma geral desses institutos é a seguinte: EU PROÍBO SE FAÇA VIOLÊNCIA, DE MODO A DEIXARDES DE POSSUIR COMO AGORA POSSUÍS. E a do outro: EU PROÍBO SE FAÇA VIOLÊNCIA, VISANDO IMPEDIR AQUELA DAS PARTES, QUE POSSUIU O ESCRAVO EM QUESTÃO DURANTE A MAIOR PARTE DESTE ANO, DE O LEVAR CONSIGO[5].)*

No Direito brasileiro, sempre se entendeu existentes as ações dúplices, também chamadas mistas[6], cabendo ressaltar que o art. 922 do CPC de 1973, ao cuidar das ações possessórias, traz regra explícita a respeito[7]. Paula Batista sustenta que nem todas as ações mistas são dúplices, preferindo conceituar as mistas como **"*aquelas pelas quais demandamos ao mesmo tempo o que é nosso e o que nos é devido*"**.[8]

5.3 Bilateralidade das ações e ações dúplices

Não se deve confundir bilateralidade com duplicidade.

Toda ação é bilateral uma vez que, conforme acentuam Araújo Cintra, Ada Pellegrini Grinover e Cândido Dinamarco, *"em virtude da direção contrária dos interesses dos litigantes"*, há na ação e no processo "contradição recíproca", tendo também o réu uma pretensão em face do órgão jurisdicional, consistente em ver o pedido do autor rejeitado, pretensão essa que "assume uma forma antitética à pretensão do autor[9]".

Entre ação e exceção (no sentido amplo, de defesa) há um paralelo tão íntimo que, embora não se possa dizer constitua a exceção uma verdadeira ação autônoma, faz parte, inegavelmente, do próprio conceito de ação, no sentido de que

---

[5] Alexandre Correia, Gaetano Sciascia e Alexandre Augusto de Castro Correia, Manual de Direito Romano, vol. II, Saraiva, 2ª ed., 1955, pp. 278-281.

[6] Lafayette Rodrigues Pereira, ob. e loc. Cits.; Paula Batista, Compêndio de Teoria e Prática do Processo Civil, 7.ª ed., 1910, § 21, pp. 24-25; Barão de Ramalho, Praxe Brasileira, 2.ª ed., 1904, § 42, p. 56 (dá o nome de "juízos recíprocos"); Affonso Fraga, Instituições do Processo Civil do Brasil, t. I, Saraiva, 1940, § 25, pp. 173-175; Astolfo Rezende, A Posse e sua Proteção, Saraiva, 1937, vol. 2.º, §§ 205 e 206, pp. 33-37; Pontes de Miranda, Tratado de Direito Privado, t. X, Borsoi, 1971, 3.ª ed., § 1.137, pp. 416-418; Alfredo Buzaid, ob. e loc. cits., e nota 1, à p. 394; Gabriel de Rezende Filho, ob. e loc. cits.

[7] Assim soa o art. 922: "É lícito ao réu, na contestação, alegando que foi o ofendido em sua posse, demandar a proteção possessória e a indenização pelos prejuízos resultantes da turbação ou do esbulho cometido pelo autor".

[8] Ob. e loc. cits.

[9] Teoria Geral do Processo, Ed. Revista dos Tribunais, 2.ª ed., 1979, § 149, p. 239.

esta não somente confere ao autor o direito de pedir a tutela jurisdicional para determinada pretensão sua como também atribui ao réu o direito correlato de contradizer e de reclamar do órgão jurisdicional que julgue a ação levando em conta suas alegações. A defesa não amplia o *thema decidendum*, não faz inserir no objeto litigioso a ser julgado uma outra pretensão do réu, mas amplia a área de cognição do juiz, com as alegações formuladas pelo demandado com vistas a obter do juiz a rejeição do pedido do autor. E isto constituiu um autêntico direito do réu, tanto que a sentença que desacolhe a ação lhe confere um provimento declaratório negativo e sistemas há, como o adotado pelo Código de Processo Civil de 1973, que não permite desista o autor da ação sem o consentimento do réu (art. 267, § 4.º). Essa bilateralidade da ação confere ao processo a natureza dialética tão necessária à boa distribuição da justiça[10].

Nada obstante essa bilateralidade, a exceção visa simplesmente a obstar o acolhimento do provimento postulado pelo autor. De forma alguma faz inserir no processo um novo pedido do réu, que conduza a um provimento distinto daquele que é reclamado pelo autor através da ação.

No expressivo dizer de Araújo Cintra, Ada Pellegrini Grinover e Cândido Dinamarco, "o autor é quem pede; o réu simplesmente impede[11]".

Frederico Marques pondera que "a contestação é pedido de tutela jurisdicional de conteúdo declaratório-negativo, ou pedido de desvinculação do processo, ou de ambos simultaneamente", e acrescenta: "com a contestação, não se amplia a *res iudicanda*, mas tão-só o campo de atividade lógica do juiz. Ainda mesmo quando exceções de mérito, não apreciáveis de ofício pelo juiz, são arguidas, não se dilata o litígio, uma vez que tudo continua gravitando em torno da matéria do libelo". A "sentença declaratória negativa que o réu procura obter, incide igualmente sobre o pedido do autor e é consequência natural da improcedência deste[12]".

É o autor que através da demanda (exercício do direito de ação) formula um pedido, "cujo teor determina o objeto do litígio e, consequentemente, o âmbito dentro do qual é lícito ao órgão judicial decidir a lide[13]".

---

[10] Araújo Cintra, Ada Pellegrini Grinover e Cândido Dinamarco, ob. cit., §§ 150 e 151, pp. 239-241.

[11] Ob. cit., § 151, p. 241.

[12] Manual de Direito Processual Civil, vol. 2.º, Saraiva, 1974, § 375, pp. 76-77.

[13] José Carlos Barbosa Moreira, O Novo Processo Civil Brasileiro, Forense, 1975, vol. I, § 1.º, n. 1, p. 21.

O objeto litigioso, também denominado *res in iudicium deducta*, fundo do litígio, mérito ou lide, é delimitado pelo pedido deduzido pelo autor na petição inicial[14].

A defesa do réu, como já acentuado, embora possa dilatar a área de cognição do juiz, isto é, o objeto do processo[15] não aumenta o objeto litigioso, aquilo que o juiz deve julgar e fica coberto pela coisa julgada material.

Expressivas são, a respeito, as seguintes ponderações de Liebman: "*Eccezione è l'affermazione da parte del convenuto di un fatto estintivo od impeditivo, diretta ad ottenere il rigetto dell'azione. La proposizione di un'accezione allarga la materia della causa, perchè introduce nella discussione fatti diversi da quelli che erano stati affermati dall'attore, pur lasciando immutati i limiti della decisione, che sono determinati soltanto dalle domande delle parti*[16]".

---

[14] Objeto do litígio e a denominação adotada pelos autores alemães. A respeito do tema, há uma rica bibliografia. Na monografia de Karl Heinz Schwab, Der Streitgegenstand im Zivilprozess, vertido para o castelhano sob o título El Objeto Litigioso en el Proceso Civil, há ampla informação a respeito dos trabalhos publicados. Valem ser mencionados, também, os seguintes trabalhos: Karl Heinz Schwab, "La Teoria dell'Oggetto del Processo nell'Attuale Dottrina Tedesca", in Studi in Onore de A. Segni, vol. IV, pp. 312-330; Giuseppe Tarzia, "Recenti Orientamenti della Dottrina Germanica Intorno all'Oggetto del Processo", in JUS, 1956.

[15] A distinção entre objeto do processo e objeto litigioso é feita com clareza por Arruda Alvim, que a respeito traz as seguintes ponderações: "O objeto litigioso ou lide é conceito coincidente com a ideia de mérito, tal como delineado pelo autor e sobre ele é que recairá a imutabilidade da coisa julgada. Nessas condições, é na petição inicial que se encontram os elementos para identificar o objeto litigioso, pois o autor é que o fixa. O réu, por sua vez, fixa os pontos controvertidos de fato e de direito, mas não aumenta o objeto litigioso. O juiz, ao julgar, aprecia e decide todas as questões que se encontram no processo, mas só sobre o objeto litigioso (lide) é que pesará a autoridade de coisa julgada (ver arts. 468 e 469). Essa a razão de entendermos ser o objeto do processo mais amplo que o objeto litigioso ou a lide, desde que no primeiro está contido o segundo (lide) mais as alegações do réu" (Manual de Direito Processual Civil, vol. I, Ed. Revista dos Tribunais, 1977, § 154, p. 250). A mesma distinção é feita por Sydney Sanches no trabalho intitulado "Objeto do Processo e Objeto Litigioso do Processo", in RJTJSP 55/13-28.

A respeito das questões prévias e questões preliminares, cuja correta caracterização é relevante para a perfeita identificação do objeto litigioso e para a determinação do limite objetivo da coisa julgada, consultem-se Questões Prejudiciais e Coisa Julgada, de José Carlos Barbosa Moreira, tese de concurso, Rio, 1967, e Questões Prévias e os Limites Objetivos da Coisa Julgada, de Thereza Alvim, Ed., Revista dos Tribunais, 1977.

[16] Enrico Tullio Liebman, Manuale di Diritto Processuale Civile, I, 3.ª ed., Giuffrè, 1973, § 79, p. 134. No mesmo sentido: Frederico Marques, na obra e passagem já citadas e também nas Instituições de Direito Processual Civil, Forense, 1959, vol. III, § 617. pp. 130-131, e Moacyr Amaral Santos, Primeiras Linhas de Direito Processual Civil, Saraiva, 3.ª ed., 1977, vol. 2.º, § 444, pp. 162-163.

A ampliação do objeto litigioso somente pode dar-se, em linha de princípio, com a utilização dos instrumentos processuais destinados a tal fim, como a ação declaratória incidental e a reconvenção, que constituem na verdade outra ação.

Porém, por opção legislativa que se filia à linha histórica acima delineada, em casos excepcionais se permite o alargamento do objeto litigioso através da contestação.

Quando isto se permite, diz-se que a ação tem caráter dúplice. A contestação, nessa modalidade de ação, não somente formula defesa do réu, como também poderá conter autênticos pedidos em seu favor, sem necessidade de reconvenção.[17]

"*Não se dispensa de modo nenhum a alegação e a prova, como se a duplicidade fosse de iure, o que não está nos princípios*", adverte com razão Pontes de Miranda[18].

Maynz fala, por isso mesmo, em "éventualité de judicium duplex" nos processos de manutenção de posse[19].

5.4 Algumas ações dúplices no vigente sistema processual brasileiro

As ações possessórias foram sempre consideradas dúplices. Aliás, fontes históricas que existem a respeito dessa modalidade de ação, desde a época do Direito Romano até o nosso Direito anterior, são em grande maioria ligadas às ações possessórias.

No novo Código de Processo Civil (de 1973), o legislador fez questão de inscrever no art. 922 dispositivo que torna indisputável o caráter dúplice das ações possessórias. (O texto desse artigo está transcrito na nota 7). Dispõe às expressas, que "é lícito ao réu, na contestação" (portanto, sem necessidade de reconvenção) "demandar a proteção possessória e a indenização pelos prejuízos resultantes da turbação ou do esbulho cometido pelo autor" (o que significa que lhe é facultado formular pedido de provimento jurisdicional em seu favor, não se restringindo a contestação à defesa contra o pedido deduzido pelo autor).

Comentando o dispositivo, acentua Pontes de Miranda que "não se trata de simples contestação, a despeito de ser nela que se pode incutir o pedido possessório do réu. Em vez de reconvenção, que seria outro procedimento, o art. 922

---

[17] Arruda Alvim, ob. cit., vol. II, 1978, § 296, p. 166.
[18] Tratado de Direito Privado, vol. cit., § 1.137, pp. 417-418.
[19] Cours de Droit Romain, t. I, 3.ª ed., 1870, § 175, p. 548

estabeleceu a possibilidade da *actio duplex*, mas em contrário", e fala em inserção na contestação de "contra ação possessória" e de "ação de indenização[20]".

Pelo teor do art. 922 e pela sua colocação no Código como uma das disposições gerais às ações possessórias, não se afigura possível negar-se o caráter dúplice também ao interdito proibitório. Convém deixar anotado, porém, que houve sempre controvérsia a respeito do tema[21].

Também é considerada dúplice a ação renovatória de locação.

Alfredo Buzaid ensina, a respeito, que "*o processo de renovação de arrendamento pertence à categoria dos processos mistos ou dúplices, assim chamados, porque neles é idêntica a condição dos litigantes, de modo que o autor pode tornar-se réu e o réu, autor. O autor propõe a ação, porque pretende a renovação; o réu na contestação pode alegar: a matéria constante do art. 8.º do Dec. 24.150*". E acrescenta: "*A defesa do réu, conforme o seu alcance, pode ampliar não apenas o objeto de conhecimento, senão também o objeto da sentença*[22]".

São igualmente apontadas como dúplices as ações de divisão[23] e de demarcação[24].

Publicado originalmente em:

- Revista de Processo nº 31, ano 8, Julho-Setembro de 1983, páginas 138 a 143.

---

[20] Comentários ao Código de Processo Civil de 1973, Forense, 1977, t. XIII, p. 195.

[21] Frederico Marques, "Interdito Proibitório", in RT 260/696-699, dá notícia de Acórdão da 1ª Câmara do Tribunal de Alçada de São Paulo, relatado por Alceu Cordeiro Fernandes, em que foi afirmada a natureza dúplice do interdito proibitório.

[22] Ob. e loc. cits. Ver tb. Arruda Alvim ob. cit., vol. II, § 296, p. 166.

[23] Pontes de Miranda, Comentários ao Código de Processo Civil de 1973, t. XIII, Forense, 1977, p. 390: "Na ordinariedade dos casos, há nos arts. 967-981 iudicium duplex". Ver tb. Affonso Fraga, ob. cit., t I, § 25, p. 175 e Gabriel de Rezende Filho, ob. cit., § 237, p. 234.

[24] Hamilton de Moraes e Barros, Comentários ao Código de Processo Civil de 1973, Forense, vol. IX, p. 38: "A ação de demarcação, é, também, ação dúplice", afirma o processualista, mas em seguida adverte: "não é ponto tranqüilo". Ver tb. Gabriel de Rezende Filho, ob. e loc. cits.

CAPÍTULO 6

A TUTELA DE URGÊNCIA E O ARTIGO 273

Em 14 de dezembro último, quatro leis processuais foram publicadas (nºs. 8.950, 8.951, 8.952 e 8.953). A de nº 8.952, que altera dispositivos do processo de conhecimento e do processo cautelar, trouxe, além de outras, uma inovação extremamente importante. Trata-se de antecipação da tutela em qualquer processo de conhecimento, consagrada no art. 273 do CPC (nova redação).

Resultou a inovação da constatação pela Comissão de Estudos (coordenada pelo min. Sálvio de Figueiredo e pelo min. Athos Gusmão Carneiro, ambos do STJ, e secretariada pela des. Fátima Nancy Andrighi, da qual tive a honra de participar ao lado de inúmeros juristas de nomeada e de advogados insignes) de que o processo de conhecimento comum, ordinário e sumário, e também alguns de procedimento especial, não estavam cumprindo adequadamente o seu papel de instrumento de tutela efetiva e tempestiva dos direitos.

Constatou a comissão, igualmente, que alguns direitos, principalmente os de natureza patrimonial, contavam com procedimento que propiciava a antecipação da tutela através de medida liminar (*v.g.*, ação de reintegração de posse, ação de nunciação de obra nova, ação de despejo, ação de busca e apreensão de coisa alienada fiduciariamente, ação de reintegração de posse de coisa alienada com reserva de domínio etc.). Mas, direitos mais relevantes, como os respeitantes à vida, à honra, à higidez física, à privacidade, enfim, os direitos de conteúdo não patrimonial, não contavam com ação de procedimento e provimento diferenciados que propiciassem a antecipação da tutela.

À vista dessa circunstância, a práxis forense vem utilizando intensamente, e até com abuso, a ação cautelar inominada para obtenção da tutela antecipada. A grande inconveniência dessa solução, embora inteligente, está no fato de inexistir qualquer critério para a concessão da tutela antecipada, dependendo exclusivamente da formação e convencimento do juiz, ocorrendo com frequência a hipótese de o juiz conceder a liminar sem qualquer motivação adequada (limitando-se a utilizar do chavão forense: "presentes os pressupostos legais, concedo a liminar" ou presentes o "*fumus boni iuris*" e o "*periculum in mora*", concedo a liminar), o mesmo ocorrendo na hipótese de indeferimento da liminar.

Através da inovação trazida pelo art. 273, a Lei 8.952 procurou enfrentar o problema. E o fez, de um lado, permitindo a antecipação da tutela em todo e qualquer processo de conhecimento e, de outro lado, estabelecendo critérios e medidas de salvaguarda, de modo que a antecipação da tutela não ocorra de forma descontrolada e sem balizamentos, com base em critérios eminentemente subjetivos, como vem ocorrendo com a antecipação através da ação cautelar inominada.

Estabeleceu o legislador, assim, a necessidade de prova inequívoca que autorize um juízo de verossimilhança ("caput"), a obrigatoriedade de motivação concessiva ou denegatória da antecipação (§ 1º), não concessão na hipótese de perigo de irreversibilidade dos efeitos antecipados (§ 2º), possibilidade de revisão a qualquer tempo, seja para revogar, seja para modificar para mais ou para menos a antecipação, sempre em decisão fundamentada (§ 4º).

O juízo de verossimilhança baseado em "prova inequívoca" e juízo de probabilidade mais intenso que o "fumus boni iuris" do processo cautelar. Assim, embora sumária, a cognição deve ser mais aprofundada do que a estabelecida pelo juiz no processo cautelar.

No inciso I do art. 273, temos a tutela de urgência (supõe fundado receio de dano irreparável ou de difícil reparação). E no inciso II, o que se tem é a tutela do direito do autor que visivelmente tem razão e teve necessidade de se socorrer do processo, e por isto não deve suportar as consequências da demora do processo.

O § 3º dispõe que a execução da tutela antecipada observará, no que couber, o disposto nos incisos II e III do artigo 588.

Cabe observar:

a) em primeiro lugar, que a falta de remissão ao inciso I significa que a tutela antecipada é efetivada independentemente da prestação de caução;

b) em segundo lugar, que a expressão "no que couber" significa que nem sempre a efetivação da tutela antecipada, exigirá o processo de execução forçada a ser instaurado através de ação autônoma (a de execução). Em muitas situações, a tutela antecipada será concedida e efetivada no próprio processo de conhecimento, com a concessão de provimento executivo "*lato sensu*" ou provimento de natureza mandamental.

A análise do art. 461, que consagrou a tutela específica da obrigação (ou dever imposto por lei) de fazer ou não fazer, põe bem à mostra a afirmativa por último feita.

Com efeito, as obrigações ou deveres legais de fazer ou não fazer, principalmente as de cunho não patrimonial, que se ligam, não raro, aos direitos fundamentais do homem, com a vida, honra, integridade física, privacidade etc., e também a direitos da coletividade, como a qualidade de vida, meio ambiente etc., devem merecer uma tutela "*in natura*", e não pelo equivalente pecuniário.

É isso que o art. 461 procura assegurar, seja através da tutela específica da obrigação, pelo seu cumprimento "*in natura*", seja através da obtenção do resultado prático equivalente ao do adimplemento, com a adoção de meios sub-rogatórios adequados (*v.g.*, dever de não poluir – não fazer – poderá ser convertido em obrigação de colocar filtro – fazer, por sub-rogação –, e sendo esta descumprida poderá ser determinada a cessação da atividade industrial poluidora – não fazer, uma outra sub-rogação).

Os arts. 273 e 461 cuidam não somente de provimentos declaratórios, constitutivos e condenatórios, que são os que a doutrina tradicional admite no processo de conhecimento, como também de provimentos mandamentais e executivos "latu sensu", que existem no nosso sistema jurídico, o que fica cada vez mais claro, principalmente com a lei de mandado de segurança, ação civil pública, Código de Defesa do Consumidor, Lei Antitruste e agora com os arts. 273 e 461 e §§.

Publicado originalmente em:

- Tribuna do Direito – São Paulo – v.2 – número 24 – abril de 1995 – Páginas 23 e 24.

CAPÍTULO 7

DUAS MODIFICAÇÕES EM TUTELA

Em 14 de dezembro último, quatro leis processuais foram publicadas (nºs 8.950, 8.951, 8.952 e 8.953). A de nº 8.952, que altera dispositivos do processo de conhecimento e do processo cautelar, trouxe, além de outras, duas inovações extremamente importantes.

A primeira está prevista no art. 273 do CPC (nova numeração) e diz respeito à antecipação da tutela em qualquer processo de conhecimento.

E a segunda, que está contida no art. 461 do CPC (igualmente nova numeração), diz respeito à tutela específica da obrigação de fazer ou não fazer.

7.1 Da antecipação da tutela no processo de conhecimento

Analisemos rapidamente a primeira inovação, que é, sem dúvida alguma, revolucionária.

Resultou ela da constatação feita pela Comissão de Estudos (presidida pelo min. Sálvio de Figueiredo e pelo min. Athos Gusmão Carneiro, ambos do STJ, e secretariada pela des. Fátima Nancy Andrighi, da qual tive a honra de participar ao lado de inúmeros juristas de nomeada e de advogados insignes) de que o processo de conhecimento comum, ordinário e sumário, e também alguns de procedimento especial, não estavam cumprindo adequadamente o seu papel de instrumento de tutela efetiva e tempestiva dos direitos.

Constatou a Comissão, igualmente, que alguns direitos, principalmente os de natureza patrimonial, contavam com procedimento que propiciava a antecipação da tutela através de medida liminar (*v.g.*, ação de reintegração de posse, ação de nunciação de obra nova, ação de despejo, ação de busca e apreensão de coisa alienada fiduciariamente, ação de reintegração na posse de coisa alienada com reserva de domínio etc.). Mas direitos mais relevantes, como os respeitantes à vida, à honra, à higidez física, à privacidade enfim, os direitos de conteúdo não patrimonial, não contavam com ação de procedimento diferenciado que propiciasse a antecipação da tutela.

À vista dessa circunstância, a práxis forense vem utilizando intensamente, e até com certo abuso, a ação cautelar inominada para a obtenção da tutela antecipada. A grande inconveniência dessa solução, embora inteligente, estava no fato de inexistir qualquer critério para a concessão da tutela antecipada, dependendo muito da formação e convencimento do juiz, ocorrendo com frequência a hipótese de o juiz conceder a liminar sem qualquer motivação adequada (limitando-se a utilizar o chavão forense: "presentes os pressupostos legais, concedo a liminar" ou presentes os "*fumus boni iuris e o periculum in mora*", concedo a liminar), o mesmo ocorrendo na hipótese de indeferimento da liminar.

Através da inovação contida no art. 273, a Lei 8.952 procurou enfrentar o problema. E o fez estabelecendo critérios e medidas de salvaguarda, de modo que a antecipação da tutela não venha a ocorrer de forma descontrolada e sem balizamentos, com base em critérios eminentemente subjetivos, como vinha ocorrendo com a ação cautelar inominada.

Estabeleceu, assim, a necessidade de prova inequívoca que autorize um juízo de verossimilhança ("*caput*"), a obrigatoriedade de motivação da decisão concessiva ou denegatória da antecipação (§ 1º), não concessão na hipótese de perigo de irreversibilidade dos efeitos antecipados (§ 2º), possibilidade de revisão a qualquer tempo, seja para revogar, seja para modificar para mais ou para menos a antecipação, sempre em decisão fundamentada (§ 4º).

O juízo de verossimilhança baseado em "prova inequívoca" é juízo de probabilidade mais intenso que o propiciado pelo *fumus boni iuris* do processo cautelar.

No inciso I do art. 273, temos a tutela de urgência (supõe fundado receio de dano irreparável ou de difícil reparação). E no inciso II, o que se tem é a tutela do autor que visivelmente tem razão e teve necessidade de se socorrer do processo, e por isto não pode sofrer as consequências da demora do processo.

7.2 Da tutela específica da obrigação de fazer ou de não fazer

No art. 461 temos mais uma inovação de relevância. No art. 84 do Cód. de Defesa do Consumidor temos uma disposição idêntica. E também no Código da Infância e da Juventude. Todos esses estatutos legais tiveram como fonte inspiradora o anteprojeto de Revisão do Código de Processo Civil de 1985.

As obrigações de fazer ou não fazer, principalmente as de cunho não-patrimonial, que se ligam, não raro, a direitos fundamentais do homem, como a vida, a hora, a integridade física, a privacidade etc., e também a direitos da coletividade, como a qualidade de vida, o meio ambiente etc., devem merecer uma tutela específica, e não pelo equivalente pecuniário (publicado no **DOU** de 24/12/85).

É isso que o art. 461 procura assegurar, seja através da tutela específica da obrigação, pelo seu cumprimento *in natura*, seja através da obtenção do resultado prático equivalente ao do adimplemento.

Entre outras coisas, os §§ do art. 461 estabelecem os seguintes princípios:

a) a conversão da obrigação em perdas e danos somente deve ocorrer se o autor o requerer ou se impossível a tutela específica ou a obtenção do resultado prático correspondente;

b) a indenização por perdas e danos é concedida sem prejuízo da multa;

c) possibilidade de antecipação da tutela e sua revogação ou modificação, a qualquer tempo, mas sempre em decisão motivada;

d) possibilidade de imposição de multa diária independentemente de pedido do autor, se o juiz entender que é suficiente ou compatível com a obrigação;

e) possibilidade de determinação pelo juiz, de ofício ou a requerimento, de medidas necessárias, "tais como busca e apreensão, remoção de pessoas e coisas, desfazimento de obras, impedimento de atividade nociva, além de requisição de força policial".

O dispositivo cuida não somente dos provimentos declaratórios, constitutivos e condenatórios, que são os que a doutrina tradicional admite, como também os mandamentais e executivos *lato sensu*, que existem no nosso sistema jurídico, o que fica cada vez mais claro, principalmente com a lei de mandado de segurança, ação civil púbica, Código de Defesa do Consumidor, Lei Antitruste, e agora com o art. 461.

Para não me alongar mais: há uma diferença muito grande entre mandar e condenar.

Quando o juiz condena, dá nascimento a um título executivo, que propicia o acesso a uma outra ação, que é a ação de execução. E quando o juiz manda, o provimento deve ser cumprido, no mesmo processo, tal como ordenado pelo juiz, sob pena de desobediência e, conforme o caso, até de configuração do crime de responsabilidade (em se tratando de ordem dirigida à autoridade pública). A ordem do juiz, por exemplo, para cessar a publicidade enganosa deve ser cumprida de imediato, no mesmo processo, e não através de nova ação (de execução). Isto ocorre com várias outras espécies de obrigação de fazer ou não fazer, como a de não poluir, de não praticar ato que ofenda a honra, a privacidade, a saúde, ou qualquer outro direito fundamental de uma pessoa.

O espaço jornalístico não me propicia considerações mais amplas, mas existem, certamente inúmeros outros aspectos relevantes a serem considerados e discutidos.

Publicado originalmente em:

- Tribuna do Direito – São Paulo – v.2 - número 23 – Março de 1995 – Página 23.

CAPÍTULO 8

TUTELA ANTECIPATÓRIA E TUTELA ESPECÍFICA DAS OBRIGAÇÕES DE FAZER E NÃO FAZER (ARTS. 273 E 461 DO CPC)

8.1 Acesso à Justiça e efetividade e tempestividade da tutela jurisdicional

O princípio da inafastabilidade do controle jurisdicional, inscrito no inciso XXXV do art. 5º da Constituição Federal, não assegura apenas o acesso formal aos órgãos judiciários, mas sim o acesso à Justiça que propicie a efetiva e tempestiva proteção contra qualquer forma de denegação da justiça e também o acesso à ordem jurídica justa. Cuida-se de um ideal que, certamente, está ainda muito distante de ser concretizado, e, pela falibilidade do ser humano, seguramente jamais o atingiremos em sua inteireza. Mas a permanente manutenção desse ideal na mente e no coração dos operadores do direito é uma necessidade para que o ordenamento jurídico esteja em contínua evolução.

Um dos dados elementares do princípio da proteção judiciária com semelhante alcance é a preordenação dos instrumentos processuais capazes de promover a *efetiva, adequada e tempestiva* tutela de direitos. Outros elementos são também fundamentais, como a organização judiciária adequada para o volume de serviços judiciários, recrutamento de juízes bem preparados e com mentalidade aberta e capaz de perceber a permanente e rápida transformação da sociedade contemporânea, remoção de todos os obstáculos que se anteponham ao acesso efetivo à Justiça, organização de pesquisa institucionalizada das causas da litigiosidade e dos meios de sua adequada solução judicial e extrajudicial, além de outras providências da mesma forma importantes.

As quatro leis de modificação do Código de Processo Civil promulgadas em dezembro de 1994 (n. 8.950, 8.951, 8.952 e 8.953), que fazem parte de um conjunto de propostas legislativas apresentadas pela Comissão de Juristas constituída pelo Ministério da Justiça e coordenada pelos Ministros do Superior Tribunal de Justiça Sálvio de Figueiredo Teixeira e Athos Gusmão Carneiro, da qual tivemos a honra de fazer parte, procuram dar um passo importantíssimo no sentido do ideal mencionado, buscando a simplificação, a agilização e principalmente a *efetividade e tempestividade* da tutela jurisdicional. Não se esqueceram os membros da Comissão, porém, de que sem aquelas outras providências imprescindíveis as inovações introduzidas não terão a virtude de produzir todos os efeitos no sentido do aprimoramento da distribuição da justiça.

O objetivo deste trabalho é analisar duas importantes inovações introduzidas pela Lei n. 8.952, que dizem respeito à *tutela antecipatória* (art. 273, com nova redação) e à *tutela específica das obrigações de fazer e não fazer* (art. 461, também com nova redação

8.1.1 Da necessidade de admissão de provimentos mais eficazes, numa revisão da doutrina dominante, para a perfeita compreensão das inovações em análise

Para a perfeita compreensão dessas duas inovações, é de fundamental importância que se tenha presente que a modificação introduzida pelo legislador, através dos arts. 273 e 461, não se limitou apenas ao plano procedimental, para simplificação e agilização do processo. Houve, também, inovação nos *tipos de provimentos jurisdicionais*, com relevante repercussão nos *poderes do juiz*.

Quando o § 5º do art. 461, por exemplo, enumerou, de forma não taxativa, as providências que o juiz poderá adotar para a efetivação da tutela específica ou para a obtenção do resultado prático equivalente ao do adimplemento da obrigação de fazer ou não fazer, não cuidou unicamente de mencionar simples medidas de apoio para a atuação do comando judicial contido na sentença. Procurou, mais do que isto, deixar explícito que *novos tipos de provimentos jurisdicionais estão sendo adotados*, além do *provimento condenatório* com a feição e o alcance admitidos pela concepção tradicional, e que para sua atuação o juiz fica com poderes ampliados, a serem exercidos com equilíbrio, ponderação e perfeita adequação ao caso concreto.

Semelhante conclusão se extrai não somente do § 5º mencionado, como também do teor de todo o dispositivo legal em análise (art. 461), considerados principalmente o disposto em seu *caput* e sua conjugação com o real alcance do princípio da inafastabilidade do controle jurisdicional, que assegura, conforme acima anotado, *tutela adequada, efetiva e tempestiva* de direitos.

A expressão "no que couber", contida no § 3º do art. 273, também constitui uma sinalização nesse sentido.

8.1.2 Do provimento executivo lato sensu e do provimento mandamental

A doutrina tradicional, como é cediço, classifica os provimentos jurisdicionais em três tipos:

a) de conhecimento ou declaratório;

b) executivo; e

c) cautelar. O *provimento de conhecimento* (a que corresponde o processo de conhecimento), que é o que nos interessa para os fins deste trabalho, uma vez que a inovação introduzida pela Lei n. 8.952/94 a ele diz respeito, é subclassificado em: 1) provimento meramente declaratório; 2) provimento constitutivo; e 3) provimento condenatório.

Na classe de *provimento condenatório* a doutrina dominante inclui todos os tipos de provimentos de conhecimento que não se incluam nas de provimento meramente declaratório ou provimento constitutivo. E define o provimento condenatório como aquele que afirma a existência do direito e sua violação, aplicando a sanção correspondente, de natureza processual, que possibilita "o acesso à via processual da execução forçada".

Não são considerados pela doutrina dominante, como categorias autônomas, o *provimento executivo "lato sensu"* e o *provimento mandamental*, que são defendidos, entre nós, por Pontes de Miranda e Ovídio Baptista da Silva. Após perplexidade inicial e resistência causada pela influência da concepção predominante, a meditação e a análise a que procedemos sobre os fenômenos que ocorrem efetivamente na prática processual conduziram-nos, a final, à conclusão de que os provimentos mencionados são efetivamente distintos do provimento condenatório, pela própria natureza e também pela forma de sua atuação, e não apenas pelo momento processual em que o ato de atuação do direito é efetivado (execução feita no próprio processo em que a cognição é estabelecida - executiva *lato sensu* e mandamental).

Nos comentários às normas processuais do Código de Defesa do Consumidor, principalmente analisando os arts. 83 e 84 desse estatuto legal, tivemos a oportunidade de expor o nosso pensamento a respeito, que é sumarizado a seguir.

Tomemos dois exemplos mais expressivos desses dois tipos de provimentos jurisdicionais: sentença que decreta o despejo (executiva *lato sensu*) e sentença que concede o mandado de segurança (mandamental).

8.1.2.3 Do provimento executivo lato sensu

A *sentença de despejo* traz consigo uma forte carga de executividade. Sua função primordial não consiste em formar o título executivo, como ocorre com a sentença condenatória típica. Pela elevada carga de executividade de que é dotada, é ela executável no próprio processo em que foi proferida. Sua execução é efetivada no próprio processo em que foi ela proferida, que aglutina, assim, as atividades de cognição e de execução. Não há, no processo de despejo, uma execução *ex intervallo* dependente da propositura, pelo locador, de nova ação (ação executória). A execução, embora dependente da manifestação de vontade pelo interessado, é efetivada em seguida à sentença, às vezes antes mesmo do seu trânsito em julgado (quando o recurso é recebido apenas no efeito devolutivo) e até mesmo antes da sentença final, quando é concedida a *antecipação da tutela* que a Lei de Locação de Imóveis Urbanos (Lei n. 8.245, de 18-10-1991) admite em certas hipóteses (cf. art. 59, § 1º).

A tornar bem claro o caráter executivo *lato sensu* da sentença de despejo, dispõe o art. 65, *caput*, da Lei de Locação que, "findo o prazo assinado para a desocupação, contado da data da notificação, será efetuado o despejo, se necessário com emprego de força, inclusive arrombamento".

É induvidoso, assim, que a sentença de despejo é dotada de carga de executividade tal que torna desnecessário o ajuizamento de uma nova ação (a de execução). E isto, como é de intuitiva percepção, traz grandes consequências práticas, que a jurisprudência vem sublinhando há muitos anos e os operadores do direito sempre as aceitaram sem qualquer questionamento mais expressivo. Dessas consequências, as mais significativas são as seguintes:

a) inadmissibilidade de embargos do executado, conclusão que decorre do simples fato de inexistir ação executória;

b) necessidade de dedução de toda a defesa na fase de conhecimento, inclusive no tocante ao direito de retenção por benfeitorias, e não através de embargos na fase de execução;

c) execução promovida por simples mandado, após a notificação para a desocupação no prazo fixado, sem a necessidade do processo de execução forçada previsto no Livro II do Código de Processo Civil, que disciplina o "Processo de Execução". Não sendo cumprido o comando judicial espontaneamente, os atos executórios são efetivados pelos auxiliares do juiz, de modo a assegurar a efetiva desocupação do imóvel, se necessário "com emprego de força, inclusive arrombamento". Tudo isso, como é de fácil percepção, assegura à ação de despejo, destinada à proteção de um *direito patrimonial*, uma grande efetividade. E a execução da sentença de despejo, embora aparente estar incidindo apenas sobre um imóvel, na verdade repercute na liberdade das pessoas que nele residem, pois são elas expulsas contra sua vontade, através do uso da violência oficial.

Há outros exemplos de ação executiva *lato sensu* em nosso ordenamento processual, dos quais a mais representativa, ao lado da ação de despejo, é a ação possessória. Não é aqui, porém, o espaço adequado para se proceder à enumeração mais ampla e à análise aprofundada das ações executivas *lato sensu* do nosso sistema. Os exemplos citados, porém, são suficientes para a evidenciação de que estamos diante de um tipo de provimento judicial com o qual está familiarizado, há muito tempo, o nosso legislador processual.

8.1.2.4 Do provimento mandamental

A sentença concessiva de *mandado de segurança*, por sua vez, traz uma peculiaridade que não se reduz a mera questão ligada a destinatário do comando judicial (autoridade pública). Ela *ordena, manda,* não se limitando apenas a condenar. E há, sem dúvida alguma, uma grande diferença entre *ordenar* e *condenar*. Fosse simples provimento condenatório o comando judicial contido na sentença concessiva de segurança, teríamos unicamente um título executivo que possibilitaria o *acesso à nova ação*, a de execução. E sabemos que não é isso o que ocorre com a sentença concessiva de mandado de segurança. O mandado a ela correspondente reclama o cumprimento específico da ordem do juiz, sob pena de configuração do crime de desobediência e até mesmo, dependendo do nível de autoridade pública a quem é ela dirigida, do crime de responsabilidade. Tudo isso, evidentemente, sem prejuízo das providências que o juiz deverá adotar, nos limites da lei e das possibilidades práticas, como os meios sub-rogatórios compatíveis ao caso, diferentes da mera conversão da obrigação em equivalente pecuniário, que é o meio sub-rogatório tradicional, além de outras medidas, para o efetivo e específico cumprimento da ordem judicial.

Comentando o art. 83 do Código de Defesa do Consumidor, tivemos a oportunidade de fazer as *observações* que se seguem:

> "Esse preceito é complementado pelo art. 84 [...], que confere ao juiz (e também às próprias partes, pois é através do seu pedido que os poderes do juiz são ativados) para conferir ao processo, mais especificamente ao seu provimento, maior plasticidade e mais perfeita adequação e aderência às peculiaridades do caso concreto".

Em seguida, acrescentamos:

"Dentro dessa linha evolutiva, que já na Lei n. 7.347/85 (Ação Civil Pública) se acentuara bastante com a explicitação, no art. 11, de que 'o juiz determinará o cumprimento da prestação da atividade devida ou a cessação da atividade nociva, sob pena de execução específica, ou de cominação de multa diária, se esta for suficiente ou compatível, independentemente de requerimento do autor', *não se afigura exagerado afirmar-se que o nosso sistema processual é dotado de ação mandamental de eficácia bastante assemelhada à da 'injunction' do sistema da 'common law' e à 'ação inibitória' do direito italiano*" (grifos não constantes do original).

E assim completamos as considerações:

"Certamente, está consagrado nesses dispositivos um instituto semelhante ao do *contempt of court* dos ordenamentos da *Common Law*. As ordens judiciais, no sistema processual pátrio, devem ser executadas, em linha de princípio, em sua forma específica, sob pena de uso da violência oficial para seu efetivo cumprimento, como deixam claro, entre outros, os arts. 362 (exibição voluntária de documentos ou coisa pelo terceiro, ou expedição de mandado de apreensão e requisição, se necessário, da força policial, tudo 'sem prejuízo da responsabilidade por crime de desobediência'), 412 (possibilidade de condução coercitiva da testemunha que deixar de comparecer à audiência sem justo motivo, além de responder pelas despesas do adiamento) e 842 (busca e apreensão de pessoas e coisas com possiblidade de arrombamento das portas externas e internas e de quaisquer móveis).

O art. 330 do Código Penal, ao tipificar como delito a desobediência a ordem legal de funcionário público, completa todo esse quadro, tornando perfeitamente admissível a adoção entre nós da *ação mandamental* de eficácia próxima à da *injunction* do sistema da *Common Law* e da 'ação inibitória' do direito italiano".

A respeito especificamente da *ação mandamental*, cuja existência como categoria autônoma e diferenciada do provimento condenatório é negada pela doutrina dominante, cabem ser transcritas as seguintes observações que tivemos a oportunidade de tecer nos *Comentários ao Código de Defesa do Consumidor*:

"Foi Pontes de Miranda quem, entre nós, adotou a classificação de Kuttner, que pôs a ação mandamental em categoria distinta da ação condenatória. 'A ação mandamental – conceitua o saudoso jurista - é aquela que tem por fito preponderante que alguma pessoa atenda, imediatamente, ao que o juiz manda[1]' Em outra passagem, traz as seguintes ponderações bastante elucidativas a respeito da característica específica dessa classe de ação: 'Na sentença mandamental, o juiz não constitui: *manda*. Na transição entre o pensamento da sentença condenatória e o ato da execução, há intervalo, que é o da passagem em julgado da sentença de condenação e o da petição da ação *iudicati*'. E acrescenta: 'Na ação executiva, quer-se mais: quer-se o ato do juiz, fazendo não o que devia ser feito pelo juiz como juiz, sim o que a parte deveria ter feito. No mandado, o ato é ato que só o juiz pode praticar, por sua estabilidade. Na execução, há mandados - no correr do processo, mas a solução final é ato da parte (solver o débito). Ou do juiz, forçando[2]'

Prosseguindo, anotamos:

"Ovídio Baptista da Silva aprofundou o estudo da ação mandamental e em seu livro mais recente [3]traz a seguinte magistral síntese de sua pesquisa: 'A ação mandamental tem por fim obter, como eficácia preponderante, da respectiva sentença de procedência, que o juiz emite uma ordem a ser observada pelo demandado, ao invés de limitar-se a condená-lo a fazer ou não fazer alguma coisa. É da essência, portanto, da ação mandamental que a sentença que lhe reconheça a procedência contenha uma ordem para que se expeça um mandado. Daí a designação da sentença mandamental. Nesse tipo de sentença, o juiz ordena e não simplesmente condena. E nisto reside, precisamente, o elemento eficacial que a faz diferente das sentenças próprias do Processo de Conhecimento. Tal como acontece com as ações executivas, também as mandamentais contêm atividade jurisdicional em momento posterior ao trânsito em julgado da sentença de procedência. Na mesma relação processual de conhecimento'. Sustenta que seu campo de aplicação é mais amplo que o considerado pelos seus primeiros teóricos, pois as ordens podem ser dirigidas não apenas a órgãos e servidores do Estado, como também a particulares. Mas lamenta que no estágio atual do direito brasileiro não exista 'um parâmetro seguro que nos possa indicar os limites possíveis para as ações mandamentais' e seja, por outro lado, 'precária e insegura qualquer tentativa de encontrar o elemento conceitual que as torna diversas das condenatórias[4]'

---

[1] Tratado das Ações, RT, t. VI, 1976, § 1, n. 1, p. 3.
[2] Tratado das Ações, RT, t. 1, 1970, § 37, ns. 1 e 2, p.211.
[3] Curso de Processo Civil, v. II, Porto Alegre, 1990
[4] §§ 147-159 e 172-175, ps. 247-269 e 319-330.

A essas considerações do eminente mestre gaúcho, deixamos anotado: "*Parece-nos, todavia, que o Código de Defesa do Consumidor traz, a respeito, novo alento*".

Aliás, o próprio Código de Processo Civil em diversas passagens deixa claro que o *provimento mandamental* faz parte do seu sistema. No art. 938, por exemplo, ao cuidar da ação de nunciação de obra nova, dispõe que:

> "Deferido o embargo, o oficial de justiça, encarregado de seu cumprimento, lavrará auto circunstanciado, descrevendo o estado em que se encontra a obra; e, ato contínuo, intimará o consumidor e os operários a que não continuem a obra sob pena de desobediência e citará o proprietário a contestar em 5 (cinco) dias a ação".

A mandamentalidade é manifesta. A *ordem* é dada pelo juiz "sob pena de desobediência".

A reforçar essa conclusão, temos também a regra do art. 600, III, que considera como "*atentatório à dignidade da justiça o ato do devedor que: ... III - resiste injustificadamente às ordens judiciais*". E o art. 601 (com a nova redação dada pela Lei n. 8.953/94) estabelece que "nos casos previstos no artigo anterior, o devedor *incidirá em multa fixada pelo juiz, em montante não superior a 20% (vinte por cento) do valor atualizado do débito em execução, sem prejuízo de outras sanções de natureza processual ou material, multa essa que reverterá em proveito do credor, exigível na própria execução*" (grifos do Autor).

Temos nesses dispositivos a afirmativa de que os atos do demandado que descumpra as ordens judiciais não somente ofendem o direito da parte contrária, como também embaraçam o exercício da jurisdição, e por isso constituem atos atentatórios à dignidade da Justiça, numa concepção que se aproxima muito da adotada pelo sistema da *Common Law*. Para assegurar o cumprimento dessas ordens o nosso sistema processual se vale da *pena de desobediência* (poderá haver a prisão em flagrante, mas o processo criminal será julgado pelo juiz criminal competente, na forma da lei) e também da *multa* a ser fixada pelo próprio juiz da causa.

Podemos agora acrescentar, com toda a convicção, que com as recentes inovações, principalmente aquela introduzida pelo art. 461, *ficou bem clara* a existência do provimento mandamental em nosso sistema processual.

8.1.2.5 Da relatividade da dicotomia processo de conhecimento-processo de execução

Quando se fala em provimentos jurisdicionais, deve-se ter em mente, sempre, sua eficácia predominante, e não eficácia exclusiva. Assim, a eficácia mandamental vem muitas vezes *conjugada* à eficácia executiva *lato sensu* ou mesmo à eficácia condenatória. A eficácia declaratória, no processo de conhecimento, vem quase sempre cumulada com as demais eficácias, como é sabido, tanto que a declaração do direito que dá suporte às demais tutelas (constitutiva, condenatória, executiva *lato sensu* e mandamental) faz coisa julgada material, se estiver ela fundada em cognição exauriente.

Nos arts. 273 e 461, o legislador teve em vista todos os cinco tipos de provimentos acima mencionados. Particularmente no art. 461, para a tutela específica da obrigação de fazer ou não fazer ou para a obtenção do resultado prático correspondente, valeu-se o legislador da técnica da combinação de todos eles para conceber um processo que realmente propiciasse uma tutela efetiva, adequada e tempestiva, como determina o princípio constitucional da proteção judiciária.

Adverte Pontes de Miranda que "*a dicotomia dos procedimentos em processos de cognição e processos de execução prende-se à época em que os processualistas não haviam classificado, com rigor científico, as pretensões e ações*" e que "*o valor da dicotomia 'procedimento de cognição, procedimento de execução', no plano teórico e no plano prático, é quase nenhum*", podendo-se "*tratar, a fundo, o processo civil sem qualquer alusão a ela*".

Certamente, não se pode negar uma grande utilidade à distinção entre atividades de cognição e de execução. É através da perfeita distinção entre os diferentes tipos de *cognição* e da *combinação* entre eles que o legislador procura obter a melhor adequação entre o processo e a natureza do direito material ou a peculiaridade da pretensão material a ser tutelada.

Mas os processos de conhecimento e de execução não podem ser considerados em compartimentos estanques. Como ficou acima salientado, em vários processos de conhecimento (mandamental e executivo *lato sensu, v.g.*) os atos de atuação do direito declarado são realizados no mesmo processo em que se deu a cognição, havendo neles, portanto, a aglutinação do conhecimento e da execução. Na ação constitutiva, por exemplo, o ato de atuação é realizado interiormente à sentença. Sequer exige, portanto, ato de atuação posterior à sentença de conhecimento. Muito menos a execução *ex intervallo*, que no sistema processual nosso é uma ação autônoma (ação de execução).

Essas ponderações permitem, em nosso sentir (o tema requer um estudo mais aprofundado, cabendo aqui apenas um rápido aceno à problemática), as seguintes conclusões: *a) relatividade da dicotomia processo de conhecimento-processo de execução; b)* as espécies de execução forçada previstas no Livro II do Código de Processo Civil, baseadas na responsabilidade patrimonial do executado, não exaurem as formas de atuação do direito admitidas pelo nosso sistema processual, que admite, conforme visto, a conjugação de provimentos executivos com vários tipos de provimentos de conhecimento.

Assentadas essas premissas, passemos à análise das grandes inovações trazidas pela Lei n. 8.952/94. Cuidemos, em primeiro lugar, da *tutela antecipatória*. Depois, da *tutela específica das obrigações de fazer e não fazer*.

8.1.2.6 Da tutela antecipatória (art. 273)

8.1.2.6.1 Das razões que determinaram a inovação

O nosso sistema processual, não obstante as exceções que consagra, no que diz respeito à execução, segue o modelo romano, que adota o princípio segundo o qual só se executa a pretensão depois da cognição completa e coisa julgada. Pontes de Miranda denomina esse princípio, *"princípio da executabilidade forçada dependente da cognição completa"* (*"ab executione non est inchoandum sed primo debet de causa cognosci, et per definitivam sentenciam terminari"*).

O Código de Processo Civil brasileiro consagra esse princípio como regra geral no art. 583 ("Toda execução tem por base título executivo judicial ou extrajudicial").

Os sistemas processuais que seguem semelhante modelo, como facilmente se percebe, são extremamente respeitosos do direito e generosos para com o réu, procurando evitar, através da cognição prévia, a consumação de injustiças. Além da cognição prévia, concedem ao réu, através da execução *ex intervallo*, a ser efetivada por meio de outra ação, a executória, o chamado *tempus iudicati* (tempo para o adimplemento da condenação).

Semelhante sistema poderia, certamente, ser havido como adequado em tempos outros em que o ritmo da vida era bem mais calmo e a sociedade era menos conflituosa. Significou ele, sem dúvida alguma, um grande avanço em comparação ao sistema que impera ao tempo em que não havia, ainda, a interposição do Estado entre as pessoas em conflito, época em que prevalecia a reação pela força contra a violação de qualquer direito. E é, seguramente, superior ao sistema germânico antigo, de característica rude, impaciente e violenta, que tinha como pressuposto da execução a voluntária submissão do devedor, através de cláusulas executórias inseridas nos contratos, e não a sentença fundada em cognição prévia ou qualquer autorização de órgão estatal.

Hoje, a vida transcorre num ritmo bem diferente e a sociedade contemporânea é baseada em economia de massa, que é geradora de intensa conflituosidade.

A respeito, tivemos a oportunidade de tecer as *ponderações* que se seguem em nossa obra *Da cognição no processo civil*:

> "Uma das características da sociedade moderna é o ritmo acelerado e agitado das relações sociais, econômicas e jurídicas que nela ocorrem. Resulta ela da instantaneidade das comunicações, do encurtamento das distâncias, da incorporação dos mais avançados instrumentos tecnológicos (*v.g.*, o computador cada vez mais sofisticado) à vida cotidiana e a serviço de entidades públicas e privadas, que deles se valem até para a tomada de decisões que envolvem direitos de terceiros ou de alguma forma repercutem na esfera jurídica dos mesmos, e de inúmeros outros fatores".

Prosseguindo, acrescentamos:

> "O direito e o processo devem ser aderentes à realidade, de sorte que as normas jurídico-materiais que regem essas relações devem propiciar uma disciplina que responda adequadamente a esse ritmo de vida, criando os mecanismos de segurança e de proteção que reajam com agilidade e eficiência às agressões ou ameaças de ofensa. E, no *plano processual*, os direitos e pretensões materiais que resultam da incidência dessas normas materiais devem encontrar uma tutela rápida, adequada e ajustada ao mesmo compasso" (p. 108-9).

O legislador processual pátrio, procurando dar maior celeridade à prestação jurisdicional, utiliza a técnica da *cognição sumária* de várias formas. Uma delas consiste na concepção de processos sumários em geral (de cognição sumária), cautelar e não cautelar. E outra, na criação de processos especiais de cognição exauriente em que, por exceção, é permitida a *tutela antecipatória* baseada na cognição sumária provisória, realizada no estado em que se encontra o processo, por vezes até liminarmente. São exemplos desses processos especiais:

a) ação possessória - arts. 928 e 929 do Código de Processo Civil;

b) ação de nunciação de obra nova – art. 937 do Código de Processo Civil;

c) ação de busca e apreensão de coisa vendida a crédito com reserva de domínio - art. 1.071 do Código de Processo Civil;

d) ação de embargos de terceiros - art. 1.051 do Código de Processo Civil;

e) ação de busca e apreensão de bem alienado fiduciariamente em garantia - Dec.-Lei n. 911/69, art. 3º;

f) ação de mandado de segurança - Lei n. 1.533/51, art. 7º, II;

g) ação de desapropriação – Dec.-Lei n. 3.365/41, art. 15;

h) ação popular - Lei n. 4.717/65, art. 5º, § 4º;

i) ação civil pública - Lei n. 7.347/85, art. 12;

j) tutela específica da obrigação de fazer ou não fazer - Código de Defesa do Consumidor, art. 84, § 3º.

Excluídas as ações coletivas de tutela de interesses transindividuais, as ações previstas no Código de Defesa do Consumidor e a ação de mandado de segurança, as demais ações que admitem a tutela antecipatória privilegiam basicamente direitos patrimoniais, principalmente os de propriedade e de posse. Os direitos não patrimoniais, que são ordinariamente mais relevantes que os patrimoniais, tais como os absolutos da personalidade (direitos à vida, à saúde, à integridade física e psíquica, à honra, à liberdade, à intimidade etc.), são jogados para a *vala comum* do processo de procedimento comum, ordinário ou sumaríssimo (ou sumário, nome que passou a ter o sumaríssimo com a promulgação da Lei n. 9.245, de 26-12-1995).

A inexistência de instrumento processual adequado para a tutela desses direitos, somada à irritante e desesperadora lentidão da Justiça, provocada por fatores múltiplos, estimulou a criatividade dos operadores do direito, que começaram a utilizar *intensamente da ação cautelar inominada* como um meio de obtenção da antecipação da tutela postulada ou a ser postulada na chamada "ação principal". Ocorreu, assim, desvio e exagero na utilização da ação cautelar inominada, que passou a servir de instrumento para a postulação de tutela satisfativa, e não simplesmente acautelatória.

O fenômeno, excluídos os casos manifestamente abusivos, significava uma compreensiva reação das exigências do próprio tráfico jurídico contra o deficiente sistema processual e lastimável organização judiciária, comprovadamente insuficientes para lhe dar uma adequada e tempestiva tutela.

A ausência de critérios objetivos e claros que estabelecessem, a um tempo, o direito à antecipação da tutela e as medidas de salvaguarda contra os equívocos e exageros estava fazendo com que a tutela jurisdicional fosse concedida segundo o critério pessoal e eminentemente subjetivo de cada juiz (alguns mais rigorosos, e outros menos) no estabelecimento dos pressupostos para a concessão da tutela antecipatória. E isso, como é de intuitiva percepção, estava gerando soluções injustas, além da insegurança e intranquilidade nos jurisdicionados e nos operadores do direito.

Com frequência, as medidas liminares, em ações cautelares inominadas aforadas com vistas à obtenção de antecipação dos efeitos da tutela postulada na ação dita "principal", eram concedidas ou denegadas em atos decisórios que repetiam chavões que de substancial nada expressavam, como "presentes (ou ausentes) os pressupostos legais, concedo (ou nego) a medida liminar", ou "presentes (ou ausentes) os requisitos do *fumus boni iuris* e do *periculum in mora* concedo (ou denego) a medida liminar". Eram, como o são hoje, *decisões nulas* por ausência de fundamentação (a motivação deficiente equivale à ausência), mormente agora que a exigência de motivação de toda e qualquer decisão judicial é uma garantia constitucional (art. 93, IX, da CF).

Para adaptar o processo civil às exigências da vida moderna acima descritas e para disciplinar, com estabelecimento de critérios objetivos e com previsão de medidas de salvaguarda, um *fenômeno* que já vinha ocorrendo há muito tempo, de forma aleatória e sem controle, o legislador decidiu enfrentá-lo sem rodeios. E o fez através das regras estabelecidas no art. 273.

Uma das primeiras propostas de tutela antecipatória foi formulada por Ovídio Baptista da Silva por ocasião do Congresso Nacional de Direito Processual Civil realizado em 1983, em Porto Alegre. Sua proposta consistia em se acrescentar ao art. 285 um parágrafo único com a seguinte dicção:

> "Parágrafo único. Sempre que o juiz, pelo exame preliminar dos fundamentos da demanda e pelas provas constantes da inicial, convencer-se da plausibilidade do direito invocado, poderá conceder medida liminar antecipando os efeitos da sentença de mérito, se a natureza de tais eficácias não for incompatível com tal providência".

A proposta foi intensamente discutida pelos juristas presentes ao conclave, que redigiram, na oportunidade, um substitutivo cujo texto lamentavelmente não conseguimos localizar. O ponto saliente do substitutivo, que possibilitou a obtenção do consenso dos juristas na oportunidade, foi a adoção, como medida de salvaguarda, do requisito do *periculum in mora* (situação objetiva de perigo) ao lado do juízo de plausibilidade fundado em provas existentes nos autos.

Uma outra importante proposta foi a apresentada pela Comissão Revisora do Código de Processo Civil, nomeada pelo Governo da República em 1985 e integrada por Luís Antônio de Andrade, José Joaquim Calmon de Passos, Sergio Bermudes, Joaquim Correa de Carvalho e Kazuo Watanabe. Na revisão do Livro III, que ficou a cargo de J.J. Calmon de Passos, a Comissão optou por alterar o título do Livro para "Processo de Cognição Sumária", em vez de "Processo Cautelar", e criou um título especial para a *antecipação da tutela* no processo de cognição de procedimento comum ou especial. A proposta possibilitava a antecipação desde que:

"I - ocorrendo a revelia, haja prova documental convincente da pretensão do requerente; II - a contestação oferecida pelo réu careça de consistência nos pontos fundamentais do litígio, evidenciando-se como injusto prejuízo para o autor a dilação, para final, da tutela pretendida".

Essas duas propostas tiveram grande influência na formulação da solução contida no art. 273, que passamos a analisar nas linhas que seguem.

8.1.2.6.2 Requisitos para a concessão da tutela antecipatória e medidas de salvaguarda

O art. 273, nos incisos I e II, consagra duas espécies de tutela antecipatória:

a) a de *urgência* (n. I), que exige o requisito do *"fundado receio de dano irreparável ou de difícil reparação"*;

b) a de *proteção ao autor que muito provavelmente tem razão e por isso não deve sofrer as consequências da demora do processo, decorrente do "abuso de direito de defesa"* ou de *"manifesto propósito protelatório do réu"* (n. II), sem necessidade do requisito do *periculum in mora*.

Para ambas as hipóteses, porém, exige o legislador o *juízo de verossimilhança* fundado em *prova inequívoca*. Embora possa ser acoimada de imprópria, a expressão "prova inequívoca" foi a que a Comissão entendeu mais apropriada em substituição à expressão mais restritiva que constava da proposta originária, que aludia à "prova documental". A doutrina e a jurisprudência, certamente, encontrarão a interpretação que seja a mais adequada para a expressão.

Mas um ponto deve ficar bem sublinhado: *prova inequívoca não é a mesma coisa que "fumus boni iuris" do processo cautelar*. O juízo de verossimilhança ou de probabilidade, como é sabido, tem vários graus, que vão desde o mais intenso até o mais tênue. O juízo fundado em prova inequívoca, uma prova que convença bastante, que não apresente dubiedade, é seguramente mais intenso que o juízo assentado em simples "fumaça", que somente permite a visualização de mera silhueta ou contorno sombreado de um direito.

Está nesse requisito uma *medida de salvaguarda*, que se contrapõe à ampliação da tutela antecipatória para todo e qualquer processo de conhecimento. Bem se percebe, assim, que não se trata de tutela que possa ser concedida prodigamente, com mero juízo baseado em "fumaça de bom direito", como vinha ocorrendo com a ação cautelar inominada.

Outras duas medidas de salvaguarda encontramos nos §§ 1º e 2º.

O *primeiro parágrafo* determina seja devidamente motivada a decisão concessiva da tutela antecipatória, indicando, "de modo claro e preciso, as razões de seu convencimento". A exigência vale também para a decisão denegatória, pois, se presentes os pressupostos legais, a antecipação da tutela é um direito da parte, e não medida dependente de discricionariedade do juiz. O dispositivo seria, a rigor, dispensável, pois a exigência de motivação de qualquer ato decisório do juiz é hoje garantia constitucional (art. 93, IX, da CF) e consta do Código de Processo Civil nos arts. 131 e 458, II. Mas entendeu o legislador que a enunciação pleonástica de uma exigência teria um sentido didático importante, principalmente porque, mesmo após o preceito constitucional mencionado e as disposições da legislação ordinária, alguns juízes continuaram utilizando-se dos chavões acima mencionados para a concessão ou denegação da medida liminar, violando abertamente o princípio da obrigatoriedade de fundamentação de toda e qualquer decisão.

E o *segundo parágrafo* estabelece um limite para a concessão da tutela antecipada. Diz, com efeito, que "não se concederá a antecipação da tutela quando houver perigo de irreversibilidade do provimento antecipado". Não é muito fácil determinar quando uma antecipação pode tornar irreversível o provimento antecipado. Certamente, no plano jurídico, muito dificilmente poderá ocorrer a irreversibilidade, pois, na sentença final, o juiz poderá sempre cassar a antecipação concedida, devolvendo tudo ao *status quo ante*. É no plano prático que a irreversibilidade poderá configurar-se. Para sua conceituação, seguramente o critério econômico não será o mais adequado, principalmente nas demandas múltiplas com conteúdo social, quais as relativas ao desbloqueio de cruzados, pois o critério exclusivamente econômico poderá criar discriminações que privilegiem os mais afortunados. Mas certamente poderá surgir situação em que o critério econômico seja decisivo, pelas consequências que a antecipação da tutela poderá gerar, como por exemplo a falência de uma empresa, com repercussões econômicas e sociais indesejáveis. Tudo depende do caso concreto, que o juiz da causa deverá analisar com equilíbrio e bom senso.

O *caput* do art. 273 alude à antecipação total ou parcial dos "efeitos da tutela pretendida no pedido inicial".

A expressão "pedido inicial" é abrangente, também, da reconvenção e do pedido formulado em ação dúplice, uma vez que também o demandado, nas situações referidas, é autor, e por isso poderá postular a antecipação da tutela.

Qualquer tipo de provimento poderá ser antecipado, inclusive o *condenatório*, inclusive para pagamento de quantia certa. Daí a razão de ser do § 3º do art. 273, que menciona, na parte final, os incisos II e III do art. 588, com a ressalva "no que couber". Quis o legislador, com essa ressalva, deixar claro que, em razão da existência de provimentos para cuja atuação não se aplica o processo de execução forçada disciplinada no Livro II do Código de Processo Civil, como o executivo *lato sensu* e o mandamental, o regime da execução provisória prevista no art. 588 não teria aplicação nessas hipóteses.

Mas, em alguns tipos de ação, principalmente nos provimentos constitutivos e declaratórios, deverá o juiz, em linha de princípio, limitar-se a antecipar alguns efeitos que correspondam a esses provimentos, e não o próprio provimento. Por exemplo, na ação em que se peça a anulação de uma decisão assemblear de sociedade anônima de aumento de capital, em vez de antecipar desde logo o provimento desconstitutivo, deverá ater-se à antecipação de alguns efeitos do provimento postulado, como o exercício do direito de voto correspondente segundo a situação existente antes do aumento de capital objeto da demanda ou a distribuição de dividendos segundo a participação acionária anterior ao aumento de capital impugnado etc. O mesmo se deve dizer em relação à ação declaratória, pois a utilidade desta está, precisamente, na certeza jurídica a ser alcançada com a sentença transitada em julgado. Antes do seu julgamento, porém, a parte poderá ter interesse em obter os efeitos práticos que correspondam à certeza jurídica a ser alcançada com o provimento declaratório. Isto ocorre principalmente em relação àquelas ações declaratórias que tenham repercussões práticas, como a ação declaratória de paternidade em relação aos alimentos, ou que contenham alguma carga constitutiva, como a de desfazimento da eficácia de um ato nulo, ou a sua propriedade de, apesar de nulo, produzir alguns efeitos.

8.1.2.6.3 *Do momento da concessão da tutela antecipatória e sua execução*

A tutela de *urgência* (n. I) poderá ser concedida liminarmente, antes mesmo da citação do réu. A interpretação que negue essa possibilidade estará tornando inútil a tutela antecipatória em situações de perigo, o que fará voltar a prática, até então existente, de utilização da ação cautelar inominada para esse fim.

Desde que presentes os pressupostos legais, a antecipação com base no inciso I poderá ser concedida em qualquer fase do processo, inclusive na segunda instância, na fase recursal. O requisito que deverá ser demonstrado, além do juízo de verossimilhança fundado em "prova inequívoca", é a existência da situação "de dano irreparável ou de difícil reparação", como já ficou visto.

São frequentes as perguntas sobre a possibilidade de designação da *audiência de justificação prévia* para a tutela antecipatória, como permite, por exemplo, o § 3º do art. 461. A nossa resposta tem sido no sentido de que o juiz, salvo situações realmente excepcionais, devidamente justificadas, não deve admitir a justificação prévia, sob pena de aumentar inútil e desmesuradamente seu volume de trabalho e também pelo perigo de se criar a *sumarização generalizada do processo de conhecimento*, que é uma das grandes preocupações dos juristas quando discutem a tutela antecipatória.

A tutela antecipatória *é medida excepcional* e somente deve ser concedida quando o interessado conseguir demonstrar a efetiva presença dos pressupostos legais. Demais, como já ficou anotado, nada impede seja ela postulada após a colheita da prova em dilação probatória normal, e mesmo na segunda instância, de sorte que, em linha de princípio, a designação da audiência de justificação prévia não se compatibiliza com o objetivo buscado pelo legislador com a sua instituição.

Já a antecipação da tutela com fundamento no inciso II supõe a existência da defesa do réu, pois somente diante dela poderá o juiz se convencer de que está caracterizado "o abuso do direito de defesa ou o manifesto propósito protelatório do réu".

A *execução* ou *atuação prática* da tutela antecipada depende do tipo de provimento postulado e concedido pelo magistrado.

Tratando-se de *provimento condenatório típico*, como ficou visto acima, deve ser adotado o processo de execução forçada provisória (art. 588, II e III, do CPC). É dispensável a caução, pois o § 3º do art. 273 expressamente excluiu o inciso I do art. 588 (não significa isto que o autor, vencido a final na ação, não deva responder pelos danos que venha a causar com a execução da tutela antecipada, pois o dever de indenizar está ínsito no dever de restabelecer o *status quo ante*). Se o provimento adiantado for daqueles que não exigem a propositura de ação executória, como o executivo *lato sensu* ou o mandamental, e o adiantamento dos efeitos das tutelas pode ser concedido por meio de provimentos dessa natureza, a execução será feita no próprio processo de conhecimento, através de mandados e outros meios executivos que sejam admissíveis no caso e efetivamente tutelem o direito da parte (cf., *supra*, itens 8.1.2, 8.1.2.3, 8.1.2.4 e 8.1.2.5).

8.1.2.6.4 Da revogação da tutela antecipada

Como é bem claro o § 4º, "a tutela antecipada poderá ser revogada ou modificada a qualquer tempo". Mas, sempre em *decisão fundamentada*. A modificação poderá ser para mais ou para menos, ou ainda para uma outra situação, tudo dependendo do caso concreto.

A dúvida que poderá surgir é quanto à possibilidade de manutenção da antecipação, liminarmente concedida, na hipótese de a sentença vir a julgar improcedente a ação. Em linha de princípio, a improcedência da ação deverá trazer como consequência a revogação da antecipação concedida. Mas o caso concreto poderá recomendar, pela sua peculiaridade, que o magistrado mantenha os efeitos antecipados até o julgamento do recurso.

8.1.2.6.5 *Do recurso cabível*

O recurso cabível contra a decisão concessiva ou denegatória da tutela antecipada é o agravo de instrumento, certo é que estamos diante de uma decisão interlocutória.

No sistema atual, o agravo de instrumento não tem efeito suspensivo, o que certamente dará margem à utilização de mandado de segurança, como vem ocorrendo atualmente.

O projeto em tramitação no Congresso Nacional, elaborado com base na proposta formulada pela Comissão, trará uma profunda modificação no sistema do agravo de instrumento. Sua interposição será diretamente na segunda instância e o juiz relator, ao receber a petição de interposição, poderá conceder o efeito suspensivo, o que tornará dispensável a propositura da ação de mandado de segurança. Será esse recurso mais uma medida de salvaguarda para que a antecipação da tutela seja concedida sem abusos.

8.1.2.6.6 *Da diferença entre tutela antecipatória e julgamento antecipado da lide*

Houve, a princípio, pessoas que entendiam dispensável a tutela antecipatória pelo fato de nosso sistema processual prever o julgamento antecipado da lide.

São, porém, dois institutos bem distintos. A tutela antecipatória baseia-se em cognição sumária e consiste em antecipar provisoriamente alguns ou todos os efeitos do provimento postulado pela parte. Enquanto o julgamento antecipado da lide é definitivo e deve embasar-se em cognição plena e exauriente (se outra não for a cognição reclamada pelo tipo de ação).

Mesmo na antecipação da tutela com base no inciso II, o deferimento da tutela antecipada, em vez do julgamento final, que às vezes depende de atos probatórios ou outras providências, traz ao autor a vantagem da execução imediata do provimento adiantado, o que, dependendo dos efeitos do recurso cabível contra a sentença final, não poderá ser alcançado pelo demandante.

8.1.2.6.7 Da diferença entre tutela antecipatória e tutela cautelar

A tutela antecipatória é *satisfativa*, parcial ou totalmente, da própria tutela postulada na ação de conhecimento. A satisfação se dá através do adiantamento dos efeitos, no todo ou em parte, do provimento postulado.

Já na tutela cautelar, segundo a doutrina dominante, há apenas a concessão de medidas colaterais que, diante da situação objetiva de perigo, procuram preservar as provas ou assegurar a frutuosidade do provimento da "ação principal". Não é dotado, assim, de *caráter satisfativo*, a menos que se aceite, como o fazemos, a existência de direito substancial de cautela, que é satisfeito pelo provimento concessivo da tutela cautelar. A discussão a respeito, porém, não cabe ser desenvolvida neste trabalho.

Como procuramos demonstrar em nossa obra *Da cognição no processo civil*, nem todo processo cautelar supõe, necessariamente, a propositura da ação dita "principal", e a relação que existe entre as duas ações nem sempre se traduz em termos de asseguração da frutuosidade do provimento da ação principal. Procura-se assegurar, com certa frequência, resultados práticos que se ligam ao provimento da "ação principal" apenas de forma mediata. Por exemplo, a ação cautelar de sustação do protesto de título cambiário e a ação declaratória da inexistência de relação jurídica cambiária guardam relação unicamente de cunho prático, e não jurídico, pois a "ação principal", sendo meramente declaratória, dispensa qualquer provimento cautelar que assegure a frutuosidade de seu provimento. Com o trânsito em julgado da sentença declaratória e formação da coisa julgada material, estará plenamente atendida a pretensão do autor, tenha sido, ou não, protestado o título. O que a ação cautelar de sustação de protesto procura propiciar é a proteção do próprio direito substancial de cautela, para evitar que o conceito social ou a imagem comercial, daquele que está injustamente sofrendo o protesto, sejam afetados. Não se objetiva assegurar o resultado útil, a frutuosidade da ação declaratória, e sim o resultado prático *mediatamente* relacionado ao provimento declaratório.

Estamos tecendo essas considerações para demonstrar que o instituto da tutela antecipatória não fez desaparecer de todo a utilidade da ação cautelar inominada, intensamente utilizada na práxis forense até então.

Temos notícia de que alguns juízes estão indeferindo a ação cautelar inominada sob o argumento de que foi ela substituída pela tutela antecipatória. Semelhante entendimento, mormente em casos como de sustação de protesto, em que o cliente procura o advogado poucas horas antes do término do prazo útil para a postulação da tutela judicial, torna absolutamente impraticável o ajuizamento de uma ação de conhecimento de forma adequada, por não dispor o advogado de todos os elementos e meios de prova a ela correspondentes. Não admitir, em situações assim, que seja aforada a ação cautelar inominada, em vez da ação de conhecimento com pedido de tutela antecipatória, será ofender o princípio da proteção *judiciária* que assegura, como acima anotado, acesso à Justiça para a obtenção de tutela que seja efetiva, adequada e tempestiva.

É relevante, para esse fim, a perfeita distinção dos efeitos do provimento postulado no processo de conhecimento entre a tutela antecipatória, parcial ou total, e a tutela cautelar, que apenas propicia uma providência de segurança para resguardar o resultado útil da chamada "ação principal" ou para garantir os resultados práticos que tenham vínculos *mediatos* com o provimento postulado no processo de conhecimento. Estes resultados práticos mediatos não podem ser havidos como efeitos parciais ou totais deste último, que são assegurados através de tutela antecipatória.

Com a inovação introduzida pelo art. 273, porém, deverá desaparecer o formalismo excessivo que vinha impedindo a cumulação do provimento de conhecimento com o provimento cautelar. Razões de ordem prática e de economia processual recomendam a admissibilidade de semelhante cumulação, desde que entre os provimentos haja relação e compatibilidade.

Em *circunstâncias especiais*, principalmente naquelas em que persista dúvida quanto à *reversibilidade*, ou não, do provimento antecipado, em cuja avaliação deverá ser utilizado um critério adequado para a avaliação do caso específico, com a aplicação, se for o caso, do princípio da proporcionalidade que permita a correta identificação do interesse que deva prevalecer, poderá o magistrado, com o uso do poder geral de cautela que o nosso sistema processual permite, exigir da parte, a ser beneficiada com a tutela antecipada, a prestação de *medida de cautela* adequada. Isso, repita-se, em circunstâncias especiais e na medida em que não se anule a antecipação da tutela.

8.2 Da tutela específica das obrigações de fazer e não fazer (art. 461)

8.2.1 Da fonte inspiradora

A fonte inspiradora do art. 461 foi o *Anteprojeto* de modificação do Código de Processo Civil elaborado pela Comissão nomeada pelo Ministério da Justiça em 1985, integrada por Luís Antônio de Andrade, José Joaquim Calmon de Passos, Sergio Bermudes, Joaquim Correia de Carvalho Júnior e Kazuo Watanabe. O

Anteprojeto foi publicado no *Diário Oficial da União*, em 24-12-1985, suplemento n. 246, e a proposta nele contida consistia na criação de uma ação especial sob o nome de *tutela específica da obrigação de fazer ou não fazer* (arts. 889-A e parágrafos e 889-B).

Apesar da pequena diferença de redação, a essência da proposta era a mesma do art. 461 em análise. O legislador de 1994 (Lei n. 8.952), em vez de ação especial, preferiu criar um *provimento especial* de processo de conhecimento para a tutela das obrigações de fazer ou não fazer. Embora aluda simplesmente à "obrigação de fazer ou não fazer", o art. 461 tutela não só a obrigação negocial como também o dever decorrente de lei. O *Anteprojeto* de 1985 trazia um texto mais pormenorizado, pois referia àquele "que, *por lei ou convenção*, tiver o direito de exigir de outrem que se abstenha da prática de algum ato, tolere, ou permita alguma atividade, ou preste fato".

Em 1990, dois diplomas legais valeram-se da sugestão contida no *Anteprojeto de 1985: a*) Estatuto da Criança e do Adolescente (Lei n. 8.069/90), no art. 213; e *b*) Código de Defesa do Consumidor (Lei n. 8.078/90), no art. 84. Ambos com disposição substancialmente idêntica ao do *Anteprojeto*, embora com pequenas diferenças de redação. E em 1994, a Lei Antitruste (Lei n. 8.884/94), no art. 62, acolheu a mesma proposta e especificou um meio de execução ainda não previsto em outros diplomas legais (*intervenção na empresa*) para a tutela específica da obrigação de fazer ou não fazer (arts. 63 e 69-78).

8.2.2 Da distinção entre o ato do demandado e o resultado prático-jurídico equivalente nas obrigações de fazer ou não fazer

Cuida o dispositivo, conforme já ficou realçado, não somente de obrigações de fazer ou não fazer de origem *negocial* como também de deveres *legais* de abstenção, tolerância, permissão ou prática de fato ou ato. Quanto aos deveres legais, os chamados "direitos absolutos", ligados ao direito da personalidade, como o direito à vida, à integridade física e psíquica, à liberdade, à honra, à imagem, ao nome, à intimidade, merecem particular atenção.

O artigo em análise procura dar efetividade, nos limites da possibilidade prática e jurídica, ao postulado chiovendiano da máxima coincidência entre a tutela jurisdicional e o direito que assiste à parte, tanto em relação às obrigações de fazer como às de não fazer.

Relevante é notar, porém, que ao titular do direito interessa, *às vezes*, exclusivamente o ato do próprio devedor (*v. g.*, quando alguém encomenda a um artista de renome a pintura de um quadro) e *outras vezes* o que importa é o resultado prático-jurídico equivalente ao ato devedor, e não o próprio ato deste. Esta distinção é de suma relevância para que se possa alcançar a tutela específica das obrigações de fazer ou não fazer.

Na *primeira hipótese*, estamos diante de *infungibilidade prática* e a execução específica da obrigação de fazer somente poderá ser alcançada com a colaboração do devedor. Para induzi-lo à prática do ato, o sistema jurídico prevê a imposição de *meios de coerção indireta*, como a multa diária, à semelhança das *astreintes* do sistema francês.

O princípio da intangibilidade da liberdade pessoal constitui um limite à realização específica da obrigação de fazer ou não fazer na hipótese de infungibilidade de ordem prática. Ao seu descumprimento, a solução que o nosso sistema processual admite é a sub-rogação da obrigação em equivalente pecuniário.

Na *segunda hipótese*, a infungibilidade é apenas aparente. Não estamos cuidando de atos que possam ser praticados por terceiro, portanto, de obrigações de fazer cujo caráter fungível é evidente. Estamos, isto sim, em face de atos que devem, em princípio, ser praticados pelo próprio devedor, não podendo ser praticados por terceiro (*v.g.*, outorga da escritura definitiva de compra e venda de um imóvel, emissão de declaração de vontade ou conclusão de um contrato). A infungibilidade, porém, é apenas aparente, como já ficou anotado, e, no momento em que o legislador teve a percepção da diferença básica entre o ato do devedor e o resultado prático-jurídico a ele correspondente, conseguiu conceber provimentos jurisdicionais propiciadores da tutela específica, como a ação de adjudicação compulsória e os provimentos previstos nos arts. 639 e 641 do Código de Processo Civil, em que a própria sentença do juiz produz os mesmos efeitos do devedor.

As obrigações de não fazer, como bem observa Barbosa Moreira, podem consistir em

a) não fazer,

b) tolerar (não oferecer resistência),

c) permitir,

d) abster-se.

A violação dessa espécie de obrigação pode consistir em ato instantâneo ou em atos sucessivos ou ainda em violação de caráter permanente.

O Capítulo III do Livro II cogitou apenas de violação por ato instantâneo. Fala, assim, em desfazimento do ato ou em perdas e danos, não sendo possível o desfazimento do ato (arts. 642 e 643). Ocorre, entretanto, que há violações que são permanentes (*v.g.*, uso indevido de nome comercial) e que podem ensejar a tutela específica consistente em *cessação da violação*. E as violações sucessivas (*v.g.*, repetidas exibições de uma peça em violação do direito de alguém), hipóteses em que, relativamente às exibições futuras, é possível cogitar-se de tutela específica da obrigação de não fazer.

Bem se percebe, assim, que tutela específica das obrigações de não fazer pode ser obtida por demandas repressivas e através de demandas preventivas. Estas, por prevenirem a violação, são mais eficazes.

Igualmente em relação às demandas preventivas, os provimentos mandamental e executivo *lato sensu* têm particular importância, na conformidade do que ficou exposto acima

8.2.3 Da importância dos provimentos mandamental e executivo lato sensu, e da conjugação deles com os demais tipos de provimento, para a tutela específica das obrigações de fazer ou não fazer

As considerações acima desenvolvidas a respeito do *provimento mandamental* e do *provimento executivo "lato sensu"* são de superlativa relevância para a tutela específica das obrigações de fazer ou não fazer (cf., supra, 8.1.2, 8.1.2.3, 8.1.2.4 e 8.1.2.5).

Valeu-se o legislador, no art. 461, da conjugação de vários tipos de provimento, especialmente do mandamental e do executivo *lato sensu*, para conferir a maior efetividade possível à tutela das obrigações de fazer ou não fazer.

Ao admitir a sub-rogação da obrigação de fazer ou não fazer, por opção do titular do direito ou por ser impossível a tutela específica ou a obtenção do resultado prático-jurídico equivalente ao do adimplemento (§1º do art. 461), valeu-se o legislador do *provimento condenatório*, que dá nascimento a título executivo judicial e permite o acesso à execução forçada através da ação autônoma de execução.

Também a imposição da *medida coercitiva indireta*, consistente em multa (arts. 287 e 644 e parágrafo único do CPC), é feita através de sentença *condenatória*, que dá origem a título executivo judicial que, não sendo espontaneamente adimplido, enseja o acesso ao processo de execução forçada.

A respeito da multa cabe ser anotado que ela poderá ser imposta na sentença independentemente do pedido da parte (§ 4º do art. 461) e até mesmo na execução, quando omissa a sentença (art. 644, *caput*). O legislador permite até mesmo a modificação do valor da multa pelo juiz da execução, para mais ou para menos, sendo "verificado que se tornou insuficiente ou excessivo" (parágrafo único do art. 644). Não há que se falar, diante desse poder concedido ao juiz, em ofensa ao princípio da congruência entre o pedido e a sentença, uma vez que é o próprio legislador federal, competente para legislar em matéria processual, que está excepcionando o princípio geral. No art. 290, aliás, o legislador já havia deixado claro que o referido princípio não é de rigidez absoluta. Tampouco se pode falar em afronta à coisa julgada, pois estamos diante de instituto processual que o legislador pode adotar, ou não, no exercício da opção política que lhe cabe em matéria de soluções legislativas, nos limites que lhe parecerem mais adequados segundo as várias espécies de processo que lhe é dado conceber (cognição exauriente ou cognição sumária), e preferiu ele a solução contida no dispositivo em análise. Demais, dois princípios igualmente relevantes devem ser sempre observados em matéria de execução, o que assegura a maior efetividade possível à tutela jurisdicional e o que determina seja a execução feita, evidentemente sem prejuízo da efetividade, "pelo meio menos gravoso para o devedor" (art. 620 do CPC).

A execução específica ou a obtenção do resultado prático correspondente à obrigação pode ser alcançado através do *provimento mandamental* ou do *provimento executivo "lato sensu"*, ou da conjugação de ambos.

Através do *provimento mandamental* é imposta uma ordem ao demandado, que deve ser cumprida sob pena de configuração do *crime de desobediência*, portanto mediante imposição de medida coercitiva indireta. Isto, evidentemente, sem prejuízo da execução específica, que pode ser alcançada através de *meios de atuação* que sejam adequados e juridicamente possíveis, e que não se limitam ao pobre elenco que tem sido admitido pela doutrina dominante. E aqui entra a *conjugação do provimento mandamental com o provimento executivo "lato sensu"*, permitindo este último que os atos de execução do comandado judicial sejam postos em prática no próprio processo de conhecimento, sem necessidade de ação autônoma de execução.

Dentre os vários meios de execução possíveis, certamente as *medidas de sub-rogação* de uma obrigação em outra de tipo diferente são bastante eficazes. Bem se percebe que não estamos falando de sub-rogação comum, que é a conversão da obrigação de fazer ou não fazer descumprida em *perdas e danos*. E sim de sub-rogação propiciadora da execução específica da obrigação de fazer ou não fazer ou a obtenção do resultado prático-jurídico equivalente.

Pensemos, por exemplo, no dever legal de *não poluir (obrigação de não fazer)*. Descumprida, poderá a obrigação de não fazer ser sub-rogada em obrigação de fazer (*v. g.*, colocação de filtro, construção de um sistema de tratamento de efluente etc.), e descumprida esta obrigação sub-rogada de fazer poderá ela ser novamente convertida, desta feita em outra de não fazer, como a de *cessar a atividade nociva*. A execução desta última obrigação pode ser alcançada coativamente, inclusive através de atos executivos determinados pelo juiz e atuados por seus auxiliares, inclusive com a requisição, se necessário, de *força policial* (§ 5º do art. 461). São meios sub-rogatórios que o juiz deverá adotar enquanto for possível a tutela específica ou a obtenção do resultado prático equivalente, em cumprimento ao mandamento contido no § 1º do art. 461. Para isto, o juiz usará do poder discricionário que a lei lhe concede (fala o § 5º do art. 461 em determinação de "medidas necessárias" para a tutela específica ou a obtenção do resultado prático equivalente). A discricionariedade deve ser bem entendida. Não se trata de adoção arbitrária de qualquer medida, e sim apenas de medidas *adequadas e necessárias* (eis o parâmetro legal) à tutela específica da obrigação ou à obtenção do resultado equivalente.

O resultado prático equivalente poderá ser obtido, também, através de outros atos executivos praticados pelo próprio juízo, por meio de seus auxiliares, ou de terceiros, observados sempre os limites da adequação e da necessidade. Em nosso sistema jurídico não há explícita autorização para nomeação de terceiro, como o *receiver* ou *master* ou *administrators* ou *committees* do sistema norte-americano. O *receiver* americano, em matéria de proteção do meio ambiente, pode ter a atribuição de administrar uma propriedade para fazer cessar a atividade poluidora, de desenvolver obra de despoluição e de ressarcimento dos danos resultantes da poluição. A Lei Antitruste (n. 8.884/94), ao cuidar do cumprimento da obrigação de fazer ou não, fala em "*todos os meios, inclusive mediante intervenção na empresa quando necessária*" (art. 63), e também em "*afastar de suas funções os responsáveis pela administração da empresa que, comprovadamente, obstarem o cumprimento de atos de competência do interventor*". O modelo desta última lei sugere a possibilidade de adoção de medidas assemelhadas àquelas adotadas pelo sistema norte-americano, que prevê as figuras do *receiver, master, administrators* e *committees*.

As medidas enumeradas no § 5º do art. 461 são apenas exemplificativas. Portanto, outras podem ser adotadas, desde que atendidos os limites da adequação e da necessidade.

Não faltarão pessoas, certamente, que procurarão combater semelhante solução e também a ampliação dos poderes do juiz para a obtenção da tutela específica da obrigação de fazer ou não fazer ou para o atingimento do resultado prático equivalente.

Não se pode esquecer, porém, que o nosso sistema admite soluções tão ou mais draconianas para a tutela de direitos patrimoniais, como a ação de despejo, cuja sentença é executada inclusive com a remoção de pessoas, sejam adultas ou crianças, possuam ou não outro imóvel para habitação. E semelhante demanda é tradicional em nosso sistema e aceita por todos como a solução natural e de excelente efetividade.

Por que, então, não aceitar que, para a tutela de *direitos não patrimoniais*, mais relevantes que os patrimoniais, quais os ligados aos direitos da coletividade à qualidade de vida ou os direitos absolutos da personalidade (como os direitos à vida, à saúde, à integridade física e psíquica, à liberdade, ao nome, à intimidade etc.), possa o sistema possuir provimentos que concedam tutela específica eficaz às obrigações de fazer e não fazer?

Com a remoção de pessoas, certamente é atingida a liberdade humana. Mas esta é protegida enquanto estiver em conformidade com o direito. Da mesma forma que na ação de despejo é ela desconsiderada para a tutela do direito patrimonial assegurada pela sentença, também na tutela das obrigações de fazer ou não fazer, enquanto for prática e juridicamente possível a tutela específica ou a obtenção do resultado equivalente, a liberdade pessoal, se desconforme ao direito, é desconsiderada, admitindo a atuação do comando judicial através dos meios de atuação determinados pelo juiz e executados por seus auxiliares ou por terceiros. O que não se pode violentar é a liberdade pessoal quando o resultado pretendido somente através do ato do devedor possa ser atingido, como no exemplo do artista de renome que se recusa a pintar o quadro prometido. São situações nitidamente distintas. O princípio da intangibilidade da liberdade pessoal, portanto, deve ser contido nos devidos limites.

O *provimento mandamental*, isoladamente considerado, poderá conduzir à tutela específica da obrigação através da colaboração do devedor. Há a imposição de medida coercitiva indireta consistente em fazer configurar, ao descumprimento da ordem do juiz, o crime de desobediência. Os executores da ordem judicial poderão, inclusive, lavrar a prisão em flagrante, mas o processo criminal respectivo será julgado pelo juízo criminal competente. Semelhante prisão não é proibida pelo art. 5º, LXVII, da Constituição Federal, pois não se trata de prisão civil por dívida, e sim de prisão por crime de desobediência.

É chegada a hora de se interpretar adequadamente o mencionado dispositivo constitucional, que não proíbe, de forma alguma, a imposição da prisão civil por ato de desprezo à dignidade da Justiça ou atos que embaracem o regular exercício da jurisdição, uma das funções basilares do Estado Democrático de Direito.

O preceito constitucional foi contornado na alienação fiduciária em garantia para a transformação do alienante-fiduciário (que na verdade tem uma dívida civil) em depositário em favor do alienatário-fiduciário (credor), propiciando a prisão civil. Mas não se tem preocupado muito em impor sanções de natureza penal para aquele que desobedece à ordem legítima do juiz. Os *sistemas alemão e austríaco* permitem a imposição da sanção limitativa da liberdade em caso de desobediência à ordem do juiz, além da previsão de pena pecuniária, que é devida ao Estado, e não ao credor. Também o modelo *anglo-saxão*, através do instituto do *Contempt of Court*, admite a prisão, além da multa, esta devida à outra parte, e não ao Estado.

No nosso sistema processual, agora com o texto claro do art. 461, *caput* e parágrafos, é através da configuração dos vários provimentos, principalmente do mandamental e do executivo *lato sensu*, que se poderá obter a tutela específica da obrigação de fazer ou não fazer ou o resultado prático equivalente.

8.2.4 Da multa e das perdas e danos

A multa é medida de coerção indireta imposta com o objetivo de convencer o demandado a cumprir espontaneamente a obrigação. Não tem finalidade compensatória, de sorte que, ao descumprimento da obrigação, é ela devida independentemente da existência, ou não, de algum dano. E o valor desta não é compensado com o valor da multa, que é devido pelo só fato do descumprimento da medida coercitiva. Nesse sentido deve ser interpretado o § 2º do art. 461.

8.2.5 Da tutela antecipatória (art. 461, § 3º)

O § 3º do art. 461 admite a concessão da tutela antecipatória. Os requisitos são a *relevância do "fundamento da demanda"* (que é mais do *fumus boni iuris* do processo cautelar) e o *receio de ineficácia do provimento final* (é a situação de perigo, ou o *periculum in mora*).

Os requisitos estão mais para a tutela antecipatória do art. 273 do que para o processo cautelar. É que estamos diante de tutela antecipatória, e não de tutela cautelar.

Permite o legislador, no dispositivo mencionado, a designação da audiência de justificação prévia. E deixou afirmado o caráter provisório da tutela antecipatória, de que poderá ser ela "*revogada ou modificada, a qualquer tempo, em decisão fundamentada*". Tem inteira aplicação, aqui, tudo que afirmamos linhas atrás a respeito da motivação da decisão, tanto para a concessão da liminar, como também para sua posterior revogação ou modificação.

8.2.6 Da execução do provimento concessivo da tutela específica da obrigação de fazer ou não fazer ou obtenção do resultado prático equivalente

Conforme ficou demonstrado acima, os provimentos mandamental e executivo *lato sensu*, e a conjugação deles, não dá origem à execução *ex intervallo*, através de ação de execução autônoma.

Portanto, houve profundas modificações no Capítulo III do Livro II do Código de Processo Civil, que cuida "Da Execução das Obrigações de Fazer ou Não Fazer". Não cuidou o legislador de 1994, porém, de explicitar essas modificações. Assim, o intérprete deve ter presente em sua mente que essas disposições do Capítulo III somente têm aplicação, doravante, quando os atos de atuação do comando judicial não forem realizados no próprio processo de conhecimento, através de providências necessárias e adequadas que forem adotadas pelo juiz.

Pelo que ficou acima exposto, as inovações correspondentes aos arts. 273 e 461 são particularmente importantes para se propiciar, em obediência ao princípio constitucional da proteção judiciária corretamente interpretado, uma *tutela efetiva, adequada e tempestiva de direitos*.

É de fundamental importância a *mudança de mentalidade* que seja capaz de rever as categorias, conceitos e princípios estratificados na doutrina dominante, pois somente assim poderão ser extraídas desses dispositivos todas as consequências possíveis para a modernização do nosso processo civil.

BIBLIOGRAFIA

ARAÚJO CINTRA, Antônio Carlos de, GRINOVER, Ada Pellegrini & DINAMARCO, Cândido Rangel. **Teoria geral do processo**. 6. ed. Revista dos Tribunais. Cap. 32.

ARRUDA ALVIM, ALVIM, Thereza, ARRUDA ALVIM, Eduardo & MARINS, James. **Código do Consumidor comentado**. 2. ed. Revista dos Tribunais.- Propostas apresentadas ao Congresso Nacional de Direito Processual Civil. Porto Alegre, 1983.

BARBOSA MOREIRA, José Carlos. Notas sobre o problema da "efetividade" do processo. In: **Temas de direito processual** – 3ª Série. Saraiva, 1984.

Processo civil e direito à preservação da intimidade – Tutela sancionatória e tutela preventiva - Tutela específica do credor nas obrigações negativas. In: *Temas de direito processual* – 2ª Série. 2. ed. Saraiva, 1988.

Tendências na execução de sentenças e ordens judiciais. In: *Temas de direito processual* – 4ª Série. Saraiva, 1989.

BAUR, Fritz. **Tutela jurídica mediante medidas cautelares**. Trad. bras. Sérgio A.Fabris, Editor, 1985.

BEDAQUE, José Roberto dos Santos. **Direito e processo**. Ed. Malheiros, 1995.

BERMUDES, Sergio. **A reforma do Código de Processo Civil**. Freitas Bastos, 1995.

CALMON DE PASSOS, J. J. **Inovações no Código de Processo Civil**. Forense, 1995.

CARNEIRO, Athos Gusmão & TEIXEIRA, Sálvio de Figueiredo. **A reforma do processo civil: simplificação e agilização**. *Lex* - Jurisprudência do Superior Tribunal de Justiça e Tribunais Regionais Federais, 51:7-13.

CARPI, Frederico. Note in tema de tecniche dell'attuazione dei diritti. **Rivista Trimestrale di Diritto e Procedura Civile**, Giuffrè, 1988.

CARREIRA ALVIM, J. E. **Código de Processo Civil reformado.** Del Rey, 1995.

CHIARLONI, Sergio. **Misure coercitive e tutela dei diritti**. Giuffrè, 1980.

COLESANTI, Vittorio. Misure coercitivi e tutela dei diritti. **Rivista di Diritto Processuale**, CEDAM, 1980.

DENTI, Vittorio. "Flashes" su accertamento e condanna. **Rivista di Diritto Processuale**, CEDAM, 1985.

DI MAJO, Adolfo. **La tutela civile dei diritti**. Giuffrè, 1987.

DINAMARCO, Cândido Rangel. **A instrumentalidade do processo**. Revista dos Tribunais, 1987.- *A reforma do Código de Processo Civil*. 2. ed. Ed. Malheiros, 1995.

FRIGNANI. Aldo. **L'injunction nella Common Law e l'inibitoria nel diritto italiano**. Giuffrè, 1974.

GRINOVER, Ada Pellegrini. **Comentários ao Código de Defesa do Consumidor**. 4. ed. Forense Universitária.- Tutela jurisdicional nas obrigações de fazer e não fazer. In: *Reforma do Código de Processo Civil*. Coord. Sálvio de Figueiredo Teixeira. São Paulo, Saraiva, 1996.

LACERDA, Galeno. **Comentários ao Código de Processo Civil.** Forense, 1980. v. 3, t. 1.

LAWSON, F. H. **Remedies of English law.** London, 1980.

MANDRIOLI, Crisanto. **Corso di diritto processuale civile**. 6. ed. Torino, v. 3. *Le modifiche del processo civile.* Torino, 1993.

MARINONI, Luiz Guilherme. **Tutela cautelar e tutela antecipatória**. Revista dos Tribunais, 1992.- Tutela cautelar, tutela antecipatória urgente e tutela antecipatória. Ajuris, 61:63-74.

MONTESANO, Luigi. Considerazioni su Storia Moderna e proposte riforme della giustizia civile in Italia. **Rivista di Diritto Processuale**, 1985.- *Le tutele giurisdizionali dei diritti.* Bari, 1981.

NEVES, Celso. **Comentários ao Código de Processo Civil**. 1. ed. Forense. v. 7.- Textos sobre "jurisdição", "ação", "processo" e "procedimento" elaborados para o curso de Pós-Graduação da Faculdade de Direito da USP.

PONTES DE MIRANDA. **Comentários ao Código de Processo Civil de 1973**. 1974, t. 1.

- *Tratado das ações.* Revista dos Tribunais, 1970-1976. t. 1 e 6.

PROTO PISANI, Andrea. I provvedimenti anticipatori di condanna. In: **La reforma del processo civile**. CEDAM, 1992.- *La nuova disciplina del processo civile.* Jovene, 1991. - La tutela di condanna. In: *Appunti sulla giustizia civile.* Bari, 1982.

RAPISARDA, Cristina. **Profili della tutela civile inibitória**. CEDAM, 1987.

SILVA, Ovídio Baptista da. **Curso de processo civil.** Porto Alegre, 1990. v. 2.

TARUFFO, Michele. L'attuazione esecutiva dei diritti: profili comparatistici. **Rivista Trimestrale di Diritto Processuale Civile**. Giuffrè, 1988.

TARZIA, Giuseppe. Considerazioni comparative sulle misure provvisorie nel processo civile. **Rivista di Diritto Processuale**. CEDAM, 1985.

TEIXEIRA, Sálvio de Figueiredo. A reforma do processo civil - simplificação e agilização. **Revista de Processo**, 67:135-53.

THEODORO JÚNIOR, Humberto. **As inovações no Código de Processo Civil**. Forense, 1995.

VERDE, Giovanni. Osservazioni sul giudizio di ottemperanza alle sentenze dei giudici amministrativi. **Rivista di Diritto Processuale**, 1980.

WATANABE, Kazuo. **Comentários ao Código de Defesa do Consumidor**. 4. ed. Forense Universitária.- *Da cognição no processo civil.* Revista dos Tribunais, 1987.

YARSHELL, Flávio Luiz. **Tutela jurisdicional específica nas obrigações de declaração de vontade.** Ed. Malheiros, 1993.

Publicado originalmente em:

- Reforma do Código de Processo Civil. Coordenação Ministro Sálvio de Figueiredo Teixeira. 1996. Editora Saraiva. Páginas 19 a 51.
- AJURIS – Revista da Associação dos Juízes do Rio Grande do Sul, número 66, ano XXIII, março de 1996, páginas 160 a 190.
- Revista de Direito do Consumidor nº 19 – julho/setembro de 1996, páginas 77 a 101. Editora Revista dos Tribunais.

CAPÍTULO 9

TUTELA ANTECIPADA E ESPECÍFICA E OBRIGAÇÕES DE FAZER E NÃO FAZER (PALESTRA)

Vou abordar, especificamente, os arts. 273 e 461 do Código de Processo Civil, na redação dada pela Lei 8.952, de dezembro do ano passado.

Antes de iniciar a análise dos textos, gostaria de expor uma rápida visão que tenho do sistema processual brasileiro.

Nós pertencemos à família da *civil law*, de origem romano-germânica, e um dos princípios mais importantes desse sistema processual é o que está expresso no art. 583, que estabelece que "não haverá execução sem prévia cognição" – *nulla executio sine titulo*. É um sistema processual extremamente protetor de direitos, principalmente do direito de defesa do réu.

Nos tempos atuais, em razão da situação em que se encontra a organização judiciária nossa, em vários níveis, em vários Estados, em várias áreas, e tendo-se em conta também as profundas modificações pelas quais o mundo está passando, em termos de velocidade da história, velocidade das decisões, decisões essas tomadas inclusive com auxílio de computador, tudo isso, exigindo, evidentemente, uma resposta mais rápida da Justiça, o modelo processual que adotamos, fundado no referido princípio e no procedimento comum, ordinário ou sumaríssimo, de pouca eficiência, tornou-se inadequado à efetiva tutela de direitos.

Quando a Constituição Federal nossa consagra o princípio da proteção judiciária, no inciso XXXV do art. 5º, não procura assegurar apenas o mero acesso nominal à Justiça, mas sim um acesso que propicie uma tutela efetiva adequada e tempestiva de direitos.

A **tempestividade** é dado elementar do conceito de proteção judiciária, e daí a busca, pelos doutrinadores, pelos legisladores e também pela jurisprudência, de soluções rápidas. E em razão, exatamente, dessa inadequação do sistema processual nosso, que não permite a atuação dos direitos sem prévia cognição, sem a existência de título executivo, a demora disso consequentemente fez com que a prática forense concebesse saídas, porque quando há problemas, como é cediço, o próprio organismo, seja social ou humano, busca sempre soluções alternativas. Os advogados, na práxis forense, são muito criativos e estão sempre buscando soluções. Como resultado disso começou a existir de uns tempos para cá, diria nos últimos quinze a vinte anos, a intensa utilização **da ação cautelar inominada** para fazer face a esse estado de coisas, a essa necessidade de obtenção de uma tutela rápida, tempestiva e, acima de tudo, efetiva.

A princípio, os Juízes relutaram em aceitar a solução criativa, pois não existia instrumento específico para soluções de urgência, para situações de emergência.

Pouco a pouco, porém, a jurisprudência começou a aceitá-la e hoje, em todas as Justiças se acolhe, quase tranquilamente, a utilização da ação cautelar inominada como um meio excepcional de se obter a antecipação da tutela satisfativa.

A Comissão encarregada da elaboração dos anteprojetos de lei de modernização do Código de Processo Civil, presidida pelo Ministro **Sálvio Figueiredo** e coordenada pelo Ministro **Athos Gusmão Carneiro**, resolveu enfrentar, ao lado de vários outros, também esse grave problema.

Não podia ser desconhecida essa realidade. A Comissão tinha que apresentar uma proposta de solução.

Também em vários outros países há movimentos na mesma direção, ou seja, da tutela antecipada. A Itália, na década de 90, aprovou algumas leis que preveem a antecipação da tutela.

Embora ainda uma solução uniforme, há uma tendência mundial nesse sentido.

Muito bem. O sistema que tínhamos no ordenamento brasileiro é o acima descrito e foi por essa razão que se pensou na tutela antecipada.

Um outro aspecto que gostaria de salientar, antes de tecer comentários sobre os textos legais, é o pertinente à diferença que existe entre o sistema da *civil law* a que pertencemos e o sistema da *Common Law*, no que diz respeito à jurisdição.

Vou tecer essas considerações porque delas pretendo extrair consequências relevantes para a interpretação do art. 461, que diz respeito à tutela específica das obrigações de fazer ou não fazer.

No sistema continental, da *civil law*, a desobediência ou o descumprimento da ordem do juiz são vistos mais como uma ofensa ao direito da parte contrária, ao passo que no sistema anglo-saxão, a desobediência à ordem do juiz é considerada embaraço ao exercício da jurisdição. Portanto, eles consideram isso como atentado à dignidade da Justiça e têm, por isto, um instituto denominado "*Contempt of Court*", que pode trazer, inclusive, consequências penais, de constrição da liberdade pessoal.

Essa diferença entre os dois sistemas, entre as duas famílias jurídicas, tenho para mim que tem passado despercebido entre nós ao longo dos anos, mesmo depois da criação do mandado de segurança. Não extraímos, ainda, todas as consequências possíveis dessa ação constitucional.

Também com a Lei da Ação Civil Pública houve inovação importante nesse sentido. Posteriormente, com o Código de Defesa do Consumidor, com o Estatuto da Infância e da Juventude, e com a Lei Antitruste. E agora, com a inovação acolhida pelo Código de Processo Civil.

A aproximação entre os diferentes sistemas não é absurda, nem muito estranha, porque o próprio Código de Processo Civil, ao definir atos do devedor no art. 600, fala em atentado à dignidade da Justiça quando há embaraço à realização dos atos de execução. O legislador colocou em termos de **atentado à dignidade da Justiça**, e não de ofensa ao direito do credor!

Isso traz uma consequência bastante importante para a **classificação das ações**. A doutrina tradicional classifica as ações em três espécies: **ação de conhecimento, ação de execução e ação cautelar**. O que nos importa, para os fins desta palestra, é a **ação de conhecimento**. A ação de conhecimento, por sua vez, é subclassificada em três tipos: **meramente declaratória, constitutiva e condenatória**. A **meramente declaratória** se exaure na sentença; nela não há execução, a não ser pelas verbas acessórias. A **constitutiva** também, excluindo-se as condenações acessórias, se exaure praticamente na sentença, porque o juiz declara o direito aplicável ao caso concreto e, interiormente à sentença, já opera a modificação dos fatos, declarando rescindido o contrato, anulando o negócio jurídico, etc.

Então, o que sobra, em termos de execução, é basicamente a **sentença de condenação**. A nossa doutrina dominante insiste em colocar toda sentença que não seja declaratória ou constitutiva na categoria de sentença condenatória, como se não houvesse diferença entre os vários provimentos que o juiz concede.

A Jurisprudência já reconhece, por exemplo, a existência de **sentença executiva** *lato sensu*. Ação de despejo é uma sentença executiva *lato sensu*, ação de reintegração de posse também é uma executiva *lato sensu*, isto é, não há processo autônomo de execução forçada, uma ação autônoma proposta com base em título executivo judicial.

O juiz expede o mandado e o mandado é cumprido no próprio processo em que a cognição se estabeleceu. Via de regra, após a sentença; algumas vezes, antes da sentença, quando é concedida a tutela antecipatória.

A liminar, na ação de reintegração de posse, é executada antes da sentença, no próprio processo de conhecimento. Essa ação executiva *lato sensu* a jurisprudência já vem reconhecendo de há muito, com consequências práticas muito importantes. Por exemplo, na ação de despejo, o 2º Tribunal de Alçada de São Paulo não admite embargos do executado, exatamente porque é uma ação executiva *lato sensu*; não há processo de execução, e a atuação da sentença de despejo é feita através de expedição de mandado. Isto acontece também com outras ações da mesma espécie, que não vou enumerar aqui por serem várias.

Essa é uma categoria de sentença que a doutrina dominante ainda não admite, embora a jurisprudência já a venha reconhecendo de há muito tempo. Frederico Marques faz alusão a essa categoria de sentença quando se refere à ação de despejo, embora não chegue a criar uma categoria distinta da de sentença condenatória.

Uma outra espécie de sentença que reputo extremamente importante é a **sentença mandamental**.

Existe uma diferença muito grande entre **ordenar** e **condenar**. Quando o juiz condena, ele dá nascimento a um título executivo. Esse título executivo servirá de base para a propositura de uma segunda ação, que é a ação de execução.

Acontece que, em algumas ações, o juiz expede ordens, mandamentos, que são cumpridos no próprio processo em que são eles expedidos. **Ação de mandado de segurança** é exemplo típico dessa espécie de ação. Não há processo de execução no mandado de segurança, posterior à sentença. Independentemente de ação autônoma de execução, o juiz expede e faz cumprir o mandado.

Mas, de que forma essa ordem é cumprida?

Por enquanto, não temos ainda uma indicação clara dos meios de atuação desses mandamentos. Vou mencionar algumas criações da legislação brasileira e também da legislação estrangeira. Através delas podemos chegar à constatação de que a execução de sentença não se processa, necessariamente, segundo o modelo constante do Livro II, que cuida do processo de execução, da execução forçada. A nossa execução forçada é basicamente uma execução sub-rogatória, que se processa através de sub-rogação patrimonial. Esse é o sistema que temos, quando o mundo contemporâneo, com novos direitos, direitos constitucionalmente assegurados, não somente individuais, como também coletivos ou difusos, cuja existência em todo o mundo vem sendo reconhecida, clama por um sistema mais eficaz. Esses novos direitos não admitem sua convenção em equivalente pecuniário.

Quando se pensa, por exemplo, no direito à qualidade de vida, no meio ambiente ecologicamente equilibrado, não se pode admitir a transformação desse direito em indenização por perdas e danos. A ordem do juiz tendente a tutelá-lo deve ser cumprida tal como expedida, *"in natura"*: se é ordem para não poluir, o juiz tem que encontrar os **meios adequados** e **compatíveis**, juridicamente possíveis é claro, que conduzam à tutela específica da obrigação ou, como diz a lei: "ao atingimento do resultado prático correspondente ao cumprimento da obrigação". Às vezes, o que importa não é tanto o ato do devedor, e sim o resultado prático a ele correspondente.

Essas considerações estou tecendo para demonstrar que a classificação das ações, principalmente a de conhecimento, tem de passar por um reestudo, por uma reavaliação, não somente na doutrina, como na jurisprudência, para se poder chegar à categoria autônoma da sentença que Pontes de Miranda denomina de **mandamental**, que tem natureza da condenatória.

Muita gente não aceita a teoria de Pontes de Miranda, mas hoje tenho a impressão de que a realidade está mostrando que existe, efetivamente, a categoria de sentença **mandamental**, além da **executiva** *"lato sensu"*.

No sistema anglo-saxão existem as *"injunctions"*, que são ordens do juiz, e essas ordens são executadas, inclusive, sob a consequência já mencionada, de configuração do *"Contempt of Court"*, de embaraço à Justiça, e várias consequências práticas decorrem dessa colocação.

No Direito Italiano existe a **ação inibitória**, que leva mais ou menos à mesma consequência, e no sistema nosso insistimos em não admitir a sentença mandamental, sentença em que o juiz dá ordens, apesar de, diariamente, Juízes Federais, Juízes Estaduais, e outros Juízes estarem expedindo tais ordens, ao invés de se limitar à mera condenação.

Como executar essas ordens é estudo assaz importante para a análise do art. 461 e, também, do art. 273.

Pretendo falar, posteriormente, sobre a diferença entre a tutela antecipatória e a tutela cautelar, distinção que reputo de suma importância. Talvez seja importante discorrer desde já a respeito do tema. Quando o legislador instituiu a **tutela antecipatória**, pensou na antecipação dos efeitos buscados na ação de conhecimento de cognição exauriente. Efeitos ligados à tutela postulada nessa ação, a totalidade desses efeitos ou apenas parte deles. Esses efeitos são concedidos a **título satisfativo**, como acontece no mandado de segurança ou na reintegração de posse, e em outras ações especiais que já consagram esse tipo de solução.

Já a **tutela cautelar** procura conceder algumas medidas colaterais, através das quais se busca assegurar o resultado útil do provimento postulado na ação chamada "principal". Através dela não se antecipa o efeito da tutela objetivada no processo dito "principal".

Esta distinção, feita em termos rigorosos, é de superlativa relevância para saber se ainda cabe, ou não, ação cautelar inominada tendo o sistema consagrado a antecipação da tutela prevista no art. 273.

Vou me permitir agora analisar o **art. 273**, para ver como foi concebido o instituto.

O "*caput*" do art. 273 tem a seguinte dicção: "O juiz poderá, a requerimento da parte, antecipar, total ou parcialmente, os efeitos da tutela pretendida no pedido inicial, desde que, existindo prova inequívoca, se convença da verossimilhança da alegação ..." E vem, em seguida, o **Inciso I**, que cuida da **tutela de urgência**, isto é, quando há receio de dano irreparável ou de difícil reparação, e o **inciso II**, que cuida de tutelar o autor que muito possivelmente tem razão e, por isso, não deve sofrer as consequências da demora do processo.

Não é tutela de urgência a hipótese prevista no inciso II, que diz: "desde que fique caracterizado o abuso de direito de defesa ou manifesto propósito protelatório do réu".

No "*caput*", nós temos duas expressões importantes: "**prova inequívoca**" e "**juízo de verossimilhança**". O juízo de verossimilhança não é fácil de ser definido uma vez que apresenta diferentes graus. O juízo de verossimilhança é um juízo de probabilidade. O juiz pode chegar a vários graus de probabilidade: mais intenso, menos intenso, médio, etc. **Malatesta**, na classificação que apresenta, à probabilidade mínima chama de **verossímil**; à probabilidade média, de **provável**; e à probabilidade máxima, de **probabilíssimo**.

Tudo isso é válido na colocação puramente doutrinária. Na prática, existem vários outros graus e ao juiz caberá sentir as diferenças existentes em cada caso concreto.

A expressão "prova inequívoca", sabemos nós, não é muito feliz, mas ela foi adotada para substituir uma outra expressão que estava no texto primitivo, que era "prova documental".

Prova documental era uma expressão mais restritiva, porque procura privilegiar um tipo de prova, quando a experiência nos indica que o juízo de probabilidade, ou juízo de verossimilhança pode resultar de outros meios de prova: prova testemunhal, por exemplo, e até máximas de experiência, principalmente máximas de experiência científica, que permitem um juízo de probabilidade de elevado grau.

Mas o que importa é constar que, ao se utilizar de expressões "prova inequívoca" e "juízo de verossimilhança", o legislador quis deixar claro que **não se trata de fumus boni iuris** do processo cautelar. É necessário um juízo de probabilidade mais intenso, porque está se antecipando uma tutela satisfativa. Foi para substituir o papel que a cautelar inominada vinha desempenhando que foi instituída a tutela antecipatória.

O objetivo do legislador foi de estabelecer **requisitos** e **medidas de salvaguarda** para a tutela antecipatória.

A antecipação dada numa cautelar inominada dependia sempre de critério subjetivo do juiz, que difere de um magistrado para outro e, muitas vezes, a liminar era concedida com utilização de chavões como: "Presentes os pressupostos legais, concedo a liminar" ou "Presentes o *fumus boni iuris* e o *periculum in mora*, concedo a liminar". Entendo que isso é dizer nada, é ausência completa de motivação. A rigor, não havia a necessidade de dizer o que está dito no parágrafo 1º, porque a Constituição Federal (art. 93, IX) exige motivação em toda e qualquer decisão judicial e o Código de Processo Civil, em vários dispositivos, também dispõe no mesmo sentido.

Mas, pleonasticamente, o legislador quis deixar claro que, ao antecipar a tutela ou ao denegá-la, deve o juiz motivar adequadamente a sua decisão, esclarecendo claramente e com precisão onde está a prova inequívoca de que resultou o juízo de verossimilhança e onde está o *periculum in mora*, se for o caso do inciso I, ou onde está a prova do abuso do direito de defesa ou do propósito protelatório do réu, tratando-se do inciso II. Essa é a **primeira medida de salvaguarda** que está inscrita no parágrafo 1º do art. 273.

Outra medida de salvaguarda está no **parágrafo 2º**, que fala em não se dever conceder a antecipação quando houver perigo de **irreversibilidade** do provimento antecipado.

O conceito de irreversibilidade é também extremamente difícil de ser estabelecido. Em termos jurídicos, a antecipação da tutela dificilmente será irreversível. Se o juiz antecipa uma tutela constitutiva, por exemplo, na sentença final ele poderá desconstituí-la. Estamos cuidando, portanto, de irreversibilidade no plano fático. E, no plano fático, que critério deve ser utilizado? Critério econômico? Certamente é o menos indicado. Pelo critério econômico, no caso por exemplo de desbloqueio de cruzados, certamente mais de 90% das pessoas não teriam condições de devolver a quantia desbloqueada. Mas, em termos sociais, esses conflitos tinham configuração coletiva, embora tivessem sido tratados atomizadamente. Quer dizer, o valor em jogo era de tal natureza, com elevado conteúdo social e abrangendo um grande número de pessoas, que o critério econômico não seria o mais adequado para a aferição da irreversibilidade, sob pena de se cometer injustiça.

Na demanda entre dois particulares, porém, o critério econômico às vezes pode ser determinante. Se uma tutela for antecipada, ou a antecipação for denegada, poderá ocorrer de levar à falência uma determinada empresa, por alguma razão, e assim, poderá haver a configuração da irreversibilidade da tutela antecipada também pelo critério econômico. Aqui, entra também o caso concreto, com as suas peculiaridades, a determinar a convicção do juiz a respeito da irreversibilidade ou não, da tutela antecipada. Não se pode, aprioristicamente, determinar critério a ser adotado, econômico, jurídico ou qualquer outro, porque cada caso será um caso distinto, com suas especificidades.

Se pensarmos, por exemplo, numa locação de imóvel por um turista que queira assistir a um Carnaval do Rio, se não houver entrega do imóvel na época do Carnaval, a tutela tardia será absolutamente inútil para ele. Poderá haver, quando muito, conversão em perdas e danos. Cada caso, em suma, irá exigir a avaliação de irreversibilidade.

Marinoni, comentando o parágrafo 2º, afirma que, pelo critério da proporcionalidade, o juiz deverá pesar os valores em jogo para saber a qual deles deverá dar proteção, ou qual deles deverá sacrificar. Certamente, nos casos limites, será um critério válido. Outras vezes, com o uso do poder geral de cautela, o juiz poderá adotar providências que permitam evitar a irreversibilidade.

Enfim, cada caso é um caso e será muito difícil a determinação de critérios aprioristicos.

A tutela antecipada é uma tutela provisória, portanto, sujeita à revogação ou modificação a qualquer tempo.

A modificação pode ser para mais ou para menos. Pode ser até ampliada a tutela concedida.

O **parágrafo 3º** traz uma expressão que se liga ao art. 461 e às considerações iniciais que desenvolvi sobre provimentos jurisdicionais. Diz o parágrafo 3º:

"A execução da tutela antecipada observará, **no que couber**, o disposto nos incisos II e III do art. 588." O 588 cuida da execução provisória. Expressamente, foi excluído o inciso I, que cuida da prestação de caução, para permitir a realização da tutela antecipada sem necessidade de caução. Mas o inciso I cuida, também, da indenização por perdas e danos. Esse princípio teria sido excluído? Não. Pela própria natureza do provimento de revogação da tutela antecipatória, que leva à devolução das coisas ao *status quo ante*, está ínsito nele o dever de indenizar, se algum prejuízo tiver sido causado à parte contrária. As coisas devem ser repostas ao **status quo ante**. Então, a eliminação do inciso I teve apenas a finalidade de eliminar a caução. Mas a expressão "**no que couber**", qual teria sido a sua razão de ser? Está exatamente na colocação acima desenvolvida, quanto aos tipos de provimentos jurisdicionais que o nosso sistema consagra, a explicação da ressalva. Se for tutela condenatória ao pagamento de quantia em dinheiro, ou para entrega de coisa, segue-se o disposto no art. 588; extrai-se carta de sentença, procedendo-se à execução provisória nos termos do livro II do Código de Processo Civil. Haverá, então, execução forçada. Mas, se se tratar de provimento mandamental ou executivo "*lato sensu*"? O juiz deverá executar a tutela antecipada no próprio processo de conhecimento. Não há que se falar, em tais hipóteses, em execução provisória do art. 588. O art. 461 é reprodução quase integral do art. 84 do Código de Defesa do Consumidor.

Muito bem! Tomemos, para raciocinar, um interesse da coletividade, cuja tutela, pela sua relevância, não podemos transformar em perdas e danos: Por exemplo, uma **publicidade enganosa**. A publicidade enganosa pode levar o consumidor à aquisição de um produto danoso à saúde. Portanto, há necessidade de fazer cessar de imediato a publicidade. Cuida-se de uma obrigação de não fazer que reclama uma tutela célere e específica.

Se o juiz conceder a tutela antecipatória numa ação coletiva, ou mesmo, dependendo do caso, numa ação individual, a ordem do juiz deverá ser cumprida de imediato e de modo específico. A própria natureza do direito não permite delongas. Extrair cartas de sentença para promover a execução provisória, em situações assim, não faz qualquer sentido. O juiz deverá expedir mandado e, para seu cumprimento, poderá adotar todas as providências que se fizerem necessárias.

Estou analisando, já, o art. 461, que permite esse tipo de tutela. No **parágrafo 5º** do art. 461, está bem claro, em nosso sentir, que existem **provimentos mandamental e executivo "lato sensu"** no sistema jurídico pátrio. Isso já estava dito no Código de Defesa do Consumidor (art. 84). Posteriormente, a solução foi adotada pela "Lei Antitruste". Agora, no Código de Processo Civil. Diz o seguinte o § 5º: "Para a efetivação da tutela específica, ou para a obtenção do resultado prático equivalente, poderá o juiz, de ofício ou a requerimento, determinar as **medidas necessárias**, tais como a busca e apreensão, remoção de pessoas e coisas, desfazimento de obras, impedimento de atividade nociva, além de requisição de força policial". Por que não permitir que o juiz torne efetiva a ordem de cessação de uma publicidade enganosa, por todos os meios necessários, inclusive, se inevitável, com requisição de força policial? Poderão dizer: "Mas isso é muito draconiano". Mas, o nosso sistema processual – que Barbosa Moreira afirma, com razão, que privilegia muito mais o "ter", o "possuir", do que o "ser" – contém medidas tão draconianas quanto à mencionada para a proteção de direitos patrimoniais!

Na ação de despejo, por exemplo, quando o juiz decreta o despejo, acaso não expede ele mandado de despejo para retirar uma família inteira, por vezes, uma senhora de idade ou doente, ou mesmo crianças, do imóvel? Por que, para proteção do direito patrimonial, podemos ter esse tipo de tutela, e para proteção de direitos não patrimoniais, muitos deles ligados à personalidade do homem e consagrados constitucionalmente, o sistema processual não pode ter provimentos com eficácia igual aos da ação de despejo e da ação de reintegração de posse?

É um problema de visão do mundo. A do legislador do Código de Processo Civil, muito materialista, não privilegia a proteção dos direitos pessoais. Hoje, os novos direitos, principalmente os difusos e os coletivos, e também os direitos absolutos da personalidade, que são até protegidos constitucionalmente como, por exemplo, o direito à intimidade, exigem uma tutela mais efetiva, seja preventiva ou repressiva, tutela tão efetiva quanto a que damos para a proteção de certos direitos patrimoniais.

O art. 461 procura estabelecer uma distinção bastante importante. Em se tratando da obrigação de fazer ou não fazer, a distinção antiga era apenas entre obrigação fungível e obrigação infungível. Por muito tempo não se percebeu que na obrigação de fazer ou não fazer infungível o que importa para o credor não é tanto o ato do devedor, e sim o resultado prático-jurídico dele decorrente.

Quando se conseguiu isolar isto, foi possível ao legislador conceber ações especiais mais adequadas e eficazes à proteção de direitos. Ação de adjudicação compulsória é exemplo típico disto. Quando percebemos que o que é importante para o titular do direito não é a assinatura do vendedor na escritura, transmitindo a propriedade, mas a própria transferência da propriedade, conseguimos conceber uma ação em que a própria sentença vale como ato do devedor.

Semelhante solução está consagrada nos arts. 639 e 640, que cuidam da declaração de vontade e da obrigação de contratar.

Quando as obrigações de fazer são praticamente infungíveis, não é possível, sem ofensa ao princípio da intangibilidade da liberdade humana, atingir-se o resultado prático equivalente sem a colaboração do devedor.

Se um pintor renomado, por exemplo, se recusa a pintar o quadro prometido, o juiz somente poderá conceder tutela através de **medidas coercitivas indiretas**: fixação de multa, como "astreinte" do tipo francês, que temos hoje no nosso sistema processual.

Alguns sistemas admitem até a prisão civil, o que não é possível no Brasil a não ser que se trate de prisão em flagrante por crime de desobediência, por exemplo. Quando se tem presente a diferença entre obrigação de fazer contratual – que foi a que o legislador do Código de Processo Civil teve em mente – de um lado e, de outro, o dever jurídico de fazer ou não fazer, dever que resulta da lei, e não de um ato negocial, torna-se muito importante que o juiz disponha de meios para a realização efetiva, para a tutela específica de direitos. O dever de não poluir, por exemplo; ou o dever de não colocar no mercado produto perigoso, nocivo à vida ou à saúde dos consumidores, dever de não ofender a intimidade de outrem, dever de não ofender os direitos absolutos da personalidade, são todos deveres tão importantes que o sistema jurídico deve permitir o uso de todos os meios adequados para sua efetiva tutela. Se não for através do próprio devedor, deve obter-se, ao menos, o resultado prático equivalente ao ato do devedor por outros meios. E quais são esses outros meios? Pode ser um meio coercitivo indireto, como existente no sistema francês, a "astreinte", que consiste na fixação de pena diária, e que hoje temos no nosso sistema processual.

O sistema alemão prevê, por sua vez, pena monetária e, também, prisão para determinados casos.

Enfim, há vários meios que o juiz pode adotar, conforme o sistema jurídico, e um dos mais importantes é o da sub-rogação de uma obrigação de um tipo em outro tipo. Cuidando-se de obrigação de não poluir, por exemplo, o juiz pode transformar essa obrigação de não fazer em uma obrigação de fazer, obrigação de colocar filtro, por exemplo. Estamos aí, diante de meio sub-rogatório diverso do meio sub-rogatório ordinário previsto no Código de Processo Civil, que é o da sub-rogação em perdas e danos. Se essa nova obrigação sub-rogada não for cumprida, o juiz poderá transformá-la novamente em obrigação de não fazer. Desta feita, em obrigação de cessar a atividade, por exemplo. E a cessação da atividade, o próprio juiz cuidará de tornar efetiva através da adoção de meios adequados e eficazes, inclusive com o uso da força policial.

Há, aí, conjugação de provimento mandamental com o provimento executivo "*lato sensu*". Acho essa visão extremamente importante para a efetividade da tutela. O Código deixou muito claro que há tutela efetiva através da realização do ato pelo próprio devedor ou da obtenção do resultado prático equivalente.

O texto da lei diz, no "*caput*": "Na ação que tenha por objeto o cumprimento de obrigação de fazer ou não fazer, o juiz concederá a tutela específica da obrigação ou, se procedente o pedido, determinará providências que assegurem o resultado prático equivalente ao do adimplemento".

Parágrafo 1º "*A obrigação somente se converterá em perdas e danos se o autor o requerer ou se impossível a tutela específica ou a obtenção do resultado prático correspondente*". Quer dizer, conversão em perdas e danos será a última solução.

E no **parágrafo 2º** está dito que: "*A indenização por perdas e danos dar-se-á sem prejuízo da multa*". A multa terá apenas uma finalidade coercitiva de procurar influir na vontade do devedor para que ele cumpra espontaneamente a obrigação. Não a cumprindo, pagará a multa e ainda responderá por perdas e danos.

O **parágrafo 3º** fala na possibilidade de antecipação da tutela. Esse dispositivo seria, a rigor, desnecessário à vista do art. 273. Mas, como a Comissão não sabia o que seria aprovado pelo Congresso, a ideia foi de colocar, em mais de um ponto, dispositivo sobre a tutela antecipatória. É a repetição da experiência vivida quando da elaboração do Código de Defesa do Consumidor. O Presidente da República vetou inúmeros dispositivos, mas quem o assessorou não percebeu que vários daqueles dispositivos vetados estavam reiterados em outros dispositivos que não foram vetados. Em razão disso, inúmeros vetos foram absolutamente inúteis.

O **parágrafo 4º** fala da possibilidade de o juiz impor a multa diária, independentemente do pedido do autor, se ele entender que a medida é suficiente e compatível. Aqui, estamos diante de um poder discricionário do juiz. Aliás, em todo art. 461 é ampliado bastante o poder do juiz, porque a ele é dado optar pelo provimento adequado, pela solução adequada. É claro que terá de agir com moderação e acima de tudo com grande equilíbrio e ponderação. O § 4º diz, exatamente, que o juiz deve, às vezes, verificar se, ao invés da medida drástica consistente em fechar uma indústria, por exemplo, não seria suficiente, no caso concreto, a imposição de uma multa. A imposição de multa será, evidentemente, sem prejuízo da execução específica. A multa valerá como meio de obtenção do cumprimento espontâneo do comando judicial, sem prejuízo da tutela específica.

Com semelhante sistema, segundo entendo, ficou modificada profundamente a execução prevista no Código de Processo Civil, principalmente no que diz respeito à execução das obrigações de fazer ou não fazer. As normas que estão no Livro II passarão a ter aplicação apenas complementar, com aplicabilidade restrita às hipóteses de impossibilidade da tutela específica, nos termos do art. 461. Em se tratando de obrigação de não fazer, por exemplo, o Código cuida apenas da destruição de obra realizada. Mas, a tutela da obrigação de não fazer, principalmente o dever legal de não fazer, não deve ficar limitada à destruição de obra realizada. Às vezes, impõe-se também a **cessação** da continuidade da violação. E quando se fala em cessar a continuidade, todas essas medidas do art. 461 têm inteira aplicação. Se alguém, por exemplo, promove uma publicidade enganosa, pode ela se exaurir num único ato ou ser ela feita em momentos sucessivos. Nesta última hipótese, além de desfazer aquilo que já foi feito, talvez por meio de uma contrapublicidade, remanesce a necessidade de fazer cessar a continuidade da publicidade enganosa.

Enfim, são várias as situações possíveis, e tenho a impressão de que – essa é a percepção que tenho – o nosso sistema processual começa a se aproximar bastante da "*common law*". A "*common law*" também tem adotado algumas medidas da "*civil law*". Professora **Ada Pellegrini Grinover**, quando cuida das garantias constitucionais do direito de ação, discorrendo sobre o devido processo legal, mostra muito bem essa tendência. Existe, em suma, um grande esforço no sentido da concepção de provimentos mais efetivos, eficazes e adequados, porque processo é um instrumento, e como tal deve ter efetividade para a tutela adequada, efetiva e tempestiva de direitos.

Em linhas gerais, são essas as considerações que pretendia tecer sobre o tema.

Publicado originalmente em:

- Seminário: "O CPC e as suas recentes alterações". Volume 1. Revista Especial. Escola de Magistrados. Tribunal Regional Federal da 3ª Região. 1995. Páginas 49 a 61.

CAPÍTULO 10

ANTECIPAÇÃO DE TUTELA. LIMINARES. MANDADO DE SEGURANÇA (PALESTRA)

Vou tecer apenas algumas considerações pontuais uma vez que o tema sistematicamente foi brilhantemente exposto pelo Ministro José Luiz Vasconcellos. Mas, antes de falar sobre o tema, gostaria de deixar registrada uma preocupação minha em relação aos problemas que afligem o Judiciário e o mundo jurídico de um modo geral. O Ministro Jobim traçou, com brilhantismo, o quadro político, social e jurídico do Brasil e apontou as causas do excessivo volume de serviços que o nosso Judiciário está tendo, e da incapacidade institucional de dar resposta a todo o anseio da população que vem expresso nas demandas judiciais. O Ministro Velloso apontou uma série de soluções, na sua rica conferência de ontem, da qual fiz anotações para meditar e produzir alguma contribuição a respeito. Nessa linha, uma coisa que tenho insistido muito é no sentido de pesquisar as causas das demandas judiciais que temos em nosso País. O Estado-Providência, apontou o Ministro Jobim, tem criado direitos a prestação, os quais são descumpridos pelo próprio Estado exatamente porque são concedidos sem a prévia previsão de recursos necessários e o descumprimento gera conflitos e o nosso Judiciário está enfrentando, como última instância, todos esses conflitos.

Como o devedor dessas prestações é o Estado e suas emanações, estou chegando à conclusão de que, hoje, a lentidão da Justiça interessa ao próprio Estado. Se examinarmos o volume de serviços que temos nos tribunais de segundo grau, nos vários estados, no Estado de São Paulo, por exemplo, vamos perceber que, seguramente, mais da metade das demandas que sobem para alguns órgãos judiciários de segundo grau, diz respeito ao Estado ou uma de suas emanações e em muitas dessas demandas, principalmente naquelas em que o Estado é réu, a lentidão da Justiça interessa ao próprio Estado encarregado de distribuir a justiça com presteza. Essa é uma constatação que tenho feito. Ainda, recentemente, sugeri à Associação Paulista de Magistrados, a criação de um centro de pesquisas dos conflitos e dos meios de solução desses conflitos, e o presidente da entidade acolheu a sugestão e já criou uma comissão para começar os estudos necessários. Gostaria imensamente que um órgão dessa natureza fosse criado pelo próprio Supremo Tribunal Federal, porque, hoje, o Judiciário está levando a culpa de muita coisa a que não deu causa. Esses conflitos todos são gerados pelo próprio sistema, que promete prestações na área de direitos econômicos e sociais, descumpre esses direitos e os conflitos respectivos vão parar no Judiciário em volume tão grande que o Judiciário não consegue resolvê-los tempestivamente. No fim, a ineficiência da Justiça que resulta de tudo isso é imputada exclusivamente ao Poder Judiciário...

Entendo que é necessário que o Judiciário pesquise essas causas e demonstre ao público em geral qual é a causa de tudo isso e a quem cabe a respectiva culpa. Cabe também ao Judiciário, certamente, mas não somente ao Judiciário. Essa é a primeira constatação que eu gostaria de fazer, porque estamos falando sobre um tema, que é a antecipação da tutela, que se insere dentro desse contexto. A solução de antecipação da tutela foi uma resposta à lentidão da Justiça, decorrente desse quadro todo, que desde ontem à noite estamos analisando neste Ciclo de Estudos. É um remédio em nível de lei processual, que procura, de alguma forma, camuflar um problema grave de nossa sociedade. Se o Judiciário tivesse um desempenho rápido como, por exemplo, os Juizados de Pequenas Causas tivessem no início, seguramente não haveria a necessidade de antecipação de tutela tal como está ocorrendo atualmente, pelo menos na mesma quantidade.

Dito isso, gostaria agora de tecer algumas considerações pontuais sobre esse instituto. O aspecto fundamental que considero, foi mencionado pelo Ministro Velloso, ontem à noite, que é a necessidade de tutelas mandamentais. Tenho a impressão de que a recente midi-reforma processual de 92/95, principalmente pela redação que deu ao artigo 461, tornou inequívoca a existência do provimento mandamental em nosso sistema processual. A doutrina vinha relutando em aceitar a tutela mandamental, porque era alguma coisa que Pontes de Miranda havia sugerido, pois há muita aversão, entre nossos juristas, às coisas de Pontes de Miranda. A realidade indica, porém, que hoje temos que fazer uma nítida diferenciação entre condenar e mandar. A condenação é um provimento que tem a vocação específica para a formação de um título executivo, apenas contém uma exortação e consequente formação de título executivo. A partir da condenação haverá a necessidade de um outro processo, fenômeno também já mencionado pelo Ministro Velloso, que é o processo de execução.

Temos hoje, através do título executivo judicial, uma execução que conserva a dicotomia *processo de conhecimento – processo de execução*, que tem sido uma das causas da inaptidão do processo de conhecimento, porque ele apenas declara a solução do caso, não trazendo a atuação do direito. Já essa dicotomia não existe num processo mandamental. Quando o juiz ordena não está condenando, não está apenas formando um título executivo. A ordem tem que ser cumprida imediatamente, como ocorre no mandado de segurança e em vários outros processos, num processo cautelar, por exemplo. Hoje, pela tutela específica das obrigações de fazer ou não fazer, que está prevista no artigo 461, que possibilita a combinação de vários provimentos, como condenatório, mandamental e executivo *lato sensu*, consegue-se dar maior eficácia à tutela jurisdicional.

Sem que se admita a revisão da tradicional classificação das ações de conhecimento em ações meramente declaratória, constitutiva e condenatória, uma revisão que admita dois outros tipos de provimento, que são o mandamental e executivo *lato sensu*, não conseguiremos um processo civil efetivo e forte. A reforma de 92/95, tenho para mim, deixou bem explícito isso.

A pretensão de direito material exige todos esses tipos de provimento. Na ordem processual temos que ter presente isso, porque o nosso sistema processual apenas disciplina os tipos de procedimento. Não explicita os tipos de provimento que devem corresponder à própria exigência do direito material. Se não aceitamos a mudança da classificação tradicional das ações, vamos continuar encontrando dificuldades na atuação processual dos direitos materiais.

Dito isso, gostaria agora de falar alguma coisa sobre a tutela antecipatória. Particularmente no tocante ao mandado de segurança quero fazer algumas considerações. Participei da elaboração dos dois textos – arts. 273 e 461. Em relação ao art. 273, com o uso das expressões "prova inequívoca" e "juízo de verossimilhança", ocorreu exatamente o que o Ministro Jobim mencionou. A Comissão estava dividida e a proposta originária utilizava a expressão "prova escrita" para autorizar o juiz a conceder a antecipação da tutela com base em juízo de verossimilhança. Houve discussão a respeito do tipo de prova e chegou-se à conclusão de que a prova escrita não era a única que poderia permitir um juízo de verossimilhança suficiente para a antecipação da tutela. E aí ficou aquela dúvida. Qualquer tipo de prova poderia ser aceito? Por exemplo, DNA não é uma prova documental, mas permite um juízo de verossimilhança mais seguro do que uma prova documental. A única expressão que satisfez a Comissão foi "prova inequívoca". Foi uma solução de compromisso, uma solução de certa ambiguidade, que a jurisprudência interpretaria e encontraria o sentido mais adequado. "Prova inequívoca" tem, em meu modo de entender, o sentido de prova consistente, de elemento de convicção que prove bastante. A expressão é um dado evidenciador de que o legislador quis deixar claro que o juízo de verossimilhança para a antecipação da tutela não é o mesmo juízo de verossimilhança do processo cautelar. Não basta o fumus boni iuris, isto é, a fumaça de bom direito, uma visão apenas esfumaçada do perfil de um direito; daí a necessidade de prova inequívoca, embora seja suficiente apenas o juízo de verossimilhança. Há uma certa contradição nas duas expressas, mas foram as únicas que conseguiram obter a unanimidade da Comissão naquela oportunidade.

Concordo com o Ministro José Luiz Vasconcellos de que deva ter caráter excepcional a antecipação da tutela. Mas era necessário se dar esse avanço porque, na prática, através da ação cautelar inominada, já o mundo jurídico estava assistindo à frequente concessão de tutelas antecipadas. Porque não enfrentar esse problema sem peneiras? Resposta afirmativa à semelhante indagação foi a solução que a Comissão entendeu a mais adequada. Mas havia a necessidade de se estabelecer medidas de salvaguarda em relação ao réu, porque a tutela antecipatória constituía uma grande mudança no sistema então vigente, que era baseado no sistema romano, que se fundamenta no princípio da executabilidade dependente sempre da prévia cognição plena e completa e do trânsito em julgado de sentença, e essa mudança exigia a instituição de algumas medidas de salvaguarda. Dentre essas medidas de salvaguardas estão, exatamente, a necessidade de "prova inequívoca" e a inadmissibilidade de concessão da tutela antecipada em caso de irreversibilidade do dano, e outras medidas mais. É possível que a redação não esteja muito adequada porque também o artigo 461, parágrafo terceiro, prevê a tutela antecipatória que o Ministro Vasconcellos mencionou. A rigor, em meu entender, esse parágrafo terceiro não seria necessário se a Comissão soubesse que o artigo 273 seria aprovado pelo Congresso. Como a Comissão não podia adivinhar qual seria a posição do Congresso, preferiu manter a tutela antecipatória geral do art. 273 e a tutela antecipatória do parágrafo terceiro do artigo 461. Mas, de qualquer forma, não vejo, na substância, qualquer diferença entre uma antecipação e outra.

Em relação à tutela mandamental, o artigo 273, parágrafo terceiro, ao aludir à execução ou atuação da medida antecipada, usou da expressão "no que couber" ao dispor que teria aplicação o artigo 588 do Cód. Proc. Civil. Ao fazer essa remissão ao art. 588, expressamente excluiu o seu inciso I suprimindo assim a necessidade da prestação de caução. Isto ocorreu porque a discussão em torno da prestação de caução, segundo a experiência vem demonstrando, dificultaria muito a atuação de um provimento antecipatório. Por exemplo, num processo de mandado de segurança, se fosse necessária a prestação de caução para a atuação da medida liminar, praticamente deixaria ela de cumprir a sua função. Também não se exige, na atuação de uma liminar concedida numa ação executiva *lato sensu*, como a possessória, a prestação de caução. A ideia da Comissão, ao estabelecer a ressalva *no que couber* no parágrafo terceiro do 273, foi exatamente essa de que só se aplicar o artigo 588 se houver necessidade de um segundo processo, de um processo de execução, isto é, se se tratasse de tutela antecipatória de um provimento condenatório. Em se tratando, porém, de antecipação de um provimento mandamental ou de um provimento executivo *lato sensu*, não se aplicaria o artigo 588, exatamente porque, em relação a esses tipos de provimento, houve a supressão da dicotomia processo de conhecimento – processo de execução, inexistindo, assim a necessidade do processo de execução *ex intervallo*.

No concernente ao problema do mandado de segurança, não sei como seria correto pensar-se na Justiça do Trabalho. Vou expor a minha opinião em relação à Justiça Comum. Tenho sustentado que o mandado de segurança goza de dupla garantia constitucional, isto é, além do direito de ação ou do princípio do acesso à justiça, inscrito no inciso XXXV do artigo 5º da Constituição deixou consagrado, especificamente, um tipo de ação, que é a ação de mandado de segurança, ao lado da ação de *habeas corpus*. Ambas têm garantia em nível constitucional e há uma razão política para isso. Entendo que no dispositivo em que a Constituição consagra o mandado de segurança, o constituinte quis deixar afirmado, em primeiro lugar, o princípio da intolerabilidade de qualquer ofensa a direito líquido e certo por parte de autoridade, e em segundo lugar deixou previsto um tipo de improvimento jurisdicional para a tutela específica desse direito líquido e certo ofendido, através de um procedimento célere e eficaz que permita a tutela efetiva e específica do direito.

A partir desse entendimento, não posso admitir que exista em nosso sistema processual alguma lacuna que permita a substância de uma ofensa a direito líquido e certo por parte de qualquer autoridade, inclusive a judiciária. Então, se existe qualquer lacuna no sistema processual, por exemplo, há falta de um agravo de instrumento ou de qualquer outro recurso adequado, em meu entender, aí cabe sempre a utilização de mandado de segurança. É certo que o mandado de segurança tem requisitos próprios, como o do direito líquido e certo. Como aplicar esses requisitos em se tratando de tutela antecipatória, quando o legislador, de um lado, se satisfaz, para a antecipação de tutela com o juízo de verossimilhança, embora baseado em "prova inequívoca", e de outro lado, no mandado de segurança, exige a liquidez e a certeza do direito? Tenho entendido que uma coisa é o requisito para a concessão do mandado de segurança e outra o requisito para a concessão da tutela antecipatória. Se tenho o direito à concessão da tutela antecipatória porque por meio de cognição sumária posso estabelecer um juízo de verossimilhança suficiente quanto aos fatos e o direito alegados na inicial, tenho o direito líquido e certo à obtenção da tutela antecipatória. A negativa de antecipação da tutela constitui ofensa a esse direito líquido e certo, e por isso entendo que é perfeitamente admissível o mandado de segurança. Em suma não vejo uma contradição entre o requisito da liquidez e certeza do mandado de segurança e a concessão, através dele da tutela antecipatória, fazendo o *writ* às vezes de um recurso que o sistema processual especial da Justiça do Trabalho não previu.

Finalizando, gostaria de sublinhar que a tutela antecipatória nasceu, em meu sentir, não somente da ineficácia do nosso sistema processual, e sim, muito mais da deficiência da nossa organização judiciária, da inexistência de uma adequada infra-estrutura pessoal e material para a correta atuação da jurisdição. Mas também constitui ela uma resposta aos anseios da sociedade moderna, que tem um ritmo de vida bastante acelerado, até impaciente, reclamando uma resposta no mesmo ritmo por parte do Judiciário. Ao encerrar a minha exposição, gostaria de ressaltar, mais uma vez, a necessidade de revisão doutrinária no que diz respeito aos tipos de provimento, com a admissão clara dos provimentos mandamentais e executivos *lato sensu*, ao lado dos provimentos declaratório, constitutivo e condenatório. E por último, gostaria de sublinhar que o nosso sistema processual civil está relativizando a dicotomia *processo de conhecimento – processo de execução*. São essas as ponderações que tenho a fazer a respeito da tutela antecipatória. Muito obrigado pela atenção.

Publicado originalmente em:

- V Ciclo de Estudos de Direito do Trabalho – 1999 – páginas 77 a 83.

CAPÍTULO 11
INVERSÃO DO ÔNUS DA PROVA - COMENTÁRIOS AO ACÓRDÃO DO RECURSO ESPECIAL (RESP) Nº 802.832-MG (2005/0203865-3)

O acórdão da Segunda Seção do Superior Tribunal de Justiça, proferido no RE n. 802.832-MG, manteve o julgado do Tribunal de Justiça do Estado de Minas Gerais que, dando provimento à apelação, desconstituíra "a sentença que julgara procedente o pedido da Recorrente relativo à responsabilidade por vício do produto (art. 18 do CDC)", entendendo "inviável, no momento da sentença, a inversão do ônus da prova prevista no art. 6º, VIII, do CDC".

No início do acórdão, o ilustre Relator Ministro PAULO DE TARSO SANSEVERINO, esclarece que "a controvérsia consiste em definir qual momento processual adequado para que o juiz, na responsabilidade por vício do produto (art. 18 do CDC), determine a inversão do ônus da prova prevista no art. 6º, VIII, do CDC".

Após diferenciar duas modalidades de inversão do ônus da prova, a *ope legis* (decorrente da lei) e *ope judicis* (decorrente de determinação judicial), esclarece que somente em relação à segunda "mostra-se mais tormentosa", pois "surge a questão de se estabelecer qual o momento mais adequado para que o juiz, verificando a presença dos pressupostos legais, determine a inversão da distribuição do ônus probatório".

Embora reconheça que as regras de distribuição dos ônus da prova constituam "também regra de julgamento para se evitar o *non liquet*", observa o acórdão que "somente um dos aspectos relevantes da distribuição do ônus da prova", qual seja o seu **aspecto objetivo** é dirigido ao juiz. Adverte que não se pode olvidar seu **aspecto subjetivo**, no qual estaria contida "regra de conduta para as partes" ou "norma de instrução", constituindo "uma verdadeira bússola, o comportamento processual das partes", de "extrema relevância de ordem prática" para as partes, que devem "possuir a exata ciência dos ônus atribuído a cada uma delas para que possam, com vigor e intensidade produzir oportunamente as provas que entenderem necessárias".

Pondera, a seguir, que permitir a inversão do ônus da prova na sentença, deixará de existir a "necessária certeza processual", sendo insuficiente a "simples previsão legal da inversão *ope judicis*".

Com base nesses argumentos, conclui o julgado que a "inversão *ope judicis* do ônus da prova deve ocorrer preferencialmente no despacho saneador", o que conferirá "maior certeza às partes acerca dos seus encargos processuais, evitando-se a insegurança".

Certamente, como bem anotado no acórdão, toda regra de distribuição do ônus da prova, no *plano subjetivo*, é norma indicativa da atividade probatória que incumbe às partes no processo. Devem as partes se orientar por essas regras estabelecidas em abstrato se pretendem alcançar êxito na demanda.

Porém, é necessário considerar, também, que na concepção moderna de processo, com a ampliação dos poderes do juiz, algumas provas são colhidas por iniciativa do magistrado. Assim, no *plano objetivo*, a eventual necessidade de se recorrer às regras de distribuição dos ônus da prova somente surgirá após o encerramento da fase probatória, no momento do julgamento da causa, e somente na hipótese de *non liquet* em relação aos fatos controvertidos da demanda.

O art. 6º, VIII, do CDC prevê duas situações distintas: a) verossimilhança da alegação do consumidor; e b) hipossuficiência do consumidor.

Na *primeira situação*, não há uma verdadeira inversão do ônus da prova. O que ocorre, como bem observa LEO ROSENBERG, é que o magistrado, com a ajuda de máximas de experiência e de regras de vida, considera produzida a prova que incumbe a uma das partes e verossímil a sua alegação. Examinando as condições de fato com base em máximas de experiência, o magistrado parte do curso normal dos acontecimentos, e, porque o fato é ordinariamente a consequência ou o pressuposto de um outro fato, em caso de existência deste, admite também aquele como existente, a menos que a outra parte demonstre o contrário. Assim, não se trata de uma verdadeira hipótese de inversão do ônus da prova[1].

Na *segunda situação*, que é a da *hipossuficiência*, poderá ocorrer, tal seja a situação do caso concreto, uma verdadeira inversão do ônus da prova.

---

[1] Tratado de Derecho Procesal Civil, trad. A.M. Vera, EJEA, t. II, § 11, III, nº 3, d, p. 227.

O conceito de hipossuficiência leva em conta, como acertadamente pondera CECÍLIA MATOS, a situação de capacidade reduzida do consumidor, *"não apenas no aspecto econômico, mas a social, de informações, de educação, de participação, de associação, entre outros*[2]*".*

A situação de fabricante de um produto, por exemplo, é de evidente vantagem, pois ele tem o pleno conhecimento do projeto, da técnica e do processo utilizado na fabricação, e por isso está em melhores condições de demonstrar a inocorrência do vício de fabricação. A situação do consumidor, ao contrário, é de manifesta vulnerabilidade, independentemente de sua condição econômica. Isto acontece, ordinariamente, nas relações de consumo em que o fornecedor tem o domínio do conhecimento técnico especializado, em mutação e aperfeiçoamentos permanentes, como ocorre no setor de informática. Foi precisamente em razão dessas situações, enquadradas no conceito amplo de *hipossuficiência*, que o legislador estabeleceu a **inversão do ônus da prova para facilitar a tutela jurisdicional do consumidor**.

O Código Modelo de Processos Coletivos para Ibero-América explicitou regra nesse sentido, estabelecendo que *"o ônus da prova incumbe à parte que detiver conhecimentos técnicos ou informações específicas sobre os fatos, ou maior facilidade em seu demonstração"* (art. 12, § 1º).

Nas duas situações acima mencionadas, a de "**verossimilhança da alegação do consumidor**", que depende de **juízo de valor**, somente no momento da prolação da sentença poderá ocorrer. É manifestamente **regra de juízo**, e não de procedimento. Não faz sentido exigir que o magistrado, antes do julgamento da causa, informe o juízo de verossimilhança eventualmente firmado em relação às alegações das partes. Aliás, como ficou acima mencionado, não se trata verdadeiramente de hipótese de inversão do ônus da prova.

E quanto à segunda situação, a de **hipossuficiência**, também a regra é de juízo, e não de procedimento (ou "norma de instrução" ou "regra de conduta para as partes"). É necessário deixar bem ressaltado que o **legislador estabelece claramente as hipóteses em que o magistrado poderá proceder à inversão do ônus da prova, não se tratando, portanto, de poder ilimitado do magistrado**. Fala-se em inversão "*ope judicis*", mas desde que ocorra a hipótese de hipossuficiência, nos termos acima descritos e o propósito foi o de facilitar a defesa do consumidor, **e não um arbítrio ilimitado do juiz**, para proceder

---

[2] Ônus da prova no Código de Defesa do Consumidor, dissertação de mestrado, p. 195-196.

à inversão a seu bel prazer. Estão pressupostas nessa regra a dificuldade ou a impossibilidade do consumidor em produzir prova e a maior facilidade do fornecedor em produzi-la, pelo domínio de conhecimentos científicos ou técnicos ou pela detenção de informações específicas sobre os fatos da causa, com maior facilidade em sua demonstração.

Assim, não se pode falar em surpresa da parte. Ela sabe que o juiz poderá proceder à inversão do ônus da prova e as **situações** *em que isto poderá ocorrer,* **uma vez que estão previstas em lei**.

Para evitar que, mesmo existindo a advertência legal, não ocorra qualquer surpresa às partes, o mais que o magistrado poderá fazer é lembrá-las da possibilidade de aplicação da regra de inversão do ônus da prova contida no inciso VIII do CDC, estabelecendo, se necessário, amplo contraditório entre as partes para a discussão da situação de hipossuficiência do consumidor.

Mesmo no novo Código de Processo Civil, que adotou uma orientação mais assistencial às partes, a definição da distribuição do ônus da prova na decisão de saneamento (art. 357, n. III) é limitada às hipóteses do art. 373, que são as de previsão legal, de impossibilidade ou excessiva dificuldade de cumprir o encargo ou de maior facilidade de obtenção da prova do fato contrário. A lei não admite, como mencionado, o puro arbítrio do juiz para proceder à inversão do ônus da prova.

Ao invés da decisão no momento do saneador, o que dará ensejo à interposição de agravo de instrumento, a solução acima alvitrada, que entendemos aplicável hoje no regime do CDC e do CPC em vigor, de amplo contraditório quanto à hipossuficiência do consumidor ou à existência de peculiaridades e situações que autorizem a inversão do ônus da prova, seria o suficiente para evitar qualquer surpresa das partes.

A orientação adotada pelo acórdão, *"de necessidade de prévia decisão interlocutória, recorrível, determinando a inversão do ônus da prova, tem* **sido sustentada por fornecedores acionados**", como anota o voto vencido do Ministro SIDNEI BENETI, que acrescenta que essa opção *"retarda significativamente o desfecho dos processos, dada a criação de incidentes e recursos sobre a decisão interlocutória de inversão, para, só depois de julgados todos os recursos, permitir-se a prolação da sentença"*, o que significa que a orientação adotada no douto acórdão analisado **privilegia mais o fornecedor do que o consumidor**.

O ilustre Ministro BENETI adota, em nosso entender, entendimento mais compatível com a política de proteção do consumidor, de exame da inversão e decisão fundamentada a seu respeito na própria sentença.

Publicado originalmente em:

- Revista do Superior Tribunal de Justiça - volume 240, tomo 2, ano 27, Brasília - outubro/novembro/dezembro de 2015, páginas 1010 a 1014. Organizadores do volume temático "Direito do Consumidor": Antonio Herman Benjamin, Bruno Miragem e Claudia Lima Marques.

PARTE III

PROCESSOS COLETIVOS

CAPÍTULO 1

TUTELA JURISDICIONAL DOS INTERESSES DIFUSOS: A LEGITIMAÇÃO PARA AGIR

Devo confessar, inicialmente, que vim para a palestra de hoje com a apreensão de jogador de xadrez que vai a uma disputa levando o equipamento sem saber se está com as peças completas.

O tema realmente reclama meditação profunda[1] e o estudo a que procedi não me dá, ainda, a segurança de estar com os elementos completos.

Vou tentar desenvolver uma hipótese de trabalho. Procurarei extrair do nosso sistema jurídico vigente os elementos que possam corroborar essa hipótese de trabalho, que pode ser assim enunciada: o nosso sistema jurídico, tal como existe atualmente, já permite a tutela jurisdicional dos interesses difusos, ainda que de modo incipiente, mas de qualquer forma uma tutela muito mais abrangente e bem mais efetiva do que aquela que vem sendo dada pelo nosso Judiciário.

---

[1] Para a elaboração da palestra, foram extremamente importantes: Mauro Cappelletti, "Formazioni sociali e interessi di gruppo davanti alla giustizia civile", Riv. di Dir. Processuale, vol. XXX, 1975, pp. 361-402; Vincenzo Vigoriti, lnteressi Collettivi e Processo (La Legittimazione ad Agire), Giuffrè, 1979; Vittorio Denti, "Le azioni a tutela di interessi collettivi", Riv. di Dir. Processuale, vol. XXIX, 1974, pp. 533-550; Barbosa Moreira, "A ação popular do Direito brasileiro como instrumento de tutela jurisdicional dos chamados "interesses difusos", in Temas de Dir. Processual, 1ª Série, Saraiva, 1977, pp. 110-123; "A legitimação para a defesa dos interesses difusos no Direito brasileiro", in RF 276/1; "A proteção jurídica dos interesses coletivos", in Rev. Bras. de Direito Processual, 24/13; Ada Pelegrini Grinover, "A tutela jurisdicional dos interesses difusos", in Rev. Bras. de Direito Processual, vol. 16/13 e ss.; Waldemar Mariz de Oliveira Júnior, "Tutela jurisdicional dos interesses coletivos", in Revista do Advogado da AASP, Ano I, n. 3, out-dez. 1980, pp. 14-21 e "Estudos sobre o Amanhã - Ano 2000", Resenha Universitária, 1978, cad. 2, pp. 257-284; Fábio Konder Comparato, "A proteção do consumidor: importante capítulo do direito econômico", in Ensaios e Pareceres de Dir. Empresarial, Forense, 1978, pp. 473-499.

Não tenho dúvidas de que o conceito de interesse difuso já ficou plenamente aclarado pelas palestras anteriores, principalmente por aquela proferida por Ada Pellegrini Grinover sobre *A Problemática dos Interesses Coletivos*.[2] Mesmo assim, por uma questão de método de exposição, gostaria de iniciar a palestra traçando a distinção entre interesse coletivo e interesse difuso. Valho-me, para isso, da clara colocação de Ada Pellegrini Grinover na palestra referida e por aquela magistralmente feita por Barbosa Moreira no trabalho intitulado "*A ação popular do Direito brasileiro como instrumento de tutela jurisdicional dos chamados 'interesses difusos'*[3]".

Na concepção tradicional, à ideia de interesse ou direito está sempre ligada à de respectivo titular. As relações jurídicas podem estabelecer-se, na configuração mais simples, entre indivíduo e indivíduo (relações interindividuais), ou entre mais de um titular, no polo ativo ou passivo, ou em ambos (relações plurissubjetivas), mas ainda segundo a estrutura clássica. Podem também assumir um esquema mais complexo, onde, como bem anota Barbosa Moreira, o interesse "*pode ser comum a um grupo mais ou menos vasto de pessoas, em razão de vínculo jurídico que as une a todas entre si, sem no entanto situar-se no próprio conteúdo da relação plurissubjetiva*". Mesmo sendo bastante amplo o grupo de pessoas há, ainda aí, sempre a possibilidade de individuação de seus componentes, ligados todos por uma relação-base (sociedade, condomínio[4]).

Todavia, quando a relação entre as pessoas se estabelece por dados de fato, como a circunstância de serem habitantes de uma mesma região, ou de estarem sujeitos a uma idêntica condição desfavorável de vida ou ainda de serem consumidores de um determinado produto, há uma indefinição do número de pessoas e entre elas inexiste uma relação-base. Tem-se, aí, o chamado *interesse difuso*. Poderá eventualmente existir relação-base, mas de forma extremamente genérica, e o "interesse que se quer tutelar não é função dele", conforme pondera Barbosa Moreira, que conclui a conceituação com as seguintes observações: "É impensável, aí, a decomposição do interesse comum a tais pessoas num feixe de interesses individuais que se justapusessem como entidades análogas mas distintas" e, por outro lado, "*o conjunto dos interessados apresenta contornos fluidos, móveis, esbatidos, a tornar impossível, ou quando menos superlativamente difícil, a individualização exata de todos os componentes - e a diferençar o presente caso, por esse aspecto, do segundo a que antes aludimos, no qual a existência da*

---

[2] No prelo; v., tb., "A tutela jurisdicional dos interesses difusos" citado na nota anterior.

[3] Temas de Direito Processual, 1ª Série, Saraiva, 1977, pp. 110-123

[4] Ob. e loc. cits.

relação-base, perfeitamente caracterizada, delimita melhor a coletividade e lhe dá maior coesão[5]".

Pois bem. O problema fundamental da tutela jurisdicional dos interesses difusos está na legitimação para agir. Seria legitimado o indivíduo componente do grupo, isoladamente, ou a legitimação seria de todos, em litisconsórcio necessário ou, ainda, seria admissível a legitimação de uma associação que reunisse essas pessoas e tivesse por fim institucional a defesa desses interesses? Ou a legitimação seria de algum órgão público, como o Ministério Público ou alguma agência governamental?

Ora, o art. 6º do CPC não admite possa alguém defender em Juízo, em nome próprio, direito alheio, a menos que exista disposição legal conferindo expressamente a legitimação extraordinária (diz o texto legal: "*Ninguém poderá pleitear, em nome próprio, direito alheio, salvo quando autorizado por lei*").

Põe-se, então, o problema de saber se um corpo intermediário surgido para a defesa de determinado bem ou valor, como uma associação civil, pode ter acesso ao Judiciário para reclamar a tutela jurisdicional de determinado interesse difuso.

Se interpretarmos o art. 6º do CPC com a concepção tradicional que temos, que é eminentemente individualista, a conclusão é evidentemente negativa. O que se tem, e em sede legislativa, é a defesa, por uma entidade, de direitos e interesses dos seus membros. A entidade, existindo a permissão legal, pode promover a ação em nome próprio, postulando a tutela de interesses ou direitos pertencentes a seus componentes. Veja-se, por exemplo, o art. 129 do Estatuto da Ordem dos Advogados, que confere legitimação para "todos os casos que digam respeito às prerrogativas, à dignidade e ao prestígio da advocacia". Cite-se, também, a Lei 1.134, de 14.6.50, que outorga às "Associações de classes existentes na data da publicação desta Lei, sem nenhum caráter político, fundadas nos termos do Código Civil e enquadradas nos dispositivos constitucionais, que congreguem funcionários ou empregados de empresas industriais da União, administradas ou não por ela, dos Estados, dos Municípios e de entidades autárquicas, de modo geral", a faculdade de "representação coletiva ou individual de seus associados perante as autoridades administrativas e a justiça ordinária". No campo sindical, a Lei 6.708, de 30.10.79, no art. 3º, § 2º, conferiu aos Sindicatos, "independentemente da outorga de poderes dos integrantes da respectiva categoria profissional apresentar reclamação na qualidade de substituto processual de seus associados,

---

[5] Ob. e loc. cits.; cf., tb., Ada Pellegrini Grinover, "A tutela jurisdicional dos interesses difusos".

com o objetivo de assegurar a percepção dos valores salariais corrigidos na forma do artigo anterior" (lei de correção semestral dos salários).

Todas essas autorizações legais, todavia, dizem com os interesses coletivos, e não com os interesses difusos. De sorte que, o que se tem no Brasil, em termos legislativos, é basicamente a possibilidade excepcional de tutela de interesses de um grupo de pessoas por parte de entidades que tenham o fim institucional de promover a defesa de direitos e interesses de seus membros.

A primeira explícita tutela jurisdicional de interesses difusos, embora com limitação, se dá com a instituição da ação popular (CF, art. 153, § 31, e Lei 4.717, de 29.6.65[6]).

Tem-se, em seguida, a Lei 6.938, de 31.8.81, que traçou a política nacional do meio ambiente e, como um dos mecanismos de sua formulação e aplicação, concedeu legitimação ao Ministério Público, da União e dos Estados, para propor ação de responsabilidade, não somente criminal, como também civil, por danos causados ao meio ambiente (art. 14, § 1.º). Essa lei, sem dúvida alguma, deu um grande passo à frente, pois outorgando legitimação a um órgão público para postular indenização por dano causado ao meio ambiente, que é patrimônio de todos, independentemente da eventual existência de algum particular vítima do atentado, cuidou, a toda evidência, de tutelar um interesse difuso.

Constatados esses dados, procurarei, a partir de agora, proceder a uma meditação sobre o nosso ordenamento jurídico e notadamente sobre o nosso sistema constitucional, para ver se é possível extrair do sistema jurídico vigente uma conclusão que consinta, sem reforma legislativa, ampliar a legitimação para agir, a ponto de conferir aos corpos intermediários criados especificamente para a defesa do meio ambiente ou de valores estéticos, paisagísticos, históricos, turísticos e artísticos, ou para a defesa do consumidor, enfim, aos organismos sociais, que vão surgindo no seio da sociedade, com a finalidade de defesa de interesses difusos, a qualidade para agir em Juízo.

Estou, basicamente, cuidando apenas do problema da legitimação, pois é esse o ponto nodal da problemática da tutela jurisdicional dos interesses difusos, ao menos no estágio atual da legislação.

Resolvida a questão da legitimação para agir, tenho a impressão de que podemos criar soluções adequadas em relação a outros aspectos processuais. Com dificuldades, por certo, mas com a possibilidade de contar com modelos de soluções

---

[6] Barbosa Moreira, "A ação popular do Direito brasileiro como instrumento de tutela jurisdicional dos chamados interesses difusos".

legislativas inteligentes, quais as que encontramos na lei disciplinadora da ação popular (n. 4.717/65). Problema básico é, mesmo, o do acesso ao Judiciário, para a tutela de interesses difusos, por indivíduos, associações ou órgãos públicos.

Em relação à pessoa física, Barbosa Moreira faz uma preciosa e convincente colocação. Parte, o eminente processualista, da constatação de que o interesse difuso, no aspecto subjetivo, se caracteriza pela indeterminação, pela impossibilidade de se saber a quem pertence, a todos e ao mesmo tempo a ninguém em particular. E no aspecto objetivo, quanto ao bem, observa que a nota caraterística é a sua indivisibilidade "no sentido de que é insuscetível de divisão (mesmo ideal) em 'quotas' atribuíveis individualmente a cada um dos interessados", pondo-se estes "numa espécie de comunhão tipificada pelo fato de que a satisfação de um só implica, por força, a satisfação de todos, assim como a lesão de um só constitui, *ipso facto*, lesão da inteira coletividade". E para chegar à conclusão de admissibilidade da legitimação concorrente e disjuntiva dos cotitulares, à semelhança da solução adotada pela lei de ação popular, recorre o jurista ao dispositivo do Código Civil que permite, em se tratando de obrigações indivisíveis, que cada credor exija a dívida inteira (art. 892, 1ª parte). Sendo a indivisibilidade uma das notas características dos interesses difusos, "basta, para resolver o problema -argumenta o consagrado processualista - operação hermenêutica simples, que desprenda da acepção rigorosamente técnica as palavras 'credores' e 'dívida'". A legitimação seria concorrente, vale dizer, poderia ser proposta a ação por um só ou por vários dos cotitulares do interesse, ou até por todos eles, sendo isso praticável[7].

Todavia, em se tratando de pessoas jurídicas (sociedades, associações), criadas com o fim institucional de defesa de interesses difusos, chega o processualista à conclusão de que, lamentavelmente, o nosso sistema jurídico está, ainda, preso ao princípio tradicional "da obrigatória coincidência entre os sujeitos da relação jurídico-material controvertida e os sujeitos do processo", e por isso somente admite, em princípio, o ingresso em Juízo de pessoas jurídicas quando se "trate de direitos ou obrigações de que eles mesmo sejam titulares", mostrando "escassa inclinação a abrir-lhes tal possibilidade na defesa dos interesses dos respectivos participantes[8]".

---

[7] Barbosa Moreira, "A legitimação para a defesa dos interesses difusos no Direito brasileiro".

[8] Barbosa Moreira, ob. cit. Ressalta que "os poucos exemplos que se poderiam apontar referem-se, em todo caso, a interesses que não merecem a qualificação de "difusos", uma vez que são "pertencentes a membros de categorias profissionais ou grupos bem determinação". Em

Em que pese a essa douta ilação, ouso apresentar à crítica de todos os estudiosos da matéria uma conclusão mais otimista. Parece-me que é possível interpretar-se o art. 6.º do CPC com maior abertura e largueza, extraindo de seu texto a *legitimação ordinária* das associações e outros corpos intermediários, que sejam criados para a defesa de interesses difusos.

Procurarei desenvolver, a seguir, os argumentos que me parecem válidos para justificar a conclusão.

A Constituição Federal, no art. 153, § 28 ("É assegurada a liberdade de associação para fins lícitos ...") e no art. 166 ("É livre a associação profissional ou sindical ... "), procura estimular a criação de associações e sindicatos. Afirmando ser um dos direitos fundamentais a liberdade de associação, a Constituição não está inscrevendo uma mera norma de permissão. Cuida-se, na verdade, de enunciação do perfil que o Constituinte quis fosse efetivamente adotado pela sociedade civil. Sabemos que, para a realização de todos os objetivos e metas sociais colimados, o Estado não tem condições de agir sozinho e por isso convoca o auxílio de todos os membros da coletividade, procurando estimular a criação espontânea de corpos sociais que possam apoiar inúmeros propósitos. A Constituição, portanto, procura também esboçar o modelo de organização social, não se limitando a traçar apenas a estrutura político-institucional do Estado.

Nessa mesma linha de argumentação, é também interessante constatar que a Carta Fundamental procura estimular a *solidariedade*, no art. 160 ("A ordem econômica e social tem por fim realizar o desenvolvimento nacional e a justiça social, com base nos seguintes princípios: I - liberdade de iniciativa; II - valorização do trabalho como condição da dignidade humana; III – função social da propriedade; IV - harmonia e solidariedade entre as categorias sociais de produção; V -repressão ao abuso do poder econômico, caracterizado pelo domínio dos mercados, a eliminação da concorrência e o aumento arbitrário dos lucros; e VI - expansão das oportunidades de emprego produtivo") e no art. 176 ("A educação, inspirada no princípio da unidade nacional e nos ideais de liberdade e solidariedade humana, é direito de todos e dever do Estado, e será dada no lar e na escola"). Não posso deixar de extrair dessas normas uma consequência importante: se a Constituição recomenda a solidariedade e estimula a organização de associações, não o faz, por certo, apenas retoricamente e para fins recreativos, mas sim com reais propósitos promocionais, para a realização do bem-estar da

---

trabalho mais recente, insinua a possibilidade de interpretação do art. 6º que conduza à legitimação ordinária da associação (Notas sobre o Problema da "Efetividade" do Processo).

coletividade (vale ressaltar que os objetivos claramente enunciados no art. 160 são o "desenvolvimento nacional" e a "justiça social").

Se procura estimular a criação de associações, que são reconhecidas também a nível de lei ordinária, e se é fim lícito as associações se proporem à defesa do meio ambiente, dos valores culturais, à defesa do consumidor, enfim, dos interesses difusos, não seria, acaso, discrepante de todo esse sistema constitucional a conclusão que negue às mesmas associações a possibilidade de promover a defesa desses interesses difusos perante o Judiciário? Se o legislador constituinte quer alcançar determinados objetivos e chega até a sugerir um modelo a ser adotado pela sociedade civil, não encontro argumento que me conduza a outra ilação senão a de que a própria Constituição assegurou, a essas mesmas associações, todo o instrumental necessário à consecução dos fins perseguidos, inclusive o acesso ao Judiciário!

No plano constitucional, portanto, não me parece estar faltando qualquer peça importante. Basta, para completar o quadro acima traçado, que se interprete, com o mesmo espírito aberto, o art. 153, § 4º.

E no plano da legislação ordinária, tenho também alguns argumentos que me parecem válidos para corroborar a mesma conclusão.

Anote-se, antes de mais nada, uma técnica de hermenêutica: quando uma lei adota solução explícita para determinada hipótese, não quer isso significar que a mesma solução esteja excluída para outras hipóteses análogas. Explico-me: se a lei diz, por exemplo, que numa ação em que a herança seja autora ou ré, poderão os herdeiros intervir a qualquer tempo (art. 88, parágrafo único, do CPC de 1939) -a hipótese é de intervenção litisconsorcial - não significa isso que outras modalidades de intervenção litisconsorcial estejam vedadas. Muitas vezes a norma está explicitando um princípio existente no sistema jurídico, não constituindo, de forma alguma, vedação de outras hipóteses assemelhadas. Era dessa natureza o dispositivo mencionado do anterior estatuto processual. A interpretação mais correta era a que entrevia na norma a enunciação de um princípio geral, qual seja de admissibilidade da intervenção litisconsorcial em todas as situações equiparadas à do herdeiro em relação às ações em que a herança é autora ou ré. Essa situação é de interessado que, por ato de um colegitimado, tem a relação jurídica de que é cotitular já submetida a julgamento, vale dizer, a relação jurídica já faz parte do objeto litigioso e por isso sua intervenção não se traduzirá em ampliação objetiva do processo, e sim apenas subjetiva.

Pois bem. No ordenamento jurídico pátrio, encontramos dispositivos legais que conferem legitimação a certos entes representativos de uma comunidade de interesses ou de um grupo de pessoas, entes esses sem personalidade jurídica.

Veja-se, por exemplo, o condomínio horizontal. A Lei 4.591, de 16.12.64, no art. 22, §1º, "a", e o próprio Código de Processo Civil, no art. 12, IX, concedem ao condomínio legitimidade para figurar como autor ou réu da ação. Ora, afirmando-se, na petição inicial, "Condomínio Edifício X" como autor, não está se apresentando como ente personificado, com patrimônio próprio e com existência jurídica distinta da dos condôminos e, sim, *brevitatis causa*, está se aludindo à comunidade dos condôminos proprietários do "Edifício X", globalmente considerados.

O mesmo pode-se dizer do espólio, que igualmente não tem personalidade jurídica, mas tem capacidade processual de ser parte. Sua legitimação, porém, não retira a visibilidade dos herdeiros, reais titulares dos interesses e direitos, que continuam com legitimidade própria para intervirem no processo, a qualquer instante, como litisconsortes.

Em todos esses casos, o que se tem é a utilização, pelo legislador, de uma técnica de facilitação do acesso ao Judiciário, por parte de uma comunidade de interessados, concedendo a um ente não personificado, que será representado por pessoa indicada por lei, a faculdade de ser parte no processo, ao invés da figuração de todos os membros da comunidade, o que seria, por vezes, pelo número de interessados, extremamente penoso e até mesmo impraticável. Por que não entender-se, então, com recurso à técnica de interpretação acima mencionada, que está ínsita no sistema a autorização da mesma técnica de representação de uma comunidade de interessados, determinados ou difusos, não apenas por entes não-personificados, mas por entes dotados de personalidade jurídica, como associações? Anote-se a particularidade de relevo: o ente, personificado ou não, leva para o processo, reclamando a tutela jurisdicional, os interesses dos próprios membros, e não um interesse próprio distinto do de seus integrantes, e para isso inclui entre seus fins institucionais a defesa daqueles interesses.

Na Lei 6.385, de 1976, modificada pela Lei 6.616, de 1978, que dispõe sobre o mercado de valores mobiliários e cria a Comissão de Valores Mobiliários, temos a adoção de uma nova técnica de defesa de interesses públicos. Nova, porque a técnica tradicional é a consistente na intervenção obrigatória do Ministério Público (art. 82, III, CPC). Essa lei conferiu à Comissão de Valor Mobiliários a faculdade de intervir a fim de "oferecer parecer ou prestar esclarecimentos" e praticar outros atos processuais, inclusive recorrer, nas demandas que digam respeito à matéria incluída na sua competência, embora não tenha interesse próprio[9].

---

[9] Paulo Salvador Frontini, "Comissão de Valores Mobiliários e a Lei 6.616/78: uma charada processual!", RDM 32/103.

A posição processual da Comissão, segundo a justificativa do Ministro da Fazenda de então, Mário Henrique Simonsen, é a de *Amicus Curiae* (instituto do Direito norte-americano), a mesma posição atribuída às Procuradorias Regionais das Juntas Comerciais do País pela Lei 4.726, de 13.7.65, art. 32. Aspecto que merece ser ressaltado é a preocupação do legislador em defender os interesses de toda a comunidade, no que diz com o mercado de valores mobiliários, mesmo nos processos que se travam entre terceiros. Mas, mais do que isso, importante é realçar a despreocupação do legislador pelo princípio tradicional da necessária relação entre o interesse tutelado e seu titular, criando técnicas novas de proteção dos interesses públicos, que no caso são interesses difusos, pois dizem com toda uma coletividade.

Evolução maior, todavia, foi dada pela Lei 6.938, de 1981, já referida, que criou a ação civil pública, concedendo a legitimação para agir para o Ministério Público da União e dos Estados.

Bem, o que me parece possível concluir, à vista do que ficou acima exposto, é que, desde que seja interpretado o art. 6.º, do CPC, com mente mais aberta[10] e com vistas voltadas à globalidade do ordenamento jurídico, principalmente ao sistema constitucional, afigura-se perfeitamente possível chegar-se à admissão da legitimidade *ad causam* das associações criadas com o fim estatutário de promover a defesa de interesses difusos.

E a legitimação, conforme já ficou anotado, é ordinária, e não extraordinária. Associação que se constitua com o fim institucional de promover a tutela de interesses difusos (meio ambiente, saúde pública, consumidor, etc.), ao ingressar em Juízo, estará defendendo um interesse próprio, pois os interesses de seus associados e de outras pessoas eventualmente atingidas, são também seus, uma vez que ela se propôs a defendê-los como sua própria razão de ser.

A justificar essa colocação gostaria, por derradeiro, de invocar a chamada teoria do superamento da personalidade jurídica[11], aplicando-a às avessas, vale

---

[10] Barbosa Moreira, "A proteção jurídica dos interesses difusos", Revista Bras. de Direito Direito Processual 24/16: "Conforme têm assinalado os estudiosos do assunto, a criação de um sistema eficaz de tutela por meio da Justiça suscita aqui problemas de índole peculiar, que precisam ser enfrentados de mente aberta e sem o temor de romper com ideias arraigadas em longa tradição".

[11] Fábio Konder Comparato, O Poder de Controle na Sociedade Anônima, pp. 247-282; J. Lamartine Corrêa de Oliveira, A Dupla Crise da Pessoa Jurídica, Saraiva, 1979; Rubens Requião, "Abuso de direito e fraude através da personalidade jurídica", RT/410-12; e Curso de Direito Comercial, Saraiva, 1976, 7.ª ed., pp. 239-241, § 211.

dizer, utilizando-se dos seus fundamentos para se chegar à solução inversa, qual seja da consideração e da relevância da personalidade jurídica.

Essa teoria, que é também chamada "doutrina da penetração" ou da "desconsideração da personalidade jurídica" (*disregard of Legal Entity*) procura não considerar os efeitos da personificação, para atingir e vincular os sócios pessoalmente e seu patrimônio, nas situações em que a personalidade jurídica é utilizada apenas como meio de fraude ou abuso. A sanção é a ineficácia do ato, do negócio jurídico ou da relação, e não a destruição da "entidade" pessoa jurídica [12].

Procura-se penetrar na intimidade da pessoa jurídica para verificar se "foi realmente a pessoa jurídica que agiu, ou foi ela mero instrumento nas mãos de outras pessoas, físicas ou jurídicas[13]".

Por que não se utilizar da mesma técnica para o fim exatamente oposto, de consideração da personalidade jurídica?

A penetração no âmago da associação, criada com o fim institucional de promover a defesa de algum interesse difuso, deixará evidente que a pessoa jurídica é um mero instrumento para a veiculação dos interesses dos próprios associados (certamente não de todos os interessados, mas de parte deles, o que é suficiente, considerado o princípio jurídico que disciplina os direitos e interesses indivisíveis). A pessoa jurídica é, em suma, uma transparência, uma visibilidade, um veículo apenas, e seu objetivo estatutário é o dos próprios membros. Cuida-se de uma técnica jurídica para facilitar a defesa dos direitos e interesses, inclusive perante o Judiciário, enfim uma instrumentação para sua defesa mais adequada e eficaz. E a técnica é válida, como acima ficou visto, pois o nosso sistema jurídico se vale até de entes não-personificados para o mesmo fim.

Ingressando a associação em Juízo, é como se os próprios associados estivessem a agir. Para se forrar ao penoso trabalho da representação individual de cada um deles, o que é, não raro, impraticável, é que a associação age no lugar deles. Os interesses e objetivos dos associados são os mesmos da associação e a presença desta em Juízo, tal como ocorre nos casos em que o sistema jurídico se vale da técnica da veiculação dos direitos e interesses por meio de entes não-personificados, equivale à presença de todos os seus membros, e até de outros cotitulares dos direitos e interesses indivisíveis.

---

[12] Fábio Konder Comparato. ob. cit., pp, 271-272.
[13] Lamartine Corrêa de Oliveira, ob. cit., p. 613.

Tem-se, aí, o que Cappelletti denomina de *parte ideológica*. A associação, que evidentemente, poderá ter interesses e direitos próprios em relação a seus bens, quanto aos fins estatutários age pelos interesses de um grupo ou de uma categoria ou mesmo de uma coletividade inteira, ideologicamente representados[14].

A legitimidade da associação, portanto, é ordinária, e não extraordinária[15].

A solução acima é válida não somente no aspecto técnico-jurídico, como também no aspecto político, pois é sabido que somente pela união poderão as pessoas, com comunhão de interesses e necessidades, superar a debilidade individual.

É necessário ter presentes, todavia, os perigos do abuso e do exagero, impondo-se a criação de mecanismos de controle, ao mesmo tempo em que se admite a legitimação das associações. A matéria, embora relevante e merecedora de ser bem sublinhada, refoge aos estreitos limites da presente palestra. Apenas cabe deixar consignado que a mesma técnica de "penetração" na intimidade da pessoa jurídica servirá para se indagar de sua representatividade.

Para encerrar, gostaria de deixar anotado que a efetiva tutela dos interesses difusos exigirá a reformulação não apenas da legitimação para agir, como também de vários outros institutos processuais[16], e será necessário igualmente reelaborar os conceitos de jurisdição, ação e processo.

Admitida que seja a legitimação dos corpos intermediários, a ação não será mais um simples instrumento de realização do direito objetivo e, por via de consequência, tutela de um direito subjetivo. Muito mais do que isso, será uma forma de *participação pública* através do Judiciário, como instrumento de *racionalização*

---

[14] Ob. cit., § XIII.

[15] Vincenzo Vigoriti, lnteressi Collettivi e Processo, pp. 273-274; Discorrendo sobre class actions do Direito norte-americano, observa que: *"l'attore si presenta come legittimato ordinario, e cioè una real party in interest: in tale veste egli chiede di tutelare l'interesse proprio e, di sua iniziativa, prescindendo cioè da ogni predeterminazione legislativa, si offre insieme come "representative" di quelli altrui di contenuto identico al proprio. E escluso che nelle azioni di classe si possa parlare di una legittimazione diversa da quella ordinaria"*. E prossegue: *"ln teoria qualunque componente della class, singola persona fisica o gruppo costituito per la tutela dell'interesse comune potrebbe attivarsi ed agire in giudizio per la protezione di tutti. Di fatto poi il compito di tutelare interessi di class è stato formalmente assunto da gruppi come da singoli individui, i quali ultimi però sempre avevano alle spalle il consenso e il sostegno di altri membri della medesima class o di gruppi costituiti per la tutela dell'interesse dedotto in giudizio"*.

[16] Mauro Cappelletti, ob. cit.; Ada Pellegrini Grinover, "A tutela jurisdicional dos interesses difusos"; Barbosa Moreira, os trabalhos citados e tb.: "Notas sobre o problema da "efetividade" do processo", in Estudos de Direito Processual em Homenagem a José Frederico Marques, pp. 203-220.

do poder.[17] O poder, como é sabido, é exercido, política e economicamente, também no campo privado, principalmente pelas empresas que operam na economia de massa em que vivemos, e disso evidentemente resultam conflitos de interesses, que cada vez mais assumem configuração metaindividual, atingindo um grande número de pessoas. Bem por isso, passaram a ter fundamental importância política os instrumentos de racionalização do poder. Aliás, a participação pública através do Judiciário é um instrumento de viabilização da democracia que o nosso Constituinte intuiu ao instituir a ação popular constitucional (art. 153, § 31, CF)[18].

E a jurisdição, juntamente com a ação e o processo, assumirá maior relevância política, pois, por meio dela, o Estado não se limitará a solucionar os conflitos intersubjetivos de interesses ou mesmo conflitos metaindividuais, mas passará a promover também a função promocional do Direito a que alude Denti[19].

São essas as considerações que pretendia submeter à douta consideração do distinto e paciente auditório, com a suposição de haver desenvolvido argumentos válidos para a demonstração da hipótese de trabalho enunciado no início da Palestra.

Publicado originalmente em:

- Revista de Processo n° 34, Ano 9, abril-junho de 1984, páginas 197 a 206.
- Revista de Jurisprudência do Tribunal de Justiça do Estado de São Paulo. Volume 88 – Ano 18 – 3° Bimestre – maio e junho de 1984, páginas 15 a 21.
- MP, v. 15, n. 11, p. 143-150 1987.
- Estudos de direito público / Revista da Associação dos Advogados da Prefeitura do Município de São Paulo, n. 8, p. 29-42, jun./jul. 1985-1986.
- Conferência proferida a 2.12.82, no "Seminário sobre a Tutela dos Interesses Coletivos", patrocinado pela Associação Paulista de Magistrados, pelo Centro de Estudos da Procuradoria-Geral do Estado e pelo Instituto "Pimenta Bueno" do Departamento de Direito do Estado da Faculdade de Direito da Universidade de São Paulo.

---

[17] Vittorio Denti, ob. cit.; Ada Pellegrini Grinover, ob. cit.
[18] Manoel Gonçalves Ferreira Filho, Ada Pellegrini Grinover e Anna Cândida da Cunha Ferraz, Liberdades Públicas, 1978, pp. 475-479, Saraiva.
[19] Ob. cit.

CAPÍTULO 2

DEMANDAS COLETIVAS E OS PROBLEMAS EMERGENTES DA PRÁXIS FORENSE

As demandas coletivas, cuja história no Brasil é bastante recente[1], tiveram ampliado o seu campo de aplicação e melhor sistematizada sua disciplina legal com o advento do Código de Proteção e Defesa do Consumidor - CDC (Lei n. 8.078, de 11-9-1990).

Com efeito, a Lei n. 7.347/85, instituidora da chamada "ação civil pública", foi modificada pelo CDC (arts. 109 *usque* 117) e passou a tutelar também outros interesses difusos ou coletivos, e não apenas aqueles originariamente abrangidos. Operou-se, além disso, uma ampla e perfeita interação entre os dois estatutos legais, de tal modo que o que está disciplinado na Lei n. 7.347 (*v.g.*, inquérito civil) é também aplicável na proteção do consumidor, e toda a disciplina do CDC (*v.g.*, conceito de interesses ou direitos "difusos", "coletivos" e "individuais homogêneos", legitimação para agir, ação especial para execução específica das obrigações de fazer ou não fazer, ação coletiva para defesa de "interesses individuais homogêneos", coisa julgada, etc.) diz respeito igualmente à "ação civil pública" (os arts. 90 e 117 do CDC determinam explicitamente essa interação).

Temos hoje, em razão desse avanço legislativo, uma tutela mais adequada dos conflitos de interesses coletivos, que até então eram tratados atomizadamente, pela técnica da fragmentação dos conflitos prevista no art. 6º do Código de Processo Civil[2].

---

[1] Excluídos a ação popular constitucional e o dissídio coletivo do processo trabalhista, a primeira disciplina legal mais sistemática, no campo do processo civil, somente teve início em 1985, com a Lei n. 7.347. A Constituição Federal de 1988 criou o "Mandado de Segurança Coletivo" (art. 5º, LXX).

[2] A tutela coletiva abrange não somente os interesses e direitos *essencialmente coletivos*, que são os "difusos" e "coletivos" propriamente ditos, como também os de natureza coletiva apenas na forma em que são tutelados, que são os "individuais homogêneos", definidos no art. 81, parágrafo único, III, do CDC. Os arts. 91 a 100 desse estatuto legal disciplinam a ação coletiva para esse fim.

Muitas dúvidas surgirão, certamente, na utilização desse novo instrumental processual. E serão, seguramente, cometidos alguns equívocos até que a doutrina e a jurisprudência estabeleçam com precisão os novos conceitos e categorias e tracem o exato alcance das reformulações dos institutos tradicionais, como o da coisa julgada.

É preciso evitar-se, a todo custo, que graves erros, dúvidas e equívocos, principalmente os decorrentes de mentalidade incapaz de captar com sensibilidade social as inovações e os provocados por vedetismo ou espírito político-eleiçoeiro, possam comprometer irremediavelmente o êxito de todo esse instrumental, que tem tudo para solucionar adequadamente os inúmeros conflitos de interesses coletivos que marcam a sociedade contemporânea.

Nos Estados Unidos, onde as *class actions* têm longa tradição[3], há opiniões favoráveis (*one of the most socially useful remedies in history*) e também negativas (*legalized backmail*)[4], e não são poucos os que manifestam preocupação a respeito de sua correta utilização de modo a não transformá-las em instrumento de proveito egoístico de quem as propõe, em vez de fazê-las cumprir objetivos sociais a que se vocacionam[5].

Com maior razão, preocupação redobrada devemos ter no Brasil, onde o individualismo é mais acentuado que nos Estados Unidos e não temos ainda tradição no trato com as demandas coletivas.

Nesse importante mister, tem papel saliente o Ministério Público, não somente em razão de sua função institucional (art. 129, III, da CF), o que faz supor melhor preparo de seus membros, como também em virtude da efetiva liderança que vem assumindo na prática no ajuizamento de ações coletivas. É preciso evitar

---

[3] As *class actions* americanas foram introduzidas nos Estados Unidos no início do século XIX (Michele Taruffo, I limiti soggettivi del giudicato e le "class actions", Rivista di Diritto Processuale, 1969, p. 619). Elas se filiam ao *Bill of Peace* do Direito Inglês (Jack H. Friedenthal, Mary Kay Kane e Arthur R. Miller, *Civil procedure*, 1985, p. 723; Steven Emanuel, *Civil procedure*, 1988, p. 247; José Rogério Cruz e Tucci, *Class actions e mandado de segurança coletivo*, Saraiva, 1990, p. 11).

[4] Jonathan M. Landers, James A. Martin e Stephen C. Yeazell, Civil procedure, 2. ed., 1988, p. 545-6.

[5] Mary Kay Kane traz a respeito as seguintes observações: "Current opinion is greatly divided as to the actual utility of class actions. Critics point to the fact that many of the suits filed in the last few years have been extremely burdensome, costly and time-consuming, and only a few have reached judgment. Further, class action filings have increased dramatically, to a point at which it is argued that they have become stryke suits, filed by attorneys seeking fat fees but producing few other real benefits" (Civil procedure in a nutshell, 1979, p. 226-7).

que o *Parquet* perca a importância de sua função institucional por eventual vedetismo de qualquer de seus membros, que faça do inquérito civil ou das ações coletivas instrumentos de sua projeção pessoal ou até mesmo de alguma pressão irrazoável ou em virtude ainda da incorreta conceituação dos interesses ou direitos "difusos" e "coletivos", que o leve a propor demandas que veiculem interesses eminentemente privados, sem qualquer relevância social. Certamente, como bem adverte Andrea Proto Pisani, não se deve restringir a legitimação para agir do Ministério Público apenas aos casos em que esteja presente o interesse geral e indeferenciado de natureza publicística, incumbindo-lhe também a tutela dos interesses coletivos específicos de natureza privatística [6].

Mas, não se pode ir ao extremo de permitir que o Ministério Público tutele *interesses genuinamente privados sem qualquer relevância social* (como os de condôminos de um edifício de apartamentos contra o síndico ou contra terceiros, ou os de um grupo de uma sociedade contra outro grupo da mesma sociedade, a menos que esteja inequivocamente presente, por alguma razão específica, o *interesse social*), sob pena de amesquinhamento da relevância institucional do *Parquet*, que deve estar vocacionado, por definição constitucional, à defesa "*da ordem jurídica, do regime democrático e dos interesses sociais e individuais indisponíveis*" (art. 127 da CF).

O presente estudo, com essa preocupação de preservar a efetividade das ações coletivas e de evitar que sua incorreta e por vezes abusiva utilização venha a comprometer a sua finalidade e até mesmo sua subsistência no nosso sistema jurídico, procurará proceder à abordagem crítica de alguns aspectos problemáticos que vêm emergindo da práxis forense.

Basicamente, consideraremos os aspectos relacionados às ações coletivas para a atualização dos benefícios dos aposentados, que é a demanda coletiva do momento, com rápida alusão, quando necessário, a algumas outras demandas coletivas.

---

[6] Andrea Proto Pisani, Appunti preliminari per uno studio sulla tutela giurisdizionale degli interessi collettivi, in Le azioni a tutela di interessi collettivi, Atti del convegno di studio, CEDAM, 1976, p. 276-7. Justifica semelhante entendimento com a invocação do magistério de Andrioli (Lezioni, 1973, v. 1, p. 300), que anota a existência de "*settori più o meno vasti della vita sociale nella quale l'autonomia privata (ed aggiungesi: collettiva) non si dimostra il mezzo più idoneo a dare assetto ai rapporti umani vuoi perchè vi sono impegneti interessi di collettività più o meno vaste non sempre organizzate e ancor meno personalizzate, vuoi perchè lo Stato vi ripone più omeno intensamente interesse*".

Antes de mais nada devemos ter presentes os conceitos de interesses ou direitos "difusos", "coletivos" e "individuais homogêneos" que em nosso sistema jurídico passaram a prevalecer após a edição do CDC.

A propósito, em comentários ao art. 81 e parágrafo do CDC, escrevemos o que se segue:

> *"Interesses ou direitos 'difusos'* - Na conceituação dos interesses ou direitos "difusos", optou-se pelo critério da *indeterminação* dos titulares e da inexistência entre eles de *relação jurídica base*, no aspecto subjetivo, e pela *indivisibilidade* do bem jurídico, no aspecto objetivo".[7]

Reza o texto legal: "I - *interesses* ou *direitos difusos*, assim entendidos, para os efeitos deste Código, os transindividuais, de *natureza indivisível*, de que sejam titulares *pessoas indeterminadas e ligadas por circunstâncias de fato*" (art. 81, parágrafo único, I).

No campo da relação de consumo, podem ser figurados os seguintes exemplos de *interesses* ou *direitos difusos*:

a) Publicidade enganosa ou abusiva, veiculada através de imprensa falada, escrita ou televisionada, a afetar um número incalculável de pessoas, sem que entre elas exista uma relação-base. O bem jurídico tutelado pelo art. 37 e parágrafo do Código é indispensável no sentido de que basta uma única ofensa para que todos os consumidores sejam atingidos e também

---

[7] José Carlos Barbosa Moreira, A ação popular do direito brasileiro como instrumento de tutela jurisdicional dos chamados "interesses difusos", in Temas de direito processual, 1ª série, Saraiva, 1977, p.110-23, e A legitimação para a defesa dos "interesses difusos" no direito brasileiro, in Temas de direito processual, 3ª série, Saraiva, 1984, p. 183-92; Ada Pellegrini Grinover, A problemática dos interesses difusos, in Tutela dos interesses difusos, coord. de Ada Pellegrini Grinover, Max Limonad, 1984, p. 29-45; Rodolfo de Camargo Mancuso, Interesses difusos, Revista dos Tribunais, 1988, p. 57-105, e Interesses difusos: conceito e colocação no quadro geral dos "interesses", Revista de Processo, n. 55:165-79, 1989; Antonio Augusto Mello de Camargo Ferraz, Edis Milaré e Nelson Nery Júnior, A ação civil pública e a tutela jurisdicional dos interesses difusos, Saraiva, 1984, p. 54-9; Hugo Nigro Mazzilli, A defesa dos interesses difusos em juízo, Revista dos Tribunais, 1988, p. 9-10; Péricles Prade, Conceito de interesses difusos, 2. ed. Revista dos Tribunais, 1987; Lúcia Valle Figueiredo, Direitos difusos na Constituição de 1988, RDP, 88:103-7, 1988; Waldemar Mariz de Oliveira Jr., Tutela jurisdicional dos interesses coletivos e difusos, Revista de Processo, 33:7-25; José Domingos da Silva Marinho, Ministério Público e tutela jurisdicional dos interesses difusos, Revista de Processo, 36:114-27, 1984; Kazuo Watanabe, Tutela jurisdicional dos interesses difusos: a legitimação para agir, in A tutela dos interesses difusos, coord. de Ada Pellegrini Grinover, Max Limonad, 1984, p. 85-97.

no sentido de que a satisfação de um deles, pela cessação da publicidade ilegal, beneficia contemporaneamente a todos eles. As pessoas legitimadas a agir, nos termos do art. 82, poderão postular em juízo o provimento adequado à tutela dos interesses ou direitos difusos da coletividade atingida pela publicidade enganosa ou abusiva.

b) Colocação no mercado de produtos com alto grau de nocividade ou periculosidade à saúde ou segurança dos consumidores, o que é vedado pelo art. 10 do Código. O ato do fornecedor atinge todos os consumidores potenciais do produto, que são em número incalculável e não vinculados entre si por qualquer relação-base. Da mesma forma que no exemplo anterior, o bem jurídico tutelado é indivisível, pois uma única ofensa é suficiente para a lesão de todos os consumidores, e igualmente a satisfação de um deles, pela retirada do produto do mercado, beneficia ao mesmo tempo a todos eles.

À tutela jurisdicional dos interesses ou direitos difusos, que pela sua própria natureza deve ser feita *molecularmente*, em benefício de todos os consumidores atingidos, será suficiente uma só demanda coletiva, cuja sentença, nos termos do art. 103, I, fará coisa julgada *erga omnes*.

Interesses ou direitos "coletivos" - Os interesses ou direitos "*coletivos*" foram conceituados como "os *transindividuais de natureza indivisível* de que seja titular grupo, categoria, ou classe de pessoas ligadas entre si ou com a parte contrária por uma relação jurídica base" (art. 81, parágrafo único, II).

Com o uso da expressão "*transindividual de natureza indivisível*" se destacou, antes de mais nada, a ideia de interesses individuais agrupados ou feixe de interesses individuais da totalidade dos membros de uma entidade ou de parte deles.

Tampouco foi considerado traço decisivo dos interesses ou direitos "coletivos" o fato de sua organização[8], que certamente existirá apenas na primeira modalidade mencionada no texto legal, que concerne aos interesses e direitos pertinentes a grupo, categoria ou classe de pessoas *ligadas entre si* por uma relação jurídica base, e não na segunda modalidade, que diz com os interesses ou direitos respeitantes a grupo, categoria ou classe de pessoas *ligadas com a parte contrária* por uma relação jurídica base.

---

[8] Vincenzo Vigoriti, Interessi collettivi e processo, Giuffrè, 1979, p. 58-62; Rodolfo de Camargo Mancuso, Interesses difusos: conceito e colocação..., cit.

Mesmo sem organização, os interesses ou direitos "coletivos" apresentam tal nível de homogeneidade que, independentemente de sua harmonização formal ou amalgamação pela reunião de seus titulares em torno de uma entidade representativa, passam a formar uma só unidade, tornando-se perfeitamente viável, e mesmo desejável, a sua proteção jurisdicional em forma molecular.

Nas duas modalidades de interesses ou direitos "coletivos", o traço que os diferencia dos interesses ou direitos "difusos", é a *determinabilidade* das pessoas titulares, seja através da relação jurídica base que as une (membros de uma associação de classe ou acionistas de uma mesma sociedade), seja por meio do vínculo jurídico que as liga à parte contrária (contribuintes de um mesmo tributo, prestamistas de um mesmo sistema habitacional ou contratantes de um segurador com um mesmo tipo de seguro, estudantes de uma mesma escola etc.).

Num certo sentido, portanto, o conceito de "coletivo" do Código é mais amplo do que o sustentado pela doutrina corrente, pois abrange os interesses ou direitos não organizados; mas em outro sentido é mais restrito. Certo é que apenas os interesses ou direitos indivisíveis estão nele abrangidos.

Não se poderá pretender, portanto, a tutela dos interesses ou direitos *individuais* agrupados com base no dispositivo legal em análise. Mormente quando o feixe de interesses individuais se contrapõe a um outro feixe de interesses individuais. É necessário que os interesses sejam, a um tempo, transindividuais e de natureza indivisível.

Mas, por outro lado, a natureza indivisível dos interesses ou direitos "coletivos" ensejará, não raro, a proteção de pessoas não pertencentes às associações autoras de ações coletivas. Não foi por outra razão que o inciso II do art. 103 estabeleceu que a sentença proferida nessas ações coletivas fará coisa julgada *ultra partes* "limitadamente ao grupo, categoria ou classe".

Interesses ou direitos "individuais homogêneos" - O inciso III do parágrafo único do art. 81 conceitua os interesses ou direitos *"individuais homogêneos"* como "os decorrentes de origem comum", permitindo a tutela deles a título coletivo.

"Origem comum" não significa, necessariamente, uma unidade factual e temporal. As vítimas de uma publicidade enganosa veiculada por vários órgãos de imprensa e em repetidos dias ou de um produto nocivo à saúde adquiridos por vários consumidores num largo espaço de tempo e em várias regiões têm, como causa de seus danos, fatos com homogeneidade tal que os tornam a "origem comum" de todos eles.

Essa modalidade de ação coletiva constituiu uma novidade no sistema jurídico brasileiro[9], e representa a incorporação ao nosso ordenamento de uma ação bastante assemelhada às *class action* do sistema norte-americano. Assemelhada, mas não de todo idêntica, pois houve necessidade de adaptação às nossas peculiaridades geográficas, sociais, políticas e culturais.

Tendo-se presentes, de um lado, esses conceitos de interesses ou direitos "difusos", "coletivos" e "individuais homogêneos" e, de outro lado, a legitimação para agir, que foi ampliada pelo art. 82 e incisos do CDC, é necessário, em seguida, isolar com precisão os *elementos objetivos da ação coletiva* a ser proposta (*causa de pedir e pedido*), dados esses que têm significativa importância na correta determinação do legitimado passivo para a ação, bem assim para a fixação da amplitude da demanda, e ainda para se saber com exatidão se, no caso concreto, ocorre mera conexidade entre as diversas demandas coletivas ou se é caso de litispendência a obstar o prosseguimento das ações posteriores.

A total displicência por esses aspectos de suma relevância vem ocasionando uma *inadmissível multiplicidade de demandas coletivas com o mesmo objeto*, como vem acontecendo na questão do aumento de 147,06% nos benefícios dos aposentados, e tem provocado, o que é pior, a contradição de julgados, *uns* concedendo a atualização pretendida pelos inativos de alguns Estados e denegando-a *outros* aos aposentados dos demais Estados.

Seguramente, contradições tão flagrantes de julgados povo algum terá estrutura suficiente para absorver com tranquilidade e paciência por muito tempo, e por mais prestigiada que seja a Justiça de um País terá condições bastantes para resistir por muito tempo a tamanho desgaste.

A *causa de pedir* e o *pedido* são de particular relevância para a determinação de vários aspectos de uma ação.

Se o que expõe o autor da demanda coletiva como *causa de pedir*, no aspecto ativo, são os interesses ou direitos "difusos" ou "coletivos", cujas notas características são as acima ressaltadas, dentre as quais sobressaem a *natureza transindividual* e o *caráter indivisível*, e, no aspecto passivo, a violação desses mesmos

---

[9] A Lei n. 7.913, de 7 de dezembro de 1989, instituiu uma forma de *class action* para a tutela dos interesses dos investidores no mercado de valores mobiliários, mas conferiu apenas ao Ministério Público a legitimação para agir e deu um tratamento bastante diferenciado do adotado pelo Código. Também na ação coletiva para a tutela de interesses individuais homogêneos, a nota marcante do processo de conhecimento, que se encerra com a sentença de que cuida o art. 95 do CDC, é também a indivisibilidade do bem jurídico tutelando, tanto que a sentença de procedência fará coisa julgada *erga omnes*.

interesses ou direitos, e se formula ele o *pedido de tutela* coletiva desses interesses ou direitos transindividuais e indivisíveis, é suficiente uma só demanda coletiva para a proteção de todas as pessoas titulares desses interesses ou direitos, "indeterminadas e ligadas por circunstâncias de fato", em se tratando dos "difusos" e de todas as pessoas pertencentes a um mesmo grupo, categoria ou classe "ligadas entre si ou com a parte contrária por uma relação jurídica base", em se cuidando dos "coletivos". O mesmo se pode dizer em relação a "interesses ou direitos individuais homogêneos", quanto ao processo de conhecimento da demanda coletiva (art. 95, CDC), tanto que a sentença de procedência fará coisa julgada *erga omnes*, como às expressas dispõe o art. 103, III, do CDC.

Não faz qualquer sentido admitir-se uma segunda demanda para a tutela desses interesses ou direitos difusos ou coletivos, ou mesmo interesses ou direitos individuais homogêneos, mormente se veiculados por um ente legitimado para todo o País, como o Ministério Público[10]. De pronto é constatável a ocorrência

---

[10] Comentando o §2º do art.82 do CDC, vetado pelo Presidente da República, tivemos a oportunidade de tecer as seguintes considerações sobre o *Parquet*: "Na verdade, o *Ministério Público é uma instituição nacional*, presidida pelos princípios da unidade, da indivisibilidade e da independência funcional, ao que se extrai do § 1º do art. 127 da Constituição Federal. É ele integrado (art. 128, CF): I) pelo Ministério Público da União, que compreende o Ministério Público Federal, o Ministério Público do Trabalho e o Ministério Público do Distrito Federal e Territórios; e II) pelos Ministérios Públicos dos Estados.

A autonomia de cada um desses Ministérios Públicos setoriais é apenas administrativa, tendo cada qual uma estrutura e carreira próprias. Em termos institucionais, é uma única entidade de âmbito nacional.

Haveria, assim, certa impropriedade técnica em se falar em litisconsórcio entre os vários órgãos de uma mesma instituição. Tecnicamente, mais apropriado seria, certamente, falar-se em representação da instituição.

Ocorre que a própria necessidade de divisão de trabalho que levou à criação de vários órgãos do Ministério Público, com atribuição específica de tarefas diferenciadas a cada um deles, seja por razão territorial, seja por razão de matéria, fez com que, tradicionalmente, esses órgãos atuassem com a indicação do setor que lhes compete. Assim, o Ministério Público do Estado de São Paulo tem agido com a indicação da unidade da Federação a que pertence, o Ministério Público do Trabalho, com a menção da área que lhe toca, e assim por diante.

O dispositivo vetado, repetido no §5º do art. 5º da Lei n. 7.347/85, que não foi objeto de veto, como já mencionado, teve apenas o propósito de explicitar a admissibilidade de atuação conjunta dos vários órgãos do Ministério Público, desde que o objeto do processo tenha compatibilidade com as atribuições que, nos termos da lei, lhes tocam. E a explicitação é necessária para que não se consolide na doutrina e na jurisprudência o entendimento de que o Ministério Público Estadual não pode atuar na Justiça Federal e o Ministério Público Federal na Justiça Estadual. Desde que a defesa dos interesses e direitos difusos e coletivos esteja dentro das atribuições que a lei confere a um órgão do Ministério Público, a este é dado atuar em qualquer

de *litispendência*. Poder-se-ia argumentar com a restrição feita no pedido da ação (no caso dos benefícios da aposentadoria, poderia ter sido postulado o benefício somente em favor dos inativos de um Estado da Federação). A limitação, todavia, é de todo *inadmissível*, pois isso equivaleria a subdividir interesses ou direitos que o legislador, para fins de tutela coletiva, considerou *indivisíveis*, tanto que, no art. 103, I, II e III, do CDC, *conferiu limites subjetivos mais amplos à coisa julgada* nas demandas coletivas, "*erga omnes*" na ação em defesa de interesses ou direitos "difusos" e de interesses ou direitos individuais homogêneos, e "*ultra partes*", limitadamente ao grupo, categoria ou classe, na ação que tenha por objeto interesses ou direitos "*coletivos*".

Demais disso, comprometeria, sem qualquer razão plausível, o objetivo colimado pelo legislador, que foi o de tratar molecularmente os conflitos de interesses coletivos, em contraposição à técnica tradicional de solução atomizada, para com isso conferir peso político maior às demandas coletivas, solucionar mais adequadamente os conflitos coletivos, evitar decisões conflitantes e aliviar a sobrecarga do Poder Judiciário atulhado de demandas fragmentárias.

Em nosso sentir, assim, todas as demandas "coletivas" propostas nos vários Estados em favor dos aposentados constituem *repetição* da primeira demanda coletiva proposta para o mesmo fim, sendo inquestionável a configuração da *litispendência*.

Se a sentença da primeira demanda coletiva vier a ser favorável ao autor, ou se nela for concedida medida liminar, os inativos de todo o País que se encontrem em idêntica situação, pertencentes à mesma classe ou categoria de pessoas, devem ser igualmente beneficiados, a teor do que dispõe o inciso II do art. 103 do CDC. Caso seja negativo o resultado do processo, mesmo em relação ao pedido de medida liminar, não se pode pensar em propositura de segunda demanda coletiva, a não ser que ocorra a hipótese de "improcedência por insuficiência de provas", prevista no inciso II do art. 103 do CDC. A *demanda individual* de cada aposentado, na conformidade do disposto no art. 103, § 1º, do CDC, não ficará em nenhuma hipótese prejudicada.

---

das Justiças, até mesmo em atuação conjunta com um outro órgão do Ministério Público igualmente contemplado com a mesma atribuição. A alusão ao 'litisconsórcio' é feita, precisamente, para consagrar a possibilidade dessa atuação conjunta, com o que se evitarão discussões doutrinárias estéreis a respeito do tema e, mais do que isso, um inútil e absurdo conflito de atribuições, que não raro revela muito mais uma disputa de vedetismos do que a defesa da atribuição privativa de um órgão do Ministério Público".

Demandas coletivas com tamanha abrangência devem ser processadas de modo a não sacrificar, para nenhuma das partes, as garantias do *due process of law*, do contraditório e da ampla defesa (art. 5º, LIV e LV, da CF).

Sendo a ação intentada, por exemplo, contra a União, em favor de pessoas do mesmo grupo, categoria ou classe espalhadas por todo o território nacional, o *foro competente* deve ser o que resguarde, em benefício de ambas as partes, as garantias fundamentais do processo acima mencionadas, e semelhante foro seria, atendida a regra do art. 109, § 2º, da Constituição Federal, o do Distrito Federal, que é, em tese, o que apresenta acesso mais fácil a todos os interessados e onde a publicidade seguramente será mais ampla, pois ali se localiza o centro político e administrativo do País, e o acompanhamento do processo por ambas as partes e pelo público em geral será bem fácil e efetivo.

Nessa análise dos *elementos objetivos da ação*, é particularmente importante saber com que fundamento e em que termos é postulada a tutela jurisdicional, pois qualquer que seja a colocação feita pelo autor, podemos estar diante de uma autêntica demanda coletiva para tutela de interesses ou direitos "difusos" ou "coletivos", de natureza transindividual e indivisível, ou senão a hipótese poderá ser de tutela de interesses individuais, com a incorreta denominação de "demanda coletiva" (eventualmente, poderá tratar-se de tutela coletiva de interesses individuais "homogêneos")[11].

Tome-se o exemplo da ação aforada para o "*desbloqueio de cruzados*". Se a inconstitucionalidade do bloqueio é arguida apenas *incidenter tantum*, como mera questão prejudicial para justificar o pedido de desconstituição dos bloqueios individualizados, estamos diante de *demanda individual*, quando muito com pluralidade de partes. Para que a ação seja verdadeiramente uma *demanda coletiva*, o autor deverá, mediante enunciação de causa de pedir adequada (*v.g.* inconstitucionalidade), postular a desconstituição do *ato geral de bloqueio* de cruzados, postulando provimento jurisdicional que beneficie de modo uniforme todas as pessoas que se encontrem na mesma situação. Mas para isso, no respeitante ao polo passivo da ação, deverá subir alguns graus na hierarquia da estrutura funcional da entidade ré, pois deverá haver perfeita adequação entre o provimento

---

[11] Embora o texto legal (art. 91 do CDC) aparentemente admita apenas ações de condenação em dinheiro na tutela coletiva de "interesses individuais homogêneos" ("ação civil coletiva de responsabilidade pelos danos individualmente sofridos", diz o dispositivo), *não é irrazoável pensar-se em alargamento* do campo de aplicação dessas ações, fazendo-as abranger também as obrigações de fazer ou não fazer. Nessa aplicação, porém, é sempre necessário verificar se o réu da ação é o legítimo contraditor para a demanda assim alargada.

postulado e o legitimado passivo da ação. No caso do "desbloqueio de cruzados", o legitimado passivo para a demanda coletiva, de natureza mandamental, não poderia ser o Delegado Regional do Banco Central e nem mesmo apenas o seu Diretor-Presidente, devendo figurar no polo passivo o próprio Presidente da República, que foi quem decretou, através de medida provisória, o *ato geral de bloqueio de cruzados* (ato normativo dotado de executoriedade).

Nem se poderia pensar, como já ficou visto, em desbloqueio (provimento desconstitutivo) em benefício apenas dos moradores de um só Estado, pois isso significaria dividir interesses transindividuais e indivisíveis, que devem ser tutelados molecularmente.

A respeito dos *provimentos mandamentais*, cuja categoria aceitamos em que pese às doutas opiniões em contrário, tivemos a oportunidade de escrever algumas linhas nos *Comentários* ao Código de Defesa do Consumidor, que merecem ser aqui repetidas em razão de sua frequente postulação em demandas coletivas.

De início, fizemos uma colocação genérica nos seguintes termos: "Foi *Pontes de Miranda* quem, entre nós, adotou a classificação de Kuttner, que pôs a *ação mandamental* em categoria distinta da ação condenatória. 'A ação mandamental - conceitua o saudoso jurista - é aquela que tem por fito preponderante que alguma pessoa atenda, imediatamente, ao que o juízo manda' (*Tratado das Ações*, R.T., t. VI, 976, § 1, n. 1, p. 3).

Em outra passagem, traz as seguintes ponderações que são bastante elucidativas a respeito da característica específica dessa classe de ação: 'Na sentença mandamental, o juiz não constitui: 'manda'. Na transição entre o pensamento da sentença condenatória e o ato da execução, há intervalo, que é o da passagem em julgado da sentença de condenação e o da petição da ação '*iudicati*'. E acrescenta: 'Na ação executiva, quer-se mais: quer-se o ato do juiz, fazendo não o que devia ser feito pelo juiz como *juiz*, sim o que a parte deveria ter feito. No mandado, o ato é o ato que só o juiz pode praticar, por sua estatalidade. Na execução, há mandados - no correr do processo; mas a *solução* final é o ato da parte (solver o débito). Ou do juiz, *forçando*' (*Tratado das Ações*, R.T., t. I, 1970, §37, ns. 1 e 2, p. 211). *Ovídio Baptista da Silva* aprofundou o estudo da ação mandamental e em seu livro mais recente (*Curso de Processo Civil*, vol. II, S.A. Fabris Editor, Porto Alegre, 1990) traz a seguinte magistral síntese de sua pesquisa: 'A ação mandamental tem por fim obter, como eficácia preponderante, da respectiva sentença de procedência, que o juiz emita uma ordem a ser observada pelo demandado, ao invés de limitar-se a condená-lo a fazer ou não fazer alguma coisa. É da essência, portanto, da ação mandamental que a sentença que lhe reconheça a procedência contenha uma ordem para que se expeça um mandado. Daí a designação da sentença mandamental. Nesse tipo de sentença, o *juiz ordena* e não simplesmente condena. E nisso reside, precisamente, o elemento eficacial que a faz diferente das sentenças próprias do Processo de Conhecimento. Tal como acontece com as ações executivas, também as mandamentais contêm atividade jurisdicional em momento posterior ao trânsito em julgado da sentença de procedência. Na mesma relação processual de conhecimento'. Sustenta que seu campo de aplicação é mais amplo que o considerado pelos primeiros teóricos, pois as ordens podem ser dirigidas não apenas a órgãos e servidores do Estado, como também a particulares. Mas, lamenta que, no estágio atual do direito brasileiro, não exista 'um parâmetro seguro que nos possa indicar os limites possíveis para as ações mandamentais' e seja, por outro lado, 'precária e insegura qualquer tentativa de encontrar o elemento conceitual que as torna diversas das condenatórias' (§§ 147-159 e 172-175, ps. 247-269 e 319-330). Parece-nos, todavia, que o Código de Defesa do Consumidor traz, a respeito, novo alento"[12].

Como traço mais marcante dessa modalidade de ação, anotamos que o provimento do juiz "não se restringirá à mera condenação (provimento condenatório na concepção tradicional), mas abrangerá a expedição de *mandamentos* ou *ordens* (ação mandamental) que, se descumpridos, à semelhança das *injunctions* do sistema anglo-saxão ou da '*ação inibitória*' do sistema italiano, poderá configurar o crime de desobediência, como ato de afronta à Justiça, e não apenas à parte contrária, e ainda ensejará a adoção de técnicas de sub-rogação de obrigações em outras que permitam a obtenção do resultado prático equivalente ao do adimplemento da obrigação"[13].

E mais em frente, analisando os arts. 83 e 84 do CDC e o art. 11 da Lei n. 7.347/85, tecemos as seguintes observações conclusivas: "não se afigura exagerado afirmar-se que o nosso sistema processual é dotado de *ação mandamental* de eficácia bastante assemelhada à da '*injunction*' do sistema da '*common law*' e à '*ação inibitória*' do direito italiano. Aliás o ordenamento processual pátrio erige em ato atentatório à dignidade da Justiça o comportamento do devedor que

---

[12] *Comentários ao Código Brasileiro de Defesa do Consumidor*, Ada Pellegrini Grinover, Antonio Hermann de Vasconcelos e Benjamin, Daniel Roberto Fink, José Geraldo Brito Filomeno, Kazuo Watanabe, Nelson Nery Júnior e Zelmo Denari, Forense Universitária, 1992, p. 503-4.

[13] *Comentários ao Código Brasileiro de Defesa do Consumidor*, cit., p. 503-4. Cf. F.H. Lawson, *Remedies of English Law*, London, 1980, p. 173 e s.; John F. Dobbyn, *Injunctions*, St. Paul, Minn., 1974; Aldo Frignani, *L'injunction nella common law e L'inibitoria nel diritto italiano*, Giuffrè, 1974; Cristina Rapisarda, *Profili della tutela civile inibitória*, CEDAM, 1987; Roberto Molina Pasquel, *Contempt of Court*, México, 1954.

'frauda a execução', ou 'se opõe maliciosamente à execução empregando ardis e meios artificiosos, ou a ainda deixa de indicar ao juiz 'onde se encontram os bens sujeitos à execução' (art. 600, CPC) e prevê no art. 601, CPC, a penalidade processual correspondente. Se é possível entender-se assim em relação aos atos processuais voltados à realização da execução, com maior razão se poderá colocar a conduta recalcitrante do demandado, em relação ao provimento expedido pelo magistrado para a tutela efetiva do direito dos consumidores, no plano da ofensa à dignidade da Justiça e ao regular exercício da função estatal de tutela jurídica processual.

Certamente está consagrado nesses dispositivos um instituto semelhante ao do *contempt of court* dos ordenamentos da '*common law*'.

As *ordens judiciais*, no sistema processual pátrio, devem ser executadas, em linha de princípio, em sua forma específica, sob pena de uso da violência oficial para seu efetivo cumprimento, como deixam claro, entre outros, os arts. 362 (exibição voluntária de documento ou coisa pelo terceiro, ou expedição de mandado de apreensão e requisição, se necessário, da força policial, tudo 'sem prejuízo da responsabilidade por crime de desobediência'), 412 (possibilidade de condução coercitiva da testemunha que deixar de comparecer à audiência sem justo motivo, além de responder pelas despesas do adiamento) e 842 (busca e apreensão de pessoas e coisas com possibilidade de arrombamento das portas externas e internas e de quaisquer móveis).

O art. 340 do Código Penal, ao tipificar como delito a *desobediência* à ordem legal de funcionário público, completa todo esse quadro, tornando perfeitamente admissível a adoção entre nós da *ação mandamental* de eficácia próxima à da '*injunction*' do sistema da '*common law*' e da '*ação inibitória*' do direito italiano.

A chamada *ação mandamental*, de que é exemplo a ação de mandado de segurança, constitui um exemplo dessa evolução. Não se confunde ela, embora as inegáveis semelhanças, com a ação condenatória... Esta dá origem ao título executivo que, em não sendo cumprida a condenação espontaneamente pelo demandado, possibilitará o acesso a uma outra ação, que é a de execução de sentença. A *mandamental*, à semelhança das ações executivas '*lato sensu*', não reclama uma ação de execução '*ex intervallo*', pois é o próprio juiz que, através de expedição de ordens, que se descumpridas farão configurar o crime de desobediência, e de *realização pelo juiz de atos materiais* (como o fechamento de um estabelecimento comercial ou industrial, ou a cessação efetiva da publicidade enganosa (se necessário, com impedimento da circulação do veículo de publicidade, da interrupção da veiculação de um anúncio pela televisão, etc.), ou a retirada do mercado, com uso de força policial, se necessário, de produtos e serviços danosos à vida, saúde e segurança dos consumidores), faz com que o comando da sentença seja cumprido de modo específico"[14].

A admissão da categoria "*ação mandamental*" (também a "ação civil pública" pode assumir semelhante feição, conforme o tipo de provimento nela reclamado - cf. art. 11 da Lei n. 7.347/85 e considerações *supra*) tem profundas implicações no modo e na forma de execução do comando emergente da sentença, certo é que, nesse tipo de ação, como ocorre com a ação de mandado de segurança, não há execução *ex intervallo* por quantia certa (a não ser em relação às prestações que se vencerem a partir do ajuizamento da ação até a concessão da liminar ou prolação da sentença final).

Em relação às prestações que se vencerem a partir de ordem judicial favorável ao autor, não há falar-se em *ofício requisitório* a que alude o art. 100 e parágrafos da Constituição Federal; certo é que não se cuida de sentença condenatória que dê origem à formação de título executório contra a Fazenda Pública, e sim, conforme acima ficou visto, de *mandamento* a ser cumprido desde logo e de forma específica.

Em suma, a natureza verdadeiramente coletiva da demanda depende não somente da legitimação ativa para a ação e da natureza dos interesses ou direitos nela veiculados, como também da causa de pedir invocada e do tipo e abrangência do provimento jurisdicional postulado, e ainda da relação de adequação entre esses elementos objetivos da ação e a legitimação *ad causam* passiva.

Da correta propositura das demandas coletivas dependerá o êxito de todo o instrumental processual criado pela Lei n. 7.347/85, pelo CDC e por outras leis especiais. Da combinação da eficácia desse instrumental com a de incidente processual (a ser concebido pelo legislador processual, aliás já em fase adiantada de estudos por parte de uma Comissão Especial de Juristas) que permita a *molecularização das demandas múltiplas* (*atomizadas*) e pertinentes sempre, num dos polos da ação, a um mesmo demandante, ordinariamente um ente público, incidente esse a ser instaurado perante os Tribunais e cuja função precípua será a de definir, em termos definitivos e para vários fins práticos (como o de permitir ou impedir a antecipação do provimento satisfativo a partir da fixação de Súmula) o exato alcance da questão de direito comum nessas demandas

---

[14] *Comentários ao Código Brasileiro de Defesa do Consumidor*, cit., p. 524-6.

múltiplas, poderemos ter, com tudo isso, um processo realmente dotado de efetividade, capaz de tutelar adequadamente os direitos das partes e de possibilitar o resgate da imagem, hoje muito abalada, do nosso Poder Judiciário, pela redução sensível do número de demandas individuais e pela maior uniformidade e eficácia mais potenciada das decisões de nossas Cortes de Justiça.

Publicado originalmente em:

- As Garantias do Cidadão na Justiça. Coordenação do Ministro Sálvio de Figueiredo Teixeira. Editora Saraiva, 1993, páginas 185 a 196.
- Revista de Processo nº 67, ano 17, julho-setembro de 1992, páginas 15 a 25.
- Revista da Faculdade de Direito de São Bernardo do Campo. São Bernardo do Campo: Faculdade de Direito de São Bernardo do Campo, v.2, 1992, páginas 60 a 71.

CAPÍTULO 3

TUTELA DOS INTERESSES DIFUSOS
(PALESTRA)

Senhor Presidente; Colegas de Mesa; Professores presentes; Prezados Colegas:

Quero sublinhar o mesmo sentimento que, no pronunciamento anterior, manifestou o Professor Sérgio Porto. Estou diante de vários especialistas e de vários professores meus. Embora não tenha sido aluno no sentido estrito, efetivamente estudei nos livros que os eminentes Juristas aqui presentes escreveram. Fui neles buscar, sedentamente, informação e aprimoramento da minha formação profissional.

Há dez anos atrás, ou teria sido, mais precisamente, há nove anos (?), teve lugar nesta cidade o Primeiro Congresso Nacional de Direito Processual Civil. Tenho a lembrança de que o evento ocorreu em 1984, portanto, isto foi há 10 anos. O Professor Ovídio Baptista da Silva, aqui presente, está me lembrando que o Congresso ocorreu há dez anos atrás.

Foi praticamente naquele memorável Encontro que nasceu a Lei da Ação Civil Pública. Foi nesse Congresso, com efeito, que tivemos a oportunidade de apresentar, a Professora Ada Pellegrini Grinover, o Professor Waldemar Mariz de Oliveira Júnior, o Professor Cândido Rangel Dinamarco, e este expositor, o primeiro esboço de lei que, dois anos depois, se converteu na Lei 7347/85, a Lei da Ação Civil Pública.

Portanto, para mim é extremamente gratificante, dez anos após a discussão dessa primeira proposta legislativa sobre a tutela de interesses difusos, e vinte anos depois da promulgação do Código de Processo Civil em vigor, retornar a Porto Alegre, para me aprimorar com o debate de ideias que teremos ao longo deste Congresso.

Naquela oportunidade, o Congresso teve a oportunidade de discutir amplamente a proposta legislativa mencionada, aprimorá-la e dar-lhe o seu aval. A proposta, que em seguida passou por algumas transformações, principalmente por sugestão do Ministério Público, particularmente do Ministério Público de São Paulo, afinal se converteu em lei em julho de 1985 (Lei 7347/85).

Essa lei de 1985 constituiu um marco extremamente importante na evolução do Direito Processual Brasileiro. Anteriormente à Lei da Ação Civil Pública, um outro estatuto legal havia trazido uma das inovações mais importantes dos últimos tempos, que é a Lei das Pequenas Causas (Lei 7244, de 1984). E posteriormente, completando o ciclo evolutivo, em 1990 foi promulgado o Código de Defesa do Consumidor, que é a Lei 8078, de setembro de 1990.

Qual foi a razão fundamental da edição da Lei 7347? É claro que havia lacuna na disciplina da tutela processual dos interesses difusos, na lei que traça a política nacional do meio ambiente, que é a Lei n° 6938, de 1981, Mas, mais do que simplesmente preencher essa lacuna, houve na verdade uma preocupação no sentido de fazer com que a tutela dos interesses difusos, naquela época interesses difusos ligados mais especialmente ao meio ambiente, essa tutela fosse feita não apenas de *forma paternalista*, isto é, através de ação cuja titularidade exclusiva era do Ministério Público.

Procurou-se, através da lei 7347, abrir a legitimação para agir para a sociedade civil. Este, em meu modo de sentir, foi o ponto marcante. Trata-se de constatação de um fato extremamente importante em tema de efetividade da tutela jurisdicional dos interesses difusos. É que, segundo entendo, a tutela dos direitos não se dá somente através da criação de instrumentos processuais, e sim também, e principalmente, pela melhor organização da sociedade civil e pela ativa participação de seus membros em movimentos tendentes a promover essa tutela. Enquanto não tivermos uma sociedade civil mobilizada, conscientizada, disposta a defender seus direitos e interesses, difusos e coletivos, por mais que se criem institutos processuais avançados jamais teremos uma tutela jurisdicional efetiva desses direitos e interesses.

Daí por que acho que não se pode falar em efetividade de tutela jurisdicional dos direitos e interesses difusos sem passar pela modificação do ensino jurídico, pela transformação da mentalidade dos operadores do direito -advogados, juízes , promotores públicos - e pela efetiva organização e conscientização da sociedade civil. Para isso, um evento como este, em meu sentir, representa um passo de suma importância porque estamos aqui reunidos para a discussão do tema e para nos conscientizarmos mais ainda, para constatarmos as falhas e as virtudes das leis que disciplinam a matéria e, enfim, se possível, para apresentarmos propostas de modificação legislativa que se façam necessárias, tal como já o fez o Professor Sérgio Porto, nas considerações que precederam à minha fala.

É extremamente importante essa conscientização e para isso temos que dominar os conceitos de uma forma bastante clara, de tal forma que o exercício da tutela jurisdicional se dê de forma correta e adequada. O que nós temos presenciado, hoje em dia? Temos notado que há uma certa confusão generalizada no que diz respeito aos conceitos de interesses difusos, interesses coletivos e interesses individuais homogêneos. E também alguma infirmeza no que diz respeito à legitimação para agir, não somente por parte do Ministério Público como também das associações civis.

A partir de um exemplo podemos distinguir essas três categorias de interesses. Fiquemos no campo da publicidade: *publicidade enganosa* de um determinado produto. Enquanto publicidade, estará ela ofendendo os interesses de toda uma coletividade, composta por pessoas indeterminadas. O exemplo é, aí, de *interesse difuso*.

Mas, se essa publicidade causar lesão a alguns consumidores, que vieram a adquirir o produto anunciado, estaremos diante de *interesses individuais*, que são *homogêneos* porque resultantes de origem comum. Mas suponhamos que a publicidade, além de enganosa, é também ofensiva a uma determinada categoria profissional, aos advogados por exemplo. Estamos, nessa hipótese, diante de ofensa a *interesse coletivo*.

Esses conceitos, tendo em vista uma situação hipotética bem simples, como a mencionada, são relativamente fáceis em sua colocação teórica. Mas a sua aplicação prática é bem mais complicada. Na época do desbloqueio de cruzados, por exemplo, tivemos ações coletivas propostas pelo Ministério Público para tentar o desbloqueio em favor de aplicadores de determinada região, por exemplo da Cidade de São Paulo. A pretensão foi posta como tutela de interesse coletivo. Ocorre que, de acordo com o conceito que está na lei, o interesse coletivo deve ser *indivisível* quanto ao bem jurídico. Portanto, não podemos dividir esse interesse em partes, nem mesmo por regiões. Os aplicadores tinham todos interesses próprios e diferençados e por isso a hipótese era de interesses individuais homogêneos, e não de interesses coletivos. Tivemos depois as ações coletivas propostas em favor dos aposentados. Em São Paulo para aposentados de São Paulo, em Porto Alegre para aposentados do Rio Grande do Sul, e no Rio de Janeiro para aposentados do Rio de Janeiro. E tivemos decisões conflitantes nessas demandas. Em nosso sentir, houve uma falha na conceituação do bem jurídico tutelando. Vale dizer, do interesse que é objeto de tutela nesses processos. Se é interesse coletivo, nos termos da lei, não poderia ser dividido. E era um interesse indivisível, pois se pretendia uma mesma solução jurídica, atualização dos proventos por um índice comum a todos (147%, aproximadamente). Portanto, a tutela tinha que ser única e igual em relação ao mesmo interesse coletivo, em relação a todos os aposentados do País.

Para evitar, ao menos, semelhante contradição de julgados, que enfraquece o Poder Judiciário e desprestigia toda a coletividade de operadores do Direito, é importante o perfeito domínio dos conceitos. Isto é de extrema importância, aliás, para a efetividade da tutela jurisdicional dos interesses difusos e coletivos.

Em São Paulo, tivemos casos, e ainda hoje estamos tendo casos dessa natureza, de uma associação de acionistas de uma sociedade anônima mover ação contra um outro grupo de acionistas da mesma sociedade. A demanda não poderia ser posta em termos de tutela de interesses coletivos. Ou o interesse pertence a toda uma categoria, a todo um grupo, a toda uma classe de pessoas, ou não é interesse coletivo no sentido técnico da expressão.

Houve caso de o Ministério Público, por equívoco de alguns promotores, mover ação coletiva em nome de condôminos de um edifício de apartamentos contra o síndico, ou contra outros condôminos. Nos termos estritos da lei, talvez pudesse se pensar em interesse coletivo nesses casos, mas havia ausência de um *requisito fundamental*, que é a *relevância social* dos interesses tutelandos. Sem que exista a relevância social, em meu sentir, não há legitimação do Ministério Público para agir em tutela de *interesses privados disponíveis*. Trata-se de direitos privados indisponíveis, então sim, haveria legitimação do Ministério Público, nos termos da Constituição (art. 127). Mas, em se tratando de interesses individuais disponíveis, o Ministério Público somente estará legitimado para agir quando houver relevância social na demanda.

Essa posição tenho sustentado com o propósito de prestigiar mais a função do Ministério Público, para evitar que o "Parquet", pela banalização de sua atuação, perca a relevância da sua função institucional.

Esses aspectos todos e outros mais, segundo entendo, devem ser bem considerados e perfeitamente dominados pelos operadores do Direito, de modo que as ações coletivas tenham realmente uma efetiva atuação e uma vida duradoura.

No caso, por exemplo, de desbloqueio de cruzados, através de Mandado de Segurança, não de uma Ação Civil Pública, poderão surgir dificuldades na fixação de conceitos em razão da multiplicidade de situações que a vida prática oferece.

Posso pensar, por exemplo, no *desbloqueio individual*. Nessa hipótese, cada correntista procurará a tutela do seu direito.

Mas posso pensar também num desbloqueio múltiplo, por meio de litisconsórcio. Mas, aí, estamos ainda no plano dos instrumentos tradicionais.

Se quisermos, porém, partir para uma *tutela essencialmente coletiva*, isto é, uma tutela que desbloqueie todas as contas existentes a nível nacional, temos que pensar não somente na *legitimação para agir*, mas igualmente, no *tipo de provimento* que temos que buscar. Então, nessa hipótese, não posso impetrar um Mandado de Segurança contra o Diretor Regional do Banco Central, por exemplo. Tenho que subir os graus da hierarquia até chegar à autoridade que determinou o bloqueio geral de cruzados, que seria o Presidente da República. Se quero mesmo mover uma ação coletiva para beneficiar todas as vítimas do bloqueio, tenho que atacar esse *ato geral de bloqueio*.

Bem se percebe, assim, que temos que colocar adequadamente a causa de pedir e também o pedido. E para isso, temos que saber determinar com precisão que ato vamos atacar para podermos alcançar a tutela coletiva pretendida.

Estou tecendo essas considerações porque, na prática, tenho encontrado exemplos de ações coletivas que são incorretamente deduzidas.

Assim, ao falar de efetividade da tutela dos interesses difusos e coletivos, é manifesta a necessidade de domínio perfeito dos conceitos. Os conceitos estão na lei. O Código de Defesa do Consumidor definiu o interesse difuso, o interesse coletivo e o interesse individual homogêneo. E ao definir, fez opções, que doutrinariamente talvez pudessem ser contestadas. As definições, porém, eram necessárias para se evitar que na prática surgissem discussões estéreis a respeito das diferentes espécies de direitos e interesses.

Só para mencionar um exemplo, examinemos o *interesse coletivo*.

Em relação ao *interesse coletivo*, a doutrina vinha sustentando a necessidade de certa organização: criação de uma associação, de um sindicato, para a defesa de determinado interesse. Mas o legislador do Código de Defesa do Consumidor fez uma opção diferente. Ampliou o conceito de interesse coletivo, fazendo-o abranger tanto o interesse organizado, pela existência de vínculo jurídico entre os interessados, membros de uma associação ou de um sindicato, como também interesse ainda não organizado, desde que os titulares pudessem ser identificados pelo vínculo jurídico que tivessem com a parte contrária. Por exemplo: contribuintes do Imposto de Renda ainda não organizados em forma de associação. Todos eles mantêm vínculo jurídico com o fisco, e, portanto são *determináveis*, e essa determinabilidade, para o legislador, é suficiente para a classificação como *interesse coletivo*. Criticável ou não, foi uma opção legislativa.

Então, hoje, no exemplo que o Dr. Sérgio Porto mencionou, de grupo informal de pessoas, eu diria que entre todos os invasores de uma propriedade existe um vínculo jurídico com a parte contrária. Nesse sentido, é um interesse coletivo. O que faltaria aí seria um ente coletivo que pudesse agir em juízo em nome de todos, pois é esse o requisito que o legislador exigiu. Temos aqui, também, uma opção legislativa.

Doutrinariamente, é sustentável a *legitimação individual* para agir em defesa do interesse comum. Quando se trata de direitos indivisíveis, o nosso direito privado admite que qualquer cotitular proponha a ação em defesa do interesse comum. Com base nessa permissão, Barbosa Moreira, por exemplo, extrai a conclusão de que seria sustentável, isso antes da lei 7347 de 1985, a legitimação individual para a tutela de interesses difusos. Também eu sustentei essa posição, num artigo escrito antes da referida lei. Mas, nesse trabalho, com base na Constituição então em vigor, procurei extrair a legitimação ordinária da associação, organizada com o fim institucional de defesa de determinados direitos difusos ou coletivos, para atuar em juízo em defesa desses interesses.

No exemplo que o Professor Sérgio Porto mencionou, parece-me razoável pensar-se na aplicação da disciplina do direito indivisível, admitindo-se a legitimação de qualquer cointeressado para propor a ação em nome do grupo, ainda que não organizado. De qualquer forma, melhor mesmo é uma solução legislativa, que deve ser a mais adequada possível à nossa realidade social.

O que acontece, nas invasões de propriedade, é a dificuldade do proprietário de saber contra quem mover a ação. Os ocupantes, no momento da propositura da ação, são uns e daí a alguns dias já se alterou esse quadro. Há, portanto, necessidade de solução legislativa também quanto à legitimação "ad causam" passiva.

A efetividade da tutela jurisdicional dos interesses difusos e coletivos passa pelo surgimento de mentalidade mais aberta, pela melhor organização da sociedade civil, pelo despertar da consciência nos bancos acadêmicos e também pelo domínio perfeito dos conceitos.

Feitas estas ponderações gostaria de concluir a minha colocação dizendo que o Código de Defesa do Consumidor, dando prosseguimento à solução adotada pela Lei da Ação Civil Pública, expressamente acolheu um *tipo de provimento jurisdicional* que, doutrinariamente, vinha sendo defendido apenas por alguns juristas, como Pontes de Miranda e Ovídio Baptista da Silva, aqui presente, que é o *provimento mandamental*.

O provimento condenatório tem se mostrado insuficiente para a tutela efetiva dos direitos. O provimento mandamental, que já existe na tutela de interesses privados em face da Administração Pública, por meio da Ação de Mandado de Segurança, não era aplicável à tutela de relações jurídicas entre particulares. Na Lei de Ação Pública, no artigo 11, e no Código de Defesa do Consumidor, no artigo 84, a *ação mandamental* foi expressamente acolhida para a tutela mais adequada dos direitos e interesses difusos e coletivos.

Barbosa Moreira vem destacando, de longa data, o aspecto marcantemente economicista da tutela processual civil. Vale dizer, o Código de Processo Civil Brasileiro privilegia muito mais o "ter" do que o "ser". Para a tutela do direito de posse, por exemplo, temos uma ação eficaz, de natureza executiva *"lato sensu"*, que é a Ação Possessória. Outro exemplo é a Ação de Despejo, igualmente de natureza executiva. Por que nós não temos, no campo das obrigações de fazer, que muitas vezes dizem respeito a direitos indisponíveis, a direitos de personalidade ou à qualidade de vida, uma ação tão eficaz quanto essas ações que tutelam os interesses patrimoniais?

A tendência predominante, até algum tempo atrás, era transformar as obrigações de fazer descumpridas em perdas e danos, não se cogitando de execução específica, em cumprimento específico dessas obrigações. O artigo 11 da Lei da Ação Civil Pública (lei 7347/85) transformou a ação de tutela de obrigação de fazer e não fazer em ação de execução específica. O mesmo aconteceu com o artigo 84 do Código de Defesa do Consumidor.

Para acentuar essa característica, gostaria, rapidamente, de ler o "caput" do art. 84, CDC, que é extremamente importante para sua compreensão: *"Na ação que tenha por objeto o cumprimento da obrigação de fazer ou não fazer, o juiz concederá tutela específica da obrigação, ou determinará providências que assegurem o resultado prático equivalente ao do adimplemento"*. Temos aqui a mesma técnica que levou o legislador brasileiro a criar a ação de adjudicação compulsória, e isto somente foi possível quando se conseguiu isolar perfeitamente o resultado que o credor realmente tinha interesse em alcançar, que era a transferência do domínio, e não propriamente o ato do devedor assinando a escritura. Esse mesmo isolamento foi feito para se conceber a ação de tutela específica da obrigação de fazer ou não fazer, no campo da tutela do meio ambiente e da defesa do consumidor. Hoje é ampliada essa tutela em relação a todos os demais interesses difusos e coletivos, pela interação perfeita que existe entre o Código de Defesa do Consumidor e a Lei da Ação Civil Pública (arts. 90 e 117, Cód. Defesa do Consumidor).

Quando se fala em *não poluir*, o que importa para o público em geral não é tanto o ato do devedor, mas sim o resultado prático dele decorrente. Então, se essa indústria deixa de poluir, porque instala um filtro, por exemplo, ou porque transfere a fábrica para um outro local, ou porque cessa a atividade dessa fábrica, isso não interessa para o público em geral, para as pessoas que estão sendo afetadas pela poluição. O que importa é a não poluição, a qualidade de vida, isto é, o resultado prático equivalente ao do adimplemento da obrigação.

Neste artigo 84 do CDC, o legislador procurou dar ao juiz o poder de conceder ao demandante, por meio de provimento mandamental, o cumprimento específico da obrigação ou o atingimento do resultado prático equivalente ao do adimplemento. Isto é extremamente importante para a efetividade da tutela jurisdicional. No parágrafo 5º do mesmo artigo 84, chega o Código a dizer que, para a tutela específica ou para a obtenção do resultado prático equivalente, o juiz poderá adotar todas as medidas ao seu alcance. Medidas legítimas, é claro. Isso significa que, na execução, o juiz poderá utilizar da técnica de sub-rogação das obrigações, isto é, transformar uma obrigação de não fazer em obrigação de fazer, e novamente, se descumprida esta, convertê-la numa outra obrigação de não fazer.

Por exemplo, no caso da poluição, o que o autor da ação objetiva é obter o resultado *não poluição*. O juiz poderá obter esse resultado através da transformação da obrigação originária numa obrigação de fazer. Por exemplo: obrigação de *instalar filtro*. Se o réu descumprir essa obrigação sub-rogada de fazer, poderá convertê-la numa outra obrigação de não fazer, por exemplo *cessar a atividade*. São técnicas processuais para o atingimento do resultado prático objetivado, para se conseguir a execução específica das obrigações de fazer ou não fazer.

A norma contida no artigo 84 do CDC é extremamente importante para se obter a tutela efetiva dos interesses difusos e coletivos. Através da adoção do provimento mandamental, nosso sistema começa a se aproximar bastante do sistema da *"Common Law"*, onde o descumprimento da ordem do juiz é considerado muito mais ofensa à dignidade da Justiça, do que descumprimento do direito da parte contrária. Entendo que esse modo de pensar é particularmente importante para que a jurisdição tenha outra dimensão e seja exercida de modo a conceder uma adequada e efetiva tutela aos interesses difusos e coletivos em geral.

São essas as considerações que gostaria de submeter à consideração dos senhores e peço escusas a todos, pois devo ter ultrapassado o tempo que me era destinado.

Muito obrigado!

Publicado originalmente em:

- ADVOGADO Edição Especial. Ano IX, nº 20. Uma Publicação do IARGS/Instituto dos Advogados do Rio Grande do Sul. Páginas 100 a 103. Anais do II Congresso Nacional de Direito Processual Civil, de 17 a 20 de agosto de 1993 – Salão de Atos da Pontifícia Universidade Católica do Rio Grande do Sul – Faculdade de Direito – PUCRS. Comemorativo aos 20 anos de promulgação do Código de Processo Civil.

CAPÍTULO 4

APONTAMENTOS SOBRE: "TUTELA JURISDICIONAL DOS INTERESSES DIFUSOS (NECESSIDADE DE PROCESSO DOTADO DE EFETIVIDADE E DE APERFEIÇOAMENTO PERMANENTE DOS JUÍZES E APOIO DOS ÓRGÃOS SUPERIORES DA JUSTIÇA EM TERMOS DE INFRAESTRUTURA MATERIAL E PESSOAL)"

Efetividade do processo como instrumento de tutela jurisdicional de direitos é uma das preocupações mais salientes dos processualistas contemporâneos.

Do conceptualismo e abstrações doutrinárias partem hoje os processualistas, fortes no patamar construído ao longo da evolução da ciência processual, para um instrumentalismo mais efetivo do processo, com visão mais penetrante de toda a problemática socioeconômicajurídica. Visão mais crítica da utilidade do processo, de modo que tenha ele maior aderência à realidade social, é o que podemos denominar de instrumentalismo substancial, em oposição ao instrumentalismo meramente nominal ou formal.

Há, basicamente, duas perspectivas para se chegar a esse instrumentalismo substancial:

a) a de direito material - com exigências próprias, que devem encontrar no plano processual soluções adequadas, efetivas e tempestivas (art. 75 do CC) (cf. tb. art. 84 do CDC). À toda afirmativa de lesão ou ameaça de lesão a direito deve encontrar meios processuais adequados e eficazes;

b) a de direito processual - (Chiovenda: "*o processo deve dar, quanto for praticamente possível, a quem tenha um direito, tudo aquilo e exatamente aquilo que ele tenha direito de conseguir*") - com o aperfeiçoamento dos institutos e técnicas processuais, como a busca de novos tipos de provimento, de procedimentos diferenciados, aceleração e simplificação dos procedimentos existentes, antecipação da tutela, dosagem adequada da amplitude e intensidade da cognição, facilitação da prova, tutela jurisdicional de interesses supra individuais, facilitação do acesso à justiça.

Ambas as perspectivas são igualmente válidas.

Ponto de confluência dessas perspectivas é a pesquisa dos aspectos constitucionais do processo. Especial atenção merece, nesse particular, o princípio da inafastabilidade do controle jurisdicional (art. 5.º, XXXV da CF). A conclusão última, quanto a esse princípio, é a de que ele assegura "uma tutela qualificada contra qualquer forma de denegação da justiça". Nele está ínsito, também, o princípio da efetiva, adequada e tempestiva tutela jurisdicional de direitos.

Dimensão constitucional do direito e da justiça, com apoio no entendimento que tenha as normas constitucionais como dotadas de atributividade imediata, e não como enunciadoras de um mero programa, é uma das formas de se conferir maior efetividade à tutela jurisdicional dos direitos, principalmente dos difusos.

Organização judiciária mais adequada e modernizada, com base em pesquisa permanente atualizada das causas da litigiosidade e dos meios de sua solução, é um aspecto de superlativa importância. Tanto no que diz respeito à sua infraestrutura material, com sua permanente modernização, como também, e principalmente, quanto à infraestrutura pessoal, com recrutamento e treinamento de auxiliares de Justiça competentes e bem remunerados.

Outro ponto de vital importância é o recrutamento mais aprimorado de juízes e seu permanente aperfeiçoamento cultural, face à crescente complexidade das relações sociais, transformações sociais rápidas e profundas, criação assistemática de leis que privilegiam mais a eficácia de planos econômicos do que a equidade e a justiça das relações jurídicas, a crescente administrativização do direito que é utilizado como instrumento de governo, economia de massa a gerar intensa conflituosidade, configuração coletiva dos conflitos de interesses relativos a relevantes valores da comunidade, como o meio ambiente e outros interesses difusos.

Daí, a previsão, no art. 144, VI da CF, da escola de aperfeiçoamento dos magistrados.

Aperfeiçoamento, evidentemente, multidisciplinar, abrangendo não somente o direito, como também a sociologia, a economia, a psicologia, a política - enfim, um aperfeiçoamento que propicie a visão global do momento histórico e do contexto socioeconômico-cultural em que atuam os juízes.

Somente assim teremos uma Justiça mais rente à realidade social e a necessária mudança de mentalidade pelos operadores do Direito, que torne factível o acesso à ordem jurídica mais justa.

No que toca à tutela jurisdicional do meio ambiente e outros interesses difusos, além desse aperfeiçoamento dos juízes, faz-se necessário um apoio decisivo aos juízes pelos Órgãos Superiores da Justiça, de tal modo que disponham eles, à semelhança do que ocorre no Ministério Público, de órgãos de pesquisa permanente, de orientação e de apoio material. Os membros do Ministério Público contam, hoje, inclusive com peritos especializados que possibilitam o melhor entendimento das complexas causas que têm aparecido ultimamente, cuja instrução reclama, não raro, até testes e exames técnicos realizadas no exterior.

A despreocupação por todos esses aspectos trará como consequência, inevitavelmente, a defasagem entre a preparação dos juízes e a dos membros do Ministério Público, o que redundará em desprestígio da Justiça e, o que é pior, em prejuízo dos jurisdicionados na tutela dos relevantes direitos e valores da coletividade.

Publicado originalmente em:

- Ação Civil Pública (Lei 7.347/85 - Reminiscências e Reflexões após dez anos de aplicação). Coordenador Édis Milaré. Editora Revista dos Tribunais, 1995, páginas 326 a 328.

CAPÍTULO 5

RELAÇÃO ENTRE DEMANDA COLETIVA E DEMANDAS INDIVIDUAIS

Um dos temas que, embora de aparente simplicidade, têm trazido grandes dificuldades na prática das ações coletivas é o da relação entre demanda coletiva e demandas individuais.

Luiz Paulo da Silva Araújo Filho menciona a existência, na *práxis* forense, de ações pseudocoletivas (cf.: *Ações coletivas: a tutela jurisdicional dos direitos individuais homogêneos*. Rio de Janeiro: Forense, 2000. p. 199-202), fenômeno inverso ao que é tratado neste trabalho.

Uma das dificuldades consiste em saber se as pretensões deduzidas em juízo são efetivamente individuais, ou seja, se a relação jurídica de direito substancial a que essas pretensões estão referidas admite a formulação de vários pedidos individualizados da mesma espécie, ou se, acaso, pela sua natureza e peculiaridade, é ela de natureza *incindível*, de modo que, em princípio, são inadmissíveis postulações individuais.

As considerações a seguir desenvolvidas procurarão, com a ilustração de exemplos práticos, evidenciar melhor essa questão de grande implicação prática.

Ponto de fundamental importância para a análise da questão mencionada está na precisa caracterização da *natureza das relações jurídicas substanciais* em relação às quais são deduzidas em juízo as pretensões das partes e o modo como, em termos práticos, irão atuar, em relação a essas relações jurídicas substanciais, os provimentos jurisdicionais postulados.

A coexistência da ação coletiva, em que uma pretensão de direito material é veiculada molecularmente, com as ações individuais, que processualizam pretensões materiais atomizadas, pertinentes a cada indivíduo, exige, como requisito básico, a determinação da natureza destas últimas e a verificação da compatibilidade entre as distintas pretensões materiais, coletivas e individuais veiculadas nessas duas espécies de demandas.

Por exemplo, uma ação de anulação de deliberação assemblear de uma sociedade anônima que veicula matéria de ordem geral, e não uma questão de interesse específico de algum acionista, será uma ação de alcance coletivo, mesmo que proposta por apenas um ou alguns acionistas, e a respectiva sentença, sendo acolhedora da demanda, beneficiará necessariamente a totalidade dos acionistas. Nessa espécie de conflitos de interesses, não há lugar para a concomitância de demandas individuais que objetivem o mesmo resultado prático. É suficiente a propositura de uma única ação de anulação, por um ou mais acionistas, sem a necessidade de participação da totalidade deles, pois estamos diante de uma demanda individual com alcance coletivo, certo é que o escopo dela diz respeito à totalidade dos acionistas. Não se nega a possibilidade de cada acionista ter uma pretensão individual específica e diferenciada, pertinente somente a si, em relação à qual será inquestionavelmente admissível a demanda individual. Mas não é fragmentável em demandas individuais a *pretensão anulatória*, pois o provimento jurisdicional correspondente tem pertinência necessária à totalidade dos acionistas.

Para que semelhante distinção fique bem remarcada, cabe ser mencionado um outro exemplo.

A *ação coletiva* ajuizada com o escopo de exigir a *cessação da poluição ambiental* praticada por uma indústria é apta a tutelar os interesses de toda a coletividade (interesses difusos, portanto). A *ação individual* que viesse a ser proposta por uma vítima, por exemplo, um morador da vizinhança, reclamando a indenização pelos danos individualmente sofridos em virtude da mesma poluição combatida na ação coletiva veicularia uma pretensão individual própria e inconfundível com a pretensão coletiva. Seria inegável, nessa hipótese, a presença do requisito da compatibilidade entre a pretensão coletiva e a individual. Mas, se na *ação individual* fosse veiculada a pretensão à cessação da poluição, teria ela escopo coincidente com o da *ação coletiva*. Suponhamos, para salientar bem essa distinção, que outros moradores ajuizassem também ações individuais com a mesma finalidade, qual seja a de cessação da poluição. Todas elas estariam reproduzindo a mesma pretensão veiculada na *demanda coletiva*. São "*individuais*" apenas no sentido de que são propostas por indivíduos, mas a pretensão é de alcance coletivo, pois beneficia a totalidade das pessoas que se encontram na mesma situação, e não somente o autor da ação. Em semelhante situação, seria suficiente uma só demanda, seja individual ou coletiva.

A conclusão que se impõe, à vista dessas considerações, é no sentido de que as *ações individuais* que veiculem a mesma pretensão da ação coletiva ou de uma outra ação individual com o mesmo escopo, são inadmissíveis por significarem um *bis in idem*, que poderá dar origem a conflitos práticos, e não apenas lógicos, de julgados, o que o nosso ordenamento jurídico não tolera (daí, os institutos da litispendência e da coisa julgada).

O instituto do *litisconsórcio unitário* fornece luzes adequadas para o correto entendimento dessa questão.

Esclarece Cândido Rangel Dinamarco que há *relações jurídicas* com diversos titulares ativos ou passivos (legitimação plúrima), que, pela sua própria natureza, *não comportam cisão*.

> "Num **plano puramente prático** (e não apenas lógico), - pondera o consagrado processualista paulista - observar-se-á a impossibilidade de realizar a vontade da lei mediante determinações judiciais que não encarem essas relações como um todo monolítico. Por exemplo, não é impossível a execução tendente a satisfazer o credor comum à custa de um apenas dos devedores solidários; mas é inconcebível considerar válido o casamento do marido e nulo o da mulher. Por isso é que, em certos casos, dependendo da relação jurídica controvertida, a sentença de mérito há de ser necessariamente homogênea. Nesses casos e por essas razões, é que o litisconsórcio se diz unitário." [1]

Mais adiante acrescenta:

> "[...] existe uma **relação de causa e efeito entre a natureza da relação jurídica controvertida ("indivisível", diz a doutrina) e essa necessária homogeneidade de julgamento;** por isso é que, como na maioria dos casos a **res in iudicium deducta** tem no direito material a sua disciplina [lembra que nas ações rescisórias a disciplina é do direito processual], se costuma dizer também que neste é que está a determinação dos casos de litisconsórcio necessário"[2].

Cita como exemplos a *ação de nulidade de casamento* ajuizada pelo Ministério Público e a *ação anulatória de deliberação de assembleia* movida por dois ou mais acionistas. Conclui observando que "os casos de unitariedade são representados por aquelas já referidas **relações jurídico-substanciais plurissubjetivas que não comportem tal fragmentação de apreciações**[3]" Anota, ainda, que "esse fenômeno da **relação jurídica incindível** que se põe ao centro do objeto do

---

[1] *Litisconsórcio*. São Paulo: Revista dos Tribunais, 1986. p. 88-89 – grifos nossos.

[2] op. cit., p. 89 - grifo nosso.

[3] op. cit., p. 91.

processo tanto pode manifestar-se nas ações constitutivas, como nas meramente declaratórias".[4]

No mesmo sentido, ensina Arruda Alvim que

> "no litisconsórcio unitário existe, por definição, a imprescindibilidade de decisão uniforme, no plano do direito material, para todos os que figuram no litisconsórcio, no sentido da ação ter de ser julgada procedente para todos, ou, então, haver de ser julgada improcedente para todos. **A unitariedade, pois, diz respeito à solução idêntica, no plano do direito substancial**, que o juiz deverá dar para todos os litisconsortes"[5].

A propósito do tema, na clássica monografia sobre *litisconsórcio unitário*, José Carlos Barbosa Moreira traz as seguintes preciosas ponderações:

> "Quando a *situação jurídica substancial* é plurisubjetiva, isto é, abrange mais de duas posições jurídicas individuais, e a seu respeito se litiga em juízo, o resultado a que se visa no feito não pode às vezes deixar de produzir a um só tempo e de modo igual para todos os titulares situados do mesmo lado. **Isso decorre da maneira pela qual essas posições jurídicas individuais se inserem na situação global. Semelhante inserção é uniforme e tem de manter-se uniforme sob pena de tornar impossível a subsistência da própria situação global.** Daí haver entre as várias posições individuais uma vinculação tão íntima que qualquer evolução ou será homogênea ou impraticável. [...] O que se tem de levar em consideração é a uniformidade no ponto(s) sobre que deve incidir a regra jurídica concreta a cuja enunciação se ordena a atividade cognitiva do juiz. [...] Se por tal prisma são iguais ou interligadas as posições jurídicas individuais de dois ou mais sujeitos, então essa regra concreta necessariamente os atinge a todos com idêntica eficácia. Por isso tem de possuir o mesmo teor para os que figurem num dos polos do processo (unitariedade do litisconsórcio) e alcança mesmo os que a ele permaneçam estranhos, conquanto houvessem podido consorciar-se ao(s) autor(es) ou ao(s) réu(s) (extensão da coisa julgada)". [6]

---

[4] op. cit., p. 93 - grifos nossos.
[5] *Código de Processo Civil comentado*. São Paulo: RT. v. 2, p. 388 - grifo nosso.
[6] *Litisconsórcio unitário*. Rio de Janeiro: Forense, 1972. § 83, p. 143-144 - grifos nossos.

Prossegue o processualista:

> "**São de ordem prática – e não de ordem puramente lógica – as necessidades para cujo atendimento a imaginação do legislador criou o duplo expediente da extensão da res iudicata e da unitariedade do litisconsórcio, com seu regime especial**. De ordem prática é, aliás, *in genere*, a finalidade mesma do processo como instituto jurídico. Vale a pena, assim, insistir neste ponto: **a simples conveniência de evitar uma contrariedade teórica de julgados não se reputa bastante para legitimar o recurso a qualquer das duas técnicas**. É preciso que a regra jurídica concreta formulada na sentença não possa operar praticamente senão quando aplicada às várias posições individuais".[7]

Mais adiante pondera:

> "Para verificar se deve ser forçosamente uniforme o tratamento dos litisconsortes na sentença definida, **tem-se pois de atentar na estrutura da situação jurídica substancial e no efeito que sobre ela se visa a produzir por meio do processo. Se as diversas posições individuais dos colitigantes se inserem homogeneamente – ao menos sob certos aspectos – na situação global, e se o efeito visado se destina a operar sobre algum ponto em que a inserção é homogênea, a decisão de mérito só pode ter o mesmo teor para todos eles, e unitário é o litisconsorte**". (grifo nosso).

E conclui:

> "Daí se pode tirar o critério utilizável para reconhecer-se, processualmente, a ocorrência da unitariedade. **O eixo de referência é sempre o resultado prático a que tende o processo, à vista do pedido e da causa petendi**. Se esse resultado for tal que haja de incidir sobre ponto de inserção homogênea dos vários coautores ou corréus na situação jurídica substancial, o litisconsórcio será ativa ou passivamente unitário".[8]

Os processualistas citados salientam, como se notou, a importância da precisa determinação da natureza e das peculiaridades das relações jurídico-substanciais que são levadas para o processo por meio do pedido e da causa de pedir, uma vez que delas decorrem uma série de consequências processuais, tais como o regime do litisconsórcio, da litispendência e da continência.

---

[7] Op. cit., § 84, p. 144 - grifos nossos.
[8] Op. cit., § 85, p. 146 - grifo nosso.

A relevância do correto exame da natureza da relação jurídica material é igualmente realçada por Pontes de Miranda, que, a propósito do litisconsórcio, anota que, "tratando-se de litisconsórcio unitário, *a natureza jurídica material do pedido é que determina o tratamento* que hão de ter os consortes quando se trate dos efeitos dos atos de um em relação aos outros litisconsortes[9]".

Também na doutrina estrangeira encontramos o mesmo entendimento. [10]

Muitos erros têm sido cometidos na práxis forense pela desatenção dos operadores do direito às peculiaridades da relação jurídica material em face da qual é deduzido o pedido de tutela jurisdicional, como a inadmissível fragmentação de um conflito coletivo em múltiplas demandas coletivas, quando seria admissível uma só, ou senão a propositura de demandas pseudoindividuais fundadas em relação jurídica substancial de natureza incindível.

Um caso paradigmático desses equívocos na atualidade, que vem causando enormes embaraços a nossa Justiça, é o pertinente às tarifas de assinatura telefônica. Num só Juizado Especial Cível da Capital de São Paulo foram distribuídas mais de 30.000 demandas individuais dessa espécie, que em nosso sentir, na conformidade das ponderações a seguir desenvolvidas, são demandas pseudoindividuais.

Em todo o Estado de São Paulo, há mais de 130.000 feitos dessa natureza, que são idênticos aos ajuizados, aos milhares, em vários outros Estados da Federação.

Analisando o caso sob o ângulo da legitimação *ad causam*, afirma Flávio Luiz Yarshell, com todo o acerto, que, "se o que se pretende é, de alguma forma, alterar a regulação a cargo da agência, então parece não ser lícito impor provimento jurisdicional pretendido sem a presença daquele que será diretamente afetado pela modificação de um dado estado jurídico". Anota que todos os agentes econômicos sujeitos à regulação em dado segmento econômico deveriam figurar no polo passivo "porque todos eles – destinatários que são de regulação ditada por determinada agência – compõem uma **relação jurídica incindível: não seria possível alterar a regulação para um sem alterar para todos**"[11].

---

[9] *Comentários ao Código de Processo Civil*. Rio de Janeiro: Forense, 1974. t. II. p. 29 - grifo nosso.

[10] Cf.: LENT. *Diritto processuale civile tedesco*. Napoli: Morano, 1962, §82, n. III, p. 313; SCHÖNKE, *Derecho procesal civil*. Trad. espanhola. Barcelona: Bosch, 1950. § 26, p. 94-98; REDENTI. *Il giudizio civile con pluralità di parti*. Milano: Giuffrè, 1960. n. 177, p.254.

[11] Brevíssimas reflexões a propósito da legitimidade passiva nas ações civis públicas envolvendo atividades sujeitas à regulação. In: Paulo Henrique dos Santos Lucon (Coord.). *Tutela coletiva*. São Paulo: Atlas, 2006. p. 112 – grifo nosso.

A análise do regime jurídico a que está submetida concessão do serviço de telecomunicações é fundamental para o assentamento da correta conclusão a respeito da questão em estudo.

Após a flexibilização do monopólio estatal da exploração dos serviços públicos de telecomunicações, manteve o Estado o poder regulatório do setor, tendo sido criada para esse fim, pela Lei 9.472/97, a Agência Nacional de Telecomunicações – Anatel.

A participação da iniciativa privada na exploração dos serviços de telecomunicações é feita mediante autorização, concessão ou permissão.

O contrato de concessão deve indicar, conforme dispõem os arts. 93, VII, e 103, § 3º, *as tarifas a serem cobradas dos usuários e os critérios para seu reajuste e revisão.*

À *Agência (Anatel)* foi atribuída a competência para "estabelecer a estrutura tarifária para cada modalidade de serviço" (art. 103, *caput*) e a incumbência de "controlar, acompanhar e proceder à revisão de tarifas dos serviços prestados no regime público" (art. 19, VII).

Significa isto que as concessionárias de serviços de telecomunicações estão submetidas a uma política regulatória a cargo da Anatel – Agência Nacional de Telecomunicações, inclusive no tocante à fixação de tarifas. A estrutura tarifária é fixada no próprio contrato de concessão, celebrado pelas Concessionárias com a Anatel. Essa estrutura tarifária deve ser aplicada de modo uniforme em relação a todos os usuários e, sem que a respeito dela haja decisão da Anatel, não poderá ser feita qualquer alteração por iniciativa da Concessionária. Qualquer modificação na cesta tarifária, como a exclusão da tarifa de assinatura, como é pretendido nas ações coletivas e nas demandas pseudoindividuais acima mencionadas, afetará profundamente o equilíbrio econômico-financeiro do contrato de concessão, que é um dos direitos básicos da Concessionária, e sem esse equilíbrio estará irremediavelmente comprometido o cumprimento das várias obrigações e metas estabelecidas no contrato de concessão.

Os contratos celebrados com os usuários de prestação de serviço telefônico são umbilicalmente ligados ao contrato de concessão, devendo observar as condições neste estabelecidas pelo Estado, não assistindo à Concessionária o direito de estabelecer qualquer regra de sua livre escolha, mormente em matéria de tarifas.

Pela *natureza unitária e incindível e pelas peculiaridades* já mencionadas do contrato de concessão, qualquer modificação na estrutura de tarifas, inclusive por decisão do Judiciário, *somente poderá ser feita de modo global e uniforme para todos os usuários. Jamais de forma individual e diversificada*, com a exclusão de uma tarifa em relação apenas a alguns usuários e sua manutenção em relação aos demais.

A obrigatoriedade de *tratamento igualitário* dos usuários resulta não somente das próprias peculiaridades, já mencionadas, do contrato de concessão, como também de preceitos legais expressos que disciplinam a prestação do serviço de telecomunicação (arts. 106 e 107 da Lei Geral de Telecomunicações - 9.472/97).

Dispõe o art. 106: "*A concessionária poderá cobrar tarifa inferior à fixada desde que a redução se baseie em critério objetivo e favoreça indistintamente todos os usuários, vedado o abuso do Poder Econômico*". E o art. 107 assim soa: "*Os descontos de tarifa somente serão admitidos quando extensíveis a todos os usuários que se enquadrem nas condições, precisas e isonômicas, para sua fruição*".

Resulta de todas essas considerações que qualquer demanda judicial, seja coletiva ou individual, que tenha por objeto a impugnação da estrutura tarifária fixada pelo Estado no exercício do seu poder regulatório, *somente poderá veicular pretensão global, que beneficie todos os usuários, de modo uniforme e isonômico*, uma vez que a estrutura tarifária, como visto, deve ter *natureza unitária* para todas as partes que figuram no contrato de concessão e nos contratos de prestação de serviços de telefonia.

Uma *ação coletiva* seria mais apropriada para essa finalidade.

As *ações individuais*, acaso fossem admissíveis, e não o são, devem ser decididas de modo global, atingindo todos os usuários, em razão da natureza incindível da relação jurídica substancial. Todas elas, na verdade, buscam a tutela de posições individuais que "se inserem homogeneamente na situação global" (na expressão de Barbosa Moreira, v. citação supra), de modo que a decisão deve ser do mesmo teor para todos que se encontrem na mesma situação jurídico-substancial, o que significa que uma só demanda seria suficiente para a proteção da totalidade de usuários. Essas ações individuais são *similares às ações individuais movidas por um ou alguns acionistas para a anulação de deliberação assemblear ou à ação individual movida por uma vítima contra a poluição ambiental praticada por uma indústria.*

E não teria aplicação a regra expressa no art. 104 do CDC, pois a relação jurídica substancial que integra o objeto litigioso do processo é de natureza unitária e incindível, sendo inadmissível sua atomização em pretensões individuais referidas a um ponto da situação global (*v.g.*, estrutura tarifária) em que deve haver necessariamente a inserção uniforme de todos os usuários, sob pena de impossibilidade de subsistência da própria relação global.

O Anteprojeto de Código Brasileiro de Processos Coletivos traz disposições específicas a respeito desse importante e controvertido tema.

Assim dispõe o seu art. 6º: "*Relação entre demanda coletiva e ações individuais* – A demanda coletiva não induz litispendência para as ações individuais em que sejam postulados direitos ou interesses próprios e específicos de seus autores, mas os efeitos da coisa julgada coletiva (art. 12 deste Código) não beneficiarão os autores das ações individuais, se não for requerida sua suspensão no prazo de 30 (trinta) dias, a contar da ciência efetiva da demanda coletiva nos autos da ação individual".

[...]

"§ 3º O Tribunal, de ofício, por iniciativa do juiz competente ou a requerimento da parte, após instaurar, em qualquer hipótese, o contraditório, poderá determinar a suspensão de processos individuais em que se postule a tutela de interesses ou direitos referidos a relação jurídica substancial de caráter incindível, pela sua própriá natureza ou por força de lei, a cujo respeito as questões devam ser decididas de modo uniforme e globalmente, quando houver sido ajuizada demanda coletiva versando sobre o mesmo bem jurídico.

"§ 4º Na hipótese do parágrafo anterior, a suspensão do processo perdurará até o trânsito em julgado da sentença coletiva, vedada ao autor a retomada do curso do processo individual antes desse momento."

A solução que seria mais apropriada, em nosso sentir, na conformidade das ponderações acima desenvolvidas, seria a proibição de demandas individuais referidas a uma relação jurídica global incindível. Porém, a suspensão dos processos individuais poderá, em termos práticos, produzir efeitos bem próximos da proibição, se efetivamente for aplicada pelo juiz da causa.

A importância do dispositivo está em procurar disciplinar uma situação que, na atualidade, em virtude da inexistência de uma regra explícita, está provocando embaraços enormes à justiça, com repetição absurda de demandas coletivas e também de pseudodemandas individuais, cuja admissão, em vez de representar uma garantia de acesso à justiça, está se constituindo em verdadeira denegação da justiça devido à reprodução, em vários juízos do País, de contradição prática de julgados, que se traduzem num inadmissível tratamento discriminatório dos usuários dos serviços de telecomunicação.

Publicado originalmente em:

- Direito Processual Coletivo e o anteprojeto de Código Brasileiro de Processos Coletivos. Coordenação Ada Pellegrini Grinover, Aluisio Gonçalves de Castro Mendes e Kazuo Watanabe. São Paulo: Editora Revista dos Tribunais, 2007, páginas 156 a 160.
- Revista de Processo nº 139, Ano 31, setembro de 2006, páginas 28 a 35. Editora Revista dos Tribunais.

CAPÍTULO 6

NOVAS TENDÊNCIAS EM MATÉRIA DE LEGITIMAÇÃO E COISA JULGADA NAS AÇÕES COLETIVAS - RELATÓRIO SÍNTESE (CONGRESSO INTERNACIONAL DE DIREITO PROCESSUAL - 2007)

6.1 Considerações iniciais

São extremamente ricos em informações, dignos de serem consultados em sua integralidade, pela riqueza e importância dos dados neles contidos, ambos os Relatórios Gerais sobre o Tema 5, que diz respeito a *Novas tendências em matéria de legitimação e coisa julgada nas ações coletivas*.

O Relatório Geral dos países de *civil law* é de autoria da professora Ada Pellegrini Grinover, da Faculdade de Direito da Universidade de São Paulo, Brasil, e o dos países de *common law* é de elaboração da professora Linda S. Mullenix, da University of Texas School of Law, USA.

Ambos os Relatórios Gerais, com base em relatórios nacionais igualmente bastante ricos, trazem informações bem mais amplas que as exigidas pelo Tema 5 do Congresso - *legitimação e coisa julgada*.

Este Relatório Síntese, todavia, limitar-se-á a comparar e enfatizar as concordâncias e diferenças entre as novas tendências dos sistemas de *common law* e de *civil law* em *matéria de legitimação e coisa julgada*, que estejam realçadas nos dois Relatórios Gerais, uma vez que são esses os temas específicos a serem debatidos pelos congressistas no âmbito do Tema 5 do Congresso.

6.2 Legitimação

6.2.1 Países de *civil law*

Podem ser mencionadas três opções em relação ao tema em exame: (a) *legitimação privada*, que procura legitimar exclusivamente a pessoa física e/ou associações; (b) *legitimação pública,* que admite a legitimação apenas de entes públicos; e (c) *legitimação mista*, que respondendo ao anseio de mais amplo acesso à justiça e ao princípio de universalização da jurisdição, admite a legitimação tanto das pessoas físicas e/ou associações como também a dos entes públicos.

Poucos são os países que adotam apenas a *legitimação privada*. Menos rara, ainda, é a *legitimação exclusivamente pública*. Há uma clara *tendência*, entre os países de *civil law*, à adoção da *legitimação mista*, com a admissão não somente de pessoa física e/ou entes privados, como também de entes públicos. Em alguns países, são atribuídos poderes a órgãos públicos (Ministério Público ou Ombudsman ou Defensor do Povo) para fiscalizarem o processo, quando não forem parte, assumindo em certas circunstâncias a titularidade da ação em caso de desistência infundada ou abandono da causa, e até mesmo para promoverem a execução da sentença.

6.2.2 Países de *common law*

Na maioria dos países de *common law*, a legitimação para agir é atribuída a pessoas físicas, associações e entes governamentais.

6.3 Representatividade adequada *(Adequacy of Representation)*

Cuida-se de instituto intimamente ligado à legitimação para agir. Por meio dele não somente se controlam os possíveis abusos no ajuizamento de ações coletivas, como também se afere, em alguns países, a efetividade da coisa julgada.

Esse pré-requisito para a admissibilidade do processo coletivo diz respeito à seriedade, credibilidade, capacidade técnica e até econômica do legitimado à ação coletiva.

Nos ordenamentos que optam pela extensão a terceiros da coisa julgada, como os que adotam o sistema do *opt out*, e naqueles que admitem a legitimação de pessoa física ou de associações, e igualmente nos que admitem a ação coletiva passiva, é particularmente importante o instituto da "representatividade adequada".

A aferição desse requisito pode ser feita (a) pelo juiz ou (b) pelo legislador, mediante a prefixação em lei dos requisitos para a legitimação.

Mas, mesmo estando pré-fixados em lei, no caso concreto caberá ao juiz verificar se efetivamente estão presentes os requisitos exigidos pelo legislador, para que haja a representatividade adequada, o que equivale a dizer que, embora mais facilitada a tarefa, é ao juiz que incumbe, caso a caso, fazer o escrutínio desse pré-requisito.

6.3.1 Países de *civil law*

Nos países de *civil law*, somente alguns países adotam o critério de aferição da representatividade adequada pelo juiz (Uruguai; por entendimento jurisprudencial, também Argentina e Paraguai). A solução é adotada no Código Modelo de Processos Coletivos para Ibero-América. O Projeto Brasileiro de Processos Coletivos acolhe esse sistema somente para o caso de legitimação de pessoa física.

Há uma forte tendência dos países de *civil law* no sentido de reconhecimento do pré-requisito da representatividade adequada, mas por previsão legal.

6.3.2 Países de *common law*

Em muitos países de *common law*, a representatividade adequada é requisito preambular para a certificação da ação coletiva. Incumbe ao juiz avaliar a adequação da representação, examinando as condições do representante e também as do seu advogado, e sem que conclua afirmativamente pela presença desse pré-requisito, a ação coletiva não poderá ter prosseguimento.

A adequação da representação é, igualmente, um requisito importante para a efetividade da coisa julgada coletiva. Havendo a ausência de representação adequada, em muitos países de *common law* não há a vinculação dos membros da classe aos efeitos da sentença coletiva. Nos Estados Unidos, a representatividade adequada é um importante componente do direito constitucional de *devido processo legal*.

6.4 Coisa julgada nas ações coletivas

Critérios do *opt out* e do *opt in*, e combinação de ambos os critérios

Para a melhor compreensão dos regimes de coisa julgada adotados pelos países de *civil law* e de *common law*, devem ser expostas algumas considerações sobre os critérios do *opt out* e do *opt in*.

6.4.1 Critério do *opt out*

O critério do *opt out* consiste em permitir que cada indivíduo, membro da classe, requeira a sua *exclusão* da demanda coletiva, não ficando assim sujeito à coisa julgada. Nos sistemas jurídicos que adotam esse critério, a ação coletiva é concebida como abrangente de todos os membros da classe, que, não exercendo o direito de se auto excluir do processo, são considerados parte e por isto sofrem os efeitos da coisa julgada, seja ela positiva ou negativa. Semelhante sistema exige uma ampla divulgação da propositura da demanda, por todos os meios de comunicação e até mesmo por comunicação pessoal. O critério sofre sérias *críticas* em muitos países por permitir que pessoas não participantes da demanda sejam atingidas pela coisa julgada desfavorável, o que feriria os princípios gerais e as garantias do processo, como a do contraditório.

A adoção do critério do *opt out*, isoladamente, é raro nos países de *civil law*, sendo seguido apenas pela Holanda, Portugal e um dos Projetos da Itália.

6.4.2 Critério do *opt in*

O critério do *opt in*, diferentemente, possibilita aos membros do grupo, devidamente notificados, o ingresso voluntário na demanda coletiva, tornando-se parte e por isto sujeitos à coisa julgada, favorável ou desfavorável. Os que deixarem de requerer a sua inclusão no processo coletivo, não serão beneficiados, nem prejudicados pela coisa julgada.

Alguns países de *civil law* preferem o critério do *opt in*, que não vulnera as garantias do contraditório e da adstrição da coisa julgada apenas às partes. Assim, a Alemanha, a Colômbia, a França, a Província argentina de Catamarca e a Suécia.

A *crítica* que sofre esse critério é no sentido de que ele esvazia o processo coletivo, sobretudo nos conflitos de massa que despertam pouca disposição à demanda por parte dos titulares de direitos individuais, o que frustraria os objetivos do processo coletivo, que são de evitar a multiplicação de demandas, a contradição de julgados e a fragmentação da prestação jurisdicional.

6.5 Combinação dos critérios de *opt in* e de *op out*

Alguns países, em razão das críticas que sofrem os dois critérios, utilizados isoladamente, procuram usar combinadamente esses critérios: Israel, Suécia e o Projeto da Dinamarca. A preferência nesses países vai para o *opt in*, deixando o *opt out* para casos residuais, como para questões de pequeno valor econômico, em que é bem reduzido o interesse dos membros do grupo em ingressar no processo coletivo.

6.5.1 Países de *civil law*

6.5.1.1 Coisa julgada: direitos difusos e coletivos

A coisa julgada *erga omnes* da sentença que julga as ações coletivas, que tenham por escopo a tutela de *direitos difusos e coletivos*, seja ela favorável ou desfavorável, é a regra observada pelos países de *civil law*. Esse regime é uma consequência da própria natureza desses direitos, que são *indivisíveis*.

Em alguns países ibero-americanos, o rigor dessa regra é temperado com a exclusão da eficácia de coisa julgada em relação à sentença que rejeite a demanda por insuficiência de provas (*secundum eventum litis*), caso em que se admite que a ação seja renovada no plano coletivo, inclusive pelo mesmo autor (exceção feita a Portugal e Costa Rica, cujas doutrinas exigem que a nova ação seja proposta por outro legitimado), mas com base em novas provas. Não se pode falar, ainda, em *tendência* nesse sentido.

Fenômeno importante a ser sublinhado, neste tópico, é o do aproveitamento da coisa julgada coletiva para beneficiar as pretensões individuais. Desde que os danos individuais decorram dos mesmos fatos que fundamentaram a demanda coletiva, há como que uma ampliação objetiva do objeto litigioso do processo coletivo para se entender que, na sentença condenatória coletiva, está contida também a condenação à indenização pelos danos individuais, constituindo a sentença coletiva, bem por isto, título executivo também no plano individual. Há, entre os países de *civil law*, uma tendência ponderável nesse sentido, podendo ser citados os seguintes países que adotam essa solução: Alemanha, Itália e Suíça, na Europa; Código Modelo de Processos Coletivos para Ibero-América, Brasil (direito vigente e projetado), Chile, Costa Rica, Uruguai e Venezuela, na América Latina.

6.5.1.2 Coisa julgada: direitos individuais homogêneos

Há duas *tendências* nessa matéria. De um lado, temos a adotada pelos países ibero-americanos (com exceção de alguns), e de outro, os demais países.

Nestes últimos, a tendência é de adoção do critério do *opt in*, ou do *opt out*, ou ainda da combinação de ambos os critérios.

Diferentemente, os países ibero-americanos preferem, em geral (exceção feita a Colômbia, Portugal e Província argentina de Catamarca), a coisa julgada *secundum eventum litis, só para favorecer*, e não para prejudicar as pretensões individuais. A sentença de improcedência da ação coletiva não impedirá o ajuizamento de ação individual, fazendo coisa julgada somente no plano coletivo.

Essa solução leva em conta as peculiaridades desses países, como a falta de informação e de conscientização de sua população quanto aos direitos que lhe assiste, a dificuldade de comunicação, a distância, a precariedade dos meios de transporte, a dificuldade de acesso à justiça, e em razão dessas condições especiais descartam seja o critério do *opt in*, seja o do *opt out*.

A coisa julgada *secundum eventum litis*, no plano coletivo, opera *erga omnes*, tanto na hipótese de acolhimento, quanto na de rejeição da demanda. No *caso de acolhimento*, no plano individual pode ser imediatamente aproveitada pelos membros do grupo, que podem iniciar, em seu benefício pessoal, a liquidação e a execução da sentença. Na *hipótese de rejeição da demanda*, haverá coisa julgada no *plano coletivo*, mas não no *plano individual*, podendo os membros do grupo intentar ações individuais sem qualquer restrição. Apenas haverá em seu desfavor, em termos de persuasão do juiz da causa individual, a influência do precedente da sentença coletiva contrária.

É essa a solução que orienta os países da América Latina, pois é o critério acolhido pelo Código Modelo de Processos Coletivos para Ibero-América e é a solução adotada pelo Brasil (no direito vigente e no projetado) e pelo Peru. Ademais, a adoção desse critério foi preconizada pelos relatores de diversos países.

6.5.2 Países de *common law*

6.5.2.1 *Class Actions da Rule 23(b) (1) e da 23(b) (2) (similares à ação coletiva para a tutela de interesses transindividuais indivisíveis dos países de civil law)*

Informa a professora Linda S. Mullenix que, nos sistemas jurídicos de *common law*, não são utilizadas as terminologias "direitos difusos" e "direitos individuais homogêneos". Mas as ideias que estão contidas nessas expressões, sempre estiveram presentes no sistema de *common law*.

Esclarece a ilustre Professora, também, que nos Estados Unidos as emendas de 1966 à Rule 23, criaram três categorias de *class actions*, e que as duas primeiras - *23(b) (1) e 23 (b) (2)* – exigem que os membros do grupo tenham interesses homogêneos [na terminologia do direito brasileiro, seriam *interesses ou direitos indivisíveis*, que reclamam uma decisão unitária] e por isso são obrigatórias (*mandatory*) essas *class actions*, e nelas não há o direito de exclusão (*opt out*) dos membros do grupo, e nem há notificação pessoal (*notice*) deles.

Em razão dessas características, essas *class actions* são muito similares às ações coletivas brasileiras para a tutela de *interesses difusos*. Da mesma forma que estas últimas, também essas *class actions* americanas cuidam de conceder tutelas jurisdicionais em casos de lesão aos interesses da sociedade, tendo sido largamente utilizadas, nas décadas de 1960 e 1970, para as tutelas declaratórias e mandamentais de *interesses públicos*. Nessas duas modalidades de *class action*, a coisa julgada, seja positiva ou negativa, tem eficácia *erga omnes*, abrangendo todos os membros do grupo.

6.5.2.3 Class Action da Rule 23(b)(3) (similar à ação coletiva para a tutela de interesses individuais homogêneos dos países de civil law)

A terceira categoria de *class action* - a prevista na *Rule 23 (b) (3)*, que se destina à postulação de indenização de danos por lesões individuais, seria correspondente à ação coletiva para a tutela de direitos individuais homogêneos do sistema de *civil law*.

Nessa modalidade de *class action*, os membros do grupo têm direito à notificação (*notice*) e à oportunidade de auto exclusão (*opt out*) da ação coletiva. A coisa julgada, seja negativo ou positivo o resultado da ação, será *erga omnes*, mas a ela não ficam sujeitos os membros do grupo que tiverem exercido o direito de auto exclusão da demanda (*opt out*).

Em geral, entre os países de *common law*, é adotado o regime da eficácia vinculante a todos os membros do grupo, portanto eficácia *erga omnes*, das sentenças proferidas em "*common issues*", o que impede a reproposítura da mesma demanda.

6.5.2.4 Critérios do opt out e do opt in

Nos países que admitem o direito do *opt out*, a sentença coletiva não será vinculante aos membros do grupo que tiverem exercido o direito de exclusão, tendo eficácia vinculante somente em relação aos membros remanescentes.

Na *class action* Americana, não há a adoção do critério do *opt in*. Na Austrália, enquanto o estatuto de *class action* adota o critério de *opt out*, a Trade Practices Act, que confere à Comissão Australiana de Direito de Concorrência e de Direito do Consumidor a faculdade de propor ação em nome de um ou mais consumidores lesados, prevê o regime de *opt in* para os membros do grupo. No Canadá, várias províncias adotaram diferentes soluções para a inclusão do membro do grupo não residente. Na província de Ontario e nas que seguem a mesma orientação, as decisões de *class action* somente terão efeito extraterritorial em relação aos membro não residentes que tenham tido a oportunidade de exercer o direito de *opt out*. Na província de British Columbia, ao contrário, a coisa julgada somente abrangerá o membro do grupo não residente que tenham ingressado no feito, mediante o exercício do direito de *opt in*. No Reino Unido, o processo GLO (*group litigation order*) adota o critério do *opt in*.

6.5.2.5 Coisa julgada e decisão de certificação da ação coletiva

O entendimento comum, nos países de *common law*, é no sentido de que a coisa julgada da sentença coletiva é frequentemente limitada pelos termos declarados na decisão de certificação da ação coletiva, e não somente pelos termos do julgamento final da ação. É igualmente importante, em todos os países de *common law*, a especificação ou a definição da classe ou do grupo vinculado ao julgamento da ação coletiva.

São esses os aspectos que, neste Relatório-Síntese, podemos ressaltar em relação à legitimação e coisa julgada nas ações coletivas, com base em amplos e profundos Relatórios Gerais dos países de *civil law* e de *common law*, de autoria, respectivamente, da professora Ada Pellegrini Grinover, da Faculdade de Direito da Universidade de São Paulo (São Paulo, Brasil), e da professora Linda S. Mullenix, da University of Texas School of Law (Austin, U.S.A.).

São Paulo, julho de 2007.

Publicado originalmente em:

- Os processos coletivos nos países de civil law e common law: uma análise de direito comparado. Ada Pellegrini grinover, Kazuo Watanabe, Linda Mullenix. – São Paulo: Editora Revista dos Tribunais, 2011, 2ª edição, páginas 299 a 306.
- XIII Congresso Mundial de Direito Processual - Salvador-Bahia, 16 a 22 de setembro de 2007. Tema n. 5 - Novas Tendências em Matéria de Legitimação e Coisa Julgada nas Ações Coletivas.
- Direito processual comparado. Organizadores Ada Pellegrini Grinover E Petrônio Calmon Filho. 1ª edição – 2ª tiragem. Rio de Janeiro: Forense: Brasília, Df: Instituto Brasileiro de Direito Processual, 2008, páginas 534 a 539. (trabalho apresentado no XIII Congresso Mundial de Direito Processual, realizado em Salvador, BA, 16 a 20 de setembro de 2007.)

CAPÍTULO 7

DO OBJETO LITIGIOSO DAS AÇÕES COLETIVAS: CUIDADOS NECESSÁRIOS PARA SUA CORRETA FIXAÇÃO

7.1 Considerações Iniciais

A estratégia tradicional de tratamento dos conflitos de interesses tem sido aquela decorrente da visão liberal-individualista, que procura fragmentá-los em demandas-átomo, mesmo os de dimensão molecular. Semelhante estratégia, além de enfraquecer a solução jurisdicional dos conflitos, pela sua pulverização, sacrifica enormemente o Poder Judiciário, já sobrecarregado de serviços, com inumeráveis demandas repetitivas e com o risco de decisões conflitantes.

A solução dos conflitos de dimensão molecular por meio de demandas coletivas, além de facilitar o acesso à justiça, pelo seu barateamento e pela quebra de barreiras sociais, políticas e culturais, evita a banalização decorrente da fragmentação das demandas e confere peso político maior às ações destinadas à solução dos conflitos coletivos.

A tutela coletiva abrange dois tipos de interesses ou direitos:

(a) *os essencialmente coletivos*,[1] que são os "difusos" e os "coletivos" *stricto sensu* e

(b) os ontologicamente individuais, mas que são tutelados coletivamente por razões de estratégia de tratamento de conflitos, que são os "*individuais homogêneos*".

Os termos "interesses" e "direitos" vêm sendo utilizados, atualmente, como sinônimos, certo é que, a partir do momento em que passam a ser amparados pelo direito, os "interesses" assumem o mesmo *status* de "direitos", desaparecendo

---

[1] José Carlos Barbosa Moreira, Tutela jurisdicional dos interesses coletivos ou difusos, *Temas de direito processual*, 3ª série, São Paulo: Saraiva, 1984, p. 193-197.

qualquer razão prática, e mesmo teórica, para a busca de uma diferenciação ontológica entre eles.

A necessidade de estar o direito subjetivo sempre referido a um titular determinado, ou ao menos determinável, impediu por muito tempo que os "interesses" pertinentes, a um tempo, a toda uma coletividade e a cada um dos membros dessa mesma coletividade, por exemplo, os "interesses" relacionados ao meio ambiente, à saúde, à educação, à qualidade de vida etc., pudessem ser havidos por juridicamente protegíveis. Era a estreiteza da concepção tradicional do direito subjetivo, marcada profundamente pelo liberalismo individualista, que obstava essa tutela jurídica. Com o tempo, a distinção doutrinária entre *"interesses simples"* e *"interesses legítimos"*[2] permitiu um pequeno avanço, com a outorga de tutela jurídica a estes últimos. Hoje, com a concepção mais larga do direito subjetivo, abrangente também do que outrora se tinha como mero "interesse" na ótica individualista, ampliou-se o espectro de tutela jurídica e jurisdicional, Na Constituição Federal brasileira de 1988, por exemplo, são utilizados os termos "interesses" (art. 5.º, LXX, *b*) e "direitos e interesses coletivos" (art. 129, III) como categorias amparadas pelo direito. Essa evolução é reforçada, no plano doutrinário, pela tendência hoje bastante acentuada de interpretar as disposições constitucionais, na medida do possível, como atributivas de direitos e, em consequência, judicializáveis, e não simples metas programáticas ou enunciações de princípios,[3]. E no plano legislativo, com a edição, no Brasil, de leis ordinárias que procuram amparar tanto os "interesses" como os "direitos", como a que disciplina a ação civil pública (Lei 7.347/1985) e o Código de Defesa do Consumidor (Lei 8.078/1990), está definitivamente consolidada a evolução em nosso país.

Para a correta dedução do objeto litigioso do processo coletivo, é de fundamental importância a correta distinção conceitual entre os interesses *"difusos"*, *"coletivos"* stricto sensu e os *"individuais homogêneos"*.

A seguir, são expostas essas diferenciações.

---

[2] Agustin Gordillo, *Princípios gerais de direito público*, trad. Marco Aurélio Greco, São Paulo: Ed. RT, 1977, p.191-192; Oswaldo Aranha Bandeira de Mello, *Princípios gerais de direito administrativo*, Rio de Janeiro: Forense, 1969, vol. 1, 26.6, p. 202-205; Seabra Fagundes, *O controle dos atos administrativos pelo Poder Judiciário*, 4. ed., Rio de Janeiro: Forense, 1967, notas 4 a 61, p. 124-126.

[3] Fábio Konder Comparato, A reforma da empresa, aula inaugural dos cursos jurídicos da Faculdade de Direito de São Paulo, ano 1983, período diurno; José Carlos Barbosa Moreira, Notas sobre o problema da efetividade do processo, *Temas de direito processual*, 3.ª Série, São Paulo: Saraiva, 1984, p. 27 e ss.; Kazuo Watanabe, *Da cognição no processo civil*, São Paulo: Ed. RT, 1987, n. 3, p. 20-23.

7.2 Interesses e direitos "difusos"

Na conceituação dos *interesses ou direitos "difusos"*, os dados predominantes são a indeterminação dos titulares e a inexistência entre eles de relação jurídica base, no aspecto subjetivo, e a indivisibilidade do bem jurídico, no aspecto objetivo.[4]

Assim dispõe o inc. I do parágrafo único do art. 81 do Código Brasileiro de Defesa Consumidor (doravante referido neste artigo simplesmente como CDC): *"interesses ou direitos difusos, assim entendidos, para efeitos deste Código, os transindividuais, de natureza indivisível, de que sejam titulares pessoas indeterminadas e ligadas por circunstâncias de fato"*.

Podem ser figurados os seguintes exemplos de interesses ou direitos difusos:

a) publicidade enganosa ou abusiva, veiculada por meio de imprensa falada, escrita ou televisionada, a afetar uma multidão incalculável de pessoas, sem que entre elas exista uma relação-base. O bem jurídico é indivisível no sentido de que basta uma única ofensa para que todos os consumidores sejam atingidos, e também no sentido de que a satisfação de um deles, pela cessação da publicidade ilegal, beneficia contemporaneamente todos eles. As pessoas legitimadas a agir poderão postular em juízo o provimento adequado à tutela dos interesses ou direitos difusos da coletividade atingida pela publicidade enganosa ou abusiva;

---

[4] José Carlos Barbosa Moreira, A ação popular do direito brasileiro como instrumento de tutela jurisdicional dos chamados "interesses difusos", *Temas de direito processual*, 1.ª série, São Paulo: Saraiva, 1977, p. 110-123, e A legitimação para a defesa dos "interesses difusos" no direito brasileiro, *Temas de direito processual*, 3.ª série, São Paulo: Saraiva, 1984, p. 183-192; Ada Pellegrini Grinover, A problemática dos interesses difusos, *A tutela dos interesses difusos*, coord. Ada Pellegrini Grinover, São Paulo: Max Limonad, 1984, p. 29-45; Rodolfo de Camargo Mancuso, *Interesses difusos*, São Paulo: Ed. RT, 1988, p. 57-105, e Interesses difusos: conceito e colocação no quadro geral dos "interesses", RePro 55/165-179, 1989; Antonio Augusto Mello de Camargo Ferraz, Édis Milaré e Nelson Nery Junior, *A ação civil pública e a tutela jurisdicional dos interesses difusos*, São Paulo: Saraiva, 1984, p. 54-59; Hugo Nigro Mazzilli, *A defesa dos interesses difusos em juízo*, São Paulo: Ed. RT, 1988, p. 9-10; Péricles Prade, *Conceito de interesses difusos*, 2. ed., São Paulo: Ed. RT, 1987; Lúcia Valle Figueiredo, Direitos difusos na Constituição de 1988, *Rev. Dir. Público* 88/103-107, 1988; Waldemar Mariz de Oliveira Jr., Tutela jurisdicional dos interesses coletivos e difusos, RePro 33/725; José Domingos da Silva Marinho, Ministério Público e tutela jurisdicional dos interesses difusos, RePro 36/114-127,1984; Kazuo Watanabe, Tutela jurisdicional dos interesses difusos: a legitimação para agir, *A tutela*... cit., p. 85-97.

b) colocação no mercado de produtos com alto grau de nocividade ou periculosidade à saúde ou segurança dos consumidores. O ato do fornecedor atinge todos os consumidores potenciais do produto, que são em número incalculável e ordinariamente não vinculados entre si por qualquer relação-base. Da mesma forma que no exemplo anterior, o bem jurídico tutelado é indivisível, pois uma única ofensa é suficiente para a lesão de todos os consumidores, e igualmente a satisfação de um deles, pela retirada do produto do mercado, beneficia ao mesmo tempo todos eles;

c) poluição atmosférica causada por uma indústria química, afetando o meio ambiente (destruição da vegetação que recobre a encosta de uma montanha da vizinhança) e a qualidade da vida de todos os moradores da região, das pessoas que trabalham nas empresas da localidade ou simplesmente transitam pelo local. Valem para este exemplo os mesmos comentários feitos em relação aos exemplos anteriores: indivisibilidade do bem jurídico e indeterminação das pessoas atingidas pela poluição.

Esses mesmos fatos-publicidade enganosa, colocação no mercado de produtos com alto grau de nocividade ou periculosidade à saúde ou segurança dos consumidores e poluição atmosférica - podem repercutir, em termos de lesão específica, na esfera jurídica de consumidores determinados. Nessa perspectiva, estaremos diante de ofensa a *interesses ou direitos individuais*. Se várias forem as vítimas, teremos então os chamados *interesses ou direitos individuais homogêneos*. As características básicas desses interesses serão expostas mais a frente.

Para a tutela jurisdicional dos *interesses ou direitos difusos*, que pela sua própria natureza deve ser feita molecularmente, em benefício de todas as pessoas atingidas, será suficiente uma só demanda coletiva, cuja sentença fará coisa julgada *erga omnes* (CDC, art. 103, I).

Na prática, alguns operadores do direito, inclusive membros do Ministério Público, vêm fragmentando os interesses ou direitos difusos, e mesmo os coletivos, atribuindo-os apenas a um segmento da sociedade, como os moradores de um Estado ou de uma Comarca ou mesmo de um Município. Assim agindo, desnaturam por completo a "natureza indivisível" dos interesses ou direitos transindividuais, atomizando os conflitos, quando o objetivo do legislador foi o de submetê-los à apreciação judicial em sua configuração molecular, para assim obter uma tutela mais efetiva e abrangente. No entendimento dos operadores que procuram fragmentar os interesses transindividuais, a coisa julgada seria restrita ao segmento social em nome de quem a ação coletiva é proposta, o que tem dado origem a uma inadmissível contradição de julgados. Contradição, por sinal, prática, e não apenas lógica, o que os sistemas processuais, por meio dos institutos da litispendência e da coisa julgada, e também com o conceito de incindibilidade da relação jurídica ou do bem jurídico tutelando, procuram impedir. Se a lei estabelece a eficácia *erga onmes* da coisa julgada, como o faz o art. 103, I, do CDC, não faz nenhum sentido a existência de um outro julgado sobre a mesma demanda coletiva. Na pendência concomitante dessa espécie de demandas haveria *litispendência*, e após o julgamento de uma delas, com o trânsito em julgado da respectiva sentença, *coisa julgada*. Em ambas as hipóteses, a segunda ação não tem condições de prosseguir.

7.3 Interesses ou direitos "coletivos" *stricto sensu*

Os *interesses ou direitos "coletivos" stricto sensu* foram conceituados no art. 81, parágrafo único, II, do CDC, como: "*os transindividuais de natureza indivisível de que seja titular grupo, categoria ou classe de pessoas ligadas entre si ou com a parte contrária por uma relação jurídica base*".

Essa relação jurídica base é a preexistente à lesão ou ameaça de lesão do interesse ou direito do grupo, categoria ou classe de pessoas. Não a relação jurídica nascida da própria lesão ou da ameaça de lesão. Os interesses ou direitos dos contribuintes, por exemplo, do imposto de renda constituem um bom exemplo. Entre o fisco e os contribuintes já existe uma relação jurídica base, de modo que, à adoção de alguma medida ilegal ou abusiva, será perfeitamente factível a determinação das pessoas atingidas pela medida. Não se pode confundir essa relação jurídica base preexistente com a relação jurídica nascida da lesão ou ameaça de lesão.

Na expressiva colocação de Barbosa Moreira, "*o interesse para o qual se reclama tutela pode ser comum a um grupo mais ou menos vasto de pessoas, em razão de vínculo jurídico que as une a todas entre si, sem no entanto situar-se no próprio conteúdo da relação plurissubjetiva [...]*". Citando exemplos de sociedade e condomínio, observa que "*facilmente se distinguem aí uma relação-base (sociedade, condomínio), de que participam todos os membros do grupo, e um interesse derivado, que para cada um dos membros nasce em função dela, mas sem com ela confundir-se*".[5]

Nos interesses ou direitos "difusos", a sua natureza indivisível e a inexistência de relação jurídica base não possibilitam, como já ficou visto, a determinação dos titulares. É claro que, num plano mais geral do fenômeno jurídico em análise, é

---

[5] A ação popular do direito brasileiro como instrumento de tutela jurisdicional dos chamados "interesses difusos", *Temas de direito processual*, 1.ª série, 2. ed. São Paulo: Saraiva.

sempre possível encontrar um vínculo que une as pessoas, como a nacionalidade. Mas a relação jurídica base que nos interessa, na fixação dos conceitos em estudo, é aquela da qual é derivado o interesse tutelando, portanto interesse que guarda relação mais imediata e próxima com a lesão ou ameaça de lesão.

E, nos *interesses ou direitos individuais homogêneos* (v. conceito adiante), também poderá inexistir entre as pessoas uma relação jurídica base anterior. O que importa é que sejam todos os interesses individuais "decorrentes de origem comum". O vínculo com a parte contrária é consequência da própria lesão. Essa relação jurídica nascida da lesão, ao contrário do que acontece com os interesses ou direitos "difusos" ou "coletivos", que são de natureza indivisível é individualizada nos interesses individuais homogêneos, na pessoa de cada um dos prejudicados, pois ofende de modo diferente a esfera jurídica de cada um deles, e isto permite a determinação ou ao menos a determinabilidade das pessoas atingidas. A determinabilidade se traduz em determinação efetiva no momento em que cada prejudicado exercita o seu direito, seja por meio de demanda individual, seja por meio de habilitação por ocasião da liquidação de sentença na demanda coletiva para tutela de interesses ou direitos "individuais homogêneos" (art. 97, CDC). Não se identificando todos os prejudicados na demanda coletiva, a liquidação e a execução poderão ser promovidas coletivamente, destinando-se o produto da indenização, nesta hipótese, ao Fundo criado pela Lei Federal brasileira 7.347/1985 (*fluid recovery*, art. 100 do CDC).

Com o uso da expressão "transindividuais de natureza indivisível" se descartou, antes de mais nada, a ideia de interesses individuais *agrupados*, ou *feixe* de interesses individuais.

Tampouco é considerado traço decisivo dos *interesses ou direitos "coletivos" stricto sensu* o fato de sua organização,[6] que certamente existirá apenas na primeira modalidade mencionada no texto legal, quais sejam os interesses e direitos pertinentes a grupo, categoria ou classe de pessoas ligadas entre si por uma relação jurídica base, e não na segunda modalidade, que diz com os interesses ou direitos respeitantes a grupo, categoria ou classe de pessoas ligadas com a parte contrária por uma relação jurídica base.

Mesmo sem organização, os interesses ou direitos "coletivos" *stricto sensu*, pelo fato de serem de natureza indivisível, apresentam identidade tal que, independentemente de sua harmonização formal ou amalgamação pela reunião de

---

[6] Vincenzo Vigoriti, *Interessi collettivi e processo*, Milano: Giuffrè, 1979, p. 58-62; Rodolfo de Camargo Mancuso, "Interesses difusos: conceito e colocação...", cit.

seus titulares em torno de uma entidade representativa, passam a formar uma só unidade, tornando-se perfeitamente viável, e mesmo desejável, a sua proteção jurisdicional em forma molecular.

Nas duas modalidades de interesses ou direitos "coletivos" *stricto sensu*, o traço que os diferencia dos interesses ou direitos "difusos" é a determinabilidade das pessoas titulares, seja mediante a relação jurídica base que as une (membros de uma associação de classe ou ainda acionistas de uma mesma sociedade), seja por meio do vínculo jurídico que as liga à parte contrária (contribuintes de um mesmo tributo, prestamistas de um mesmo sistema habitacional ou contratantes de um segurador com um mesmo tipo de seguro, estudantes de uma mesma escola etc.).

Num certo sentido, portanto, o conceito de "coletivo" do CDC é mais amplo do que o sustentado pela doutrina corrente, pois abrange os interesses ou direitos não organizados, mas em outro sentido é mais restrito, certo é que apenas os interesses ou direitos indivisíveis estão nele abrangidos.

Não se poderá pretender, portanto, a tutela dos interesses ou direitos individuais "agrupados" com base no dispositivo legal em análise, mormente quando o feixe de interesses individuais se contrapõe a um outro feixe de interesses individuais do mesmo grupo, classe ou categoria de pessoas. É necessário que os interesses sejam, a um tempo, transindividuais e de natureza indivisível.

Mas, por outro lado, a natureza indivisível dos interesses ou direitos "coletivos" *stricto sensu* ensejará, não raro, a proteção de pessoas não pertencentes às associações autoras de ações coletivas. Não foi por outra razão que se estabeleceu que a sentença proferida nessas ações coletivas fará coisa julgada *ultra partes* "limitadamente ao grupo, categoria ou classe de pessoas" (CDC, art. 103, II). Vale dizer, se uma ação coletiva é proposta, por exemplo, por um sindicato e é julgada procedente, a coisa julgada beneficiará não somente os seus filiados, como também todos os demais membros da mesma categoria, ainda que alguns deles não estejam filiados ao sindicato autor. O mesmo se pode dizer em relação à demanda coletiva ajuizada por Associação de Pais de Alunos contra uma ou várias escolas. Desde que ela objetive um provimento jurisdicional comum a todos e que tutele, de modo uniforme, o interesse ou direito indivisível da totalidade dos alunos (por exemplo, o critério para a atualização das mensalidades), a coisa julgada, se favorável à Associação, beneficiará a todos, inclusive aos alunos que não estejam a ela filiados. Estamos diante de uma ação coletiva para tutela de interesses ou direitos coletivos, de natureza indivisível. Entretanto, se o que se pretende é a devolução das quantias pagas a mais pelos alunos, a demanda coletiva será para a tutela de interesses ou direitos individuais homogêneos, e não de interesses ou direitos coletivos.

7.4 Interesses ou direitos "individuais homogêneos"

Os *interesses ou direitos "individuais homogêneos"* são aqueles "decorrentes de origem comum" (CDC, art. 81, parágrafo único, III).

A "homogeneidade" e a "origem comum" são, portanto, os requisitos para o tratamento coletivo dos direitos individuais.

Comecemos pela *origem comum*. A unidade factual e temporal não é seu pressuposto necessário. As vítimas de uma publicidade enganosa veiculada por vários órgãos de imprensa, e em repetidos dias, e a oferta de um produto nocivo à saúde, adquirido por vários consumidores num largo espaço de tempo e em várias regiões, têm os danos decorrentes dessa publicidade enganosa e dessa oferta, vínculo de homogeneidade decorrente de "*origem comum*".

Mas, como observa Ada Pellegrini Grinover[7], a origem comum (causa) pode ser *próxima ou remota*. *Próxima ou imediata*, como no caso da queda de um avião, que vitimou diversas pessoas; ou *remota ou mediata*, como no caso de um dano à saúde, imputado a um produto potencialmente nocivo, que pode ter tido como *causa próxima* as condições pessoais ou o uso inadequado do produto. Quanto mais remota for a causa, menos homogêneos serão os direitos.

Sobre *homogeneidade*, pouco se tem dito. Talvez a própria redação do dispositivo legal induzisse a pensar, inicialmente, que a "homogeneidade pela origem comum" seja um único requisito. Os direitos seriam homogêneos sempre que tivessem origem comum.

No entanto, como anota Ada Pellegrini Grinover[8], a *origem comum* - sobretudo se for *remota* - pode não ser suficiente para caracterizar a *homogeneidade*. No consumo de um produto potencialmente nocivo, por exemplo, pode inexistir homogeneidade de direitos entre um titular de fazer vitimado exclusivamente por esse consumo e outro, cujas condições pessoais de saúde lhe causariam um dano físico, independentemente da utilização do produto, ou que fez deste uso inadequado. Ou seja, pode inexistir homogeneidade entre situações de fato ou de direito sobre as quais as características pessoais de cada um atuam de modo completamente diferente. Será então necessário aferir a aplicabilidade, ao sistema brasileiro, do critério adotado nas *class actions* norte-americanas da "prevalência da dimensão coletiva sobre a individual". Esse importante ponto ficou expressamente disciplinado no Código Modelo de Processos Coletivos para Ibero-América, que, além dos requisitos da adequada representatividade do

---

[7] *Código Brasileiro de Defesa do Consumidor comentado pelos autores do anteprojeto*, 9. ed., Rio de Janeiro: Forense Universitária, p. 883-887

[8] Op. et loc. cits.

legitimado e da relevância social da tutela coletiva, exige também a "predominância das questões comuns sobre as individuais" e a "utilidade da tutela coletiva no caso concreto" (art. 2.º, I e II, e §, 1.º).

Essa modalidade de ação coletiva constitui, praticamente, uma novidade no sistema jurídico brasileiro,[9] e representa a incorporação ao nosso ordenamento de ação bastante assemelhada à *class action* do sistema norte-americano. Assemelhada, mas não de todo idêntica, pois houve necessidade de adaptação às nossas peculiaridades geográficas, sociais, políticas e culturais.

7.5 Correta fixação do objetivo litigioso do processo coletivo

Tendo-se presentes, de um lado, os conceitos anteriormente estabelecidos de interesses ou direitos "difusos", "coletivos" *stricto sensu* e "individuais homogêneos" e, de outro, a legitimação para agir (CDC, art. 82 e incisos), é necessário fixar com precisão os elementos objetivos da ação coletiva a ser proposta (*pedido e causa de pedir*). Esses dados, como é cediço, têm superlativa importância na correta aferição da relevância social da tutela coletiva, para a determinação do legitimado passivo da ação e, bem assim, para a correta fixação da abrangência da demanda, e ainda para saber com exatidão se, no caso concreto, ocorre mera conexidade entre as diversas ações coletivas ou, ao contrário, se se trata de caso de litispendência ou até mesmo de coisa julgada a obstar o prosseguimento das ações posteriores.[10]

A total displicência por esses aspectos de suma relevância vem ocasionando, na experiência brasileira, uma *inadmissível multiplicidade de demandas coletivas com idênticos objeto e objetivo*.

A *causa de pedir e o pedido* têm particular relevância para a determinação de vários aspectos de uma ação.

Se o que expõe o autor da demanda coletiva como *causa de pedir*, no aspecto ativo, são os interesses ou direitos "difusos" ou "coletivos" *stricto sensu*, cujas notas características são as acima ressaltadas, entre as quais sobressaem a natureza transindividual e o caráter indivisível e, no aspecto passivo, a violação desses mesmos interesses ou direitos, e se formula ele *o pedido de tutela coletiva* desses

---

[9] A Lei Federal brasileira 7.913, de 07.09.1989, instituiu uma forma de *class action* para a tutela dos interesses dos investidores no mercado de valores mobiliários, mas conferiu apenas ao Ministério Público a legitimação para agir e deu um tratamento bastante diferente do adotado pelo Código.

[10] Cf., a respeito do tema, Antonio Gidi, *Coisa julgada e litispendência nas ações coletivas*, São Paulo: Saraiva, 1995.

interesses ou direitos transindividuais e indivisíveis, é suficiente uma só demanda coletiva para a proteção de todas as pessoas titulares desses interesses ou direitos, "indeterminadas e ligadas por circunstâncias de fato", tratando-se dos "difusos", e de todas as pessoas pertencentes a um mesmo grupo, categoria ou classe "ligadas entre si ou com a parte contrária por uma relação jurídica base", cuidando-se dos "coletivos" *stricto sensu*. O mesmo se pode dizer em relação a "interesses ou direitos individuais homogêneos", quanto ao processo de conhecimento da demanda coletiva, tanto que a sentença de procedência fará coisa julgada *erga omnes* (CDC, art. 103, III).

Não faz nenhum sentido admitir uma segunda demanda para a tutela desses interesses ou direitos difusos ou coletivos, ou mesmo interesses ou direitos individuais homogêneos, mormente se veiculados por um ente legitimado para todo o País. De pronto é constatável a ocorrência de litispendência. Poder-se-ia argumentar com a restrição feita no pedido da ação pelo autor da ação. A limitação, todavia, é de todo inadmissível, pois isso equivaleria a subdividir interesses ou direitos que o legislador, para fins de tutela coletiva, considerou indivisíveis, conferindo limites subjetivos mais amplos à coisa julgada nas demandas coletivas (*erga omnes* na ação em defesa de interesses ou direitos "difusos" e de interesses ou direitos individuais homogêneos, e *ultra partes*, limitadamente ao grupo, categoria ou classe, na ação que tenha por objeto interesses ou direitos "coletivos" *stricto sensu* - art. 103, I, II e III, do CDC).

Por certo, essa inadmissível fragmentação vem sendo feita pelos entes legitimados, inclusive pelo mais atuante deles, que é o Ministério Público, em razão da alteração do art. 16 da Lei 7.347/1985, pela qual a eficácia *erga omnes da coisa julgada* passou a ter a ressalva: "nos limites da competência territorial do órgão prolator". No entanto, é necessário ter presente que é inconstitucional essa alteração, porque fere o sistema de acesso à justiça por meio de ação coletiva, assegurado pela nova Constituição, e porque introduzida por meio de medida provisória sem que estivessem presentes os requisitos constitucionais para a sua edição. Ademais, são manifestas:

1) a ineficácia da alteração, uma vez que o legislador manteve inalterados todos os incisos do art. 103 do CDC;

2) a sua inoperância, porque foi mantido o art. 93 do CDC, que estabelece a competência segundo a natureza e a extensão do dano;

3) a confusão em que incidiu o legislador, não soube estabelecer correta distinção entre competência e limites subjetivos da coisa julgada;

4) a absoluta incompatibilidade do regime da coisa julgada "limitada à competência territorial do órgão prolator" com a natureza dos interesses e direitos difusos e coletivos *stricto sensu*, que são por definição legal indivisíveis e a indivisibilidade do bem jurídico tutelado torna inadmissível a fragmentação da tutela jurisdicional. A respeito dessa relevante questão, merecem ser conferidos os sólidos e consistentes argumentos desenvolvidos por vários juristas, em especial por Ada Pellegrini Grinover.[11]

Demais disso, comprometeria, sem nenhuma razão plausível, o objetivo colimado pelo legislador, que foi tratar molecularmente os conflitos de interesses coletivos, em contraposição à técnica tradicional de solução atomizada, para com isso conferir peso político maior às demandas coletivas, solucionar mais adequadamente os conflitos coletivos, evitar decisões conflitantes e aliviar a sobrecarga do Poder Judiciário, atulhado de demandas fragmentárias e repetitivas.

Nessa análise dos elementos objetivos da ação, é particularmente importante saber com que fundamento e em que termos é postulada a tutela jurisdicional, pois, qualquer que seja a colocação feita pelo autor, podemos estar diante de uma autêntica demanda coletiva para tutela de interesses ou direitos "difusos" ou "coletivos" *stricto sensu*, de natureza transindividual e indivisível, ou senão a hipótese poderá ser de tutela de interesses individuais, com a incorreta denominação de "demanda coletiva" (eventualmente poderá tratar-se de tutela coletiva de interesses individuais "homogêneos").

Pelo que ficou exposto acima, o que importa para os fins de tutela jurisdicional é o que o autor da demanda coletiva traz para o processo. Vale dizer, o seu *objeto litigioso*.

No plano sociológico, o conflito de interesses pode dizer respeito, a um tempo, a interesses ou direitos "difusos", "coletivos" *stricto sensu* e "individuais homogêneos". Suponha-se, para raciocinar, uma publicidade enganosa. Como publicidade, a ofensa atinge um número indeterminável de pessoas, tratando-se em consequência de lesão a interesses ou direitos "difusos". No entanto, os consumidores que, em razão da publicidade, tiverem adquirido o produto ou o serviço ofertado apresentarão certamente prejuízos individualizados e diferenciados, de sorte que estamos aí diante de lesão a interesses ou direitos "individuais homogêneos".

---

[11] *Código Brasileiro de Defesa do Consumidor comentado pelos autores do anteprojeto*, 9. ed., Forense Universitária, p. 939-944) e por Nelson Nery Junior e Rosa Maria de Andrade Nery (*Código de Processo Civil comentado*, 8. ed., São Paulo: Ed. RT, notas ns. 11-16 ao art. 16 da Lei 7.347/1985.

Limitando-se o autor da ação coletiva a postular, *v.g.*, a retirada da publicidade enganosa, a tutela pretendida é de interesses ou direitos "difusos". É esse o conflito de interesses trazido ao processo. É essa a "lide" processualizada. O objeto litigioso do processo, delimitado pelo pedido, tem essa "lide" como seu conteúdo.

É na transposição do conflito de interesses do plano extraprocessual para o processual e na formulação do pedido de provimento jurisdicional que são cometidos os equívocos mais comuns. A tutela de interesses "coletivos" *stricto sensu* tem sido tratada, por vezes, como tutela de interesses ou direitos "individuais homogêneos", e a de interesses ou direitos "difusos", que por definição legal são de natureza indivisível, tem sido limitada a determinado segmento geográfico do país, estado ou comarca, numa inadmissível atomização de interesses ou direitos de natureza indivisível.

O Código Modelo procura temperar o rigor, adotado por muitos sistemas processuais como o brasileiro, quanto à estabilização do objeto litigioso do processo, estabelecendo a regra da interpretação extensiva do pedido e da causa de pedir e o princípio da admissibilidade de alteração do objeto do processo "a qualquer tempo e em qualquer grau de jurisdição, desde que seja realizada de boa-fé, não represente prejuízo injustificado para a parte contrária e o contraditório seja preservado" (art. 10 e §§ 1.º e 2.º). É esse o sistema que o projeto de lei em tramitação no Congresso Nacional procura adotar para o nosso país.

Cabe deixar bem sublinhado, finalizando este artigo, que no sistema jurídico brasileiro é requisito primordial de toda ação coletiva, embora não esteja isto explicitado em lei, a *relevância social da tutela coletiva*.

O Código Modelo tomou o cuidado de ressaltar, de modo explícito, esse importante requisito no art. 2.º, II, estabelecendo a necessidade, para a admissibilidade da demanda coletiva, além da adequada representatividade do legitimado, da "relevância social da tutela coletiva, caracterizada pela natureza do bem jurídico, pelas características da lesão ou pelo elevado número de pessoas atingidas".

Publicado originalmente em:

- A Ação Civil Pública após 25 anos. Coordenador Édis Milaré. São Paulo: Editora Revista dos Tribunais, 2010, páginas 501 a 508.

CAPÍTULO 8

CONTROLE JURISDICIONAL DAS POLÍTICAS PÚBLICAS – "MÍNIMO EXISTENCIAL" E DEMAIS DIREITOS FUNDAMENTAIS IMEDIATAMENTE JUDICIALIZÁVEIS

8.1 Constituição Brasileira de 1988 - Estado democrático de direito e os direitos fundamentais sociais

A Constituição Brasileira de 1988 afirma constituir-se a República Federativa do Brasil em "Estado Democrático de Direito", cujos fundamentos são: I - a soberania; II - a cidadania; III - a dignidade da pessoa humana; IV - os valores sociais do trabalho e da livre iniciativa; e V - o pluralismo político" (art. 1º).

E seus *objetivos fundamentais* consistem em:

I - Construir uma sociedade livre, justa e solidária;

II - Garantir o desenvolvimento nacional;

III - erradicar a pobreza e a marginalização e reduzir as desigualdades sociais e regionais; IV - promover o bem de todos, sem preconceitos de origem, raça, sexo, cor, idade e quaisquer outras formas de discriminação (art. 3º).

Observa Fábio Konder Comparato, citando como exemplo o *art. 9º da Constituição portuguesa de 1975*, com a alteração determinada pela Lei Constitucional n. 1, de 1980, e o *art. 3º da Constituição brasileira de 1988*, acima transcrito, que *"a organização do Estado contemporâneo, tal como expressa em alguns documentos constitucionais mais recentes, é claramente teleológico"*. *"Aos poderes públicos são, cada vez mais, assinados objetivos fundamentais, que devem nortear a sua ação"*.

E acrescenta o jurista:

> "As novas constituições já não se limitam a definir a competência estrita dos órgãos do Estado, sem fixar nenhum rumo à sua ação em conjunto, como faziam as **Constituições do modelo liberal**, as quais partiam do pressuposto de que o Estado deve assegurar a cada

indivíduo a livre definição das suas metas de vida, **não podendo fixar nenhum rumo objetivo geral para a sociedade**".

Prossegue anotando que,

"em decorrência dessa **orientação marcadamente teleológica do direito público contemporâneo**, a função primordial do Estado já não é apenas a edição de leis, ou seja, a fixação de balizas de conduta, como pensaram os autores clássicos, **mas também, e sobretudo, a realização de políticas públicas ou programas de ação governamental em todos os níveis e setores**. E no desempenho dessa função, como sublinhamos, o povo deve assumir papel relevante".

A **atuação do Judiciário**, consequentemente, deve ser substancialmente transformada para acompanhar essa evolução. E considerando que as grandes violações à ordem jurídica são praticadas pelo Estado contemporâneo **por omissão**, "*ao deixar de fazer votar as leis regulamentadoras dos princípios constitucionais, ou ao se abster de realizar as políticas públicas necessárias à satisfação dos direitos econômicos, sociais ou culturais*", afirma Comparato que

"**o juízo de constitucionalidade**, que foi uma das grandes invenções dos norte-americanos, **deve ser estendido**, das leis e atos administrativos, às **políticas públicas**, as quais não são ações isoladas, mas aquilo que a nova técnica jurídica caracteriza como atividade, ou seja, no caso, um conjunto de atos do mais variado tipo (leis, decretos, contratos, nomeações, etc.), organizados sob a forma de **programa de ação para o alcance de determinada finalidade pública**[1].

Pondera Ada Pellegrini Grinover que o nosso Constituinte, acompanhando a evolução da história do constitucionalismo moderno, superou por completo o modelo de **Estado Liberal**, cujo objetivo maior era o de enfraquecer o Estado, com a restrição de sua atuação na esfera de liberdades individuais, assegurando os **direitos fundamentais de primeira geração**, as chamadas liberdades negativas (dever de abstenção do Estado na fruição da liberdade pelo cidadão). Acolheu o Constituinte as preocupações e os objetivos do Estado Social, assegurando os direitos econômicos, sociais e culturais, os chamados **direitos fundamentais de segunda geração**, que assegura *prestações positivas (dare, facere, praestare)* para a fruição pelos cidadãos desses novos direitos (*v.g.*, direito à saúde, direito à educação, direito à moradia etc.).

Para atingir os objetivos fundamentais explicitados no art. 3º, com o acréscimo do *princípio da prevalência dos direitos humanos* enunciado no art. 4º, II,

---

[1] **Ética**. Companhia das Letras. p. 675-677 - destaques nossos.

observa Ada Pellegrini Grinover que "*o Estado tem de se organizar no facere e praestare, incidindo sobre a realidade social. É aí que o Estado social de direito transforma-se em Estado democrático de direito*".

O **Estado Liberal** tinha por objetivo neutralizar o Poder Judiciário frente aos demais Poderes. Porém, "no Estado democrático de direito, o Judiciário, como forma de expressão estatal, deve estar alinhado com os escopos do próprio Estado, não se podendo mais falar em neutralização de sua atividade. Ao contrário, o Poder Judiciário encontra-se constitucionalmente vinculado à política estatal", pondera Ada Pellegrini Grinover.[2]

Fabio Konder Comparato sublinha que

> "as Constituições do moderno Estado Dirigente impõem, todas, *certos objetivos* ao corpo político como um todo - órgãos estatais e sociedade civil. Esses objetivos podem ser gerais ou especiais, estes últimos obviamente coordenados àqueles. **Na Constituição brasileira 1988, por exemplo, os objetivos indicados no ort. 3º orientam todo o funcionamento do Estado e a organização da sociedade[...]**"[3]

Oswaldo Canela Junior, em tese de doutorado recentemente defendida na Faculdade de Direito da USP (A efetivação dos direitos fundamentais por meio de processo coletivo e âmbito da cognição das políticas públicas pelo Poder Judiciário - no prelo), traz a seguinte observação a respeito de política estatal, a que todos os órgãos do Estado, inclusive o Judiciário, estão constitucionalmente vinculados:

> "Política estatal - ou políticas públicas - entende-se o conjunto de atividades do Estado tendentes a seus fins, de acordo com metas a serem atingidas. Trata-se de um conjunto de normas (Poder Legislativo), atos (Poder Executivo) e decisões (Poder Judiciário) que visam à realização dos fins primordiais do Estado".

Prossegue ponderando que, "*como toda atividade política (políticas públicas) exercida pelo Legislativo e pelo Executivo deve compatibilizar-se com a Constituição, cabe ao Poder Judiciário analisar, em qualquer situação e desde que provocado, o que convencionou chamar de 'atos de governo' ou 'questões políticas', sob o prisma do atendimento do Estado (art. 3º da CF)*".

---

[2] O controle de políticas públicas pelo Poder Judiciário. In: **As grandes transformações do processo civil brasileiro**. Coord. de Carlos Alberto de Salles, Quartier Latin, 2009. p. 109-134.

[3] Ensaio sobre o juízo de constitucionalidade de políticas públicas. In: RT 737, p. 19 - destaques nossos.

8.2 Assunção pelo judiciário brasileiro de novas atribuições

Ao **Poder Judiciário brasileiro**, como consequência da assunção de novas atribuições que lhe foram conferidas pela Constituição Federal de 1988, dentre as quais se inclui o *controle de constitucionalidade* das leis, atos e atividades de todos os órgãos do Estado, incumbe proceder ao controle das políticas públicas, com o exame de sua implementação, adequação ou correção, na conformidade dos mandamentos constitucionais.

A grande dificuldade do Judiciário, diante da existência de inúmeros direitos fundamentais sociais consagrados na Constituição, está em saber se cabe, em relação a todos eles, o seu controle sob a ótica da constitucionalidade. Vale dizer, se todos eles são dotados da *possibilidade de tutela jurisdicional*, ou alguns deles dependem de prévia ponderação de outros Poderes do Estado, consistente em formulação específica de **política pública** para sua implementação.

Nesse ponto, é necessário esclarecer bem a acepção do vocábulo "**justiciabilidade**" (alguns adotam o termo "**acionabilidade**") dos direitos fundamentais. O que se quer explicitar com ele não é o **requisito para acesso à justiça** ou **para o exame do mérito da ação**, e sim o requisito *para o acolhimento, pelo mérito, da pretensão de tutela jurisdicional dos direitos fundamentais sociais*, ou seja, a efetiva existência do direito fundamental social tutelável jurisdicionalmente. É um qualificativo do direito material. O direito de ação é incondicionado, como é cediço. E não havendo a ausência de alguma condição da ação inexistiria obstáculo à apreciação do mérito da ação em que se reclame a tutela jurisdicional de algum direito fundamental social. Mas, para o acolhimento do pedido de tutela de direito fundamental social, devem estar presentes os requisitos que serão a seguir analisados.

Alguns doutrinadores, que se filiam à dogmática constitucional "transformadora e emancipatória", sustentam que todos os direitos fundamentais sociais, sem exceção, têm aplicabilidade imediata e, por via de consequência, a tutelabilidade jurisdicional, independentemente de prévia aprovação de política pública pelo Legislativo ou do Executivo.

Nessa linha de pensamento, sustenta Dirley de Cunha Júnior que

> "todas as normas definidoras de direitos fundamentais, sem exceção, têm aplicabilidade imediata, independentemente de concretização legislativa, o que permite que o titular do direito desfrute da posição jurídica por ele consagrada. Na hipótese de eventual omissão estatal, impeditiva de gozo desses direitos, pode e deve o Judiciário, como Poder apto a proporcionar a realização concreta dos comandos

normativos quando provocado por qualquer meio processual adequado, suprir aquela omissão, completando o preceito consignador de direitos diante do caso concreto"[4].

Já Ana Paula de Barcellos sustenta que o *princípio da dignidade da pessoa humana*, que assegura, em termos gerais, que todas as pessoas tenham uma vida digna, embora seja de efeito um tanto indeterminado, tem "um **conteúdo básico**, sem o qual se poderá afirmar que o princípio foi violado e que assume caráter de regra e não mais de princípio. Esse *núcleo*, no tocante aos elementos materiais da dignidade, é composto pelo *mínimo existencial*, que consiste em um conjunto de prestações materiais mínimas sem as quais se poderá afirmar que o indivíduo se encontra em situação de indignidade". Somente ao *mínimo existencial* reconhece a "modalidade de *eficácia jurídica positiva ou simétrica*", vale dizer, **somente** "as prestações que compõem o *mínimo existencial* poderão ser exigidas judicialmente de forma direta, ao passo que ao restante dos efeitos pretendidos pelo princípio da dignidade da pessoa humana são reconhecidas apenas as modalidades de *eficácia negativa, interpretativa e vedativa do retrocesso*, como preservação do pluralismo e do debate democrático[5]".

Gustavo Amaral esclarece que adota posição próxima da de Lobo Torres e Robert Alexy, de exigibilidade do **mínimo existencial** e da dependência de **políticas públicas**, mas com algumas divergências. Entende que "a determinação concreta do *mínimo existencial* seria fugidia e variável histórica e geograficamente. Haveria, portanto, uma ampla zona de transição entre o mínimo existencial e o 'não mínimo'".

Em seu entender, "o grau de essencialidade está ligado ao *mínimo existencial*, à dignidade da pessoa humana. Quão mais necessário for o bem para a manutenção de uma existência digna, maior será seu grau de essencialidade". Prossegue: "Veja-se que, quanto mais essencial for a prestação, mais excepcional deverá ser a razão para que ela não seja atendida".

E conclui: "Caberá ao aplicador ponderar essas duas variáveis, de modo que **se a** *essencialidade for maior que a excepcionalidade, a prestação deve ser entregue, caso contrário, a escolha estatal será legítima.*[6]"

---

[4] **Controle judicial das omissões do Poder Público**. 2. ed. Saraiva. p. 664.

[5] **Eficácia jurídica dos princípios constitucionais** - o Princípio da Dignidade da Pessoa Humana. Renovar, 2002. p. 304-305 - grifos nossos.

[6] **Direito, escassez e escolha**. Renovar, 2001. p. 213-216 - grifos nossos.

A adoção do conceito de "*mínimo existencial*" é feita para possibilitar a tutela jurisdicional imediata, sem a necessidade de prévia ponderação do Legislativo ou do Executivo por meio de política pública específica, e sem a possibilidade de questionamento, em juízo, das condições práticas de sua efetivação, vale dizer, sem sujeição à cláusula da "**reserva do possível**".

O "mínimo existencial" procura assegurar o conteúdo básico do princípio da dignidade humana, "sem o qual - conforme bem pondera Ana Paula de Barcellos - *se poderá afirmar que o princípio foi violado e que assume caráter de regra e não mais de princípio*" e sem essas prestações materiais mínimas correspondentes ao núcleo básico do princípio da dignidade "se poderá afirmar que o indivíduo se encontra em situação de indignidade[7]". Admitir-se que em relação ao "mínimo existencial" possa o Estado alegar qualquer espécie de obstáculo ou dificuldade de ordem material, invocando a cláusula da "**reserva do possível**", será o mesmo que admitir que alguém possa continuar vivendo em estado de indignidade, o que afrontaria um dos fundamentos da nossa Constituição, que é a *dignidade da pessoa humana* (art. 1º, inciso III).

A jurisprudência do **Supremo Tribunal Federal** caminha precisamente no sentido da inadmissibilidade de invocação da cláusula da "**reserva do possível**" nos processos em que esteja em jogo o "**mínimo existencial**[8]".

Na mesma direção evolui a jurisprudência do **Superior Tribunal de Justiça**, consoante se extrai do acórdão do Recurso Especial n. 1.185.474-SC, relatado pelo eminente Min. Humberto Martins. Extrai-se da ementa desse julgado a seguinte afirmativa:

> "Aqueles direitos que estão intimamente ligados à dignidade humana não podem ser limitados em razão da escassez quando esta é fruto das escolhas do administrador. Não é por outra razão que se afirma que a reserva do possível não é oponível à realização do mínimo existencial."

---

[7] Op. e loc. cits.

[8] RE n. 482.611, Santa Catarina, Rel. Min. Celso de Mello.

8.3 Direitos fundamentais sociais e o "mínimo existencial" - "justiciabilidade" imediata, sem prévia ponderação do legislativo ou do executivo

A tese da justiciabilidade imediata dos direitos fundamentais sociais, sem a prévia ponderação do Legislativo ou do Executivo, limitada ao "**mínimo existencial**", pode parecer, à primeira vista, muito restritiva. Não o será, porém, se se adotar, na conformidade da posição acima explicitada, o entendimento prestigiado pela jurisprudência da Suprema Corte e do Superior Tribunal de Justiça, de que em relação ao "**mínimo existencial**" não é invocável pelo Estado a cláusula da "**reserva do possível**". O "**mínimo existencial**" diz respeito ao núcleo básico do princípio da dignidade humana assegurado por um extenso elenco de direitos fundamentais sociais, tais como direitos à educação fundamental, à saúde básica, à assistência social, ao acesso à justiça, à moradia, ao trabalho, ao salário mínimo, à proteção à maternidade e à infância. Para a implementação de todos esses direitos, ainda que limitada à efetivação do "**mínimo existencial**", são necessárias prestações positivas que exigem recursos públicos bastante consideráveis.

Cabe deixar anotado, demais disso, que a fundamentabilidade dos direitos sociais não está reduzida ao "**mínimo existencial**", pois, como bem anota Ana Carolina Lopes Olsen, "além da fundamentabilidade formal reconhecida aos direitos sociais, não se pode deixar de observar que sua fundamentabilidade material extravasa o conteúdo do mínimo existencial. Afinal, preocupou-se o constituinte com a dignidade da pessoa humana (como um todo, e não em sua versão minimalista), com o valor social do trabalho, com a construção de uma sociedade livre, justa e solidária, com a erradicação da pobreza e da marginalidade, e, finalmente, com a promoção do bem de todos (CF, arts. 1º e 3º)". E, invocando o magistério de Clèmerson Merlin Clève, pondera que

> "os direitos sociais não têm a finalidade de dar ao brasileiro, apenas, o mínimo. Ao contrário, eles reclamam um horizonte eficacial progressivamente mais vasto, **dependendo isso apenas do comprometimento da saciedade e do governo e da riqueza produzida pelo país. Aponta, a Constituição, portanto, para a ideia de máximo, mas de máximo possível (o problema da possibilidade)**"[9]

O "**mínimo existencial**", além de variável histórica e geograficamente, é um conceito dinâmico e evolutivo, presidido pelo princípio da proibição de

---

[9] **Direitos fundamentais sociais**. Juruá Editora, 2008. p. 324 - grifos nossos.

retrocesso, ampliando-se a sua abrangência na medida em que melhorem as condições sociais e econômicas do país.

O que hoje, pelas condições existentes, pode não ser judicialmente tutelável, poderá vir a sê-lo no futuro, imediato ou mediato, segundo o desenvolvimento do país.

Prefaciando a obra de Konrad Hesse, esclarece o Ministro Gilmar Ferreira Mendes que

> "sem desprezar o significado dos fatores históricos, políticos e sociais para a força normativa da Constituição, confere HESSE peculiar realce à chamada vontade de Constituição. A Constituição, ensina HESSE, transforma-se em força ativa se existir a disposição de orientar a própria conduta segundo a ordem nela estabelecida, se fizerem-se presentes, na consciência geral - particularmente, na consciência dos principais responsáveis pela ordem constitucional - não só a vontade de poder, mas também a vontade de Constituição".[10]

Nessa obra, ensina Hesse que

> "a interpretação constitucional está submetida ao princípio da ótima concretização da norma (*Gebot optimaler Verwirklichung der Norm*). Evidentemente, esse princípio não pode ser aplicado com base nos meios fornecidos pela subsunção lógica e pela construção conceitual. Se o direito e, sobretudo, a Constituição têm a sua eficácia condicionada pelos fatos concretos da vida, não se afigura possível que a interpretação faça deles tábula rasa. Ela há de contemplar essas condicionantes, correlacionando-as com as proposições normativas da Constituição. A interpretação adequada é aquela que consegue concretizar, de forma excelente, o sentido (*Sinn*) da proposição normativa dentro das condições reais dominantes numa determinada situação. Em outras palavras, uma mudança das relações fáticas pode - ou deve - provocar mudanças na interpretação da Constituição" (p. 22-23).

A nossa Constituição, de cunho teleológico, como ensina Comparato, reclama uma atuação de sua força ativa em horizonte eficacial cada vez mais abrangente, em busca permanente da efetividade dos objetivos fundamentais estabelecidos no art. 3º.

---

[10] Prefácio à obra de Konrad Hesse, **A força normativa da Constituição**. Sergio A. Fabris Editor, 1991, por ele traduzida.

8.4 Direitos fundamentais sociais não integrantes do conceito de "mínimo existencial", mas previstos em normas constitucionais de "densidade suficiente" (ou "densidade aplicativa") - possibilidade de judicialização imediata - cláusula da "reserva do possível"

Além do *mínimo existencial*, há outros direitos fundamentais sociais que, apesar de sua relevância, não são dotados do mesmo grau de essencialidade para a efetividade do princípio da dignidade humana. Alguns desses direitos, porém, estão definidos em normas constitucionais com **densidade suficiente** para poderem ser havidas como explicitadoras de política pública de implementação obrigatória pelos órgãos do Estado, independentemente de prévia ponderação complementar, seja do Legislativo, seja do Executivo. Ao descumprimento deles, em consequência, será perfeitamente cabível a postulação de tutela jurisdicional (um bom exemplo de norma dessa espécie é a inscrita no art. 230, § 2º, CF, que assegura aos maiores de 65 anos a gratuidade dos transportes coletivos urbanos; também podem ser mencionados alguns direitos dos trabalhadores urbanos e rurais enumerados no art. 7º, CF (excluindo-se, evidentemente, aqueles que, essenciais à dignidade humana dos trabalhadores, integram o conceito de "**mínimo existencial**").

Cristina Queiroz, jurista portuguesa com obras específicas sobre direitos fundamentais sociais, esclarece que a medida e a intensidade da vinculação jurídica de um direito fundamental social "dependem do caráter mais concreto ou mais abstrato, mais determinado ou menos determinado, como a norma resulte formulada, sem esquecer a importante questão da delimitação dos respectivos destinatários". "*Uma questão bem vistas as coisas, não de 'normatividade', mas essencialmente de 'completude' das normas consagradoras dos direitos fundamentais sociais*".

E conclui: "Desse modo, tem-se vindo a afirmar que o critério da '*aplicabilidade directa*', característico dos direitos de defesa, se encontra essencialmente ligado à ideia de uma '*determinabilidade constitucional*' do conteúdo do direito. Isto significa que o direito se encontra dotado de '*densidade suficiente*' para ser feito valer na ausência de lei ou mesmo contra a lei, o que não é o mesmo que afirmar que mediação legislativa se mostra desnecessária ou irrelevante.[11]"

---

[11] **Direitos fundamentais sociais**. Coimbra Editora, 2006. p. 63-65.

J. J. Gomes Canotilho, em relação a "direitos, liberdades e garantias", fala em "força vinculante" e em "densidade aplicativa" ("aplicabilidade directa") *"que apontam para um reforço da 'mais-valia' normativa desses preceitos relativamente a outras normas da Constituição, incluindo-se aqui as normas referentes a outros direitos fundamentais.*[12]

Em relação a esses direitos fundamentais sociais, para cujo atendimento são necessárias prestações positivas do Estado e diante da conhecida escassez de recursos públicos, surge um outro desafio, que consiste em definir a **prioridade** *da tutela jurisdicional desses direitos fundamentais sociais.*

A doutrina não é pacífica a respeito. Há os que defendem, como ficou acima visto, a tese de que todos os direitos fundamentais sociais são judicializáveis, ou seja, tuteláveis pelo Judiciário independentemente do limite fático, sem necessidade de indagar se existem, ou não, os recursos necessários para a sua implementação. Para os defensores desse entendimento,

> "sempre haverá um meio de remanejar os recursos disponíveis, retirando-os de outras áreas (transporte, fomento econômico, serviço da dívida, mordomias para ex-Presidentes e outras autoridades, etc.), onde sua aplicação não está tão intimamente ligada aos direitos mais essenciais do homem, como a vida, a integridade física, a saúde e a educação, por exemplo. Os problemas de 'caixa' não podem ser guindados a obstáculos à efetivação dos direitos fundamentais sociais[13].

Porém, num país como o Brasil, com enormes dívidas sociais, com problemas de pobreza, de marginalização, de desigualdades sociais e regionais, de desenvolvimento nacional, de falta de moradia, de distribuição desigual de rendas e outros mais, pretender que todos os direitos fundamentais sociais sejam implementados de uma só vez, inclusive com a intervenção do Judiciário, é um sonho idealista que esbarra em obstáculos práticos intransponíveis. Com gradualismo e sempre impulsionado pela "**vontade de Constituição**" e pela busca do "**máximo possível**", certamente a situação do país se encaminhará cada vez mais em direção à realização desse sonho. Vale aqui reproduzir a ponderação de Hesse no teor de que, "se o direito e, sobretudo, a Constituição, têm sua eficácia condicionada pelos fatos concretos da vida, não se afigura possível que a interpretação faça deles tábula rasa. Ela há de contemplar essas condicionantes, correlacionando-as com as proposições normativas da Constituição" (op. e loc. cits.).

---

[12] **Direito Constitucional e Teoria da Constituição**. 7. ed. Almedina. p. 398
[13] CUNHA JÚNIOR, Dirley de. Op. cit. p. 666.

Ada Pellegrini Grinover, no trabalho acima citado, observa, relativamente à **"reserva do possível"** que não basta a simples alegação de falta de recursos, cabendo ao Poder Público fazer a cumprida demonstração de sua alegação. Mas, segundo o entendimento da eminente jurista, o acolhimento da alegação de falta de recursos não conduziria à rejeição do pedido de tutela jurisdicional, e sim apenas ao seu diferimento. Acolhendo a alegação, sustenta a jurista que o Judiciário "determinará ao Poder Público que faça constar da próxima proposta orçamentária a verba necessária à implementação da política pública", disso resultando a condenação da Administração a duas obrigações de fazer, "a de fazer a inclusão no orçamento da verba necessária para o adimplemento da obrigação e a obrigação de aplicar a verba para o adimplemento da obrigação". Anota, na mesma linha do entendimento da jurisprudência do Supremo Tribunal Federal, que "nos casos de urgência e violação ao mínimo existencial, o princípio da reserva do possível não deverá constituir obstáculo para a imediata satisfação do direito" (op. e loc. cits.).

Osvaldo Canela Jr., partindo da premissa da tutelabilidade jurisdicional de todos os direitos fundamentais sociais, sustenta o entendimento de que é inadmissível a alegação, em processos que tenham por objeto a tutela desses direitos, de quaisquer conceitos externos à jurisdição, como a "reserva do possível", a escassez de recursos. Defende um modelo processual com duas fases distintas, uma para a declaração da violação do direito fundamental e a segunda para o cumprimento da sentença. As limitações fáticas não afastariam o reconhecimento da violação dos direitos fundamentais, somente restringiriam atividade jurisdicional da fase de cumprimento, pois as limitações fáticas somente condicionariam **"a efetivação dos direitos fundamentais no tempo.**[14]**"**

O nosso entendimento, conforme a distinção acima feita, em relação aos direitos fundamentais sociais que estejam referidos ao núcleo duro do princípio da dignidade humana e por isso integram o conceito de **"mínimo existencial"**, é inoponível a cláusula da **"reserva do possível"**. Somente em relação aos direitos fundamentais imediatamente judicializáveis, que são os previstos em normas constitucionais de "densidade suficiente", poderá ser contraposta, mediante fundada alegação e demonstração cabal, a cláusula da **"reserva do possível"**, que o magistrado analisará valendo-se das regras de proporcionalidade e de razoabilidade[15]. A sua análise deverá ser feita no processo de conhecimento, para conceder

---

[14] Op. e loc. cits.

[15] Cf. GRINOVER, Ada Pellegrini. Op. Cit.

ao demandante, se for o caso, a tutela imediata, ou para ordenar, havendo a demonstração de insuficiência de recursos públicos, que a Administração inclua no próximo orçamento a previsão de recursos necessários ao seu atendimento, conforme o magistério acima citado de Ada Pellegrini Grinover.

8.5 Demais direitos fundamentais sociais, previstos em normas constitucionais de cunho programático - necessidade de prévia ponderação, por meio de política pública específica, dos demais poderes do estado

Os **demais direitos fundamentais sociais**, que não correspondam ao núcleo básico da dignidade humana e por isso não são qualificáveis como asseguradores do "**mínimo existencial**", e tampouco estejam consagrados em normas constitucionais de "densidade suficiente", *não desfrutam da tutelabilidade jurisdicional sem a prévia ponderação do Legislativo ou do Executivo*, por meio de definição de política pública específica. Em relação a eles deve ser resguardado o debate democrático e preservado o pluralismo político, no âmbito do Legislativo e do Executivo.

Ingo Wolfgang Sarlet denomina essas normas de "normas constitucionais de cunho programático" (e não "normas programáticas"). E anota que "a necessidade de interposição legislativa dos direitos sociais prestacionais de cunho programático justifica-se apenas (se é que tal argumento pode assumir feição absoluta) pela circunstância - já referida - de que se cuida de um problema de natureza competencial, porquanto a realização destes direitos depende de disponibilidade dos meios, bem como - em muitos casos - da progressiva implementação e execução de políticas públicas na esfera socioeconômica" [16].

8.6 Conclusões

Com base nas ponderações acima desenvolvidas, podemos estabelecer as seguintes conclusões:

a) Os direitos fundamentais sociais, sob a perspectiva de justiciabilidade imediata, ou seja, da possibilidade de tutela jurisdicional, podem ser distribuídos em três categorias: I - os que correspondem ao núcleo básico do princípio da dignidade da pessoa humana e configuram o chamado "**mínimo existencial**"; II - os que, embora não estejam referidos ao "**mínimo**

---

[16] **A eficácia dos direitos fundamentais**. Livraria do Advogado Editora, 2005. p. 293-294.

existencial", estão previstos em normas constitucionais de "densidade suficiente" e por isto não são dependentes, para a judicialização, de prévia ponderação do Legislativo ou do Executivo por meio de política pública específica; III - os demais direitos fundamentais sociais, previstos em normas constitucionais de cunho programático.

b) São imediatamente judicializáveis, independentemente de prévia definição de política pública pelo Legislativo ou pelo Executivo, somente os direitos fundamentais sociais pertencentes às duas primeiras categorias da classificação acima mencionada. A "justiciabilidade" dos direitos fundamentais sociais pertencentes à terceira categoria depende de prévia ponderação, por meio de política pública específica, dos demais Poderes do Estado.

c) O conceito de "**mínimo existencial**" é dinâmico e evolutivo, varia histórica e geograficamente, presidido pelo princípio da proibição de retrocesso, de sorte que, dependendo das condições socioeconômicas do país, direitos fundamentais sociais que não são judicializáveis na atualidade poderão vir a sê-lo no futuro, imediato ou mediato.

d) A cláusula da "**reserva do possível**" não é invocável na tutela jurisdicional do "**mínimo existencial**".

Publicado originalmente em:

- O Controle Jurisdicional de Políticas Públicas. Coordenadores Ada Pellegrini Grinover, Kazuo Watanabe. 2ª ed. – Rio de Janeiro: Forense, 2013, páginas 213 a 224.
- O Controle Jurisdicional de Políticas Públicas. Coordenadores Ada Pellegrini Grinover e Kazuo Watanabe. 1ª edição. Rio de Janeiro: Forense, 2011, páginas 213 a 224.
- Revista de Processo, volume 193, março de 2011, páginas 13 a 25.

CAPÍTULO 9

A PROVA E AS MEDIDAS PROVISIONAIS NOS LITÍGIOS COMPLEXOS E PROCESSOS COLETIVOS

9.1 Considerações iniciais

A expressão "medida provisional", no sentido de algo que é provisório, não definitivo, poderia abranger, também as medidas cautelares, que são aquelas destinadas a assegurar o resultado útil de um outro processo, o chamado principal. Mas, a evolução da doutrina e das legislações, vem possibilitando, em quantidade cada vez maior, medidas provisórias de caráter satisfativo, consistentes em antecipação, em processo de conhecimento de cognição exauriente, da tutela ou de seus efeitos. No direito brasileiro, as antecipações de tutela eram excepcionais, previstas pelo próprio legislador para certas espécies de ações (*v.g.* ações possessórias, ação de nunciação de obra nova, ação de desapropriação, ação de mandado de segurança etc.). Mas, a partir da reforma de 1994, houve a universalização da antecipação de tutela, possibilitando ao juiz que a conceda caso a caso, desde que atendidos certos requisitos (art. 273 do CPC), em qualquer espécie de processo de conhecimento.

Cabe mencionar também, nessas considerações iniciais, que dentre os processos de cognição sumária existem os não cautelares, como os previstos no art. 888 do CPC brasileiro, que são satisfativos, apesar da sumariedade material da cognição[1]. São bem assemelhados às "medidas autosatisfactivas" mencionadas por Roberto O. Berizonce, em seu *Derecho procesal civil actual*[2].

O presente trabalho cuidará apenas da prova e das medidas provisionais (de caráter satisfativo, não cautelar) nos chamados "litígios complexos", em especial nos "processos coletivos".

---

[1] *Cognição no processo civil*, 4. ed., São Paulo: Saraiva, n. 20.6, p. 147-148.
[2] Libreria Editora Platense, p. 505-506.

9.2 Da complexidade dos litígios

A complexidade de um litígio pode ser de natureza fática ou jurídica.

No sistema jurídico pertencente à família de *civil law*, como o brasileiro, em que o juiz da causa é um profissional de direito, e não um corpo de jurados recrutados na sociedade, leigos em direito a maioria deles, a complexidade jurídica deve ser enfrentada pelo próprio magistrado da causa, com seus conhecimentos pessoais, e com o estudo e pesquisa especial do caso concreto sob julgamento, podendo contar para isso, quando muito, com o apoio de assessoria técnico-jurídica.

Não é dado ao juiz, no sistema brasileiro, se eximir de sentenciar ou despachar "alegando lacuna ou obscuridade da lei", como é expresso o art. 126 do CPC brasileiro.

Por vezes, uma norma jurídica contém disposição de tal abrangência e complexidade, como a do art. 225 da CF brasileira, que a determinação de seu alcance pleno reclama conhecimentos das mais variadas áreas, que o juiz sozinho não é capaz de dominar. Aliás, o mencionado dispositivo constitucional, embora já dotado de eficácia imediata, no sentido de que deve ser judicialmente assegurado o comando nela contido, de que o uso do meio ambiente ecologicamente equilibrado é bem de uso comum do povo e por isso deve ser feito de modo a não prejudicar as "presentes e futuras gerações", falta--lhe no entanto densidade suficiente quanto à forma, modo e quantidade de sua utilização por uma geração. Nesse aspecto faltante, deve haver a ponderação complementar dos Poderes Legislativo e Executivo para que o mandamento constitucional ganhe plena densidade aplicativa.[3]

Já a complexidade quanto à matéria de fato, cuja elucidação por vezes exige provas técnicas ou científicas, não poderá ser solucionada pelo juiz apenas com seus conhecimentos pessoais, pois, por mais preparado que ele seja, seus estudos certamente não abarcarão todos os campos do saber humano. Necessitará, nessas hipóteses, do concurso de pessoas especializadas na área específica, que poderão ser convocadas para a realização de prova técnica no curso do processo.

---

[3] Ver o nosso trabalho: Controle jurisdicional das políticas públicas – "mínimo existencial" e demais direitos fundamentais imediatamente judicializáveis, *O controle jurisdicional de políticas públicas*, Rio de Janeiro: Gen-Forense, 2011, n. 4, p. 220-223.

Em relação a alguns temas, os estudos científicos podem ter sido realizados fora do processo, por alguma instituição pública ou privada, e devidamente testados seus métodos, conferidos seus resultados e publicadas suas conclusões, contando já com o apoio da comunidade científica. Numa hipótese assim, essa prova científica poderá ser trazida ao processo, por uma das partes, com o objetivo de influir no convencimento do juiz no julgamento da causa a ele submetida. A discussão que eventualmente poderão suscitar as partes será mais sobre a pertinência ou adequação da prova científica em relação ao objeto litigioso do processo, e menos sobre sua confiabilidade.

9.3 Dos processos coletivos

Os processos coletivos no sistema jurídico brasileiro é regulado por um microssistema jurídico formado pela Lei 7.347/1.985 (Lei da Ação Civil Pública) e pelas normas processuais do Código de Defesa do Consumidor (Lei 8.078/1990).

Destinam-se esses processos à tutela dos interesses ou direitos difusos, dos interesses ou direitos coletivos e interesses ou direitos individuais homogêneos (art. 81, parágrafo único, I, II e III, do CDC).

A complexidade do litígio não reside, no mais das vezes, na caracterização do bem jurídico como difuso, coletivo ou individual homogêneo, mas na correta avaliação da alegação de sua violação. A complexidade, portanto, está no aspecto passivo da causa de pedir, e não em seu aspecto ativo.[4]

Ninguém põe em dúvida que o meio ambiente ecologicamente equilibrado seja um bem coletivo, um patrimônio de todo o povo. Mas a alegação de sua lesão, por exemplo, por meio da utilização de uma área agriculturável para cultivo de produto geneticamente alterado, é objeto, na atualidade, de intensa discussão entre produtores, fornecedores de sementes geneticamente alterados, consumidores, cientistas e políticos. Sendo judicializado um conflito dessa natureza, a complexidade do litígio será tão elevada que o Judiciário se verá em imensa dificuldade para decidi-lo. Em litígios dessa espécie, que tem por foco o controle de uma política pública pelo Judiciário, há muitas vezes, na parte em que a norma constitucional não contém densidade normativa suficiente, a necessidade de prévia ponderação de outros Poderes do Estado.

---

[4] BARBOSA MOREIRA, José Carlos. *O novo processo civil brasileiro.* 25. ed. Cap. I, § 1º, Rio de Janeiro: Forense, n. VI, p. 17

A respeito do controle de políticas públicas, temos sustentado, seguindo o entendimento de Ada Pellegrini Grinover[5], que ao Judiciário brasileiro é dado proceder ao controle da correta implementação das políticas públicas, que estejam plenamente definidas nas próprias normas constitucionais ou em legislação ou atos infraconstitucionais.[6]

Um outro exemplo que ilustra bem a complexidade dos litígios veiculados por meio de processos coletivos é a ofensa à saúde pública mediante o lançamento de medicamentos para certas moléstias, que provocam efeitos colaterais extremamente danosos, causando sequelas variadas e de diferentes intensidades em inúmeras vítimas. A providência de alcance coletivo, que seria a proibição de comercialização desse produto e seu imediato recolhimento, é de adoção relativamente fácil, mas a extensão dos danos individuais em cada uma das vítimas afetadas dependerá de uma abrangente prova técnica ou científica, com exames clínicos e laboratoriais, que tomará muito tempo até sua final conclusão.

Idêntica complexidade apresenta uma ação coletiva ajuizada contra dezenas de empresas industriais localizadas numa localidade, cada qual lançando diferentes tipos de efluentes na atmosfera e em quantidades variadas, sendo todas elas acusadas coletivamente de poluição e de grave degradação de todo meio ambiente circundante. Como determinar a responsabilidade de cada uma das empresas, se os efluentes são de natureza e de nocividade variadas? O princípio da responsabilidade solidária aplicada sem qualquer espécie de distinção poderá dar ensejo a injustiças.

Também as demandas individuais podem trazer litígios de alta complexidade, principalmente quanto à matéria de fato. Nas ações de indenização por danos resultantes de poluição industrial, por exemplo, com alegação de lesões físicas das mais variadas espécies e também sequelas psicológicas, traz ao juízo, não raro, dificuldades enormes na determinação do nexo de causalidade entre os males e a poluição e também na mensuração dos danos.

---

[5] O controle jurisdicional de políticas públicas, *O controle jurisdicional de políticas*, Rio de Janeiro: Gen-Forense, 2011, p. 125-150

[6] WATANABE, Kazuo. Controle jurisdicional das políticas públicas – "Mínimo existencial" e demais direitos fundamentais imediatamente judicializáveis, *O controle jurisdicional de políticas públicas*, Rio de Janeiro: Gen-Forense, 2011, p. 213-224.

9.4 Das provas técnicas ou científicas

Para todos esses litígios complexos, sejam coletivos ou individuais, assumem particular importância as provas técnicas e científicas.

No direito anglo-saxônico, em especial nos Estados Unidos, é bastante intensa a preocupação por essas espécies de provas, com vários precedentes a respeito do tema, inclusive da Suprema Corte, sendo precedente emblemático o caso Daubert. Informa Michele Taruffo que

> *"la ciência que se introduce en los procesos no es siempre "buena" o sea válida y confiable. Es muy generalizada también la "ciencia mala" (esto es la junk science o 'ciencia barredura'), o sea el empleo de nociones pseudocientíficas que están en realidad privadas de cualquier confiabilidade, y que el juez utiliza extrayéndolas de su "ciencia privada' (cuando se comporta como aprendiz de brujo), o le son suministradas por peritos que no están a la altura de la situación".*

Em razão disso, esclarece Taruffo, a partir do caso Daubert, decidido em 1993, vem se desenvolvendo uma

> *"literatura muy amplia en la cual se tratan varias cuestiones relativas a la exigencia de garantizar que la ciencia que el juez emplea sea ciencia 'buena', así como el papel de garante de la validez de los conocimientos científicos a los cuales se hace referencia, que el juez se debe desempeñar en la admisión y el control de las pruebas científicas."*[7]

Informa Luís Fernando de Moraes Manzano, na substanciosa monografia intitulada prova pericial, que "a doutrina norte-americana confere grande relevo à função que denomina de *gatekeepers*, salientando que o *trial court* - que, para nós, seria o juiz - tem não apenas o poder, mas o dever de atuar como gatekeeper e assegurar que a prova admitida ao processo seja não apenas relevante, mas também confiável".

E esclarece que a questão da admissibilidade da prova científica é mais importante no sistema norte-americano que no processo brasileiro, "pois será apresentada ao júri, pelo que tal atividade jurisdicional funciona como um filtro, a evitar que os jurados sejam contaminados por provas falsas, pseudocientíficas e levados a uma conclusão injusta por mera retórica de uma das partes[8]".

---

[7] El Juicio Pronóstico del Juez entre Ciencia Privada y Prueba Científica, *Sobre las fronteras - Escritos sobre la justicia civil*, Trad. Beatriz Quintero, Temis, 2006, p. 316.

[8] São Paulo: Atlas, 2011, n. 6.2, p. 188.

No sistema processual brasileiro, a prova científica é espécie de prova pericial, que se realiza no próprio processo, cabendo ao juiz nomear perito, que é a pessoa detentora de conhecimento técnico ou científico. As partes poderão indicar assistentes técnicos para acompanhar a prova técnica ou científica a ser realizada pelo perito do juízo. Se a natureza do fato permitir, a "perícia poderá consistir na inquirição pelo juiz do perito e dos assistentes" no curso da audiência de instrução e julgamento. A prova pericial está disciplinada nos arts. 420 a 439 do CPC brasileiro. O art. 436 explicita o princípio de que o juiz não está adstrito ao laudo pericial, "*podendo formar sua convicção com outros elementos ou fatos provados nos autos*". E o art. 437 estatui que o juiz poderá determinar a realização de nova perícia, "*quando a matéria não lhe parecer suficientemente esclarecida*". Mas adverte o parágrafo único do art. 439, que "*a segunda perícia não substitui a primeira, cabendo ao juiz apreciar livremente o valor de uma e outra*". Daí, porque se diz que o juiz é *peritus peritorum*.

Sendo apresentada no processo, por uma das partes, uma prova científica produzida fora do processo, por alguma instituição pública ou privada, será ela submetida ao crivo do contraditório da parte contrária e à cognição do juiz da causa, que poderá eventualmente nomear pessoa especializada na matéria para proceder à análise de seu conteúdo e à avaliação de sua relevância e confiabilidade.

Nesse tipo de prova, como bem anota Carlos Alberto de Salles,

> "*o determinante da decisão passa a ser externo ao processo no sentido de o peso, o grau de certeza e a confiabilidade da prova não serem submetidos a contraditório e extraídos de desenvolvimento processual*" e acrescenta a seguir que o "*elevado consenso e grau de confiabilidade emprestado a esse tipo de prova dispensam o juiz investigar seus mecanismos internos implicados na sua produção. Nesse sentido, é muito provável que o julgador acate a prova sem ter a mais vaga ideia de quais são os mecanismos científicos determinantes de sua produção, até porque são reduzidíssimas as possibilidades de negar sua validade e valor probatório, tamanha a aceitação em torno de certeza científica dela proveniente*"[9].

Enfim, caberá ao juiz valorar quaisquer provas científicas que forem produzidas ou trazidas de fora para o processo. E, como adverte Michele Taruffo,

---

[9] Processos coletivos e prova: transformações conceituais, direito à prova e ônus da prova, *A ação civil pública - após 25 anos*, obra coletiva coordenada por Édis Milaré, São Paulo: Ed. RT, 2010, p. 148.

"el juez está obligado - a propósito de todo elemento de prueba científica que hay sido adquirido de cualquier manera em el juicio - a explicitar las razones por las cuales ha considerado que aquellos elementos de prueba fueron admisibles y estaban o no dotados de un determinado grado de eficácia probatoria en relación con los hechos de la causa. Es desarrollando esta tarea, sobre todo, que el juez está llamado a cumplir su función de peritus peritorum en el significado que se ha aclarado recientemente: él no está obligado a volver a recorrer todo el iter del análisis, de los experimentos, de los cálculos y de las valoraciones que ha efectuado el experto para formular el parecer que ha sometido al juez, pues esto seria imposible. El juez debe, empero, enunciar os criterios con base en los cuales ha formulado su propria interpretación y valoración de los datos y de las informaciones científicas que el experto há sometido a su atención. Em particular, el juez debe justificar com argumentos oportunos el juicio que ha formulado sobre la admisibilidad de la prueba científica, la relevancia que ésta tiene para la determinación de los hechos de la causa y el grado de confirmación probatoria que la prueba ofrece para la decisión sobre los hechos, incluso desde el punto de vista de la satisfacción o falta de satisfacción de los estándares probatorios que se aplican en los distintos tipos de processo.[10]

9.5 Das medidas provisionais em litígios complexos e nos processos coletivos

As ações coletivas brasileiras, quando são ajuizadas por entes públicos legitimados, como o Ministério Público, são em regra precedidas de uma prévia fase investigatória, com a instauração de inquérito civil ou outro procedimento investigatório. No curso dessa investigação é possível que seja realizada uma perícia técnica ou prova científica. A eficácia probante dos elementos colhidos no curso dessa investigação prévia dependerá da observância do princípio constitucional do contraditório e deverão ser devidamente avaliados pelo juiz no processo em que eles vierem a ser apresentados.

No direito processual brasileiro, os requisitos básicos para a antecipação da tutela, ou de seus efeitos, são:

a) existência de "prova inequívoca";

b) juízo de verossimilhança da alegação do autor; e

---

[10] *Ciencia y processo, Páginas sobre justicia civil*, Trad. de Maximiliano Aramburo Calle, Marcial Pons, 2009, p. 478.

c) situação de perigo (fundado receio de dano irreparável ou de difícil reparação). A antecipação poderá ser concedida mesmo sem a situação de perigo desde que "*fique caracterizado o abuso do direito de defesa ou o manifesto propósito protelatório do réu*" (art. 273, *caput*, I e II, do CPC).

Em se tratando de prova científica, nem sempre é possível se falar em "prova inequívoca", como ficou acima salientado. Sua avaliação, principalmente na fase inicial de antecipação de tutela, ou de seus efeitos, deve ser feita com muita ponderação, considerando-se não somente o conteúdo da prova científica, mas principalmente a verossimilhança da alegação da parte e as demais provas em que ela esteja apoiada.

Em matéria de direito ambiental, tem sido invocado o princípio da precaução e a inversão do ônus da prova dele derivada, para a concessão de medidas provisionais que tutelem o bem jurídico coletivo.

Assim, no julgamento do REsp 1.285.463/SP, o STJ, pela sua 2.ª T., em acórdão relatado pelo Min. Humberto Martins, deixou enunciada a ementa assim redigida:

> "O princípio da precaução, consagrado formalmente pela Conferência das Nações Unidas sobre o Meio Ambiente e o Desenvolvimento - Rio 92 (ratificada pelo Brasil), a ausência de certezas científicas não pode ser argumento utilizado para postergar a adoção de medidas eficazes para a proteção ambiental. Na dúvida prevalece a defesa do meio ambiente."

Dizia respeito, o recurso julgado, à

> "queima da palha da cana de açúcar em atividades agrícolas, e a Turma Julgadora entendeu que o uso do fogo no processo produtivo agrícola somente é autorizado pela lei para os 'pequenos produtores que retiram seu sustento da atividade agrícola e que não dispõem de outros métodos para exercício desta, que não o uso do fogo', não podendo ser utilizado esse método pelas 'atividades agroindustriais ou agrícolas organizadas, ou seja, exercida empresarialmente, pois dispõe de condições financeiras para implantar outros métodos menos ofensivos ao meio ambiente'".

Em outro precedente, na ação coletiva de reparação de "dano ambiental causado por grave contaminação com mercúrio", a 2.ª T. do STJ, no REsp 883.656/RS, em acórdão relatado pelo Min. Herman Benjamin, deixou enunciadas, entre outras, as seguintes ementas:

"O regime geral, ou comum, de distribuição da carga probatória, assenta-se no art. 333, *caput*, do CPC. Trata-se de modelo abstrato, apriorístico e estático, mas não absoluto, que, por isso mesmo, sofre abrandamento pelo próprio legislador, sob o influxo do ônus dinâmico da prova, com o duplo objetivo de corrigir eventuais iniquidades práticas (a probatio diabólica, p.ex., a inviabilizar pretensões, mormente dos sujeitos vulneráveis) e instituir um ambiente ético-processual virtuoso, em cumprimento ao espírito e letra da Constituição de 1988 e das máximas do estado social de direito".

"No direito ambiental brasileiro, a inversão do ônus da prova é de ordem substantiva e *ope legis*, direta ou indireta (esta última se manifesta, p. ex., na derivação inevitável do princípio da precaução), como também de cunho estritamente processual e *ope judicis* (assim no caso de hipossuficiência da vítima, verossimilhança da alegação ou outras hipóteses inseridas nos poderes genéricos do juiz, emanação natural do seu ofício de condutor e administrador do processo)".

"Como colorário do princípio *in dubio pro natura*, 'justifica-se a inversão do ônus da prova, transferindo para o empreendedor da atividade potencialmente perigosa o ônus de demonstrar a segurança do empreendimento [...]'".

9.6 Da necessidade de criação de juízos especializados, com assessorias especializadas de apoio aos juízes para análise das provas técnicas ou científicas.

Somente juízes especializados, com experiências e estudos especializados, estarão melhor capacitados para o julgamento dos litígios complexos e para a valoração das provas técnicas ou científicas, dando pleno cumprimento às recomendações acima transcrita de Michele Taruffo, no tocante ao cumprimento da obrigação de motivar adequadamente suas decisões.

Mas, nem mesmo eles poderão dar cumprimento pleno à função, por mais preparados que sejam, pois são tão variadas as matérias que esses litígios abrangem e tão complexos os conhecimentos técnicos ou científicos que elas exigem. Há, em consequência, manifesta necessidade de organização de serviços de assessoria especializada, que auxiliem os juízes de forma competente na análise e valoração das provas técnicas ou científicas.

Esses serviços de assessoria especializada poderiam ser organizados regionalmente ou de forma centralizada pelos tribunais, mas de fácil acesso pelos juízes que necessitam de seu apoio.

Essa ideia de serviço de apoio aos juízes, sugerida pelos juízes de primeiro grau numa reunião de estudos, foi aproveitada no Projeto de Lei de Processo Especial para controle e intervenção em políticas públicas pelo Poder Judiciário, elaborado pela Prof. Ada Pellegrini Grinover, com nossa participação e do Prof. Paulo Lucon, que está em tramitação na Câmara dos Deputados, apresentado pelo Deputado Paulo Teixeira (Projeto de Lei 8.058/2014).

O parágrafo único do art. 26 desse Projeto de Lei dispõe que: "*Cada circunscrição judiciária organizará e manterá comissões de especialistas destinadas a assessorar o magistrado nos diversos setores de políticas públicas, fornecendo dados e informações que o auxiliem em sua decisão*".

Anota com muita propriedade Michele Taruffo, que "*se ilusionaría quien pensase que el empleo cada vez más extendido y frecuente de la ciencia, como instrumento de conocimiento de los hechos en el ámbito del proceso, tiene el efecto de hacer más fácil la tarea del juez, o incluso de permitirle delegar en otros la formulación de decisiones difíciles y laboriosas*".

E conclue: "*El recurso a la ciencia constituye, em efecto, un poderoso instrumento de determinación procesal de la verdade de los hechos, pero implica dificultades que no deben infravalorarse y que el juez debe saber afrontar*".[11]

Publicado originalmente em:

- Ação Civil Pública após 30 Anos. Coordenador Édis Milaré. São Paulo: editora Revista dos Tribunais, 2015, páginas 523 a 528.

---

[11] Ciencia y proceso, op. cit., p. 480.

CAPÍTULO 10

PRINCÍPIO IN DUBIO PRO NATURA
– ÔNUS DA PROVA

Manaus, 8 a 11 de agosto de 2012

Senhor Presidente Desembargador Eladio Lecey, prezado conferencista Professor Luiz Guilherme Marinoni e demais componentes da mesa, Ministro Herman Benjamin e demais pessoas presentes no auditório. Inicialmente, gostaria de agradecer à AMB, na pessoa do Desembargador Henrique Nelson Calandra, por esta oportunidade de discutir com os Magistrados brasileiros um tema tão importante como o deste Congresso.

Quando começo a enfrentar um tema novo para mim, novo porque tenho apenas rápidas passagens sobre o direito ambiental, começo a fazer reflexões sobre aspectos gerais e mais amplos da disciplina, não vou direto ao tema específico, e assim às vezes não consigo chegar à conclusão definitiva sobre o tema em estudo. Isto me aconteceu, por exemplo, há cerca de dez anos quando comecei a estudar o controle jurisdicional das políticas públicas. Lembro-me de que, depois do estudo que fiz, pedi vista, retomei o estudo do tema, pedi nova vista e ainda continuo meditando sobre o tema. O que fiz em relação ao tema que o Ministro Herman Benjamin me atribuiu para expor neste Congresso? Para mim foi um grande desafio. Pela organização do programa, principalmente pela especialização das pessoas que foram convidadas, o Professor Luiz Guilherme Marinoni e eu pensei a princípio que fosse um tema de enfoque eminentemente processual. Mas percebi, logo ao iniciar os estudos, que o enfoque de direito material seria muito mais importante do que o processual. Assim, vou expor aos senhores os caminhos que percorri para organizar a palestra e devo confessar, desde logo, que não me encontro em condições de apresentar conclusões definitivas, como o fez o Professor Marinoni em matéria processual. Não irei abordar muito a parte processual, porque o professor Marinoni foi já exaustivo a respeito.

O tema comporta como já salientei abordagens de direito material e de direito processual. Mas antes de entrar nessas abordagens técnicas, acho importante iniciar a palestra com algumas reflexões de ordem geral, principalmente sobre os diversos modos de pensar os institutos de direito ambiental. Anoto que há diversos ângulos visuais para os estudos de Direito Ambiental: primeiro antropocêntrico; segundo ecocêntrico; e terceiro; policêntrico.

De acordo com a concepção antropocêntrica, *"as regras do direito ambiental orientam a relação entre o indivíduo e a natureza enquanto necessária à racional utilização de bens e recursos essenciais para a sadia qualidade da vida humana"*. Para essa concepção a defesa do meio ambiente é feita com o principal ou mesmo único objetivo de defender a vida humana.

Já para a concepção ecocêntrica *"as regras de proteção e conservação do meio ambiente se justificam primeiramente pelo valor que a vida em suas diversas formas tem e, apenas subsidiariamente, pela garantia da qualidade de vida aos indivíduos que do equilíbrio do meio ambiente dependem"*. Para essa concepção, o ambiente é tutelado em si mesmo, como valor novo, importante não somente para o homem, como também para as diversas formas de vida que nela se desenvolvem e dependem de seus recursos.[1]

A concepção policêntrica, conhecida também por cosmocêntrica, resultaria do acolhimento concomitante das duas visões contrapostas, com maior ênfase para esta ou aquela concepção.

Surge, a esta altura, a seguinte indagação: qual dessas concepções teria sido adotada pelo nosso ordenamento jurídico, em especial pela Constituição Federal, no artigo 225? O direito é obra humana e, por isso, não será surpresa se houver predominância da concepção antropocêntrica, mas o direito é também resultado de escolhas políticas, razão pela qual, tal seja a visão dos homens que tenham contribuído para a formulação do ordenamento jurídico, a concepção ecocêntrica poderá ter sido acolhida em maior ou menor extensão.

Da adoção dessas concepções decorrem consequências práticas muito importantes, principalmente na forma de interpretação e aplicação das normas de direito material e, também, na forma de avaliação dos litígios ambientais. A segurança jurídica depende da clareza da escolha pelo legislador dessas várias opções. À inexistência dessa clareza, a solução dos litígios dependerá muito da formação político-cultural dos juízes, podendo ocorrer soluções conflitantes, com severos impactos negativos à segurança jurídica e à economia do país, à ausência de equilíbrio na formação e preparo dos magistrados.

---

[1] Rocha Sampaio. Direito Ambiental, Elsevier, 2012.

Daí a importância da especialização defendida pelo Desembargador Vladimir Passos de Freitas, na palestra de hoje de manhã. Mas não adianta às vezes apenas a especialização dos magistrados, porque ele não terá condições de dominar todos os ramos do saber humano. Numa proposta de projeto de lei de controle jurisdicional de políticas públicas, elaborada pela Professora Ada Pellegrini Grinover e na qual tive a oportunidade de participar, ficou formulada sugestão no sentido da organização pelos tribunais de grupos de apoio aos juízes, com constatação de especialistas em diversas áreas, principalmente nas demandas coletivas e complexas, porque sem isso não haverá possibilidade de êxito na organização de varas especializadas. Esses grupos de apoio poderiam ser regionais, ou mesmo, sendo isso suficiente, apenas uma central para todo o estado.

Fiz menção a esse confronto de diferentes concepções para deixar sublinhado que, no estudo das questões ambientais, é importante a tomada de posição em relação a elas. Mesmo no estudo e aplicação do princípio *in dubio pro natura*, é importante que se tenha em mente essas diferentes concepções.

A seguir, procurarei tecer algumas considerações a respeito de dois importantes princípios do Direito Ambiental, mas antes gostaria de ressaltar, como ponto de partida das reflexões, uma ponderação que Canotilho faz em relação à mudança de paradigmas, principalmente do direito ambiental. Diz ele *"que até hoje vivemos a primeira geração de problemas ecológicos e passamos a viver, a partir de uns tempos para cá, a segunda geração de problemas ecológicos"*. Na primeira geração, havia o problema da ofensa a elementos constitutivos do meio ambiente, como a poluição da água, do ar, do solo, enfim, dos elementos constitutivos e, na segunda geração de problemas ecológicos, o fundamental não são apenas os elementos constitutivos, mas o todo.

Isso me pareceu bastante relevante nas nossas reflexões porque um problema que afete o meio ambiente de um país pode afetar ao mesmo tempo e no mesmo instante o meio ambiente de outros países. Por exemplo, a catástrofe que afetou a região nordeste do Japão, inclusive a usina nuclear de Fukushima, com tsunami em dimensão jamais vista, afetou também outros países. Os resíduos, com pedaços de madeira, de plástico e outros materiais, acabaram atingindo outros países. Canadá, por exemplo, recebeu uma grande quantidade de destroços vindos do Japão, da região atingida pelo terrível desastre natural. E quantos países já não fizeram revisão da política de usina nuclear? Tenho informação de que a Europa toda está procedendo a essa revisão por conta do problema ocorrido em Fukushima.

Em seguida, pondera Canotilho que os sujeitos relevantes na problemática do direito ambiental não são mais pessoas ou grupo de pessoas, mas sujeito "geração". Uma geração pode afetar os interesses da geração seguinte e assim por diante. E uma ponderação relevante que ele faz diz respeito à euforia da teoria dos direitos fundamentais. Pondera ele, que em relação ao direito ambiental, temos que passar para euforia dos deveres fundamentais, e não dos direitos fundamentais. Acho muito pertinente essa reflexão.

Entrando no tema específico da palestra, cabe o registro, inicialmente, de que há dois princípios importantes a serem considerados: o princípio da prevenção e o princípio da precaução. Um jurista alemão, Ulrich Beck, afirma que "o presente frágil é o presente da sociedade de risco". E acrescenta: "*Na sociedade de risco os efeitos desconhecidos e inesperados passam a ter uma força dominante*". Carla Gomes, jurista lusitana, pondera que "*a sociedade pós-industrial trouxe consigo, além do progresso econômico e social, inerente aos avanços tecnológicos, uma globalização do risco. O homem, qual aprendiz de feiticeiro, transformou de tal forma o planeta, nomeadamente através da ação sobre os recursos naturais, que perdeu o controle do processo, criando um risco de destruição total*".

A ação do homem sobre os recursos naturais gera e multiplica riscos de destruição global, mas também gera fontes de rendimento e desenvolvimento econômico do país. Esse confronto de valores certamente exige do aplicador do direito, nas decisões dos conflitos, um exercício equilibrado da aplicação do princípio da proporcionalidade, fazendo prevalecer sempre os valores mais importantes, tendo-se presentes os interesses não somente da geração atual como também das futuras.

Cabe, neste momento, fazer uma distinção entre perigo e risco, que é importante para a diferenciação entre princípio da precaução e princípio da prevenção. O conceito de risco surge em contraposição ao de perigo. O risco seria uma consequência do perigo. Este tem causas naturais e, para fazer face a ele, foi desenvolvida a técnica e da técnica nasceu o risco. Essas noções são importantes para distinguir o princípio da prevenção do princípio da precaução. Diante de uma situação de perigo de grave e possível dano a bens ambientais, deve-se agir preventivamente, sustando-se a ação humana que esteja a provocá-la. É a aplicação do princípio da prevenção. O princípio da prevenção atua quando há um perigo previsível, provável.

Já o princípio da precaução, como bem pondera Canotilho, significa "*que o ambiente deve ter em seu favor o benefício da dúvida quando haja incerteza por falta de provas científicas evidentes sobre o nexo causal entre uma atividade e determinado fenômeno de poluição e degradação ao ambiente",* antecipando-se a ação preventiva, mesmo inexistam certezas sobre a sua necessidade, impedindo-se atuações potencialmente lesivas, mesmo que essa potencialidade não seja cientificamente incontestável.

Então, diante de uma situação de perigo provável, atua-se prevenindo. Mas, diante de uma possível ocorrência de risco, que já não é probabilidade, mas previsão de um dano atua o princípio da precaução. Pergunta-se, então, qual seria efetivamente a diferença entre precaução e prevenção? O princípio da precaução, em termos substanciais, se traduz em uma prevenção qualificada e atuaria sempre na ausência de certeza científica em favor do meio ambiente. Mas aí vem uma advertência sobre a qual é necessário meditar com muita ponderação: aceitar uma orientação absolutamente precaucionista não significaria fazer do ambiente um valor prevalecente sempre superior aos demais valores?

Como vivemos uma sociedade de risco, não podemos eliminar totalmente o risco, sob pena de travar por completo o desenvolvimento tecnológico e econômico. Então, qual o limite? Essa é a grande questão a ser enfrentada. Entendo que somente o caso concreto sob julgamento poderá fornecer os elementos necessários para a correta ponderação dos valores em jogo, permitindo que o juiz avalie se é caso de tutela jurisdicional, antecipada ou definitiva, do meio ambiente.

Em termos substanciais, o princípio da precaução se traduz em proteção em favor da natureza quando haja dúvida, o que equivale à aplicação do Princípio In Dubio Pro Natura.

Em termos processuais, a aplicação do mesmo princípio, qual seja do In Dúbio Pro Natura, dá ensejo à inversão do ônus da prova. Professor Marinoni já teceu considerações a respeito, enunciando várias recomendações, e esclarecendo que o ônus da prova incumbe ao poluidor. A inversão do ônus da prova certamente fará equilibrar as partes em conflito. Mas também aqui há que adotar um entendimento equilibrado, uma vez que a prova cabal da não iniquidade de uma atividade pretensamente poluidora, poderá consistir numa verdadeira prova diabólica de um fato negativo.

Em termos de aplicação no Brasil do princípio da precaução e do princípio *In Dúbio Pro Natura*, o Ministro Herman Benjamin mencionou a existência de inúmeros julgados do Superior Tribunal de Justiça. Gostaria de mencionar dois precedentes do Superior Tribunal de Justiça que aplicaram o princípio da precaução.

Um, é o acórdão relatado pelo Ministro Humberto Martins, que diz respeito à queima de palha da cana de açúcar. Trata-se do Recurso Especial nº 1.285.463, de São Paulo, cuja ementa está assim redigida: *"O princípio da precaução consagrado formalmente pela Conferência das Nações Unidas sobre o Meio Ambiente e o Desenvolvimento – Rio 92 (ratificada pelo Brasil), a ausência de certezas científicas não pode ser argumento utilizado para postergar a adoção de medidas eficazes para proteção ambiental. Na dúvida prevalece a defesa do meio ambiente*" (grifo nosso). Tem-se, aí, a aplicação do princípio *In dubio pro Natura* num caso concreto.

Outro precedente, também do Superior Tribunal de Justiça é o relatado pelo Ministro Herman Benjamin. Este acórdão é paradigmático em relação ao tema sobre o qual estamos discorrendo. O julgado é da Segunda Turma do Superior Tribunal de Justiça, proferido no Recurso Especial nº 883.656, de Rio Grande do Sul. Diz respeito à ação coletiva de reparação do dano ambiental causado por grave contaminação por mercúrio. A ementa do acórdão está assim redigida:

> "O regime geral, ou comum, de distribuição da carga probatória, assenta-se no artigo 333, caput do Código de Processo Civil. Trata-se de modelo abstrato, apriorístico e estático, mas não absoluto, que, por isso mesmo, sofre abrandamento pelo próprio legislador, sobre o influxo do ônus dinâmico da prova, com o duplo objetivo de corrigir eventuais iniquidades práticas (a probatio diabólica, por exemplo, a inviabilizar pretensões, mormente dos sujeitos vulneráveis) e instituir um ambiente ético-processual virtuoso, em cumprimento ao espírito e letra da Constituição de 1988 e das máximas do Estado Social de Direito".

E prossegue a ementa:

> "No direito ambiental brasileiro, a inversão do ônus da prova é de ordem substantiva e *ope legis*, direta ou indireta (esta última se manifesta, por exemplo na derivação inevitável do princípio da precaução), como também de cunho estritamente processual *ope judicis* (assim no caso de hipossuficiência da vítima, verossimilhança da alegação ou outras hipóteses inseridas nos poderes genéticos do juiz, emanação natural do seu ofício de condutor e administrador do processo)".

> "Como corolário do princípio in dubio pro natura, 'justifica-se a inversão do ônus da prova, transferindo para o empreendedor da atividade potencialmente perigosa o ônus de demonstrar a segurança do empreendimento'" [...].

Para concluir, gostaria de dizer que, na ponderação que o juiz deve fazer em cada processo, principalmente diante da necessidade da aplicação do princípio da prevenção, quando não há a evidência do risco de dano, mas apenas a possibilidade de situação de perigo, deve ele proceder com cautela tendo em mente que o nosso direito ambiental recebe o influxo das duas concepções acima mencionadas. Isto é, acolhe não somente a preocupação de tutela do meio ambiente pelo valor que tem para as diversas formas de vida, e não apenas do homem, mas também a concepção antropocêntrica, de tutela do meio ambiente em favor da vida humana. Vivemos por opção ínsita no modelo de civilização que adotamos há milênios, numa sociedade de risco e não podemos fugir dela de repente sem que um novo modelo de civilização venha a ser criada e efetivamente implementada. E nessa sociedade de risco, é inevitável alguma margem de risco ao meio ambiente, como consequência da evolução tecnológica e científica, embora o ideal seja a redução cada vez maior desse risco, quando não sua total eliminação.

Nenhum político, como bem anotou o Min. Herman Benjamin defenderá a completa paralisação do nosso desenvolvimento tecnológico e econômico. Temos que admitir que haja prosseguimento do desenvolvimento do país, mas sempre com a preocupação da maior tutela possível do meio ambiente. São essas as minhas reflexões. Muito obrigado a todos pela atenção.

Publicado originalmente em:

- Anais do I Encontro Internacional de Direito Ambiental – in dubio pro natura (de 8 a 11 de agosto de 2012). Centro De Convenções Do Hotel Tropical – Manaus-AM. Editora Konrad Adenauer Stiftung, 2013, Páginas 85 A 91.

CAPÍTULO 11

A CONVERSÃO DA AÇÃO INDIVIDUAL EM COLETIVA (PALESTRA)

11.1 Desembargador Federal FERREIRA NEVES:

Quero agradecer o honroso convite feito pelo ilustre organizador deste seminário, Desembargador Federal Aluisio Mendes. Pegou-me de surpresa o convite, porquanto sequer cogitara participar, de modo ativo, e não apenas como mero espectador, nessa justíssima homenagem ao grande brasileiro e magistrado exemplar, Ministro Arnaldo Lima. É uma honra para mim, e motivo de forte emoção, como se está percebendo pela dificuldade que estou tendo de encontrar palavras apropriadas à relevância deste evento.

Tenho a honra também de presidir este painel e, ainda, ter sido escolhido para saudar o palestrante, o eminente Professor Kazuo Watanabe, mestre de todos nós.

Minha geração começou a estudar processo civil pouco tempo depois da entrada em vigor do Código de 1973. Lembro-me bem que, naquela época, na Faculdade de Direito do Recife (FDR), estimulados pelo moderno CPC, o direito processual civil tornara-se - usando expressão popular à época -, a "coqueluche" dos estudantes de direito. Formávamos grupos dedicados ao estudo intensivo do direito processual civil. Por isso, os comentários ao novel código, bem como as monografias versando o tema – distinguindo-se as obras dos Professores Kazuo Watanabe, Ada Grinover, também compondo a mesa, bem como as de outros processualistas de escol - não demoravam nas livrarias jurídicas tampouco na biblioteca da faculdade.

O Professor Kazuo Watanabe dispensa apresentação. Contudo, apenas para cumprir o protocolo, devo dizer que o palestrante é mestre e doutor em Direito pela Universidade de São Paulo, professor doutor aposentado da Faculdade de Direito da USP, Desembargador aposentado do Tribunal de Justiça de São Paulo, membro da Comissão Elaboradora do Projeto de Lei Federal de Pequenas Causas - Lei 7.244/84, membro da Comissão de Revisão do Código de Processo Civil no Ministério da Justiça, membro fundador e Diretor Presidente do Instituto de Direito Comparado Brasil-Japão e autor de inúmeros livros e artigos jurídicos.

Dito isto, passo a palavra ao eminente Mestre Kazuo Watanabe.

11.2 Professor KAZUO WATANABE:

Agradeço ao Desembargador Ferreira Neves pelas palavras de apresentação e de elogio, ao Desembargador Aluisio Mendes pelo convite e ao Desembargador Guilherme Calmon pela honra de estar em sua presença e espero que seja o grande defensor da mediação e conciliação no CNJ. Ali, tenho a impressão de que, às vezes, falta uma orientação segura e equilibrada, uma mão firme; Professora Ada Pellegrini Grinover, minha mestre, Professor Humberto Theodoro Jr e demais ilustres professores aqui presentes; eminentes Desembargadores, dignos Juízes e demais servidores da Justiça. Pretendo falar sobre "Conversão da Ação Individual em Ação Coletiva", tema que hoje

está na berlinda, pois tive informação de que o Novo Código de Processo Civil será sancionado na próxima segunda-feira pela Presidência da República e o dispositivo que cuida da "Conversão" (art. 333), provavelmente será vetado. O instituto desde o início não contou com a simpatia da Comissão de Juristas que projetou o novo Código de Processo Civil. O Ministro Fux, no Senado, após a aprovação do texto modificado do novo CPC pela Câmara dos Deputados, foi até o último momento contra o instituto da "Conversão", e somente teria concordado com sua manutenção diante do risco de ficar para a Legislatura seguinte a apreciação final do novo Código de Processo Civil.

Está aqui o Professor Paulo Lucon, que acompanhou de perto, defendeu a proposta e sabe muito bem de toda essa história. Assim, irei discorrer sobre um tema que poderá ter apenas relevância doutrinária, não constituindo ainda tema de direito positivo. Mas, mesmo sendo apenas um tema doutrinário, tenho para mim que é muito importante a discussão a respeito dele.

Esse tema, começamos a discutir já faz alguns anos, juntamente com a Professora

Ada Pellegrini Grinover. Constou, não com os contornos que estão no novo CPC, do Código Modelo de Processo Coletivo para a Ibero-América e, posteriormente, do Anteprojeto do Código de Processo Coletivo Brasileiro. E consta também do Anteprojeto da lei de Controle Jurisdicional de Políticas Públicas, que está sendo encaminhado à Câmara de Deputados.

A sugestão que apresentei, juntamente com a Professora Ada Pellegrini Grinover e com o Professor Paulo Lucon, não é resultado de formulação abstrata, obtida em pesquisa de laboratório ou em estudos teóricos desenvolvidos em gabinete fechado de trabalho, e sim extraída de fatos que ocorrem no dia a dia do Judiciário brasileiro e interferem intensamente com o seu funcionamento.

Por isso mesmo, acho que valeria a pena, mesmo que venha a ser vetado o art. 333, discutir com os senhores o instituto da *conversão da ação individual em ação coletiva*.

Troca de ideias, críticas e debates que forem formulados hoje servirão para o estudo de vários aspectos suscitados pelo instituto da "conversão", aperfeiçoando-se o nosso sistema processual, que poderá, no futuro, consagrá-lo ou até mesmo ser concebido em outros termos, conforme as sugestões que surgirem.

O art. 333 do Novo Código de Processo Civil prevê o instituto da "conversão" em duas diferentes hipóteses: art. 333, ns. I e II. Antes de entrarmos na análise dessas diferentes hipóteses de conversão, seria interesse que se deixasse bem diferenciado o instituto da "Conversão da ação individual em ação coletiva" (art. 333, I e II) do incidente de "resolução de demandas repetitivas" disciplinado nos arts. 976 a 987 do Novo Código de Processo Civil. Este último, isto é, incidente de resolução de demandas repetitivas, ao que se extrai de sua disciplina, se aplica tanto às ações individuais como às ações coletivas e tem por objetivo, unicamente, uniformizar o entendimento jurisprudencial a respeito de uma questão idêntica de direito nas demandas repetitivas, que pela multiplicação de seu ajuizamento, poderá trazer "risco de ofensa à isonomia e à segurança jurídica".

O instituto é extremamente importante para a racionalização do tratamento e julgamento das demandas repetitivas, tantas são as demandas dessa natureza que são ajuizadas e provocam divergências jurisprudenciais. Hoje mesmo, temos dezenas de milhares de ações, até centenas de milhares, que reclamam, por exemplo, diferenças relativas à remuneração das cadernetas de poupança. Esse conflito está no Supremo Tribunal Federal aguardando a decisão final.

Temos também as demandas baseadas na tese de "desaposentação", ajuizadas em grande quantidade perante a Justiça Federal. São dezenas ou centenas de milhares de processos que contêm controvérsia sobre essa mesma questão de direito.

Sem dúvida alguma, essas teses jurídicas repetidas em várias demandas são uma das principais causas do grande congestionamento de processos em nosso Judiciário, causador da crise de desempenho de nossa Justiça. Assim, não tenho dúvidas quanto à grande utilidade do incidente de resolução de demandas repetitivas. Mas, é necessário se ter presente que esse instituto, que se aplica às demandas coletivas e individuais, *atua apenas em relação à tese jurídica*. Seu objetivo é evitar o *conflito lógico de julgados*, que desprestigia o Judiciário e cria situações de injustiça, e não *o conflito prático de julgados*. Este último, o sistema jurídico pátrio não tolera e procura evitá-lo por meio de técnicas processuais, como a da litispendência e da coisa julgada. Aquele, embora indesejável, o sistema o admite até certo nível, combatendo-o por meio de instrumentos processuais como o de uniformização da jurisprudência e agora com o incidente de resolução de demandas repetitivas.

O instituto da "Conversão da demanda individual em ação coletiva" procura evitar o *conflito prático de julgados*, que possa resultar da coexistência de ações individuais com o mesmo objeto litigioso (e não apenas identidade de questão de direito), nas situações especificadas nos incisos I e II do art. 333, e mais do que isto, *procura evitar a coexistência de demandas individuais* que possam dar origem ao conflito prático de julgados, muitas delas ajuizadas com a inadmissível fragmentação do conflito de interesses relativo a uma *relação jurídica de natureza incindível*. A solução adotada foi a da conversão das demandas individuais em ação coletiva.

O instituto da "Conversão" é admitido, no art. 333 do novo CPC, incisos I e II, em duas hipóteses:

a) ação individual de alcance coletivo (n. I) e

b) ações individuais que tenham "*por objetivo a solução de conflito de interesse relativo a uma mesma relação jurídica plurilateral, cuja solução, por sua natureza ou por disposição de lei, deva ser necessariamente uniforme, assegurando-se tratamento isonômico para todos os membros do grupo*" (inciso II); são as denominadas ações "pseudoindividuais".

O inciso I assim dispõe: "... poderá converter em coletiva ação individual que:

I – *tenha alcance coletivo, em razão de tutela de bem jurídico difuso ou coletivo, assim entendidos aqueles definidos pelo art. 81, parágrafo único, incisos I e II, da Lei nº 8.078, de 11 de setembro de 1990 (Código de Defesa do Consumidor), e cuja ofensa afete, a um só tempo, as esferas jurídicas do indivíduo e da coletividade*".

Cuida-se de ação que, embora individual, veicula pretensão que tutela não somente o direito individual do autor da ação, como também, concomitantemente, bem jurídico difuso ou coletivo. Essas demandas sempre existiram em nosso ordenamento jurídico, mesmo antes da adoção pelo nosso sistema processual de ações coletivas. Desde que o autor da ação busque a tutela de um direito subjetivo seu, sempre foi possível, e ainda o é, o acesso à Justiça mesmo que o provimento jurisdicional possa tutelar bem jurídico difuso ou coletivo, beneficiando, concomitantemente, outras pessoas envolvidas na mesma situação. As *demandas individuais de alcance coletivo*, que estão tratadas no inciso *I do art. 333*, do *novo CPC aprovado pela Câmara dos Deputados*, são ações individuais dessa natureza, que buscam a tutela do direito próprio do autor, mas, em razão da indivisibilidade do bem jurídico, tutela também bem difuso ou coletivo, beneficiando outras pessoas que estejam na mesma situação (interesse ou direito "difuso" ou "coletivo" estrito senso, na conformidade da conceituação constante do art. 81, parágrafo único, incisos I e II, da Lei 8.078/1990 (Código de Defesa do Consumidor).

Podem ser citados os seguintes exemplos de demandas individuais de alcance coletivo:

i) Proteção ao meio ambiente: *ação proposta por morador de imóvel situado na vizinhança de uma indústria poluidora que pede, em defesa de seu direito à saúde e qualidade de vida, a cessação da poluição*; o pedido do autor, se acolhido, tutelará também o direito dos demais moradores da mesma região.

ii) Proteção à qualidade de vida nas cidades: morador de apartamento localizado

na proximidade de casa noturna que perturba a vizinhança com barulho excessivo: o autor postula a tutela de seu direito individual ao sossego e à qualidade de vida, pedindo que a casa noturna seja compelida a cessar os atos ilegais que pratica, com o que estará tutelando direito próprio e também idêntico direito dos demais moradores da vizinhança.

iii) Ações propostas por acionistas de sociedade de capital aberto: ação anulatória

de decisão assemblear, proposta por um acionista ou um grupo de acionistas; *basta uma só ação anulatória*, pois as demais seriam reprodução de uma mesma demanda, havendo o que se denomina tecnicamente de *litispendência*, ou ao menos haveria *falta de interesse de agir* para propositura de uma segunda demanda com o mesmo objeto. Esse tipo de demanda individual com alcance coletivo existe, em nosso sistema jurídico, há muito tempo, tendo sido objeto de intensa discussão doutrinária por eminentes processualistas. Como o sistema pátrio não conhecia a ação coletiva, a solução dada pela doutrina e pela jurisprudência, à eventual coexistência de ações individuais da espécie mencionada, foi com base nos institutos tradicionais de nosso direito processual. Já o *Direito Americano*, que conhece há muito tempo a ação coletiva, adotou a solução consistente em converter as ações individuais com alcance coletivo, da espécie mencionada, em ação coletiva (Rule 23 (b) (1) (A)). É chegada a hora de enfrentar o problema de frente e adotar corajosamente, em nosso país, uma solução mais abrangente e compatível com o sistema vigente, que já conhece as ações coletivas, admitindo-se a conversão das mencionadas ações individuais em ação coletiva.

Em todos esses exemplos, poderá haver a conversão da ação individual em ação coletiva, com base no inciso I do art. 333, estando presente o requisito da *relevância social*.

É possível que alguns achem que, nas hipóteses do inciso I analisado, o instituto não terá qualquer utilidade. Talvez tenham razão se considerarmos que, ao longo da discussão na Câmara dos Deputados, o instituto da "conversão" foi desfigurado, eliminando-se por exemplo o dispositivo que estabelecia, em relação à sentença de mérito, a eficácia "*erga omnes*" da coisa julgada. Mas, vejo uma consequência doutrinária e também jurisprudencial importante. É sabido que o microssistema de ações coletivas não admite a legitimação de pessoa física para a propositura de ação coletiva. O dispositivo em análise, que alude expressamente a ação individual com alcance coletivo, que sempre existiu em nosso ordenamento jurídico, poderá dar uma grande abertura para a questão da legitimação de pessoa física para a tutela de bens coletivos, porque são muitos conflitos que ocorrem na sociedade que dizem respeito, a um tempo, a uma pessoa física e também à coletividade. Além dos exemplos mencionados, pode ser citado, também o caso do direito à acessibilidade do deficiente físico. Ele pode, em defesa de seu direito individual, postular em juízo, por exemplo, que a Municipalidade cuide da acessibilidade de todo o percurso da residência sua até a universidade que está a cursar. O acesso à justiça consagrado na Constituição certamente lhe assegura o direito à tutela de seu direito individual à plena acessibilidade aos locais mais importantes. Mas ao exercer esse tipo de demanda individual, ele estará veiculando pretensão individual de alcance coletivo, uma vez que o provimento jurisdicional que venha a obter poderá beneficiar também outras pessoas, até mesmo a coletividade inteira.

A segunda hipótese de conversão da ação individual, a prevista no inciso *II do art. 333*, diz respeito às *demandas denominadas "pseudoindividuais"*, que é fenômeno inverso ao tratado pelo Desembargador e Processualista Luiz Paulo da Silva Araújo Filho, que menciona a existência de "ações pseudocoletivas".

O art. 333, no inciso II, admite, desde que atendidos os requisitos previstos em seu "caput", a conversão "*em coletiva da ação individual que veicule pedido que:*

> ... II – tenha por objetivo a solução de conflito de interesse relativo a uma mesma relação jurídica plurilateral, cuja solução, por sua natureza ou disposição de lei, deva ser necessariamente uniforme, assegurando-se tratamento isonômico para todos os membros do grupo".

No estudo das demandas "pseudoindividuais", há a necessidade de identificar com todo o cuidado a natureza da relação jurídica de direito material a que estão referidos os conflitos de interesses. Há relações jurídicas de direito material que são de natureza incindível, que não admitem sua fragmentação em demandas individuais. Por exemplo, a nulidade de casamento não pode ser postulada em relação somente a um dos cônjuges. O casamento é nulo ou é válido para ambos, não havendo a possibilidade de fragmentação do conflito que conduza a soluções distintas para os cônjuges. Há, na atualidade, inúmeras relações jurídicas dessa natureza, em relação à quais deve o legislador se preocupar em evitar que haja a propositura de demandas individuais fragmentadas, pois elas não admitem a cisão. Deve-se evitar, em relação a essa espécie de relações jurídicas, que possa haver a coexistência de múltiplas demandas individuais. Não se trata de mera preocupação de evitar decisões conflitantes. A preocupação é mais profunda, qual seja de evitar que seja fragmentado o conflito de interesses respeitante a uma relação jurídica de natura incindível. Coexistindo demandas individuais dessa espécie, haverá o risco de conflito prático de julgados e a melhor solução para evita-lo é a conversão delas em ação coletiva. Seria insuficiente o simples incidente de Resolução de Demandas Repetitivas. Exemplo que pode ser citado é o relativo às demandas individuais postulando o cancelamento da "*tarifa de assinatura telefônica*". Semelhante componente da tarifa telefônica deve existir ou deixar de existir em relação a todos os clientes de uma mesma Concessionária, de modo isonômico. Por lei, cabe ao Poder Público (no caso, a ANATEL) definir os componentes da cesta de tarifas telefônicas, não havendo a possibilidade de, por meio de decisões judiciais individualizadas, ser cancelado um dos componentes em benefício de alguns assinantes, mantendo-o em relação aos demais, sob pena de violação do princípio de tratamento isonômico dos assinantes, o que é expressamente vedado pela lei de telecomunicações. Vários outros exemplos similares poderiam ser citados, principalmente os ligados às atividades econômicas parcialmente controladas pelo Estado, nas quais as partes contratantes não têm autonomia plena na celebração de relações jurídicas. Esse tipo de exame do direito material é de importância fundamental para que o processo tenha total aderência ao direito material e às suas peculiaridades. A verdadeira *instrumentalidade do processo* é aquela que se preocupa com a perfeita adequação do direito processual ao direito material e às pretensões a ele relativas, a cuja tutela e efetividade está ele preordenado.

Na doutrina, Cândido Dinamarco, Barbosa Moreira e Arruda Alvim, no estudo do litisconsórcio unitário, identificam com clareza a existência de *relações jurídicas de natureza incindível*. Esses ensinamentos devem ser aplicados na identificação da natureza dos conflitos de interesses a que estão referidas as demandas levadas ao Judiciário, pois a solução da crise da Justiça, às voltas hoje com uma enorme quantidade de demandas repetitivas, depende muito mais do conhecimento aprofundado das causas dessa intensa litigiosidade, do que da concepção de institutos processuais destinados ao combate de seus efeitos.

Estou confiante em que, mesmo vindo a ser vetado o art. 333 do novo CPC, a doutrina irá estudar em profundidade os aspectos suscitados pelos seus dois incisos, com a preocupação voltada à adequada solução dos conflitos de interesses.

Em linhas gerais, Senhor Presidente, são esses os aspectos mais importantes do instituto da "*Conversão da ação individual em Ação Coletiva*", que gostaria de apresentar ao seleto auditório.

11.3 Desembargador Federal FERREIRA NEVES:

Como era de se esperar, foi uma palestra extremamente esclarecedora e trouxe luzes sobre o instituto que ainda não teve a sua aceitação pacificada, mas que me parece que para um futuro próximo haverá uma solução a ser adotada com o surgimento da explosão de demandas e de direitos que transcendem a individualidade, transcendem a subjetividade e se tornam direito público, praticamente. Então, esse posicionamento de Vossa Excelência como sempre é bastante importante.

Observa-se também o seguinte: tanto o Professor Kazuo Watanabe como a Professora Ada Grinover nos trouxeram experiências e luzes a respeito de institutos que visam a facilitar a prestação jurisdicional e abreviar esse calvário que o brasileiro sofre na sua ida à Justiça. Nós sabemos o seguinte: como coordenador da área de solução de conflito, eu tenho tido a oportunidade com o meu mestre - o Professor Guilherme Calmon - de participar desse movimento de busca de soluções consensuais para essas pendências; inclusive, nós temos aqui, como disse Sua Excelência, um núcleo bastante ativo e já tivemos a oportunidade de reconhecimento do Conselho Nacional de Justiça pelo nosso trabalho desenvolvido principalmente pela Doutora Cristiane Chmatalik, que é quem coordena comigo esse curso. Nós temos tido aceitação muito grande por parte das autoridades, dos organismos públicos e das entidades públicas que veem que também eles precisam dessa forma de alívio do Judiciário. Não é algo que diga respeito somente aos Juízes; diz respeito a todos os que precisam.

Publicado originalmente em:

- O Novo Código de Processo Civil - Programa de Estudos Avançados em Homenagem ao Ministro Arnaldo Esteves Lima (12 e 13 de março de 2015: Rio de Janeiro, RJ). Organização de Aluisio Gonçalves de Castro Mendes. 1ª Edição. Tribunal Regional Federal da 2ª Região. Julho de 2016, Páginas 285 a 292.

- Editado pela Escola da Magistratura Regional Federal da 2ª Região – EMARF - Rio de Janeiro: EMARF, 2016. Órgão do Tribunal Regional Federal da 2ª Região (Rio de Janeiro e Espírito Santo).

- Disponível em: http://emarf.trf2.jus.br/site/documentos/livrocpc2016.pdf

CAPÍTULO 12

PROCESSO CIVIL DE INTERESSE PÚBLICO: INTRODUÇÃO

A respeito do tema **"Processo Civil de Interesse Público"**, não temos muita coisa a acrescentar ao que já foi exposto, com muita propriedade, pelo **Prof. Cássio Scarpinella Bueno**. Gostaríamos apenas de abordar alguns aspectos instigantes e em relação a eles proceder, com a ajuda da seleta plateia, a um exercício de meditação.

Antes de mais nada, devo mencionar um importante trabalho do **Prof. Carlos Alberto de Salles**, publicado na Revista de Direito da Universidade Ibirapuera, nºs. 1 e 2, do ano passado, exatamente sobre o tema. O título do trabalho é: "Existe um Processo Civil de Interesse Público?". Várias considerações contidas no artigo foram extraídas da sua consagrada tese de doutoramento: "Execução Judicial em Matéria Ambiental" (RT, 1999).

Em relação ao objeto litigioso desse Processo Civil de Interesse Público, cuja existência o **Prof. Cássio Scarpinella Bueno** demonstrou com muita clareza, gostaria apenas de anotar que precisamos tomar alguns cuidados na utilização de determinados termos, como "interesse coletivo", porque "interesse coletivo" no Código de Defesa do Consumidor e na Lei de Ação Civil Pública tem um sentido estrito e nesta palestra iremos utilizar a expressão num sentido mais amplo. "Interesse coletivo" em sentido estrito significa interesse pertinente a um grupo, classe ou categoria de pessoas, ao passo que "interesse coletivo" em sentido amplo é interesse de toda a comunidade, da coletividade inteira.

Sobre o **aspecto objetivo**, ou seja, sobre a natureza do objeto litigioso do Processo Civil de Interesse Público, o **Prof. Cássio Scarpinella Bueno** já teceu considerações esclarecedoras. De nossa parte, gostaríamos de fazer algumas ponderações sobre o **aspecto subjetivo** desse processo, principalmente sobre a **abertura de acesso à Justiça** por ele propiciado e sobre a sua significação política como instrumento de participação política pelos jurisdicionados na gestão de coisas públicas. O ator mais atuante e dinâmico do Processo de Interesse Público é, certamente, o Ministério Público, mas não devemos nos esquecer de que, na origem da Lei 7.347/85, a grande preocupação da Comissão elaboradora da proposta inicial, da qual tivemos a honra de fazer parte, foi a de ampliar a legitimação para agir, conferindoa também para a **sociedade civil**. Na Lei de 1981 (Lei n. 6.938), que estabelece a política nacional do meio ambiente, constava a legitimação exclusiva do Ministério Público. A Lei de Ação Civil Pública (n. 7.347/85), que disciplinou melhor a Ação Coletiva, preocupou-se bastante com a legitimação da **sociedade civil** e sob essa ótica o Processo Civil de Interesse Público é fundamentalmente um instrumento de participação política da sociedade na gestão das coisas públicas. Este é o aspecto que temos procurado sublinhar com maior ênfase em nossos pronunciamentos, porque às vezes o agigantamento do Ministério Público, nesta área, faz com que não haja a atuação política da sociedade civil e não se alcance, assim, um dos objetivos maiores da lei, que foi, como já ficou anotado, o de *melhor organizar a sociedade civil*, fazendo com que ela própria, por meio desse instrumento processual, também tivesse intensa atuação na tutela jurisdicional do interesse coletivo.

Temos manifestado essa preocupação para os vários amigos do "parquet", dentre eles o **Dr. Antonio Herman V. Benjamin**. Quando ele assumiu a Coordenação das Curadorias do Meio Ambiente, numa memorável audiência pública por ele organizada, presenciamos, juntamente com a **Prof[a]. Ada Pellegrini Grinover**, um fato que nos chamou muita atenção, que foi a presença de inúmeras ONGs, Associações Civis, e muitas delas estavam reclamando da demora do Ministério Público no processamento da representação por elas formulada. Ora, todas elas tinham legitimação para agir em juízo para postular a tutela jurisdicional dos interesses coletivos. Por que, então, não adotavam elas próprias a iniciativa da demanda? Faltava um pouco de iniciativa por parte dessas ONGs e também, por parte do Ministério Público, faltava um trabalho de orientação e de auxílio às associações civis para que passassem elas próprias a agir, em nome próprio, na tutela jurisdicional dos interesses da coletividade. Da mesma forma que orienta e dá subsídios para os Promotores de todo o Estado, também poderia a Coordenação das Curadorias orientar as ONGs, num desempenho da atribuição que, na conjuntura atual, reputamos da maior importância dentre as várias que incumbem ao Ministério Público. Este é o aspecto que gostaríamos de deixar ressaltado nestas colocações iniciais.

Um outro aspecto diz respeito à necessidade de correta percepção das transformações que estão ocorrendo à nossa volta. A partir da década de 80, o Processo

Civil Brasileiro começou a passar por transformações muito significativas, algumas delas até revolucionárias. Tivemos, por exemplo, a Lei das Pequenas Causas em 1984. Os trabalhos de elaboração de sua proposta se iniciaram em 1982. Em que consistiria a importância dos Juizados de Pequenas Causas dentro desse contexto evolutivo do Processo Civil pátrio? Trata-se de **facilitação do acesso à Justiça** por parte de camada mais humilde da população. Na Constituição de 1988, em razão do sucesso alcançado pelos Juizados Especiais de Pequenas Causas, a Constituinte expressamente os consagrou, não somente para causas cíveis de menor complexidade, como também para processos criminais envolvendo crimes de menor potencial ofensivo. O legislador ordinário, ao editar a lei n. 9.099/95, na parte civil praticamente reproduziu, nos aspectos essenciais, a Lei das Pequenas Causas. Ampliou, porém, a sua competência, fazendo com que esses novos Juizados servissem não somente para facilitar o acesso à Justiça, como também para debelar a crise da Justiça no concernente à morosidade na entrega da prestação jurisdicional. Em nosso modo de ver, houve certo desvio na finalidade maior dos Juizados Especiais, uma vez que, padecendo eles de insuficiência em suas infraestruturas material e pessoal, com severo comprometimento de sua agilidade, celeridade e efetividade, agora com a ampliação da competência, estamos correndo o perigo de falência dessa promissora instituição.

Mas, este não é o tema de hoje. O que queremos ressaltar é que começamos as grandes transformações do Processo Civil brasileiro com a Lei das Pequenas Causas, que é de 1984; em seguida, tivemos a Lei da Ação Civil Pública em 1985; em 1990 foi promulgado o Código de Defesa do Consumidor, que passou a vigorar a partir de 1991, e nele ficou disciplinada de modo mais completo a ação coletiva; e de 1992 a 1995, tivemos a mídi-reforma do Código de Processo Civil, atualmente em fase de ajustes finais.

O que aconteceu de mais importante, em razão dessas transformações revolucionárias do Processo Civil pátrio, foi a facilitação do acesso à Justiça por parte dos conflitos individuais, de competência dos Juizados de Pequenas Causas, além da abertura de acesso para os interesses até então não judicializados, que são os interesses difusos e coletivos "stricto sensu", que constituem o objeto do Processo de Interesse Público. É importante que se percebam, com nitidez, essas recentes transformações da nossa processualística. Não seria despropositado, certamente, indagar se algumas dessas evoluções não estavam, acaso, já implicitamente autorizadas pelo nosso sistema jurídico. Num trabalho que publicamos antes da Lei da Ação Civil Pública, procuramos defender a legitimação ordinária das associações civis para a tutela jurisdicional dos interesses difusos e coletivos "stricto sensu", sustentando tratar-se, não de legitimação extraordinária, e sim de legitimação ordinária. Porém, logo em seguida veio a lei 7.347/85, permitindo esse tipo de legitimação para agir em juízo, o que tornou desnecessária uma construção doutrinária a respeito do tema. Quando judicávamos na Primeira Instância de São Paulo, no início da década de 70, enfrentamos algumas ações nas quais o problema da legitimação para agir era o ponto central do debate entre as partes. O problema era respeitante a um loteamento City e consistia em saber se um proprietário de lote localizado numa quadra poderia agir em juízo contra um outro proprietário de lote localizado numa outra quadra, que estivesse construindo com violação das limitações negociais constantes dos contratos de aquisição. A jurisprudência e a doutrina sentiam muita dificuldade em admitir legitimação para agir numa hipótese como a mencionada, por não se identificar uma lesão de direito subjetivo. O morador distante não teria um direito subjetivo seu diretamente ofendido uma vez que o padrão construtivo do loteamento interessaria a todos os proprietários, e não somente a ele. A noção de direito subjetivo, assim, constituía uma camisa de força que impedia, com muita frequência, o acesso à justiça, porque o art. 6.º do CPC, artigo em que está acolhida a filosofia liberal-individualista, procura fragmentar os conflitos de interesses, fazendo com que cada qual somente leve à justiça, em nome próprio, o seu interesse diretamente afetado. Na ocasião, fomos estudar o conceito de interesse em obras de publicistas e encontramos num livro do **Des. Bandeira de Mello** referência a "interesses simples" e "interesses legítimos". Todos esses interesses, mesmo os qualificados como "legítimos", ainda não seriam direitos subjetivos.

Mas, o titular de um lote de um mesmo loteamento, mesmo que de quadra distante, certamente teria pelo menos um "interesse legítimo" na preservação dos padrões construtivos assegurados nos contratos de aquisição, que seriam do interesse também dele e não somente de toda a coletividade de proprietários do mesmo loteamento. Naquela época, já essa abertura para o "interesse legítimo" permitia o acesso à Justiça na percepção de muitos. Algum tempo depois, com a lei de ação civil pública, veio a ampliação do acesso à Justiça para os interesses coletivos e difusos. Antes dessa lei e do Código de Defesa do Consumidor, em nosso modo de sentir, já havia a possibilidade de judicialização desses interesses, mas a nossa mentalidade formada à luz das lições centradas em conceito clássico de direito subjetivo, impedia a abertura do acesso à Justiça por parte desses interesses, e as leis mencionadas vieram possibilitar expressamente esse acesso. Esse é o significado político mais importante que vemos no Processo Civil de Interesse Público.

Aqui vem a questão crucial consistente em se saber qual o limite desse acesso à Justiça? **Carlos Alberto de Salles** sustenta, com brilhantismo, que no processo civil de interesse público o Judiciário decide, entre outras coisas, também acerca de políticas públicas, que estão expressas ou em algum plano de Governo ou em algumas normas jurídicas, normas constitucionais principalmente. A meditação que gostaríamos de fazer com os senhores é sobre o limite da canalização desses conflitos para o Poder Judiciário. Não temos uma conclusão final e completa a respeito. Gostaríamos de proceder a um exercício de meditação, com os senhores, para tentar chegar a algumas conclusões sobre o tema. Com o acesso à Justiça por parte dos interesses coletivos e interesses difusos, certamente as atribuições do Judiciário se ampliaram sensivelmente, da mesma forma que se operou a transformação da função institucional do Ministério Público. Não somente pela ampliação da legitimação para agir teve o Ministério Público suas funções transformadas, como também, conforme já ressaltamos, pela sua atuação por meio de Inquérito Civil. Nele, não se limita o "parquet" a apurar os fatos, realizando, mais do que isto, verdadeiros atos de aplicação do direito, principalmente quando obtém um ajustamento de conduta, fazendo com que o investigando adeque sua conduta às exigências das normas jurídicas aplicáveis ao caso. Isto constitui, sem dúvida alguma, atuação direta do direito pelo Ministério Público, sem qualquer intervenção do Poder Judiciário, a não ser "*a posteriori*" se houver alguma reclamação do investigando.

Em relação ao Poder Judiciário, hoje, os cientistas políticos do mundo todo afirmam duas coisas importantes. Estaria, em primeiro lugar, ocorrendo o fenômeno que eles denominam de expansão do direito. O direito está, cada vez mais, disciplinando novas relações, que eram, até então, por ele ignoradas, desde aspectos políticos até os ligados à intimidade das pessoas. Como é sabido, vários países, hoje, disciplinam a coabitação entre os homossexuais, tema que era, até há pouco tempo, um tabu nesses países e ainda o é em muitos outros. E tudo que é disciplinado pelo direito vai parar no Poder Judiciário numa eventualidade de ameaça ou violação. Essa expansão do direito se liga também ao problema da falência do Estado-Providência que, para poder estabelecer o controle da sociedade, administrando as contradições sociais, políticas e regionais, e os conflitos delas resultantes, tem procurado ampliar os direitos sociais, mesmo sem ter a certeza da existência de recursos financeiros necessários para tanto, consagrando-os inclusive nas cartas políticas, como o fez a nossa Constituição de 1988. Esses direitos ou não são efetivamente implementados ou, embora implementados, não são cumpridos a contento ou de modo completo pelo Estado, o que gera conflitos sócio jurídicos, que vão parar na Justiça. Existe, por outro lado, aquela técnica utilizada pelos nossos políticos de disciplinar os assuntos polêmicos com regras jurídicas, na impossibilidade política de alcançar o consenso, de conteúdo indeterminado, e a definição do alcance exato dessas normas vai parar, como instância final, na Justiça.

Apontam os cientistas políticos, em segundo lugar, o fenômeno da judicialização da política. Hoje, o Judiciário julga não somente os conflitos sócio jurídicos, como também os de natureza política. No Brasil, principalmente na Justiça Federal, os conflitos de natureza política constituem parte bastante expressiva do volume de seus processos. A discussão em juízo de um plano de governo, *v.g.*, o Plano Real, é predominantemente de natureza política, embora venha ela posta em termos eminentemente jurídicos. A contestação do aspecto tributário ou de qualquer outro aspecto de um plano de governo constitui, sem dúvida alguma, uma tentativa de discussão do próprio plano, e isso constitui, em última análise, judicialização da política de governo. O Judiciário está assumindo essas funções e na discussão desses conflitos são utilizados não somente Processos Coletivos como também Processos Individuais. No chamado Processo de Interesse Público incluiríamos, assim, também as demandas individuais nas quais esses conflitos políticos são discutidos. Ainda prevalece a técnica da fragmentação dos conflitos, o que dá origem a inúmeras demandas repetitivas que temos hoje e que sobrecarregam enormemente o nosso Judiciário. Esses conflitos, que têm natureza coletiva, poderiam muito bem ser solucionados numa única demanda coletiva. Mas, a fragmentação não modifica a natureza do objeto do processo.

Mas, voltando à importante indagação atrás formulada: qual seria o limite da utilização do Processo de Interesse Coletivo para a discussão de políticas públicas? Podemos questionar, perante o Judiciário, acerca da política de construção de escolas de uma determinada municipalidade? Nos casos extremos, como o de uma comunidade que não tenha uma única escola, a solução seria mais fácil. Mas, se na comunidade já existem inúmeras escolas, poderia o Ministério Público, com base na arrecadação efetiva do município e no número de crianças em idade escolar, reclamar em juízo, através de ação coletiva, a construção de mais escolas? Seria dado ao Judiciário esse tipo de controle de políticas públicas? Muita gente (ocupantes temporários de cargos públicos) está ficando muito incomodada e mesmo irritada com a atuação do Ministério Público no controle das políticas públicas e com a intervenção do Judiciário nessas áreas, de sorte que é importante e mesmo urgente que haja a perfeita definição dos limites para a atuação do "parquet" e do Judiciário. O **Ministro Sepúlveda Pertence**, da Suprema Corte, costuma observar que a crise do Poder Judiciário, hoje, tem duas facetas: há justiça de mais para alguns e justiça de menos para outros. Haveria justiça de menos para a camada mais humilde da população para a solução dos conflitos que envolvem seus bens de vida e justiça de mais (na visão de alguns políticos e administradores públicos) em relação a algumas entidades públicas e pessoas físicas que ocupam cargos públicos e funções políticas. Quando o Judiciário intervém, por exemplo, por provocação de algum legitimado, no processo de escolha do Presidente do Senado ou de alguma Câmara Municipal ou na implementação de políticas públicas estaria havendo, na visão desses políticos e administradores, que não desejam isso, "justiça de mais e até mesmo indevida". Seria admissível a judicialização de todos esses temas sob o pretexto de que constituem eles questões que afetam os interesses de toda a coletividade, portanto, seria uma controvérsia relativa a interesse público, suscetível de controle pelo Poder Judiciário? É essa a meditação que temos de fazer com urgência para o estabelecimento de critérios e limites bem definidos. Em razão da inexistência, atualmente, de critério preciso para a correta delimitação da atuação do Ministério Público e, consequentemente, da extensão do controle jurisdicional, está ocorrendo o fenômeno apontado pelo **Prof. Cássio Scarpinella Bueno** de introdução de modificações desfiguradoras da Lei de Ação Civil Pública, como a que procurou (sem sucesso, em nosso sentir) limitar a eficácia subjetiva da coisa julgada na ação coletiva.

A respeito dos limites do controle jurisdicional, o entendimento assente na doutrina e na jurisprudência é no sentido de que somente a legalidade dos atos da Administração, e não o seu mérito, é dado ao Judiciário controlar. Todavia, com a possibilidade, hoje, de controle da moralidade dos atos praticados pelos administradores, o Judiciário entra também, em certa medida, no exame do mérito do ato administrativo, o que altera profundamente os limites até hoje estabelecidos para o controle jurisdicional dos atos da Administração. Há a considerar, por outro lado, que o descumprimento das políticas públicas, tal seja a sua gravidade, podem muitas vezes ser enquadradas como uma ilegalidade manifesta. Qual é o limite correto, enfim, a ser estabelecido? Eis um tema a ser amplamente discutido num simpósio a ele exclusivamente dedicado.

Publicado originalmente em:

- O Processo para Solução de Conflitos de Interesse Público. Coordenadores Ada Pellegrini Grinover, Kazuo Watanabe e Susana Henrique da Costa. Salvador/Bahia: Editora JusPODIVM, 2017, páginas 229 a 235.

- Processo Civil e Interesse Público (O processo como instrumento de defesa social). Organizador Carlos Alberto de Salles. Editora Revista dos Tribunais, 2003, páginas 15 a 21.

PARTE IV

ENTREVISTAS

CAPÍTULO 1

REVISTA FÓRUM CESA

1.1 Ponto de Vista - Por Ludmila Pizarro Alves Silva

O professor doutor da Universidade de São Paulo Kazuo Watanabe colaborou, de diversas maneiras, na redação das várias leis que hoje compõem o Código de Processo Civil e de outras da mesma importância, como o Código de Defesa do Consumidor.

Viveu tanto o exercício de julgar como o de advogar e lecionar. É desembargador aposentado pelo Tribunal de Justiça de São Paulo, foi sócio e consultor do escritório de advocacia Trench, Rossi e Watanabe e leciona na pós-graduação da Faculdade de Direito do Largo São Francisco. Preside o Centro Brasileiro de Estudos e Pesquisas Judiciais – Cebepej, é membro do Comitê Gestor do Movimento pela Conciliação, do Conselho Nacional de Justiça – CNJ e conselheiro da Câmara de Mediação e Conciliação da Fiesp – CamFiesp. Em 2006, foi eleito pelo anuário Análise Setorial um dos advogados mais admirados do país nas áreas de Direito Ambiental e de Direito do Consumidor.

Nessa entrevista o professor Watanabe avalia não apenas as recentes alterações do |Código de Processo Civil, mas sua evolução. Defende a necessidade de darmos maior atenção à mediação, à conciliação e aos meios alternativos de solução de conflitos. Demonstra a sua crença na solidificação dos meios de acesso à justiça e aponta onde é necessário avançar. Opina sobre os profissionais que estão saindo das faculdades de Direito e afirma que não é necessário mudar apenas as grades curriculares, mas a mentalidade de professores e alunos. Ao final, resume seu pensamento alertando que é necessário abandonar o foco de prestador de serviço e dirigir as atenções ao seu usuário. "Essa perspectiva é que nós temos que eleger para fazer essas modificações todas", conclui.

1.2 Modificações estruturais no CPC 1973 na década de 1990; Juizados de Pequenas Causas; papel do CNJ; acesso à justiça; importância do Código de Defesa do Consumidor; Direito Ambientel, ensino jurídico; aperfeiçoamento da Justiça.

REVISTA FÓRUM CESA: O Código de Processo Civil vem passando por constantes mudanças, como a recente Lei nº 11.382/06, que alterou, entre outros pontos, o processo de execução. Qual a sua avaliação desse conjunto de alterações?

KAZUO WATANABE: Nós temos o Código de Processo Civil de 1973. A partir da década de 80 começa a haver uma grande transformação nele. Em 1984 tivemos a Lei nº 7.244/84, das Pequenas Causas. No ano seguinte, a Lei da Ação Civil Pública. A (Lei das) "Pequenas Causas" cuidava de dar acesso mais facilitado as pessoas humildes nas causas mais simples, e a Lei da Ação Civil Pública procurou dar acesso à justiça às causas coletivas, na sua configuração molecular. Alguns anos depois, em 1990, tivemos o Código de Defesa do Consumidor, que na prática processual completou a evolução principalmente da ação coletiva. A partir 1992 tivemos inúmeras leis, e o Código foi sendo alterado através de projetos pontuais, não uma alteração total.

O Governo, em 1985, chegou a nomear uma comissão para fazer a revisão do Código de Processo Civil, parte dessa comissão juntamente com mais quatro processualistas, os professores (José Joaquim) Calmon de Passos, Sergio Bermudes, Luis Antonio de Andrade e Joaquim Correia de Carvalho Júnior. Mas em seguida mudou o ministro da Justiça, e essa revisão não foi para frente. O ministro da Justiça na época era o Fernando Lyra. Essa tentativa de revisão do Código de Processo Civil não teve êxito, tenho impressão de que foi encaminhada ao Congresso, mas ficou parada.

RFC: Faltou vontade política, digamos, para implementar?

KW: Isso. No início da década de 90, após o Código de Defesa do Consumidor, a Escola Nacional da Magistratura, presidida à época pelo ministro Sálvio de Figueiredo Teixeira do Superior Tribunal de Justiça – STJ, juntamente com o ministro Athos Gusmão Carneiro formam uma comissão integrada por membros, inclusive, do Instituto Brasileiro de Direito Processual, da qual participei. A estratégia adotada foi de fazer mudanças pontuais. Mudar o Código, politicamente, não era fácil.

RFC: Então foi uma coisa pensada, mudar o Código aos poucos?

KW: Sim, foi estratégia. Essa comissão atuou na elaboração de 10 a 15 projetos de lei, com modificações pontuais, mas já com o objetivo preestabelecido de alterar o Código de Processo Civil como um todo. Essas leis foram aprovadas de 1992 até 1995. Acho que um projeto de lei não foi aprovado.

Depois essa comissão continuou e eu não fiz parte de outros projetos de lei. Essa foi a primeira parte das modificações. A segunda fase aconteceu depois da Reforma do Judiciário, da Emenda Constitucional nº 45. Após a reforma constitucional partiram para uma reforma infraconstitucional, que diz respeito, principalmente, à parte processual.

A mesma estratégia foi adotada, são vários projetos de lei, incluindo a alteração do Código na parte de execução. Então são duas etapas.

RFC: O objetivo das alterações, pelo que parece, foi promover maior eficiência e rapidez aos processos civis. Ele foi alcançado?

KW: Na minha avaliação sim. Talvez tenha algumas ressalvas a fazer, com relação a uma ou outra coisa. As modificações principais no Código de Processo Civil na reforma de 1992 até 1995 são estruturais, não foram para agilizar esse ou aquele ato. Por exemplo, a tutela antecipatória, que veio com a lei de 1994, que introduziu o artigo 273 (da Lei nº 8.952/94). Nós vínhamos, até essa reforma, com um princípio que se filia à tradição romano-germânica. Primeiro conhecer as razões para depois executar. Mas em certas situações, em razão principalmente da urgência e do ritmo de vida de hoje, as questões judiciais demandam uma solução rápida e até provisória por parte do juiz através de uma cognição mais superficial. Depois se faz uma cognição completa e o juiz decide definitivamente.

Este princípio, primeiro conhecer, depois executar, é muito benevolente ao demandado, e o autor, na maioria dos casos, tinha que suportar todo o custo da demora. Essa modificação de 1994, a universalização da tutela antecipatória, permitiu ao juiz, caso a caso, distribuir diferentemente o ônus da demora processual. Dessa forma, quando há possibilidade de antecipação, quem suporta a demora do processo é o réu. Isso já existia em algumas demandas especiais, como ação de reintegração de posse, em que um segmento mais forte da sociedade conseguiu obter uma lei especial, como o setor financeiro que também a praticava. O que essa reforma fez foi universalizar a possibilidade do juiz antecipar a tutela. Isso eu acho que muda estruturalmente o Código e a sua própria filosofia, a postura do judiciário em relação aos demandantes.

Outra grande reforma foi definir que o processo tem que dar a quem tem razão tudo aquilo, exatamente aquilo, que o titular tem direito. Se o titular do direito tem razão de fazer, de dar ou de receber coisa certa, ele tem que alcançar esse resultado. O nosso sistema permitia, se houvesse recusa da parte contrária, em transformar isso em perdas e danos. Essa mudança acontece na primeira etapa e é aprofundada no segundo momento.

RFC: Sobre esse segundo momento, o senhor acredita que houve algum retrocesso?

KW: As modificações posteriores tendem a tratar mais da agilização em face de casos repetitivos que estavam ocorrendo. É o caso da súmula vinculante. Talvez seja um tratamento adequado, porém, no meu modo de sentir, procuramos atacar muito mais os efeitos de uma situação do que a própria causa.

Hoje estou convencido de que muito mais do que reforma nas leis processuais – já temos reformas em quantidade suficiente – temos que cuidar de gerenciar melhor os processos. Estamos falando em mudanças na organização judiciária. Organizar o serviço judiciário de modo a dar mais agilidade. Não adianta mudar só a lei, temos que mudar a mentalidade dos operadores do Direito.

Nós temos uma quantidade muito grande de causas repetitivas. Por exemplo, se formos ao Juizado Especial Federal, veremos dezenas ou centenas de milhares de causas que giram em torno de uma tese só. Caso dos aposentados e pensionistas. Não diria que só relacionadas ao governo, mas essas causas são mais comuns em questões previdenciárias, tributárias. Outro exemplo é o de tarifa de assinatura telefônica que deveria ser solucionado coletivamente, ou seja, uma demanda só para decidir todo o conflito. O que está acontecendo é que fragmentam, cada assinante de serviço telefônico vai aos Juizados Especiais, ou ao Juízo Comum, pedir cancelamento de tarifa de assinatura. Agora, se a tarifa de assinatura não é devida para um assinante, não é devida com relação a todos os assinantes, senão vão criar um tratamento desigual.

RFC: E como fugir dessa realidade? Quem tem que tomar a iniciativa para mudar esse quadro?

KW: É o Judiciário. No Estado de São Paulo nós temos, seguramente, mais de cem mil processos dessa natureza e é isso no Brasil afora.

Esse caso foi até o STJ para saber como decidir essas causas, se decide uma causa só, um juiz só, válido para todo o país, ou não. O Superior Tribunal de

Justiça, por maioria, diferença de um único voto, entendeu que a causa tinha que prosseguir individualmente. Era uma oportunidade boa para ao Judiciário decidir que essas causas seriam tratadas coletivamente e reduzir a quantidade de processo.

A própria súmula vinculante está supondo a existência e a possibilidade de demandas individuais. A inconstitucionalidade de uma lei municipal que disciplina, por exemplo, aumento de IPTU. Cada contribuinte pode entrar com a sua demanda, mas a tese jurídica é uma. Se o Supremo entender que aquela lei é inconstitucional, ou constitucional, vai para a súmula e será vinculante. De qualquer forma, porém, está supondo a possibilidade de demanda repetitiva. Ação coletiva a estratégia é diferente, uma demanda só para um conflito todo.

RFC: *Nesse caso, o Legislativo não teria que se envolver para colocar essas ações coletivas em prática?*

KW: Já existe a lei. A Lei de Ação Civil Pública de 1985. Só que o governo através de medidas provisórias limitou o alcance da ação coletiva. Há uma medida provisória que diz que matéria de Previdência Social não pode ser objeto de ação coletiva. O governo não quer esse tipo de decisão, entende? Matéria de fundo de pensão e tributária também não pode. Aquela estratégia que o legislador estabeleceu em 1985, de solucionar essas causas de uma forma conjunta não é utilizada.

O nosso Código de Processo Civil se filia a uma ideologia liberal e individualista. Então ele diz, expressamente, ninguém pode ir a juízo, em seu nome, para defender direito alheio, a menos que a lei autorize. Cada qual leva seu problema. É uma forma de fragmentação do conflito. Se for um direito individual, muito bem, ele próprio tem que ir à Justiça, mas se for uma demanda coletiva, não há razão para impedir o acesso à Justiça. O governo procura, através de várias medidas, tirar esse tratamento molecular, principalmente àquelas que dizem respeito a ele.

A súmula vinculante, portanto, é importante em certa medida. Não tem sentido discutir depois que o Supremo definiu o seu entendimento em matéria constitucional, a menos que o caso concreto seja diferente. A interpretação da lei permanece a mesma.

RFC: *Isso não poderia engessar a jurisprudência?*

KW: Talvez demore um pouco a modificação de um entendimento sumulado. Porém, se examinarmos o sistema anglo-saxão, eles não têm um Direito codificado, o princípio é que vale o precedente. O precedente é vinculante, não só em matéria constitucional, mas infraconstitucional também. No entanto, isso não engessou o entendimento da jurisprudência. Depende muito dos juízes, dos advogados, dos operadores do Direito.

Uma coisa é o entendimento sobre o alcance, a interpretação de uma norma jurídica, outra coisa é a aplicabilidade dessa norma em um caso concreto. O sistema anglo-saxão verifica se o caso concreto se adequa perfeitamente àquele precedente, tanto que o grande esforço dos advogados é demonstrar que há uma peculiaridade.

Como nós estamos falando em matéria constitucional e não matéria infraconstitucional, eu não vejo como a súmula possa levar ao engessamento. Talvez uma dificuldade para modificar o entendimento em matéria constitucional. Mas nesse caso a doutrina, os tribunais podem dar uma interpretação diferente em cada caso.

RFC: *Dentre as alterações recentes algumas são mais polêmicas, como as alterações no regime do agravo e no processo de execução diretamente. Como analisa essas questões específicas?*

KW: A primeira modificação do agravo ocorreu na primeira fase de modificações. Denomina-se agravo de instrumento porque contra uma decisão interlocutória ou incidental, dizia o Código de Processo Civil, a parte poderia agravar via instrumento. Isto é, tirava um instrumento e fazia a coisa subir para a segunda instância. Entretanto, havia muita demora no processamento do agravo, cerca de seis meses. Como essa demora às vezes causava dano para o recorrente, os advogados, com sua criatividade, começaram a impetrar mandados de segurança pedindo à segunda instância um efeito suspensivo para aquela decisão enquanto o agravo subia. Eram duas medidas judiciais, um recurso e uma ação.

Nessa primeira modificação pensou-se em uma forma diferente de agravar. A parte agravaria na segunda instância e pedia ao relator para dar esse efeito suspensivo ou não. Acabaria a necessidade de impetrar o mandado de segurança. Em termos de agilidade, ganhava-se meio ano ou até mais dependendo do Estado.

Muita gente achou que o crescente número de agravo aconteceu pela facilitação do acesso, mas não. Essa quantidade de agravo está ligada àquela reforma estrutural que eu mencionei, à possibilidade de o juiz, em cada caso, fazer com que a demora do processo fosse suportada pelo réu através de tutela antecipatória. É um preço que estamos pagando por essa modificação na filosofia do tratamento das partes.

De qualquer forma, os juízes começaram a reclamar que só julgavam agravo de instrumento. Houve, então, a tentativa de um pequeno ajuste ainda naquela fase anterior. Se o juiz entendesse que não se tratava de um caso urgente, poderia transformar agravo de instrumento em agravo retido a ser julgado junto com a apelação. A maioria dos juízes de segunda instância começou a dizer que não faria isso porque, se fizesse, os advogados entrariam com um agravo regimental. Ou seja, não adiantou.

Nessa última reforma, a própria lei diz que não cabe agravo de instrumento se não houver risco de lesão. Mesmo nesses casos, se o juiz não admitir o agravo, tenho a impressão de que vai aumentar, novamente, o número de mandados de segurança. Porque no fundo, isso está na mudança estrutural do sistema do Código, no tratamento das partes diante do conflito de interesses.

Sobre o processo de execução, é preciso entender o sistema. O processo de conhecimento é aquele que o juiz examina qual das partes tem razão e dá a sentença. Conhece o conflito e em seguida diz quem tem razão. Nesse processo, o juiz pode proferir uma sentença constitutiva ou condenatória. A condenatória termina com a declaração do direito do caso mais a condenação, que pode ser pagar uma quantia em dinheiro ou fazer alguma coisa. De acordo com o sistema do Código, dava-se tempo ao condenado para cumprir essa definição espontaneamente. Caso não houvesse cumprimento espontâneo, o autor vencedor entrava com uma outra ação, a de execução. Havia uma dicotomia, processo de conhecimento mais processo de execução.

É um sistema respeitador dos direitos do réu, do demandado, benevolente talvez, mas não estava muito ajustado aos tempos atuais. Já naquela primeira fase, de 1992 a 1995, houve uma modificação, não havia mais necessidade de dois processos. Em relação a pagamento por quantia certa, entretanto, esse sistema foi mantido. A reforma de 2005/2006 acabou com essa dicotomia mesmo nas combinações que envolviam pagar quantia em dinheiro, houve o que nós chamamos de processo sincrético.

RFC: *O senhor citou o modelo anglo-saxão. Podemos dizer que hoje o Brasil tem um sistema moderno, em linha com modelos internacionais?*

KW: Nosso sistema processual sempre foi considerado bastante evoluído em termos doutrinários, de concepção filosófica. Em termos de efetividade é que talvez tenhamos algumas falhas. O Direito anglo-saxão é muito pragmático. Por exemplo, o processo coletivo que nós começamos em 1985, eles já têm desde o início do século passado. Inclusive, entender que processo coletivo seja alguma coisa ligada à ideologia totalitária, soviética, é o contrário, está muito mais ligada ao liberalismo. Nós temos uma aproximação muito grande, na área do processo civil, ao sistema anglo-saxão e talvez o ponto mais importante seja o juiz da *commom law*.

No Direito romano havia o pretor e o árbitro. O pretor era a autoridade do Estado, quem dizia se poderia conferir a ação ou não. Quem julgava a causa era o árbitro, um juiz privado. Isso durante duas fases do sistema romano. Só na última fase, chamada *extraordinária cognitio*, o pretor assume a cognição plena e o árbitro deixa de existir. Há um autor que estuda comparativamente juízes de vários países e ele diz que o juiz do sistema anglo-saxão se filia ao pretor, é dotado de império, de autoridade. Já o juiz da *civil law*, sistema continental, ao qual nós pertencemos, é mais filiado ao árbitro. O nosso juiz estava muito mais preocupado em declarar o direito do que em executar. Um exemplo é esse processo de execução mencionado, o juiz primeiro diz quem tem razão depois vai executar.

A ruptura com esse modelo começa a ocorrer a partir dessas reformas. O juiz brasileiro começa a ter muito mais poder. Essa é a primeira aproximação, tornar o juiz mais ativo.

Porém, nós ainda lutamos com algumas dificuldades de mentalidade. A absorção desse modelo pela magistratura brasileira não está completa. Continuamos com um juiz menos ativo que no sistema anglo-saxão.

Nós desenvolvemos, no Cebepej – Centro Brasileiro de Estudos e Pesquisas Judiciais – que presido, um grupo de trabalho onde estudamos um modelo de condução de processo. Implantamos um plano piloto em duas comarcas: Patrocínio Paulista e Serra Negra, no interior do Estado de São Paulo. Os resultados foram excepcionais. Tanto que o Tribunal de Justiça incorporou essa experiência em um provimento que hoje disciplina conciliação em todo o Estado.

Os juízes que aplicam esse modelo se tornam mais ativos. Acredito, porém, que vamos levar muito tempo, porque temos que criar uma nova mentalidade. Talvez o CNJ (Conselho Nacional de Justiça) devesse criar esse modelo de condução de processo. O CNJ já está fazendo muita coisa em matéria de conciliação.

RFC: *Nesse contexto, o CNJ auxilia na mudança de mentalidade?*

KW: É difícil dizer da parte administrativa, que é a função disciplinar do Conselho. O CNJ está fazendo muita coisa, o controle dos vencimentos, o problema do nepotismo, e está também passando por uma definição plena de suas atribuições. O conselho atua, inclusive, nessa questão da conciliação que é extremamente importante: estabelecer uma nova política pública no tratamento de conflito de interesses.

RFC: Há cerca de dois anos o senhor coordenou um estudo sobre Juizados Especiais e acesso à Justiça. Quais as conclusões desse estudo?

KW: Nós fizemos um estudo primeiro no Estado de São Paulo e depois ampliamos em nível nacional a pedido da Secretaria da Reforma do Judiciário. Especificamente em relação à conciliação, nós constatamos que ela é a pedra de toque, o ponto central, dos Juizados Especiais. A finalidade dos Juizados Especiais sempre foi facilitar o acesso à justiça para uma camada mais humilde da população, não resolver a crise do Judiciário. Na Lei nº 9.099/95, que os criou, acredito, faltou uma visão da sua finalidade essencial. Aproveitaram um pouco para resolver a crise da Justiça e ampliaram a competência dos Juizados Especiais. Com isso não se perdeu em acesso, mas muitos ficaram com serviço acumulado, o que se resolvia em dois meses, passou a demorar um, dois anos. Como o volume é grande, evidentemente cai o nível de tudo. A conciliação caiu bastante também. Essa é a nossa preocupação. A conciliação, que deveria ser a pedra de toque do Juizado está sendo praticada em muitas comarcas só por estudantes de Direito.

Nós temos que cuidar melhor do instrumento que é a conciliação. Essa função, o CNJ está começando a cumprir. Criaram o movimento "Conciliar é Legal" e no dia 8 de dezembro, dia nacional da conciliação, realizaram mais de 80 mil sessões de conciliação em todo o país e alcançaram um índice superior de 50% de êxito. Este foi um evento episódico, há necessidade de transformar isso em alguma coisa institucional.

RFC: Com relação à necessidade de desafogar o Judiciário, o senhor acredita que a arbitragem pode ser uma alternativa para isso?

KW: A arbitragem é uma das modalidades do que nós chamamos de solução alternativa. Se a solução normal é através da sentença do juiz, adjudicada pelo Estado, autoritativamente, a arbitragem é uma solução alternativa, porque as próprias partes utilizam esse sistema de um árbitro. Nós temos desde a Lei das Pequenas Causas a previsão dessa solução. Mas por alguma razão não pegou. O brasileiro não aceita, o juiz não aceita e o advogado também não.

Quando nós participamos na elaboração da Lei das Pequenas Causas, visitamos o Juizados de Nova Iorque e também o Juizado de Conciliação do Japão. No juizado de Nova Iorque a maioria dos conflitos é solucionada pelo árbitro e pelo Juizado de Pequenas Causas. Hoje, no Brasil, a arbitragem está sendo utilizada para conflitos comerciais, internacionais talvez, porém para causas comuns nós vamos levar algum tempo para que haja aceitação desse meio alternativo.

O juiz americano tem um elenco, do que eles chamam de ADR (*Alternative Dispute Resolution*), meios alternativos de solução de conflitos. Esse elenco vai desde mediação, conciliação até arbitragem, júri simulado, opinião neutra de terceiros. O juiz americano utiliza-se desse elenco como um instrumento próprio, dizendo para solucionar esse conflito por meio de arbitragem, este por meio de mediação, esse outro, júri simulado. Como nós ainda achamos que os meios alternativos estão fora do sistema, o juiz brasileiro não faz isso.

Há um projeto de lei no Congresso, a Lei de Mediação Paraprocessual, que pode alterar profundamente essa situação. Acredito que ela vai ter uma influência muito grande na adoção da mediação incidental, porque há uma norma que visa, justamente, fazer com que o juiz brasileiro entenda que esse elenco de meios alternativos, inclusive a arbitragem, é um instrumento dele, para solucionar adequadamente os conflitos.

Quando ele joga tudo para a sentença, nós temos mais recursos e temos que alterar o Código para agilizar recursos. Temos depois a execução e mudamos todo o capítulo da execução, com o mesmo objetivo. À medida que nós tivermos formas alternativas, principalmente conciliação e mediação, vamos evitar recursos e execuções. No acordo bem feito, a parte não recorre e cumpre espontaneamente, não há execução.

RFC: *O senhor participou do anteprojeto do Código de Defesa do Consumidor. Ele é utilizado de maneira eficaz, ou se trata de mais um exemplo de uma boa legislação sem aplicação?*

KW: É uma lei que pegou. Acho que das poucas leis que pegaram no Brasil, esse seja um dos melhores exemplos. É necessário medir a eficácia da lei não tanto pelos conflitos que são solucionados, mas pelos que são evitados. O comportamento do empresariado em relação ao consumidor mudou bastante depois da lei. Quando a gente vai ao supermercado é difícil encontrar um produto que não tenha prazo de validade. A disciplina do código estabelece a responsabilidade coletiva, solidária, de todos que participam da produção de um determinado bem.

Uma montadora de veículos, por exemplo, não produz muita coisa, a maioria das peças vem de outras empresas. Se a empresa que fabrica um rádio começa a apresentar problema, a montadora corta, porque ela tem que responder pela qualidade do produto como um todo. Por isso o controle de qualidade hoje é grande.

Há muita coisa ainda a ser definida. A lei passou a vigorar em 1990 e os bancos estavam até o fim do ano passado dizendo que o código não se aplicava a eles. Até que o Supremo (Tribunal Federal) definiu que o Código se aplica a eles também. Temos, portanto, resistências setoriais, mas nem por isso podemos dizer que o código não é eficaz.

Outro aspecto a ser analisado é quando surge o conflito. Analisar se esses conflitos estão sendo solucionados a tempo e de modo eficaz. Talvez por causa da sobrecarga dos Juizados Especiais, no tratamento do conflito aconteça alguma deficiência. Não por causa do Código, e sim pelo sistema sobrecarregado.

RFC: *Hoje é possível dizer que a população brasileira tem um acesso efetivo à Justiça?*

KW: Hoje eu diria que sim. Claro que quando falamos em sociedade brasileira temos que pensar na totalidade. Alguns segmentos não têm acesso nem àquilo que chamamos de ordem jurídica justa. Por exemplo, nós temos uma quantidade enorme de favelas e os conflitos que ocorrem nelas muitas vezes nem chegam à Justiça comum. Agora, vamos desconsiderar esse aspecto, porque ele é mais sociológico, político e, acredito, tem de ser resolvido de uma outra forma.

Entre as pessoas que estão sujeitas à ordem jurídica comum, tenho a impressão de que a maioria tem acesso bem melhor do que tínhamos no passado, mas ainda não é completa. A Constituição de 1988 obrigou os Estados a criarem Defensoria Pública, para dar atendimento completo à população carente. O Estado de São Paulo criou sua Defensoria Pública no ano passado e em um número insuficiente. Antes, é claro, a Procuradoria Geral do Estado, através da PAJ, Procuradoria de Assistência Judiciária, atendia uma parte dos necessitados, mas não era suficiente. Mesmo a defensoria criada não consegue atender todo o Estado. Esse serviço funciona hoje através de um convênio com a Ordem dos Advogados. Onde não tem defensor público, o procurador do Estado ou o juiz nomeia um advogado da comunidade, depois arbitra a remuneração que será paga pelo Estado. Acredito que a Defensoria Pública bem organizada se torna uma instituição especializada na defesa dos necessitados e desenvolve estratégias, para aprimorar a defesa. Da maneira como estamos fazendo, resolvemos a necessidade atual, emergencial, mas não em termos gerais, sistematicamente.

O Tribunal tem desenvolvido alguns planos, por exemplo, de juizados ambulantes, que vão até as comunidades mais distantes, às comarcas do interior. Isso, entretanto, depende muito da boa vontade do juiz ou do dirigente do Tribunal.

RFC: Existem outros elementos que também dificultam chegar a um bom resultado?

KW: A qualidade do defensor é importante. A gente sabe que grandes empresas contratam advogados com treinamento e qualidade excepcionais, então, às vezes, um advogado simples para defender o consumidor, pode ocorrer desequilíbrio. A própria lei procura, no entanto, dar alguns instrumentos para estabelecer esse equilíbrio. No Código de Defesa do Consumidor adotou-se a possibilidade da inversão do ônus da prova. Digamos que um consumidor compre uma geladeira que está com um vício de fabricação. Ele reclama administrativamente, não é atendido e vai para a Justiça. É difícil para esse consumidor provar que está certo, pois quem tem todo o projeto é o fabricante. Nessa hipótese, diz a lei, é o fabricante que terá de provar que não existe o problema. Essas técnicas processuais, adotadas no Código de Defesa do Consumidor e em várias outras medidas na reforma do Código de Processo Civil, facilitam a tutela jurisdicional.

RFC: Mudando de tema, o Direito Ambiental tem se tornado o centro das atenções em escritórios de advocacia, publicações especializadas e artigos na imprensa. Qual tem sido o papel da advocacia na preservação do meio ambiente?

KW: O advogado, quando atende uma empresa, é normalmente para resolver algum crime ambiental, ou prática de dano ao ambiente, em termos civis. Nesses casos, a gente não pode pensar só em defender o cliente, porque isso não ajuda a criar uma nova mentalidade. O importante é defender o interesse do cliente, principalmente, contra alguns exageros que a gente percebe que existem e também fazer com que ele perceba a necessidade de ajustar sua conduta. Ele não pode pensar só em ganhar dinheiro. É justo que ele ganhe dinheiro desde que preserve e respeite o direito do cidadão e da coletividade.

Claro, há certos exageros. Algumas demandas de pessoas que querem se aproveitar de uma situação e pedem absurdos de indenização. Ou até mesmo, alguma conduta um pouco excessiva por parte de órgãos governamentais, e não governamentais, que tentam, convencidos da exatidão de seu pensamento, fazer com que a empresa se ajuste ao seu modo de pensar.

Muitas vezes o próprio cliente tem essa percepção que é preciso mudar de conduta, porém, necessita de prazo, de um financiamento, tem suas necessidades e nisso o advogado pode ajudar. O advogado não pode é ir contra a defesa do bem comum, coletivo.

RFC: *Mesmo com toda essa efervescência, o Direito Ambiental ainda é pouco aprofundado nos cursos de Direito, e em poucas faculdades consta na grade curricular. Qual a sua avaliação dessa conjuntura?*

KW: A obrigatoriedade de uma grade curricular específica, com inclusão dessas disciplinas, só pode vir através do governo. O Ministério da Educação deveria se envolver muito nisso. Não apenas nessa matéria, mas, por exemplo, a própria conciliação e mediação. Várias faculdades contam com disciplinas sobre negociação, mediação e conciliação apenas na pós-graduação. Uma das sugestões que surgiu no comitê gestor do CNJ foi que as faculdades criem uma disciplina voltada para a negociação. Nós ensinamos aos estudantes litigar, dar tratamento contencioso ao conflito de interesse. Ensinamos a redigir petição inicial, contestação, recurso, agravos e uma série de coisas; mas não a conciliar, negociar.

Da mesma forma, o Direito Ambiental. No Direito do Consumidor da USP nós temos uma disciplina multidisciplinar, envolve Direito Civil, Comercial, a parte administrativa, penal e a processual, são cinco professores. Da mesma forma poderia se pensar uma matéria de meio ambiente. Entre unidades diferentes da própria Universidade, por exemplo, engenharia, direito, biologia, química, saúde pública.

RFC: *Há falta de interdisciplinaridade e de um tratamento desses temas novos?*

KW: Uma falta muito grande. Claro, cada professor tem uma visão, mesmo na área de processo civil há professores que têm uma visão mais conservadora e demora para aceitar esses temas mais recentes. Por isso acho que existe a necessidade de mudança não só da grade curricular, ou de inclusão dessas disciplinas. É preciso a formação de uma nova mentalidade por parte dos próprios professores.

Eu me aposentei o ano passado, porque completei 70 anos, portanto, eu fico mais na pós-graduação. Antes da aposentadoria, entretanto, nos últimos dez anos, dávamos uma disciplina chamada Novas Tendências do Direito Processual, onde abordávamos essas inovações todas que eu lhe mencionei, desde os Juizados

Especiais, o Código de Defesa do Consumidor, Processos Coletivos. A gente se espantava que alunos que estariam formados dali a alguns meses ficavam surpresos em saber, pela primeira vez, dessas coisas. A primeira turma que se formou, há cerca de 15 anos, ficou tão satisfeita que ganhou o nome de Turma de Novas Tendências Processuais. A gente percebe essa necessidade de tornar o ensino jurídico mais voltado à realidade brasileira. Estamos dando uma cultura muito formalista para os nossos profissionais.

RFC: *O senhor desenvolve tanto um trabalho na academia como no mercado. As faculdades têm condição de formar profissionais preparados para a realidade de mercado? O que é preciso para tanto?*

KW: Não conheço a realidade das outras, mas dentro da USP houve uma transformação. Percebo pelas dissertações de mestrado, pelas teses de doutoramento que começam a se voltar para esses sistemas mais modernos. Estamos formando uma geração nova. Os próprios professores do departamento de processo resolveram criar, entre outras linhas de pesquisa, a de Meios Alternativos de Solução de Conflitos. Quando muda a mentalidade e a visão dos professores, isso se reflete na transformação dos alunos. Na pós-graduação, juntamente com os professores Ada Pellegrini Grinover e Carlos Alberto de Salles, oferecemos a disciplina Processos Coletivos e há muito interesse dos profissionais. As teses que estão começando a surgir, os trabalhos mais doutrinários, têm uma visão mais voltada à realidade do país. Confio nessa evolução, que é lenta. Temos que mudar a mentalidade do aluno de graduação para que eles comecem a atuar profissionalmente, aí eu acredito que nós vamos, de geração em geração, alcançar o equilíbrio.

RFC: *Em termos de gratificação pessoal, das diversas atividades que o senhor já exerceu, qual foi a mais recompensadora, advogar, julgar ou ensinar?*

KW: Bom, julgar já foi, em uma fase da vida, a atividade mais importante. Depois da aposentadoria fui advogado, uma experiência importante também. Hoje estou mais no magistério e na pesquisa. Nós temos o Centro Brasileiro de Estudos e Pesquisas Judiciais onde estamos pesquisando agora sobre ações fiscais e coletivas.

Recentemente, o Instituto Brasileiro de Direito Processual, presidido atualmente pela Ada (Pellegrini Grinover) propôs ao nosso Centro uma pesquisa sobre a gestão do processo. Vamos parar de cuidar das reformas processuais no Legislativo e ver o que podemos melhorar, onde está a falha, na administração da Justiça. Isso é recente e eu já respondi favoravelmente. A minha preocupação atual, portanto, é estudar para conhecer a realidade do país e da nossa Justiça e tentar oferecer soluções voltadas ao seu aperfeiçoamento como um todo, não só da legislação.

São desafios. Isso não é fácil porque a gente luta não contra a estrutura atual, mas contra uma mentalidade, uma cultura. O (Mauro) Cappelletti, autor italiano, dizia que para fazer a Reforma da Justiça, antes de mais nada, era preciso uma reforma no modo de pensar. Nós temos muito um enfoque de prestador de serviço quando o enfoque importante é o do usuário do serviço. Essa perspectiva é que temos que eleger para fazer essas modificações todas.

Falta talvez, para o aperfeiçoamento da Justiça, uma nova abordagem que procure solucionar as causas da crise. Não somente cuidar dos efeitos, mudar o sistema de execução, mudar o sistema de recursos. Temos que tentar diminuir os conflitos, e nisso a solução pré-processual é muito importante.

Na FIESP (Federação das Indústrias do Estado de São Paulo) fazemos parte de uma comissão que criou, desde 11 de dezembro de 2006, a Câmara de Mediação e Conciliação. A ideia é tentar gerar no empresariado brasileiro essa nova mentalidade: tentar primeiro solucionar amigavelmente e em último caso ir para a Justiça. Investir nisso, é extremamente importante.

Publicado originalmente em:

- Revista Fórum CESA, Belo Horizonte, ano 2, número 2, janeiro/março de 2007, páginas 14 a 20. Centro de Estudos das Sociedades de Advogados – CESA.

CAPÍTULO 2

REVISTA DE ARBITRAGEM E MEDIAÇÃO

ENTREVISTA – 27.01.2015

2.1 Importância da mediação; "cultura da sentença" e receio de redução do mercado de trabalho; desconhecimento das reais vantagens da mediação e necessidade de mudança de mentalidade; "Pacto de Mediação"; CNJ e a política judiciária de tratamento adequado de conflitos; novo CPC e sua compatibilização com a Resolução 125 do CNJ; importância da conciliação como etapa obrigatória de uma demanda; conversão da ação individual em coletiva; mudança no ensino jurídico; Cebepej: sua origem e importância; participação em formulação de propostas legislativas e o interesse pela mediação; influências de Barbosa Moreira e Ovídio Baptista da Silva.

RAM: O Senhor é um grande entusiasta do uso da mediação. Ainda existe alguma resistência da advocacia com relação à mediação?

KW: Talvez uma resistência passiva. Não combatem a mediação, mas não utilizam com entusiasmo deste mecanismo de solução amigável de controvérsias. Isso ocorre mais por desconhecer as reais vantagens da mediação e também em virtude da mentalidade formada em nossas faculdades de Direito, que preparam os alunos mais para a solução contenciosa dos conflitos. O profissional do Direito, na maioria das faculdades, é preparado para trabalhar basicamente no contencioso. Ensinamos a redigir petição inicial, contestação, recursos, impugnações, exceções e uma série de incidentes e peças processuais. Não ensinamos os alunos a negociar, a conciliar e a mediar. Esta mentalidade não possibilita o profissional do direito a entender o alcance social e as vantagens da solução amigável dos conflitos. Alguns advogados julgam até que é perda de tempo tentar mediar ou conciliar, outros ficam com o receio de que o cliente, ao insistir na tentativa de solução amigável dos conflitos, julgue que seu advogado esteja "vendido" para a parte contrária. O desconhecimento das vantagens da solução amigável é também dos próprios jurisdicionados, e não apenas dos advogados. Estes fatores e outros mais têm determinado a não utilização mais intensa da mediação e o consequente prevalecimento da "cultura da sentença".

RAM: *Os advogados brasileiros temem que, junto com a ascensão da mediação, ocorra uma redução de demandas e, consequentemente, a diminuição no valor dos honorários advocatícios? Acredita ser legítima esta preocupação?*

KW: Reduzir o volume de processos no Judiciário deve ser o objetivo de todos os cidadãos, inclusive dos advogados. A mediação, com toda a certeza, não reduzirá o mercado de trabalho do advogado. Na década de 80 do século passado, quando participei da elaboração do anteprojeto da Lei dos Juizados Especiais de Pequenas Causas (hoje, Juizados Especiais Cíveis), muitos advogados acreditavam que estes Juizados afetariam o mercado de trabalho dos advogados. Nossa convicção era de que, ao invés da redução, iria ocorrer a ampliação deste mercado. O que estava ocorrendo naquela época era que, com o acesso à justiça muito dificultado, muitos conflitos não eram canalizados para o Judiciário. Eram resolvidos nas delegacias, pelos justiceiros ou simplesmente a vítima da lesão renunciava ao direito de buscar a solução do conflito. Com o surgimento dos Juizados e com o acesso facilitado à justiça, mesmo sem a exigência de advogado para causas até um determinado valor, houve a ampliação do mercado de trabalho do advogado. É que, se uma das partes é uma empresa, uma pessoa jurídica, dificilmente ela irá à Justiça sem a assistência de um advogado. A situação atual revela, com toda a certeza, que os Juizados não afetaram negativamente o mercado de trabalho dos advogados. Os conflitos nascem na sociedade em virtude de inúmeros fatores, de sua desorganização, de suas contradições, da violação dos direitos dos consumidores pelas grandes corporações, do descumprimento pelo Estado dos direitos prometidos, e de outros inúmeros fatores. A judicialização destes conflitos hoje está atingindo um nível tão elevado que o nosso Judiciário está sem condições de solucioná-los de modo tempestivo e eficiente. Esta preocupante situação é revelada pelos dados publicados pelo CNJ na "Justiça em números". Com a mediação, o que se procura é solucionar os conflitos, na medida do possível, antes de sua judicialização. Neste contexto, desde que os advogados sejam treinados para este método de solução de conflitos, eles podem atuar profissionalmente obtendo uma boa remuneração, como acontece no mercado norte-americano. O advogado brasileiro ainda não sabe ganhar dinheiro com o trabalho de mediação. Mesmo alguns grandes escritórios de advocacia, diante de uma cláusula escalonada que prevê a mediação prévia e depois a arbitragem ou o processo judicial, o profissional quer cumprir a cláusula escalonada apenas como uma mera formalidade, sem se empenhar na tentativa de solução amigável do conflito. Se o advogado soubesse atuar profissionalmente na mediação, poderia ajustar com o cliente uma remuneração adequada para seu trabalho, e sendo exitosa a mediação, ele certamente obteria uma melhor compensação, pois a solução do conflito seria obtida em pouco espaço de tempo, cerca de 30 ou 60 dias no máximo. Ganharia menos em números absolutos, mas estaria pronto em pouco tempo para aceitar outras causas e deixaria seu cliente satisfeito com a rápida e adequada solução amigável do conflito, com ganho de tempo, dinheiro, preservação do relacionamento com a outra parte e com o desaparecimento do estado de incerteza que provoca toda e qualquer disputa jurídica.

RAM: Atualmente, há projeto de lei em trâmite no Congresso Nacional: O PL 7169/2014 que dispõe sobre a mediação. Qual sua visão sobre este projeto?

KW: Existiam duas comissões: uma do Senado, presidida pelo Min. Luis Felipe Salomão, do STJ, e outra, do Ministério da Justiça. Fiz parte no início desta segunda comissão. Logo percebi que minha participação não poderia somar muito e solicitei meu desligamento. A certa altura, foram fundidas duas propostas num só projeto de lei, que hoje tramita na Câmara dos Deputados. Acho que a versão final, que recebi do Min. Salomão, na parte que cuida da mediação judicial, o projeto ficou bom pois a comissão procurou adequá-lo às normas do projeto de Código de Processo Civil, hoje já aprovado e dependente apenas da sanção presidencial. A parte do novo Código de Processo Civil que disciplina a conciliação/mediação está adequada à Res. CNJ 125. Por ter buscado a compatibilização com as normas do novo Código de Processo Civil, achei que o projeto ficou bom na parte que disciplina a mediação judicial. Na parte respeitante à mediação extrajudicial, são poucas as normas, mas traz, em meu sentir, um grande avanço, mas não sei se tudo que ali está será aprovado pelo Congresso Nacional. Por exemplo, em relação à mediação dos contratos comerciais, está prevista a mediação prévia obrigatória. Não sei se os congressistas irão aprovar semelhante norma e em que medida o STF irá considera-la constitucional. Eu, pessoalmente, sou favorável à solução proposta. Mas, não sei como ficou a redação final do projeto de lei. São três, basicamente, as partes do projeto: mediação judicial, mediação privada e mediação pública. Esta última não cheguei a examinar mais detidamente.

RAM: No Brasil, existe um grande "apego à lei". Já houve inclusive tentativas de implantação das práticas de conciliação e de mediação em alguns Estados por meio de provimentos e o CNJ acabou suspendendo. O senhor acredita que a promulgação de uma lei sobre mediação poderia contribuir para sua expansão e efetivo emprego no país, como ocorreu com a Lei de Arbitragem (Lei 9.307/1996)?

KW: Entendo que o marco regulatório por si só não irá criar uma nova mentalidade. Mas, desde que seja acompanhado de outras providências, como o Judiciário organizando adequadamente os serviços de mediação/conciliação nos termos da nova lei, e a sociedade civil começando a participar ativamente deste esforço do Estado, com organização de serviços privados de solução amigável dos conflitos, certamente teremos o surgimento de uma nova mentalidade. No Japão, por exemplo, é intensamente utilizada a conciliação (no sentido amplo, abrangente também da mediação), desde o início do século passado. Apesar disso, em data recente, em 2005, foi editada a Lei de ADRs (Meios Alternativos de Resolução de Controvérsias). Na exposição de motivos dessa lei está afirmado que um marco regulatório tende a ampliar o movimento de adaptação da sociedade e a criar uma nova mentalidade, impulsionando os mecanismos alternativos de solução de conflitos. É o que aconteceu no Brasil com a arbitragem. O Código de Processo Civil tratava da arbitragem de forma inadequada. Com a Lei 9.307/1996 tivemos um grande impulso na arbitragem. O maior impulso talvez tenha decorrido do debate que se travou no STF sobre a constitucionalidade de alguns dispositivos desta lei. Com a declaração de constitucionalidade pelo Supremo, a arbitragem teve um grande impulso e muitas Câmaras de Arbitragem estão hoje bastante ativas. A mediação ainda não conseguiu este tipo de incentivo. Na Fiesp, por exemplo, foi criada a Câmara de Mediação antes da junção do Ciesp e da Fiesp. Inaugurada a Câmara, nenhuma empresa procurou seus serviços para solucionar amigavelmente os conflitos por meio de mediação. A lei por si só não modifica a sociedade, mas dependendo da lei, pode criar nas pessoas um grande interesse pelos benefícios que traz, como aconteceu com o Código de Defesa do Consumidor. A própria Lei das Pequenas Causas, muito combatida no início, obteve a aprovação da sociedade, que viu na conciliação um eficaz mecanismo de solução de conflitos, tanto que quatro anos depois foram estes Juizados definitivamente consagrados na Constituição Federal, que os tornou de criação e instalação obrigatórias em todas as unidades da federação. Os atuais Juizados Especiais, embora tenham algumas deficiências, em razão principalmente da ampliação excessiva de sua competência, é um dos setores do Judiciário que possui uma avaliação muito boa. Em suma, acho que a lei poderá ajudar muito na transformação da cultura da sentença, hoje dominante, para a cultura da pacificação, da solução amigável dos conflitos.

RAM: O senhor propõe o "Pacto de Mediação" para que empresas e escritórios de advocacia se comprometam a tentar a solução amigável dos litígios antes de submeter a questão para o Judiciário. Qual é a importância e o impacto de empresas e escritórios de advocacia se comprometerem a tentar resolver a questão antes de levá-la ao Judiciário?

KW: A percepção nossa é ele que há, ainda, o desconhecimento das reais vantagens da mediação, não somente por parte dos advogados, dos juízes, enfim, das pessoas que atuam na área jurídica, como também dos próprios jurisdicionados. Assim, temos que trabalhar arduamente na geração de uma nova mentalidade em nossa sociedade e para isto, com toda a certeza, o setor empresarial é de extrema importância. O Judiciário nosso está assoberbado de serviços, com uma sobrecarga excessiva de processos, e somente com uma grande transformação social será possível alcançar uma mudança desta situação. Examinando as experiências estrangeiras, em especial a norte-americana, constatamos que nos Estados Unidos o "*boom*" de ADRs começou na década de 1970. Com profissionalismo e pragmatismo que caracterizam a sociedade norte-americana, eles conseguiram avançar bastante, mas havia uma certa resistência à inteira aceitação dos meios consensuais de resolução de conflitos. Foi então que uma instituição conhecida como CPR Institute (*International Institute for Conflict Prevention and Resolution*) resolveu lançar, no início da década de 1980, um "*Pledge*", que estamos traduzindo como "pacto". Hoje, essa instituição conta, nos Estados Unidos, com a adesão de mais de 4.000 grandes corporações e de mais de 1.200 escritórios de advocacia a esse "*pledge*", que vem sendo replicado em outros países da Europa, como a França, e também no sudeste asiático. Na Câmara Fiesp/Ciesp, a Comissão integrada por Diego Faleck. Daniela Gabbay, Fernanda Levy, Fernanda Tartuce, Marco Lorencini e por mim, tomando por modelo o "*pladge*" do Instituto CPR, redigiu um "Pacto de Mediação", com uma convincente exposição de motivos, e contando com o decisivo apoio do Min. Sydney Sanches e da Min. Ellen Grace Northfleet, foi apresentado às Diretorias da Fiesp e do Ciesp, que aprovaram por unanimidade o "*Pacto*". O lançamento do "*Pacto*" ocorreu em 11.11.2014, que foi coroado de pleno êxito. Contamos com o apoio de representante de CPR, da Fecomércio, Febraban, Banco Itaú-Unibanco, Caixa Econômica Federal, Serasa, Faculdade de Direito da USP, PUC, FGV-SP, FMU, Fecap, Iasp,

OAB-SP, inúmeras Câmaras de Mediação e Arbitragem, vários escritórios de advocacia e inúmeras empresas de grande porte. Enfim, foi um grande sucesso. Chegamos a colher cerca de 150 assinaturas num só dia. Tomando de empréstimo as palavras do Des. Renato Nalini, presidente do TJSP, afirmamos que a "Justiça é obra coletiva", no sentido de que a sociedade não pode ficar dependendo sempre do Estado, cabendo também a ela a tarefa de auxiliar nas soluções dos conflitos, organizando serviços adequados para este fim. O "*Pacto*" é um esforço da sociedade civil no sentido de fazer nascer uma nova mentalidade, uma nova postura diante da crise enfrentada pelo nosso Judiciário. No dia do lançamento, na primeira parte tivemos a solenidade de apresentação do "*Pacto*" e colheita de assinaturas, e na segunda parte, à tarde, tivemos um Seminário sob o título geral "Assinei o Pacto, e agora?", com dois painéis. No primeiro, tivemos a participação de empresas que já têm práticas importantes, que expuseram sobre as condutas que adotam. E no segundo painel, depuseram escritórios de advocacia sobre suas experiências e sobre projetos futuros na área de mediação. A ideia agora é replicar o lançamento o "*Pacto*", aqui em São Paulo em parceria com outras categorias econômicas e profissionais, e também em outras localidades, numa grande cruzada de divulgação das virtudes da mediação e de formação e consolidação de uma nova mentalidade na sociedade brasileira.

RAM: O que é preciso para que se consolide a cultura da mediação no Brasil?

KW: Acho que todos estes movimentos são extremamente importantes porque, além da formação e consolidação da nova cultura, estão despertando nos profissionais do Direito e de outras categorias a vontade de se especializar em práticas de solução amigável dos conflitos. Ocorrendo a especialização dos profissionais, surgirá, concomitantemente, um mercado de trabalho especializado de qualidade, o que é extremamente importante para a consolidação definitiva do mercado de mediação no Brasil. Temos já excelentes mediadores, muitos deles capacitados no exterior, mas ainda não temos uma massa crítica suficiente. Acho que com a evolução da prática, que agora se inicia, iremos criando a profissionalização, que é de fundamental importância para a consolidação da mediação. O profissional do Direito está começando a perceber que é um excelente campo de atuação. Com isso, teremos a mudança de mentalidade, hoje mais voltada para a solução contenciosa dos conflitos. A sociedade moderna está se tornando cada vez mais complexa e os conflitos que estão surgindo também estão mais complexos, o que exigirá uma capacitação mais aprofundada dos mediadores e adaptação das nossas faculdades de direito, na área de pesquisa, para o aperfeiçoamento dos métodos de resolução de controvérsias. Nos Estados Unidos, as universidades de primeira linha vêm investindo na busca de métodos mais eficientes para a adequada resolução dos conflitos complexos. Quando ocorreu o acidente das torres gêmeas em Nova York, a Universidade Harvard teve papel muito importante na concepção de "*Design*" de métodos de solução de conflitos. Mecanismo idêntico foi posto em prática na solução dos conflitos relativos ao acidente da TAM e depois da Air France. Prof. Diego Faleck, membro de nossa Comissão de Mediação, fez parte do grupo que atuou no acidente da TAM. No Seminário de 11 de novembro, após o lançamento do Pacto, ele fez o relato de sua participação na concepção do "*Design*" brasileiro.

RAM: *O senhor acredita que o projeto pode alcançar no Brasil o mesmo sucesso que possui nos Estados Unidos, onde mais de quatro mil empresas e 1,2 mil escritórios de advocacia já aderiram ao Pacto?*

KW: Não sei quando chegaremos lá. Em números relativos, proporcionalmente ao tamanho de nossa economia, tenho confiança em que chegaremos a um resultado bem parecido. Só no dia do lançamento, atingimos mais de 150 assinaturas. Os grandes escritórios de advocacia estiveram presentes. O representante do Instituto CPR americano esteve presente e nos prometeu apoio. A ideia é fazer troca de experiências e de apoio, de modo que as empresas signatárias do "*Pledge*" americano, que tenham filiais no Brasil, assinem também o "Pacto" brasileiro.

RAM: *O novo Código de Processo Civil, que recentemente seguiu para sanção presidencial, contempla a mediação e a conciliação de forma adequada?*

KW: No início, quando o projeto foi aprovado no Senado e posteriormente foi encaminhado para a Câmara dos Deputados, houve uma preocupação muito grande em fazer a compatibilização de suas disposições relativas à mediação/conciliação com a disciplina da Res. CNJ 125. Esta resolução não se limita a disciplinar a mediação e a conciliação, e outros métodos alternativos de resolução de conflitos. O CNJ, com uma visão mais abrangente, instituiu a política judiciária nacional de tratamento adequado de conflitos - não apenas de mediação e conciliação. Os cidadãos mais humildes, que procuram a Justiça, não sabem por vezes distinguir um conflito de um mero problema jurídico. Procuram acessar a justiça para obter um documento que lhe falta para o exercício de um direito, como a certidão de nascimento de um filho. O Judiciário, embora não seja um órgão de consulta, deve socorrer jurisdicionados com meros problemas jurídicos, pois o pleno exercício da cidadania depende, não raro, da solução de problemas dessa natureza. O CNJ, por meio da Res. CNJ 125, criou o Cejusc – Centro Judiciário de Solução de Conflitos e Cidadania. A parte da cidadania é muito importante, como visto, e por intermédio dela o Judiciário orienta e assiste os jurisdicionados na solução dos problemas jurídicos. O novo Código de Processo Civil adota esse modelo e determina a criação dos Cejuscs. Tiveram atuação decisiva, nessa compatibilização do novo Código de Processo Civil com a Res. CNJ 125, entre outras pessoas, Ada Pellegrini Grinover e Valéria Lagrasta Luchiari.

RAM: *Diante da sua experiência como desembargador do TJSP, o senhor acha que a conciliação deve ser uma etapa obrigatória no processo judicial?*

KW: Sim, acho importante. Historicamente, a Constituição do Império, de 1824, dispunha que antes de tentar a conciliação ninguém poderá ter acesso à Justiça. Ou seja, não era apenas uma etapa do processo, mas requisito para poder iniciar uma demanda. A Constituição acrescentava que para esse fim haverá Juiz de Paz. O Juiz de Paz tinha a função de solucionar os conflitos antes de sua judicialização. Só que houve uma intensa utilização política da figura de Juiz de Paz, porque havia à época uma acirrada disputa entre liberais e conservadores, e eram os liberais que tinham essa concepção avançada. O que eles queriam politicamente, por intermédio da figura de Juiz de Paz era a descentralização do poder político, que estava muito concentrado na metrópole, no imperador e nas autoridades da Corte. O Juiz de Paz, exercendo suas funções em cada localidade, descentralizam o poder político. Mas, os liberais exageraram na atribuição de funções para o Juiz de Paz, pois além das atividades conciliatórias, foram outorgando também funções cíveis e até criminais. Os conservadores, quando tomaram o poder, desmontaram a estratégia dos liberais e esvaziaram as funções do Juiz de Paz. Depois veio a República e pela nova Constituição deixou de existir a conciliação prévia obrigatória. Para que a conciliação produza um excelente resultado, é de fundamental importância uma boa triagem. Mas, é necessário ter presente que cada juiz tem uma posição própria a respeito da mediação. Alguns mais a favor da mediação, irão mediar quase tudo. Outros menos favoráveis, tentarão conciliar menos. Estas diferenças de formação foram manifestadas em relação ao art. 331 do CPC de 1973, que disciplina a audiência prévia. Esta audiência foi criada com o objetivo de incorporar ao nosso sistema processual o Modelo de Stuttgart. Neste modelo há a concentração dos atos processuais na audiência, com a presença do juiz e seu contato direto com as partes e seus advogados, e nela o juiz tenta a composição das partes e não conseguindo a solução amigável, organiza o processo para a instrução e fixa os pontos controvertidos da causa. Enfim, o juiz exerce um papel bastante ativo na condução do processo. Este modelo teve um resultado espetacular e se espalhou por toda a Alemanha e também por outros países. Nos Estados Unidos, um modelo assemelhado foi adotado, que é o *Case Management*. O sistema americano é um pouco diferente porque eles têm júri no cível e um sistema probatório diferente. O juiz cível americano é, em princípio, mais preparador da causa. Mas o *Case Management* fez com que o juiz americano se tornasse mais ativo na condução do processo e hoje acho que o juiz americano, na condução do processo, é muito mais ativo que o juiz brasileiro. A ideia do art. 331 era tornar o juiz brasileiro mais ativo na condução do processo, atuando, na medida do possível, na solução amigável da causa e, quando não for possível isso, prepara adequadamente o processo para a instrução e o julgamento. Muitos juízes, porém, viram na audiência prévia uma formalidade a mais e sob a alegação de que a causa não se presta à conciliação, deixavam de designar a audiência prévia, proferindo o saneador escrito ou mesmo procedendo ao julgamento antecipado da lide. Com este tipo de interpretação, deixou de existir juiz ativo no processo civil brasileiro. Vamos aguardar a interpretação do novo Código de Processo Civil para sabermos se teremos juiz mais ativo na condução do processo, ou continuaremos com o paradigma atual. Teremos de conciliar o novo Código de Processo Civil com a disciplina da mediação estabelecida na Res. CNJ 125. Entendo importante a mediação prévia no processo civil, mas desde que praticada por mediadores capacitados e treinados, isso é, com oferecimento de serviço de qualidade.

RAM: Em 2004, na Venezuela, ocorreu com a aprovação do Código Modelo de Processos Coletivos para Ibero-américa, nas jornadas do Instituto Ibero-americano de Direito Processual, o início da elaboração do Código de Processo Civil Coletivo, do qual o senhor participou da preparação do projeto. Qual o conceito principal do Código Coletivo?

KW: A ideia do Código Modelo é apenas de servir de sugestão. Cada país tem a inteira liberdade de adotá-lo, ou não, totalmente ou apenas em parte. Em sua elaboração, tiveram atuação fundamental a Profa. Ada Pellegrini Grinover e o Prof. Antonio Gidi. Tive também alguma participação. A base deste Código é o processo coletivo brasileiro, *com algumas modificações*.

RAM: *O novo Código de Processo Civil traz a possibilidade de o juiz transformar ação individual em coletiva, como ocorre no sistema de Common Law (Class Action). Em quais casos isso seria possível e qual seria o objetivo?*

KW: Para explicar o instituto da Conversão, à vista de sua supressão pelo relator da Comissão de Código de Processo Civil no Senado e diante da oposição do Min. Fux, que não aceitava a inovação, tivemos a oportunidade de, em companhia da Profa. Ada Pellegrini Grinover e do Prof. Paulo Lucon, elaborar um texto explicativo nos termos a seguir transcritos.

"Primeiramente é preciso diferenciar bem o instituto da *conversão* da ação individual em ação coletiva do *incidente de resolução de demandas repetitivas*. Os dois institutos tratam de situações diferentes. Não se sobrepõem, tampouco se conflitam.

Em relação às demandas individuais, o *incidente de resolução* diz respeito a *demandas individuais 'típicas'*, com identidade de 'questão de direito', que pela multiplicação de seu ajuizamento trazem o potencial de *'causar grave insegurança jurídica, decorrente do risco de coexistência de decisões conflitantes'*. São muitas as demandas repetitivas veiculadas por ações individuais típicas (*exemplos*: ação para reclamar a diferença correspondente ao erro de cálculo da remuneração das cadernetas de poupança; direito à desaposentação; ação para se insurgir contra a cumulação da taxa de remuneração bancária com correção monetária etc.).

O instituto da *conversão*, por sua vez, diz respeito a demandas propostas por indivíduos, *mas não são tipicamente individuais*, como será exposto em seguida. Diferenciam-se das demandas individuais típicas de que trata o *incidente de resolução* e por isso devem ter uma disciplina legislativa diferenciada. Elas são basicamente de *duas espécies*:

a) *demandas individuais de alcance coletivo*, que estão tratadas no *inc. I do art. 334 do Projeto de Código de Processo Civil aprovado pela Câmara dos Deputados*, que buscam a um tempo a *tutela do direito próprio* do autor da ação e a *tutela também de bem coletivo*, beneficiando outras pessoas que estejam na mesma situação de conflito de interesses (abrange tanto o interesse ou direito chamado *'difuso'* como o interesse ou direito "coletivo"; para não tornar excessivamente técnico este "resumo", deixamos apenas anotado que estes diferentes interesses ou direitos estão conceituados em lei - art. 81, parágrafo único, I e II, da Lei 8.078/1990 (Código de Defesa do Consumidor).

Quatro exemplos de demandas individuais de alcance coletivo:

i) *Proteção ao meio ambiente: ação proposta por morador de imóvel situado na vizinhança de uma indústria poluidora que pede, em defesa de seu direito à saúde e qualidade de vida, a cessação da poluição;* o pedido do autor tutela também o direito dos demais proprietários da mesma região;

ii) *Proteção à qualidade de vida nas cidades*: morador de apartamento localizado na proximidade de casa noturna que perturba a vizinhança com barulho, ocupação indevida de espaços públicos e outros atos: o autor postula a tutela de seu direito individual ao sossego e à qualidade de vida, pedindo que a casa noturna seja compelida a cessar os atos ilegais que pratica, com o que estará procurando a tutela de um direito próprio e também do idêntico direito dos demais proprietários da vizinhança.

iii) *Proteção dos acionistas ou sócios de uma sociedade comercial*: ação anulatória de decisão de uma assembleia geral de sociedade anônima de capital aberto, proposta por um acionista ou um grupo de acionistas; *basta uma só ação anulatória*, pois as demais seriam reprodução de uma mesma demanda, havendo o que se denomina tecnicamente de *litispendência*, ou ao menos haveria *falta de interesse de agir* para propositura de uma segunda demanda com o mesmo objeto. Este tipo de demanda individual existe, em nosso sistema jurídico, há muitos anos, muito antes da aprovação em 1985 da primeira Lei Geral de Ação Coletiva, que é a lei 7.347/1985, que instituiu a ação civil pública. Como o sistema pátrio não conhecia a ação coletiva, a solução dada pela doutrina e pela jurisprudência à coexistência de ações individuais da espécie mencionada, foi com base nos institutos de direito processual tradicional. O *Direito Americano*, como conhece há muito tempo a ação coletiva, adotou a solução de converter as ações individuais com alcance coletivo em ação coletiva (Rule 23 (b) (1) (A). É chegada a hora de enfrentar o problema e adotar corajosamente, em nosso país, uma solução mais abrangente e compatível com o sistema vigente, que já conhece as ações coletivas, admitindo-se a conversão das mencionadas ações individuais em ação coletiva.

Em todos estes exemplos, poderia haver a conversão em ação coletiva, estando presente o requisito da relevância social.

b) *E há as demandas denominadas pseudoindividuais, tratadas no inc. II do art. 334 do Projeto de CPC aprovado na Câmara dos Deputados*, em cuja identificação há a necessidade de se examinar a natureza da relação jurídica de direito material a que estão referidos os conflitos de interesses judicializados. Há relações jurídicas de direito material que são de natureza incindível que não admitem sua fragmentação em demandas individuais. Por exemplo, a nulidade de casamento não pode ser postulada em relação somente a um dos cônjuges. O casamento é nulo ou válido para ambos, não havendo a possibilidade de fragmentação do conflito em duas demandas que conduzam a soluções distintas para os cônjuges. Há, na atualidade, inúmeras relações jurídicas desta natureza, em relação à quais deve o legislador se preocupar em evitar que haja a propositura de demandas individuais fragmentadas, pois elas não admitem a cisão. Deve-se evitar, em relação a esta espécie de relações jurídicas, que haja a coexistência de múltiplas demandas individuais, não se limitando à mera preocupação de se evitar o risco da existência de decisões conflitantes. E coexistindo demandas individuais desta espécie, a solução a ser adotada é a conversão delas em ação coletiva. Não basta o simples incidente de resolução de demandas repetitivas. Exemplo que pode ser citado: demandas individuais postulando o cancelamento do valor correspondente à '*tarifa de assinatura*' da conta a ser paga pelo assinante; semelhante componente da tarifa telefônica deve existir ou deixar de existir em relação a todos os clientes de uma mesma concessionária, de modo isonômico. Por lei, cabe ao Poder Público (no caso, a Anatel) definir os componentes da cesta de tarifa telefônica, não havendo a possibilidade de, por meio de decisões judiciais individualizadas, ser cancelado um dos componentes em benefício de alguns assinantes, mantendo-o em relação aos demais assinantes, sob pena de violação do princípio do tratamento isonômico dos assinantes, o que é expressamente vedado pela lei de telecomunicações. Vários outros exemplos similares poderiam ser citados, principalmente os ligados às atividades econômicas parcialmente controladas pelo Estado, nas quais as partes contratantes não têm autonomia plena na celebração das relações jurídicas. Este tipo de exame do direito material é de importância fundamental para que o processo tenha total aderência ao direito material e às suas peculiaridades. A verdadeira *instrumentalidade do processo* é aquela que se preocupa com a perfeita adequação do direito processual ao direito material e às pretensões a ele relativas, a cuja tutela e efetividade está ele preordenado.

O novo Código de Processo Civil deve enfrentar *todos os direitos coletivos (difusos, coletivos em sentido estrito e individuais homogêneos), bem como todos os aspectos do grave problema de demandas repetitivas*, que comprometem o bom desempenho de nosso Judiciário, não se limitando apenas ao problema da coexistência de decisões conflitantes. Deve dar também solução às demandas repetitivas ligadas às demandas individuais de alcance coletivo e também às demandas pseudoindividuais relacionadas às relações jurídicas de natureza incindível, em relação às quais a melhor solução está em convertê-las em ação coletiva, pois o problema está na coexistência de demandas individuais inadmissíveis, e não apenas da possibilidade de decisões conflitantes".

Com este texto, espero ter esclarecido as razões e a serventia do instituto da "Conversão".

RAM: Quais seriam, em sua opinião, as medidas necessárias para que a prestação jurisdicional seja célere e efetiva?

KW: Várias são as medidas necessárias. Mas, a mais importante é tentar reduzir a quantidade dos conflitos que são canalizados para o Judiciário. O ponto fundamental é atacar as causas destes conflitos e muitos deles podem ser evitados ou ao menos reduzidos. Uma medida importante é a adoção mais intensa dos mecanismos de solução pré-processual que evitem a judicialização excessiva e por vezes até desnecessária dos conflitos. Assim estaremos pensando mais nas causas do que nos efeitos. Quando se pensa em reforma da lei processual, encurtando prazos processuais, reduzindo o número de recurso e de incidentes processuais, etc., apenas os efeitos dos problemas estarão sendo enfrentados, e não suas causas. Sem que as causas sejam adequadamente atacadas, estaremos apenas "enxugando o gelo". No campo da reforma da lei processual, aspecto importante é a mudança de um paradigma, e não apenas alterações procedimentais. Temos atualmente, por exemplo, o paradigma do juiz passivo na condução dos processos, como já ressaltei, e isso deve ser modificado para que, concomitantemente com a redução da carga excessiva de serviços dos juízes, sejam os processos adequadamente conduzidos e seja alcançado o ideal de justiça célere. Quanto aos Juizados Especiais, venho sustentando que é necessário reduzir a sua competência ou dotá-los de infraestrutura pessoal e material compatível com o seu volume de serviços. Foram eles concebidos para resolver a crise de acesso à justiça por parte, principalmente, dos cidadãos mais humildes. Hoje estão sendo utilizados para resolver a morosidade e a crise de desempenho da Justiça!

RAM: A mudança nas grades curriculares das faculdades de Direito para incorporar os métodos alternativos de resolução de disputas é bastante recente. O senhor acredita que o estudante está sendo bem preparado para atuar nestas áreas?

KW: Na USP, por exemplo, foi criada uma disciplina específica – "Mediação e Conciliação Judiciais" - com base na Res.125 do CNJ, por sugestão da Profa. Ada Pellegrini Grinover e também minha. Regente da disciplina é o Prof. Carlos Alberto de Salles, que vinha já atuando na área de extensão universitária com a disciplina denominada Nemesc, apresentando e treinando os alunos em meios alternativos de resolução de controvérsias. Na regência da nova disciplina, ele vem adotando um método bastante dinâmico, com a convocação de mediadores e conciliadores capacitados e atuantes nas áreas judicial e privada e com a utilização de mediações/conciliações simuladas. Como curso de iniciação dos alunos em mecanismos alternativos de resolução de controvérsias, está indo muito bem. É ainda uma disciplina facultativa, mas é grande sua procura pelos alunos.

RAM: Esta mudança nas grades curriculares em longo prazo poderá afetar a postura do litigante brasileiro?

KW: Para mudar a postura do litigante brasileiro, teremos de combinar duas coisas: (a) primeiro, o Judiciário precisa organizar melhor o setor de mediação/conciliação. O Cejusc, que foi criado pela Res. CNJ 125 ainda não está sendo organizado, de forma adequada, em todo o país. Recentemente, uma pesquisa realizada pelo Cebepej e pela FGV-SP constatou esta deficiência. Dos poucos Cejusc existentes, foi escolhido o da Comarca de Jundiaí, conduzido pela Juíza Valéria Lagrasta Luchiari, como a unidade que apresenta a melhor prática. Tem todas as unidades necessárias, inclusive a de cidadania, conta com mediadores e conciliadores capacitados e treinados, há monitoramento e avaliação de suas práticas, e apresenta excelentes resultados. Enfim, a mudança da postura do litigante pessoa física depende muito do desempenho da Justiça, que irradia efeitos pedagógicos em relação à sociedade; (b) segundo, na área extrajudicial, principalmente as empresas e demais instituições, precisamos de advogados com nova mentalidade e também de ampla divulgação das vantagens dos meios consensuais de resolução de controvérsias. Para tanto, o relançamento do "Pacto de Mediação", em outras unidades da federação será de fundamental importância.

RAM: O senhor é vice-presidente do Conselho Orientador de Programas de Pesquisas do Cebepej. Como surgiu o Cebepej?

KW: O Cebepej foi criado por um grupo de juízes, promotores, advogados e cientistas sociais. Nasceu da percepção de que estávamos procedendo às reformas do Judiciário com base no "achismo", sem conhecimento científico da realidade do país. Cada dirigente do Judiciário agia com base em sua experiência pessoal, fazendo as reformas sem critério científico. Não existia, até pouco tempo atrás, qualquer pesquisa que identificasse as causas dos males que afetam o nosso Judiciário. Era imperioso, assim, que uma instituição formada por especialistas procedesse à pesquisa científica que propiciasse o conhecimento mais preciso da realidade do país e possibilitasse a concepção de projetos mais adequados de reforma do Judiciário. O Cebepej completa este ano 15 anos de existência e já realizou muitas pesquisas e estudos específicos. Após sua criação, inúmeras instituições de pesquisas foram surgindo. O próprio CNJ criou o departamento de pesquisas judiciárias, de cujo Conselho Consultivo tivemos a honra de participar, ao lado da Profa. Maria Tereza Sadek e do Prof. Francisco Cahali. Das sugestões que formulamos neste Conselho, uma delas foi exatamente a edição da Res. CNJ 125.

RAM: Diante de sua experiência no Cebepej, o que o senhor acha necessário para a melhoria dos processos de formação e aperfeiçoamento de profissionais das áreas jurídicas?

KW: O que é necessário, em primeiro lugar, é conhecer bem a realidade do país. Segundo, é importante conhecer modelos estrangeiros que nasceram para enfrentar os problemas gerados por uma realidade, com a participação dos profissionais da área, juízes, promotores e advogados. O modelo de Stuttgart, por exemplo, é resultado de um trabalho coletivo de juízes e advogados no início do século passado, quando eles estavam diante de uma crise de morosidade e de acúmulo de processos. Da mesma forma, o *Case Management* americano surgiu nos Estados Unidos como resultado do esforço de advogados e juízes diante da situação de crise de desempenho do Judiciário, diante da quantidade excessiva de demandas. A utilização dos meios alternativos de resolução de controvérsias começa a nascer após a famosa "*Pound Conference*" em que fizeram o diagnóstico da crise pela qual estava passando o Judiciário norte-americano e chegaram à conclusão de que tinham de estimular o uso mais intensivo dos mecanismos alternativos de resolução de controvérsias. Entendo que estes estudos devem ser desenvolvidos não somente pelo Cebepej, mas também pelas instituições de classe como OAB, Iasp, Aasp, Cesa e pelo próprio Judiciário. Agora, com o novo Código de Processo Civil, estamos diante de uma excelente oportunidade para proceder a essas pesquisas e estudos, principalmente com o propósito de estabelecer a mais adequada interpretação de suas disposições e também para sua correta implementação.

RAM: *Em sua opinião, a mediação é hoje uma área promissora para os advogados recém-formados no Brasil?*

KW: Sim, teremos em breve uma categoria profissional de prestígio e bastante respeitada, a dos mediadores privados. Na mediação judicial, a profissionalização dos conciliadores/mediadores dependerá fundamentalmente da regulamentação que cada unidade da federação irá adotar e também a União em relação à Justiça federal. No Estado de São Paulo, a Assembleia Legislativa já está estudando um projeto de lei que cuida da remuneração dos mediadores. Na mediação privada, tudo dependerá do mercado. Havendo o florescimento da mediação, os profissionais terão cada vez mais serviços e poderão obter uma boa renda. Mas para isso precisa se capacitar e se aperfeiçoar permanentemente, para ganhar a confiança e a respeitabilidade dos clientes. Com a Res. CNJ 125, com o novo Código de Processo Civil, com a Lei de Mediação, e com os movimentos iguais ao do lançamento do "Pacto de Mediação", o mercado de mediação, com toda a certeza, crescerá exponencialmente, como está ocorrendo em todo o mundo.

RAM: *O senhor tem vasta participação em comissões elaboradoras de anteprojetos de lei, como, por exemplo, o Anteprojeto da Lei Federal de Pequenas Causas (Lei 7.244/1984) o Anteprojeto da Lei da Ação Civil Pública (Lei 7.347/1985), o Anteprojeto do Código de Defesa do Consumidor (Lei 8.078/1990), assim como da Comissão de Revisão do Código de Processo Civil (Ministério da Justiça, 1985). Quais foram as experiências mais relevantes?*

KW: Uma coisa que mudou definitivamente a minha visão de mundo e as minhas preocupações na área processual, foi a participação na comissão elaboradora do anteprojeto da Lei de Pequenas Causas. Até então meus estudos na área processual estavam num patamar muito abstrato. No estudo dos Juizados de Pequenas Causas, tive de analisar de perto a realidade do país, em especial os problemas do cidadão comum, que estava enfrentando dificuldade no acesso à Justiça. Como facilitar este acesso, era a questão fundamental destes Juizados. Prof. Dinamarco fazia parte da Comissão comandada por Piquet Carneiro, e às vezes eu lhe perguntava: "Dinamarco, você consegue imaginar um processo sem autos?" Hoje, com processo digital, isso é bem fácil, mas naquela época, em que tudo era impresso em papel, não era muito fácil, mas era necessário que concebêssemos um processo sem formalidades, sem carimbos, sem costuras, tudo reduzido à grande simplicidade. Este tipo de preocupação provocou uma grande guinada em minha vida e em meus estudos processuais. Outros projetos também me deram grandes satisfações, mas a maior foi aquela recebida no trabalho de elaboração do anteprojeto da lei dos Juizados de Pequenas Causas.

RAM: Como surgiu o seu interesse pelo uso da mediação?

KW: Quando concluí o curso de Direito em 1959, estava em vigor o Código de Processo Civil de 1939, que não trazia quase nada sobre mediação e conciliação. Já o Código de Processo Civil de 1973, trouxe vários dispositivos sobre a conciliação, mas sua disciplina era muito esparsa. Meu maior interesse pela conciliação surgiu quando, em 1965, visitei pela primeira vez o Japão. Conheci o sistema japonês de conciliação, que já existia desde o início do século passado. A conciliação era muito importante no Japão, não somente para a solução dos conflitos individuais, como também para solucionar conflitos coletivos. Era muito conservadora a sociedade japonesa e o sistema bicameral que existia antes da 2.ª Guerra Mundial, com a Câmara dos Lordes impedindo qualquer tipo de alteração do *status quo*, era impossível a aprovação de uma lei transformadora da sociedade. Os conflitos coletivos entre arrendatários e proprietários de terra somente poderiam ser solucionados por meio de conciliação, jamais por meio de mudança legislativa. Conheci, na oportunidade, um Juizado que cuidava exclusivamente da conciliação. Este modelo foi utilizado na concepção, em 1985, dos JICs de São Paulo (Juizados Informais de Conciliação), que foram instalados depois da aprovação da Lei dos Juizados de Pequenas Causas, mas um pouco antes de sua implementação no Estado.

RAM: Como sua experiência como Desembargador do TJSP e Professor da USP refletiu no seu interesse por métodos alternativos de resolução de disputas?

KW: Como magistrado, em 1982, a convite do Dr. Piquet Carneiro, participei da concepção dos Juizados Especiais de Pequenas Causas, ao lado do Prof. Dinamarco, do Juiz Caetano Lagrasta e de outros colegas. A Lei dos Juizados de Pequenas Causas foi aprovada em 1984. Permaneci na magistratura até agosto de 1986. Após a criação dos Juizados Informais de Conciliação na Lapa, zona oeste de São Paulo, e sua transformação em Juizados de Pequenas Causas, achei que tinha acabado a minha missão no Judiciário Paulista e resolvi então me aposentar. A esta altura, muitos Juizados já estavam implantados e outros em via de criação em todo o país. Na Faculdade de Direito da USP, juntamente com Ada Pellegrini Grinover e Cândido Rangel Dinamarco, criamos uma nova disciplina denominada "Novas Tendências de Direito Processual". Por meio dela procuramos difundir entre os alunos todas estas inovações no campo processual, inclusive os Juizados Especiais de Pequenas Causas. Os alunos gostaram tanto que a primeira turma desta disciplina adotou o nome "Turma Novas Tendências de Direito Processual". Foi uma atividade inovadora, muito importante na área do ensino jurídico, marcou bastante a nós três, professores da disciplina. O Prof. Carlos Alberto Carmona foi nosso aluno e hoje é um dos expoentes da arbitragem.

RAM: *Existe alguma pessoa, autor ou professor, que tenha influenciado os seus estudos sobre a mediação?*

KW: Foram vários os professores que me influenciaram na área de direito processual, na qual se inclui a mediação e outros métodos ditos alternativos de resolução de disputas. O direito processual brasileiro recebeu uma grande influência de Liebman. Todos os processualistas da chamada Escola Paulista de Direito Processual, dentre eles Alfredo Buzaid, Celso Neves, Frederico Marques, Luis Eulálio Vidigal, e muitos outros, foram discípulos de Liebman. Fui discípulo destes processualistas e também recebi influência da geração contemporânea à minha. Em especial, gostaria de mencionar Barbosa Moreira, cujos precisos ensinamentos me influenciaram sobremaneira e procurei incorporar nas propostas legislativas que tive a oportunidade de apresentar, quando integrei a Comissão do Código de Defesa do Consumidor e a Comissão de Reforma do Código de Processo Civil. Muitas das propostas formuladas por esta última Comissão foram convertidas em lei entre 1992 a 1995. Tutela específica das obrigações de fazer ou não fazer é uma destas sugestões baseadas nos ensinamentos de Barbosa Moreira. Outro processualista que me influenciou bastante foi o saudoso Ovídio Baptista da Silva. A proposta de antecipação de tutela, que se converteu no art. 273 do atual CPC, é inspirada na proposta apresentada por Ovídio Baptista da Silva num Congresso de Direito Processual Civil realizado em Porto Alegre.

Publicado originalmente em:

- Revista de Arbitragem e Mediação – Ano 12 – Volume 44 – Janeiro-Março de 2015, páginas 361 a 375. Editora Revista dos Tribunais.

CAPÍTULO 3

BOLETIM AASP
(ASSOCIAÇÃO DOS ADVOGADOS DE SÃO PAULO)

3.1 A efetividade dos processos coletivos no Direito brasileiro

Doutrinador reconhecido na área do Direito Processual e com participação ativa na criação do Código de Defesa do Consumidor, o advogado e desembargador aposentado do Tribunal de Justiça de São Paulo Kazuo Watanabe é defensor dos processos coletivos como meio de acesso à Justiça pela sociedade brasileira. As ações coletivas tutelam os interesses metaindividuais e os interesses individuais homogêneos, dando tratamento adequado às demandas de massa, cujas peculiaridades exigem tratamento processual distinto do previsto para os litígios individuais. Na entrevista a seguir, concedida ao Boletim da AASP em seu escritório na capital paulista, Kazuo Watanabe apresenta um histórico dos processos coletivos no Brasil e explica os motivos de, apesar da eficácia, não haver uma evolução mais efetiva desta modalidade de demanda judicial no país.

AASP: *Em meados da década de 1970 os processos coletivos avançaram no país, mas desde a década de 1930 já se falava em ações coletivas?*

KW: A primeira ação coletiva brasileira é a ação popular, consagrada desde 1934 por todas as Constituições Federais, com a única exceção da Carta Política de 1937. Na atual Constituição, a ação popular está prevista no art. 5º, inciso LXXIII. No início, a ação popular se destinava à tutela apenas do patrimônio de entidades públicas, mas seu campo de atuação foi ampliado, e a Lei nº 4.717/1965, que regulamentou o instituto, ampliou o conceito de "patrimônio público", abrangendo os bens e direitos "de valor econômico, artístico, estético ou histórico". Abrange, assim, não somente os atos que causem prejuízos pecuniários, como também lesões a bens imateriais e não suscetíveis de avaliação pecuniária. Além disso, houve a reforma de 1977, que deu amplitude ainda maior, fazendo-a abrangente dos direitos difusos ligados ao patrimônio ambiental, em sentido amplo.

A Constituição de 1988 consagrou toda essa ampliação, dispondo que a ação popular visa a anular "ato lesivo ao patrimônio público, à moralidade administrativa, ao meio ambiente e ao patrimônio histórico e cultural". Em 1981, a Lei nº 6.938, que disciplina a Política Nacional do Meio Ambiente, previu a titularidade do Ministério Público para ação ambiental de responsabilidade civil. Trata-se, sem dúvida alguma, de ação coletiva, no sentido de ação destinada à tutela de interesses da coletividade, mas a legitimação estava limitada a um ente público – o Ministério Público – e a lei não trazia qualquer disciplina do processo e do procedimento dessa ação. Foi com objetivo de aperfeiçoar a regulamentação da ação coletiva, ampliando a legitimidade para agir, que o grupo de juristas, integrado por Ada Pellegrini Grinover, Waldemar Mariz de Oliveira Jr., Cândido Dinamarco e por mim, apresentou o primeiro anteprojeto de lei que, depois de amplamente debatido e aperfeiçoado com as contribuições de vários juristas e instituições públicas e privadas, deu nascimento, em 1985, à Lei da Ação Civil Pública (Lei nº 7.347/1985), que posteriormente, em 1990, foi complementada pelo Código de Defesa do Consumidor. Hoje, o que temos é um microssistema de processo coletivo formado pela Lei da Ação Civil Pública e pela parte processual do Código de Defesa de Consumidor.

AASP: Em 2004 o senhor participou da elaboração de um Código Modelo de Processo Coletivo. Nos anos seguintes, em forma de anteprojeto, este Código tramitou no Congresso, mas foi arquivado em 2010. O que é esse Código?

KW: O Código Modelo que foi aprovado em 2004 na Assembleia Geral do Instituto Ibero-Americano de Direito Processual, realizado em Caracas, Venezuela, é um modelo destinado a todos os países ibero-americanos que queiram instituir ações coletivas. Ele tem por base o Direito brasileiro e tem algumas peculiaridades que o nosso Direito pátrio não consagra. Basicamente, contudo, serve como fonte teórica e prática para alguns países, como Argentina e Uruguai. Código Modelo é uma coisa, e na sua elaboração participaram, na fase inicial, a professora Ada Pellegrini, o professor Antônio Gidi, eu também tive participação, e em sua redação final houve a participação de vários processualistas ibero-americanos. Outra coisa é o Código Brasileiro de Direitos Coletivos, cuja ideia surgiu na mesma época, no curso de pós-graduação da USP, e foi uma iniciativa da professora Ada Pellegrini Grinover. Debatendo o Código Modelo com os alunos do curso de pós-graduação da USP, amadureceu a ideia de Código Brasileiro de Processos Coletivos, e a professora Ada redigiu a sua primeira minuta, que, posteriormente, foi divulgada e discutida com outros especialistas e instituições, como o Ministério Público, e outras faculdades. Concomitantemente, também o professor Aluisio Gonçalves de Castro Mendes, no curso de pós-graduação da Uerj, apresentou à discussão outro projeto de Código Brasileiro de Processos Coletivos. A professora Ada apresentou ao Ministério da Justiça o Anteprojeto por ela elaborado e amplamente discutido com a comunidade jurídica, e ali foi formada uma comissão que, ao invés do Código Brasileiro de Processos Coletivos, resolveu apresentar ao Congresso Nacional o projeto de lei de aperfeiçoamento da Lei de Ação Civil, de 1985. O projeto, que incorporara inúmeras ideias contidas no Código Brasileiro de Processos Coletivos, foi rejeitado e arquivado pela Comissão de Constituição e Justiça da Câmara dos Deputados.

AASP: Por que houve essa resistência do Congresso Nacional de, em vez de criar um Código de Processo Coletivo, atualizar a Lei de Ação Civil?
KW: Existe uma grande resistência, principalmente dos congressistas, deputados e senadores, ao aperfeiçoamento dos processos coletivos. Um dos motivos é porque muitos deles já foram prefeitos ou titulares de outros cargos executivos, e pelos atos então praticados foram ou estão sendo processados pelo Ministério Público com base na Lei de Improbidade Administrativa ou foram ou estão sendo réus em ação coletiva. Eles têm receio de que o aperfeiçoamento dos processos coletivos poderia resultar em outorga de mais poderes ao Ministério Público e ao Judiciário. Outro motivo, em meu sentir, é o desconhecimento de que o rigor está na lei material, na Lei de Improbidade Administrativa, e não na lei processual, na ação coletiva. Esta é apenas um instrumento daquela. Além do projeto de lei mencionado na resposta anterior, foram apresentados outros projetos de aperfeiçoamento das ações coletivas, principalmente com vistas à melhor defesa dos interesses dos consumidores. Com efeito, há cerca de três anos, a comissão formada pelo Senado Federal para atualizar o Código de Defesa do Consumidor apresentou três projetos. A comissão, presidida pelo ministro Herman Benjamin e com a relatoria da professora Claudia Lima Marques, propôs projeto para disciplinar o comércio eletrônico, que não existia em 1990 quando foi editado o CDC; outro sobre crédito ao consumidor e superendividamento; e um terceiro sobre o aperfeiçoamento das ações coletivas. Os dois primeiros continuam em tramitação, mas o terceiro, sobre ações coletivas, foi sumariamente arquivado pelo Senado Federal. E os aperfeiçoamentos sugeridos são necessários para o melhor desempenho das ações coletivas, pois elas estão demorando demasiadamente, principalmente a de tutela de interesses individuais homogêneos. Algumas dessas ações, em virtude de falhas existentes e sua disciplina legal, que

são habilmente aproveitadas pelos réus, estão demorando mais de 20 a 25 anos até sua conclusão final. Algumas referentes às cadernetas de poupança já estão completando quase 30 anos!

AASP: *A modalidade de processos coletivos pode representar uma alternativa de acesso à Justiça e de celeridade aos processos na atualidade?*

KW: Sem dúvida alguma, o processo coletivo possibilita o acesso à Justiça no que se refere aos interesses difusos, coletivos estrito senso e também para os individuais homogêneos, vale dizer, para os interesses metaindividuais que, até então, em razão da concepção limitadora do direito subjetivo, que é sempre concebido como referido à titularidade de uma pessoa física e jurídica, e a inspiração liberal-individualista do Direito Processual Civil, procuravam fragmentar os conflitos de interesses, admitindo a postulação de tutela jurisdicional somente pelo titular do direito subjetivo, e não para direitos de terceiros. Isto impossibilitava a tutela dos interesses metaindividuais. Somente em casos excepcionais, quando expressamente admitido por lei, torna-se possível ingressar em juízo para postular a tutela jurisdicional em favor de direito pertencente a terceiro.

AASP: *Qual a sua avaliação da quantidade de processos que chegam à Justiça atualmente? O que tem acontecido com a sociedade?*

KW: Muitos conflitos atuais têm uma configuração que eu denomino de "molecular", que afeta a esfera jurídica dos indivíduos e também a esfera de outras pessoas, de um grupo, classe ou categoria de pessoas, e até mesmo de toda uma coletividade. Um exemplo de lesão que afeta um número grande de indivíduos é o da incorreta atualização das cadernetas de poupança no curso dos vários planos econômicos que tivemos para combater a hiperinflação que minava a economia nacional, já mencionada na resposta anterior. São centenas de milhares de ações, muitas delas individuais e outras coletivas, que ainda tramitam na Justiça em busca da correta atualização das cadernetas de poupança, todas elas com a mesma tese jurídica: direito à correção das atualizações incorretamente pagas pelas instituições financeiras. Essas ações perduram há cerca de 30 anos, e ainda não chegaram à conclusão final. Quando há um conflito de natureza assim, molecular, é melhor mover uma só ação coletiva para solucionar o conflito de interesses, ao invés de atomizá-lo em ações individuais, pois estas têm força política menor, além de prejudicar o desempenho do Judiciário com sobrecarga de processos. Temos hoje, segundo os dados estatísticos publicados pelo Conselho

Nacional de Justiça, mais de 100 milhões de processos em andamento na Justiça, com cerca de 30 milhões de processos novos a cada ano e com índice de congestionamento de cerca de 70%. O índice de produtividade dos juízes é grande, mas não se consegue, apesar disso, reduzir o estoque de processo. Essa calamitosa situação de nossa Justiça é consequência de inúmeras causas, dentre as quais despontam a situação de desigualdade que existe em nossa sociedade, além da ampliação crescente de direitos materiais, fenômeno ocorrido principalmente pela nova Constituição, que consagrou inúmeros direitos fundamentais sociais, econômicos e culturais, que não são implementados ou, quando implementados, são descumpridos. O Código de Defesa do Consumidor foi editado por determinação dessa Constituição, e o descumprimento de vários dos direitos nele previstos vem dando origem a inúmeros processos judiciais. Mas, outra causa de suma relevância é a judicialização excessiva dos conflitos, em razão da predominância da "cultura da sentença", que privilegia a solução dos conflitos por meio da sentença do juiz. Não existe entre nós, lamentavelmente, a "cultura da pacificação", que priorize as soluções amigáveis obtidas pelas próprias partes por meio da negociação, da conciliação ou da mediação.

AASP: Os processos coletivos fortalecem politicamente os indivíduos?

KW: Alguns conflitos causam microlesões, lesões pequenas, e a tendência das pessoas lesadas é de não ir à Justiça para reclamar de alguns reais. Por isso, a solução coletiva para esses tipos de conflitos é de fundamental importância. Por exemplo, na área de consumo, a venda de óleo comestível em lata ou garrafa com falta de 10 miligramas é uma lesão tão diminuta no plano individual que ninguém se dará ao trabalho de reclamar disso em juízo. Mas, na dimensão coletiva, a lesão é bastante significativa. O combate a essas microlesões, por meio de ações coletivas, é de suma importância no plano social, pois pune o fabricante desonesto e protege a sociedade. Portanto, para assegurar pleno acesso da comunidade à Justiça para a tutela de todos os seus direitos, a ação coletiva é dotada de extrema importância política.

AASP: Desde a Constituição de 1988, pode-se dizer que o Ministério Público está mais preparado para promover a defesa dos interesses da sociedade mais efetivamente? E também a Defensoria Pública?

KW: Sim, a Constituição de 1988 deu mais autonomia e maior independência ao Ministério Público, atribuindo-lhe várias e importantes atribuições. Aliás, em alguns Estados, como no Estado de São Paulo, o MP já vinha atuando mais ativamente e com maior independência. O fortalecimento dessa independência institucional do Ministério Público é resultado do empenho de vários membros do MP e da pressão pública da própria sociedade durante os trabalhos da Constituinte. A Constituição de 1988 é um marco importante, mas não significa que a evolução toda começou apenas em 1988, pois várias conquistas do MP são anteriores a essa Constituição. A Defensoria Pública foi criada em todo o país pela Constituição de 1988 "para a orientação jurídica e a defesa, em todos os graus, dos necessitados". Ela vem se organizando e ganhando cada vez mais capacitação, com atuação efetiva, a partir de então.

AASP: O processo coletivo no Brasil segue qual modelo internacional?

KW: A concepção da ação coletiva brasileira teve por inspiração a Class Action do Direito norte-americano, mas foi adaptada às peculiaridades do nosso país. Na tutela de direitos difusos e coletivos, que são essencialmente de natureza coletiva, as diferenças, embora existam, não são muito grandes. A ação coletiva para a tutela de interesses individuais homogêneos do Direito brasileiro tem peculiaridades bem distintas do Direito norte-americano. O sistema brasileiro adotou a legitimação de entes coletivos públicos e privados para a propositura dessas ações coletivas, enquanto o Direito americano admite a legitimação também do indivíduo, embora exija o exame sério e aprofundado da representatividade adequada do autor, em termos de credibilidade, de experiência, de capacidade financeira e outros aspectos mais. O Direito brasileiro, considerando a experiência não muito boa da legitimação do cidadão para a ação popular, preferiu uma orientação diversa, qual seja de não admitir a legitimação da pessoa física para a ação coletiva. O sistema brasileiro de ações coletivas, que foi o pioneiro entre os países do Civil Law, vem influenciando outros países da América Latina, como a Argentina e o Uruguai.

AASP: As ações coletivas podem ser divididas em categorias, de acordo com suas peculiaridades. Quais são elas?

KW: Nós temos três tipos de ação coletiva: a tutela dos interesses "difusos", como a defesa do meio ambiente equilibrado, que pertence a todos indistintamente. Sempre que há interesse dessa natureza, estamos defendendo um interesse difuso. Já a segunda categoria, que é do "interesse coletivo estrito senso", diz respeito a interesse de grupo, classe ou categoria de pessoas, por exemplo, a defesa dos jornalistas, que só interessa aos jornalistas, ou a defesa dos advogados, dos médicos, dos metalúrgicos, dos consumidores, ou seja, de uma determinada categoria ou classe ou grupo de pessoas. E existe a terceira categoria, que é a da ação coletiva de tutela de interesses individuais homogêneos. Por exemplo, consumidores que compraram óleo comestível faltando uma determinada quantidade. Cada vítima apresenta prejuízos distintos e poderia reclamar em juízo, mas, em razão de sua insignificância no plano individual, nenhuma delas quer tomar a iniciativa da demanda judicial. Para defender esses interesses individuais coletivamente, foi criada a chamada ação coletiva para a tutela de interesses individuais homogêneos. Existem vários exemplos, como da escola que atualiza incorretamente o valor de mensalidade. Para evitar o aumento abusivo, pode ser proposta uma ação coletiva para a tutela de interesses coletivos (estrito senso). E para buscar o reembolso das quantias pagas indevidamente, a associação dos alunos ou de pais de alunos pode ajuizar ação coletiva para a tutela de interesses individuais homogêneos. Essa ação, se vier a ser julgada procedente, beneficiará todos que pagaram o aumento abusivo, inclusive os que não fazem parte da associação, pois a lei prevê o que se denomina de eficácia *ultra partes* da sentença.

AASP: O novo CPC trouxe algum tipo de respaldo aos processos coletivos?

KW: O novo Código de Processo Civil, tirando uma rápida menção no art. 139, inciso X, não trouxe uma única norma a respeito do processo coletivo. O dispositivo que foi aprovado, que dizia respeito à conversão da ação individual em ação coletiva, que foi proposta por Ada Pellegrini Grinover, por Paulo Lucon e por mim, e cujo alcance poucos processualistas entenderam, foi vetado pela presidente da República.

AASP: Qual o futuro dos processos coletivos no Brasil?

KW: À primeira vista, tem-se a impressão de que o Direito Coletivo está plenamente consolidado. Não é bem assim. Há profissionais de formação conservadora que não aceitam plenamente os avanços alcançados pelo processo coletivo no Brasil. Há também a oposição de alguns políticos e de setores empresariais, que preferem atomizar os conflitos para enfraquecer as reclamações dos consumidores e do público em geral, e para não cumprir a obrigação de investimento para melhoria e universalização dos serviços públicos concedidos, preferem enfrentar as demandas atomizadas a proceder ao investimento necessário para a melhoria dos serviços. E também o Poder Público, que não quer atender de modo coletivo os pleitos dos que reclamam pelos direitos descumpridos. Esses segmentos vêm investindo na reversão das conquistas doutrinarias e jurisprudenciais até então conquistadas. E, o que é mais grave, vêm procurando aprovar leis que reduzam a área de aplicação dos processos coletivos e a esfera de abrangência da sentença favorável, e para isto, por meio de mudança na lei e na jurisprudência dos tribunais, procuram reduzir a esfera de abrangência da sentença favorável aos autores, até mesmo aquela já coberta pela eficácia da coisa julgada.

AASP: Em outras palavras, não incentivar o processo coletivo significa retrocesso?

KW: Se não houver a luta dos consumeristas, dos demais profissionais e dos beneficiários em geral das tutelas coletivas, há sério risco de retrocesso em nosso processo coletivo, cuja efetividade foi conquistada a duras penas ao longo de mais de 30 anos de luta. O objetivo do processo coletivo não é o de reduzir o volume de serviço do Judiciário, nem tampouco reduzir o serviço dos advogados, mas sim de atender melhor os interesses dos que necessitam da proteção judiciária. Não são interesses apenas de uma pessoa, mas de toda uma coletividade. A ação coletiva possibilita que os conflitos de natureza molecular possam ter acesso à justiça em sua configuração plena, original, sem fragmentá-los em demandas-átomo, para que o Judiciário possa decidir de uma forma igual para todos os interessados e de forma mais eficiente. Como toda ação coletiva tem força política, é de suma importância essa lógica de tratamento unitário dos conflitos de interesses.

AASP: Nesse contexto, qual o papel da sociedade brasileira e de cada cidadão?

KW: Acho que a sociedade brasileira tem inúmeras causas geradoras de conflitos, porque é uma sociedade extremamente desigual, em termos de distribuição de rendas e de bens, de diferenças regionais, uma região mais evoluída que outra, e isso interfere na vida das pessoas que que moram nessas regiões. E existem vários atores e agentes econômicos que, em razão talvez das desorganizações que existem na área política e econômica, ou por outros fatores, preferem não investir de forma mais decisiva para a melhoria de alguns serviços públicos concedidos, como telefonia, transporte, energia, etc. Em razão desse estado de coisas, a população acaba sofrendo uma série de lesões em seus direitos, e tudo isso se traduz, em última análise, em conflitos, que, não sendo resolvidos na instância administrativa, acabam sendo canalizados para a instância judiciária. Então, para melhorar esse estado de coisas, a sociedade toda tem que se organizar melhor, construindo os mecanismos que solucionem consensualmente os conflitos de interesses, buscando assim maior coesão social. A própria sociedade deve assumir a responsabilidade de combater essa situação. No passado, tivemos vários mecanismos de solução de conflitos, como a atuação do líder local, do chefe religioso ou de alguma organização comunitária, que evitavam que os conflitos fossem parar na Justiça. Mas, com a urbanização e o esfriamento das relações sociais, desapareceram esses mecanismos e a população, de um modo geral, passou a ficar dependente do paternalismo do Estado. Hoje, lamentavelmente, prevalece em nossa sociedade a crença de que só o Estado é capaz de resolver adequadamente os conflitos de interesse. Todos nós precisamos participar mais ativamente da organização da sociedade, ajudando a resolver os conflitos de interesses que nela ocorrem, evitando-se a sua judicialização. A Justiça não é obra apenas do Estado. A atuação dele deve ser uma exceção, ocorrendo somente quando as próprias partes e as forças da sociedade não conseguem solucioná-los de forma adequada.

Publicado originalmente em:

- Boletim AASP nº 3054 – 1ª quinzena de fevereiro de 2018, páginas 18 a 22. Associação dos Advogados de São Paulo (AASP).

CAPÍTULO 4

TRIBUNAL REGIONAL FEDERAL DA TERCEIRA REGIÃO (SP E MS)

4.1 Importância da mediação e da conciliação

Nesta entrevista o Professor Doutor Kazuo Watanabe, da Universidade de São Paulo, ressaltou a importância da mediação e da conciliação para a pacificação dos litigantes e consequentemente solucionar o conflito. "Essa é uma tendência universal". Para ele, a pacificação propicia maior estabilidade social.

TRF3: *Doutor, na sua palestra o senhor falou que alguns juízes preferem sentenciar em vez de promover a conciliação. Na sua opinião, por que isso acontece?*

KW: É um problema de formação. Os juízes, bem como os demais profissionais do Direito, são treinados para uma solução contenciosa, ou seja, para uma solução adjudicada por meio de sentença dos conflitos de interesses. A grande maioria vê a mediação e a conciliação com um papel menos importante. Para eles, a sentença ainda é o meio mais nobre de solucionar o conflito. No entanto, hoje já se percebe que, para muitos conflitos, principalmente aqueles em que as partes estão em contato permanente, numa relação duradoura e há necessidade de preservar a relação, a pacificação dos conflitantes é mais importante do que a própria solução do conflito. A solução nasce da pacificação, o que a sentença não consegue, mas a conciliação e a mediação sim.

TRF3: *O senhor acredita, então, que é uma questão de mentalidade?*

KW: Sim, mas tenho a impressão de que hoje essa mentalidade, que eu chamo de mentalidade da cultura da sentença, começa a ceder lugar para a cultura da paz. A Resolução 125, do CNJ, fala da criação de disciplinas voltadas para a conciliação e a mediação nas faculdades. Na USP criamos uma disciplina que já está sendo ministrada desde o semestre passado; outras faculdades também já estão criando novas disciplinas. Com isso acredito que a mentalidade dos futuros profissionais do Direito tende a mudar.

TRF3: Quais são as vantagens e as desvantagens da conciliação?

KW: Desde que bem aplicada, a conciliação é um instrumento efetivo de pacificação social; primeiro pacifica os conflitantes e, com a pacificação, soluciona o conflito. Mas, para isso, há necessidade de capacitar, treinar e aperfeiçoar permanentemente os conciliadores. Esse aperfeiçoamento se dá com a prática ao longo do tempo. Para o Judiciário, um acordo celebrado significa um processo a menos, um recurso a menos, pois não haverá recursos para os tribunais, e um processo de execução a menos, porque, se as partes vão cumprir o acordo, não há necessidade de execução. Além disso, a pacificação das partes permite maior estabilidade social.

TRF3: O senhor falou também em conciliação pré-processual. Em que casos ela se aplica?

KW: Quando falamos em conciliação pré-processual, podemos pensar em conflito já existente no mundo fático, no mundo sociológico, em que antes da judicialização se tenta a solução amigável.

TRF3: O senhor poderia exemplificar?

KW: Um casal que está em conflito e ainda não levou o processo para o Judiciário. Se alguém conseguir atuar como mediador ou conciliador e pacificar os cônjuges, não haverá judicialização e talvez haja uma reconciliação. Isso é bom para os filhos, para a família e para a sociedade também. Hoje existem cuidados muito especiais para que os conflitos não surjam nas relações duradouras. Por exemplo, na construção de estádios de futebol, de linhas de metrô, na construção de Itaipu, os contratos têm duração longa no tempo. O próprio Banco Mundial, por exemplo, exige que no contrato conste uma cláusula para a criação de uma comissão para solucionar os conflitos que surgirem. Pode ser que não surjam, mas a comissão será formada. São cuidados pré-processuais.

TRF3: Pré-processuais no sentido de se evitar o processo judicial?

KW: Hoje o Desembargador do Rio Grande do Sul estava dizendo que essa prática adotada pelo Judiciário é extremamente importante, para que os conflitos não surjam, não se transformem em processos judiciais.

TRF3: Qual seria o grande desafio para o conciliador?

KW: O conciliador precisa capacitar-se e aperfeiçoar-se permanentemente. E contribuir no Judiciário, ou fora dele, para a pacificação social. A conciliação e a mediação podem ser usadas para pacificar várias formas de conflito: entre alunos e professores, nas escolas; na comunidade local; entre departamentos de uma grande empresa. Se houver possibilidade de atuar nesses nichos sociais, creio que ajudaria muito. Poderia ajudar também no Judiciário, seria o conciliador judicial. O conciliador ou mediador tem uma atuação muito ampla.

TRF3: É uma tendência?

KW: Essa é uma tendência universal. O Judiciário também precisa incorporar essa modernização.

TRF3: Senão veremos uma grande quantidade de processos que se alongam por anos...

KW: Processos que não têm fim.

Publicado originalmente em:

- 02.09.2013. O Professor Doutor Kazuo Watanabe, da Faculdade de Direito da Univers São Paulo, compareceu ao auditório da EMAG para proferir a primeira palestra do M do curso de Formação de Magistrados. Realizado de 2 a 4 de setembro, esse módulo teorias e técnicas da conciliação aplicadas à Justiça Federal.
- Em entrevista concedida após sua palestra, o Doutor Kazuo ressaltou que a soluç nasce da pacificação dos litigantes e que a pacificação só se consegue com a me ciliação. (Assessoria de Imprensa do TRF da 3ª Região)
- Link de acesso para a entrevista: http://www.trf3.jus.br/trf3r/index.php?id=3